빌립보서 강해설교

우리의 시민권은 하늘나라에 있습니다

배 굉 호 지음

도서출판 영문

Our Citizenship is in Heaven

By
Rev. Goeng-ho Bae(Th. D)

2010
Young Moon Publishing Co.,
Seoul, Korea

머리말

　우리의 시민권은 하늘나라에 있습니다(Our Citizenship is in Heaven.).

　이 말은 당시 신앙의 박해 속에서 살아가던 빌립보교회 성도들과 초대교회 성도들뿐만 아니라, 세속 문화와 대결하며 가치관의 혼돈 속에서 말씀대로 살아가려고 애쓰고 있는 이 시대의 성도들에게 용기와 소망과 자긍심을 가지게 하는 말씀임에 들림이 없습니다.

　그렇습니다. 하늘나라의 시민권에 대한 확신을 가진 사람은 범사에 감사하며 복음에 합당한 삶을 살기 위해 노력할 수 있습니다. 그리고 하늘나라의 시민권을 가진 성도는 예수님의 마음을 품고 살아가기 위해 전력을 다할 수 있습니다. 뿐만 아니라 하늘나라의 시민권을 가진 성도는 그리스도를 아는 지식이 가장 고상한 것임을 알기에, 이 세상의 모든 좋은 것도 배설물처럼 여겨 미련 없이 버릴 줄 아는 결단을 할 줄 압니다. 또한 뒤엣것을 돌아보지 아니하고 오직 푯대를 향하여 앞으로 달려가는 삶을 살아갈 수 있습니다. 동시에 하늘나라의 시민권을 확신하는 성도는 주 안에서 같은 마음을 가지고 굳게 서서 서로 드우며, 주 안에서 항상 기뻐할 수 있습니다. 하늘나라의 시민권을 가진 성도는 모든 사람에게 관용을 베풀 줄 알고, 아무 일에든지 염려하지 않고 기도하며 하나님의 평강을 가지고 살아갑니다.

빌립보서를 통해 하나님께서 주시는 기쁨과 위로와 소망과 은혜가 너무도 풍족하여 더 많이 나누고 싶었습니다. 그래서 빌립보서 강해를 여러 차례 해오면서 기회를 기다리다가 책자로 발간하게 되었습니다. 말씀을 전파할 때 받은 것보다 책을 통해서 더 깊은 은혜를 체험하길 기도합니다. 이전보다 더 큰 기쁨과 소망을 주실 줄 믿습니다.

우리의 시민권은 하늘나라에 있음을 항상 확신하고, 소망 가운데 자긍심을 가지고 하늘나라의 시민답게 겸손하며, 관용을 베풀면서, 더 당당하고 더 멋있게, 더 아름답고 은혜롭게, 매일 승리하며, 주 안에서 기쁨과 평강 속에서 살아가는 성도들이 되시기를 기원합니다.

이 책의 출판을 위해 수고하신 모든 분들과, 특히 최기철 목사님과 공혜숙 전도사님의 노고에 항상 깊은 감사를 표합니다. 그리고 영문출판사 김수관 장로님께도 따뜻한 감사의 마음을 전하고 싶습니다.

그리고 이 책의 수익금 전액을 이제 출발한 새 교회당 건축을 위해 드릴 수 있는 축복을 주신 주님께 감사와 찬양을 드립니다.

2010년 12월 성탄절을 앞두고
남천교회 목양실에서 **배굉호** 목사

Contents

머리말 • 3

1. 사도 바울의 인사(빌립보서 1:1-2) ····································· 9
2. 바울의 감사(빌립보서 1:3-8) ·· 21
3. 바울의 기도(빌립보서 1:9-11) ······································· 34
4. 복음의 진전(빌립보서 1:12-18) ····································· 45
5. 구원에 이르게 하는 길(빌립보서 1:12-19) ························ 57
6. 성도의 간절한 기대와 소망 1(빌립보서 1:20-26) ················· 68
7. 성도의 간절한 기대와 소망 2(빌립보서 1:20-26) ················· 77
8. 복음에 합당한 생활(빌립보서 1:27-30) ···························· 87
9. 하나가 되십시오(빌립보서 2:1-4) ··································· 99
10. 그리스도 예수의 마음을 품어야 합니다(빌립보서 2:5-11) ······· 111
11. 구원을 이룹시다(빌립보서 2:12-18) ······························· 123
    12. 구원받은 성도의 생활 1(빌립보서 2:14-18) ··················· 134
13. 구원받은 성도의 생활 2(빌립보서 2:14-18) ······················ 144
14. 신실한 복음의 동역자 디모데(빌립보서 2:19-24) ················ 154
15. 신실한 복음의 동역자 에바브로디도(빌립보서 2:25-30) ········ 167

16. 주 안에서 기뻐하십시오(빌립보서 3:1-3) ·················· 181
17. 주 안에서 기쁨을 유지하기 위해(빌립보서 3:1-3) ············ 194
18. 그리스도를 위해 모든 것을 버림(빌립보서 3:4-7) ············ 204
19. 가장 고상한 것(빌립보서 3:7-9) ························· 218
20. 그리스도를 알기 원함(빌립보서 3:10-11) ·················· 230
21. 푯대를 향하여 1(빌립보서 3:12-16) ······················ 240
22. 푯대를 향하여 2(빌립보서 3:12-16) ······················ 249
23. 하나님의 뜻을 아는 길(빌립보서 3:15-16) ················· 259
24. 하늘의 시민권 1(빌립보서 3:17-21) ······················ 270
25. 하늘의 시민권 2(빌립보서 3:17-21) ······················ 281
26. 하늘의 시민권 3(빌립보서 3:20-21) ······················ 291
27. 하늘의 시민권 4(빌립보서 3:17-21) ······················ 301
28. 주 안에 서십시오(빌립보서 4:1) ························· 311
29. 주 안에서 같은 마음을 품으십시오(빌립보서 4:2-3)321

30. 돕는 성도가 되십시오(빌립보서 4:2-3) ·················329
31. 주 안에서 항상 기뻐하십시오(빌립보서 4:4-7) ·············339
32. 여러분의 관용을 모든 사람에게 알게 하십시오(빌립보서 4:4-7)347
33. 염려하지 말고 기도하십시오(빌립보서 4:4-7) ·············355
34. 아무것도 염려하지 마십시오(빌립보서 4:4-7) ·············363
35. 하나님의 평강(빌립보서 4:4-7) ·······················373
36. 생각하고 행하십시오 1(빌립보서 4:8-9) ················382
37. 생각하고 행하십시오 2(빌립보서 4:8-9) ················390
38. 감사할 수 있는 이유(빌립보서 4:10-13) ·················399
39. 풍족한 선물(빌립보서 4:14-20) ······················412
40. 마지막 문안(빌립보서 4:21-23) ·······················421

> ¹그리스도 예수의 종 바울과 디모데는 그리스도 예수 안에서 빌립보에 사는 모든 성도와 또한 감독들과 집사들에게 편지하노니 ²하나님 우리 아버지와 주 예수 그리스도로부터 은혜와 평강이 너희에게 있을지어다
>
> (빌립보서 1:1-2)

01

사도 바울의 인사

　이 세상의 모든 사람들은 행복을 원합니다. 그러나 그 행복을 소유하고 즐기는 사람은 그다지 많지 않습니다. 그 이유는 참 행복의 비결을 모르기 때문입니다. 그런데 빌립보서에서는 참 행복의 비결을 소개하고 있습니다. 사도 바울은 그의 마음을 쏟아 사랑하는 빌립보교회 성도들에게 예수 그리스도의 위대한 겸손과 사랑을 통한 참 행복의 비결을 소개하고 있습니다. 사도 바울은 여기에서 참되고 진실한 행복은 우리의 모범이시며 능력이 되시는 예수 그리스도로부터 온다고 말합니다.

　빌립보서는 바울 사도가 쓴 가장 아름다운 편지입니다. 감옥 안에서 죽음의 날을 기다리던 바울은 이 서신을 통해 "항상 기뻐하라 내가 다시 말하노니 기뻐하라"(4:4)며 아무도 빼앗아 갈 수 없는 믿음과 확신을 소개하고 있습니다. 그래서 빌립보서를 '기쁨의 서신'이라고 합니

다. 바울 사도가 로마 감옥에서 기록했기 때문에 '옥중서신'이라고도 하며, 사랑스러운 말로 시작하여 사랑스러운 말로 끝나기 때문에 '사랑의 서신'이라고도 합니다. 이 빌립보서는 주후 63-64년 무렵에 바울이 로마 감옥에 갇혔을 때 쓴 편지입니다. 빌립보교회는 사도 바울과 특별한 관계를 맺고 있는 교회입니다. 빌립보교회는 바울이 로마 감옥에서 고생할 때 에바브로디도 편에 모금하여 도왔을 뿐 아니라 에바브로디도가 직접 바울 사도를 극진히 돌보게 하기도 했습니다. 빌립보교회는 바울 사도가 복음을 전하는 일을 처음부터 여러 면에서 도왔습니다. 이런 일에 대하여 감사한 마음을 써서 보낸 편지가 바로 빌립보서입니다.

바울 사도가 사랑하는 빌립보교회 성도들에게 보낸 서신 내용을 통해 하나님께서 우리에게 주시는 교훈이 있습니다.

1. 이례적인 인사

"그리스도 예수의 종 바울과 디모데는 그리스도 예수 안에서 빌립보에 사는 모든 성도와 또한 감독들과 집사들에게 편지하노니"(1:1)

빌립보서의 첫인사는 다른 서신서들과는 다릅니다. 다른 서신서들, 즉 데살로니가전서와 빌레몬서를 제외한 서신서들은 항상 자신의 사도직을 소개하는 것으로 시작합니다. 그런데 빌립보서에는 사도직에 대한 언급이 없는 것은 자신의 사도직을 소개할 필요가 없었기 때문입니다. 다른 교회들은 사도 바울이 사도라는 사실을 믿지 못하는 사람들이 있었기 때문에 서신을 보낼 때마다 인사말에 자신의 사도직을 소개하여 그 서신에 권위를 둘 필요가 있었습니다.

　사도 바울은 예수를 믿는 사람들을 체포하려고 다메섹으로 가다가 길에서 부활하신 예수 그리스도를 직접 만났습니다. 예수님은 "사울아 사울아 네가 어찌하여 나를 박해하느냐"(행 9:4)라는 말씀으로 바울을 찾아오셨습니다. 그때 바울이 주님으로부터 부름을 받아 직접 사도직을 받았습니다. 그래서 편지 앞부분에서 '그리스도 예수의 종 바울'이라고 자신을 소개합니다. 그러나 빌립보교회 성도들은 설명을 하지 않아도 자신에 대해 너무나 잘 알고 있었기 때문에 자신이 그리스도의 사도라는 권위나 지위를 소개할 필요가 없었습니다. 사도 바울은 자신이 설립한 빌립보교회와는 아주 친밀한 관계에 있었으므로 바울의 편지 내용을 그대로 믿고, 경청하고, 애정으로 들어줄 것을 확신했기 때문입니다. 따라서 사도 바울은 사도라는 어떤 권위보다는 사랑하는 친구의 입장에서 이 서신을 기록했습니다. 또한 빌립보교회 성도들도 바울의 중심을 이해했기 때문에 그를 존경하고 신임하였습니다.

　여기에서 우리는 주의 종과 성도들과의 가장 이상적인 관계를 발견할 수 있습니다. 안타깝게도 오늘날에는 교역자와 성도들 사이에 불협화음이 있고 불미스러운 일들이 나타나는 것도 사실입니다. 교역자들은 너무 권위적이며 고권주의와 형식주의로 흐르는 반면, 성도들은 교역자를 불신하며 존경하지 못합니다. 이런 분위기에서는 아름답고 친밀한 관계가 성립될 수 없습니다. 그런데 빌립보교회 성도들과 사도 바울은 그렇지 않았습니다. 바울은 성도들을 사랑하며 말씀을 바로 가르치는 일에 최선을 다했습니다. 빌립보교회 성도들은 사도 바울을 사랑하고, 존경하고, 위하여 기도하며, 그의 가르침에 순종하였습니다. 그 결과 그들의 사랑과 신뢰가 계속 아름답게 이어졌으며, 시대를 뛰어넘어서도 기억되는 귀감이 되고 있는 것입니다.

우리 인생은 길지 않습니다. 다른 말로 하면 주님과 교회를 섬길 수 있는 기간이 짧다는 말입니다. 믿음의 사람 모세는 이런 고백을 했습니다. "우리의 연수가 칠십이요 강건하면 팔십이라도 그 연수의 자랑은 수고와 슬픔뿐이요 신속히 가니 우리가 날아가나이다"(시 90:10) 사도 바울과 빌립보교회 성도들은 친밀한 사랑, 그리고 신뢰와 믿음과 존경과 순종의 교제를 계속해 나갔습니다.

저와 우리 성도들도 주님과 교회를 위하여 말씀 안에서 서로 하나가 되어 열심히 섬기고, 사랑하며, 주의 일을 위하여 최선을 다하는 삶을 살아야 하겠습니다. 부족한 종도 바울처럼 섬기며 봉사하도록 힘쓰고, 여러분들도 말씀에 순종하며 따르는 아름다운 모습을 이어가도록 노력하는 우리 교회가 되어야 하겠습니다.

2. 그리스도 예수의 종

사도 바울은 자신과 디모데를 그리스도 예수의 종으로 소개합니다. "그리스도 예수의 종 바울과 디모데는"(1:1)

여기서 '종'(둘로스, $\delta\upsilon\lambda o\sigma$, slave)은 하인(servant)이 아니라 노예(slave)입니다. 하인(servant)은 오고가는 자유가 있습니다. 마음에 들

지 않거나 사정이 있으면 그만 둘 수도 있습니다. 그러나 노예는 자유가 없습니다. 주인의 움직이는 재산이라 할 수 있습니다. 노예는 주인이 마음대로 사고팔 수 있는 존재였습니다. 따라서 노예는 영원히 주인에게 속해 있습니다.

그런데 바울은 자신이 바로 그리스도 예수의 '노예'(slave)라고 소개합니다. 이 말은 자신은 그리스도 예수의 '절대 소유물'이라는 뜻입니다. 예수 그리스도께서는 바울과 디모데를 값을 주고 사셨습니다. "값으로 산 것이 되었으니 그런즉 너희 몸으로 하나님께 영광을 돌리라"(고전 6:20) 주 예수 그리스도께서는 바울과 디모데를 자신의 생명을 지불하고 사셨습니다. 그러므로 바울은 그리스도 예수의 완전한 소유물이 된 것입니다. 따라서 종이 된 바울은 주인이신 예수 그리스도께 절대 복종할 의무가 있습니다. 노예에게는 자신의 의지가 없습니다. 주인의 결정이 곧 자신의 결정이 됩니다. 주인이 하는 대로 맡기고 따라야만 합니다. 주인이 죽이면 죽고, 살리면 살 수 있는 것이 노예입니다. 사도 바울은 자신이 바로 그런 종이라고 고백하고 있습니다. 이제 바울은 자신의 주인이신 예수 그리스도께 절대 복종할 의무만이 있습니다.

우리는 어떠합니까? 예수 그리스도는 갈보리산 십자가 위에서 자신의 생명을 지불하심으로 우리의 모든 죄를 담당하셨습니다. 그러므로 이제 우리 몸은 내 것이 아니라 주 예수 그리스도의 것이 되었습니다. 이제 우리는 그리스도의 완전한 소유물이 되었습니다. 그리스도의 노예가 된 것입니다. 따라서 우리는 그리스도께 절대적으로 복종해야 합니다. 그리스도만 따르며 사랑해야 합니다. 이제 나의 의지로 살지 않고 오직 그리스도의 뜻대로 살아야 합니다. 항상 그리스도께 복종할 준비가 되어 있어야 합니다.

그러나 그리스도 예수의 종이란 신분은 아주 자랑스런 신분입니다. 결코 부끄럽거나 수치스러운 것이 아닙니다. 숨길 필요도 없습니다. 왜냐하면 그리스도의 종은 엄청난 가치를 지니고 있기 때문입니다. 구약시대에 가장 존귀함을 받은 사람들은 선지자, 제사장, 왕입니다. 그들은 모두 여호와 하나님의 종들이었습니다. 그래서 모든 사람들이 그들의 말을 청종하며 순종했습니다. 따라서 '하나님의 종'이란 이름은 모든 이름 중에 가장 높고 명예스러운 이름입니다. 그리스도 예수의 종은 바로 하나님의 종입니다. 종은 주인의 신분에 따라서 그 가치가 달라집니다. 옛날 벼슬이 아주 높은 대감의 종과 시골 양반의 종과는 큰 차이가 있습니다. 왕의 종은 일반인의 종과는 다릅니다. 먹고 입는 것과 대우가 다르고 권세와 지위가 다릅니다.

사도 바울은 자신을 그리스도 예수의 종이라고 자랑스럽게 소개하고 있습니다. 그리스도 예수의 종은 비열하거나 비굴하지 않습니다. 그리스도 예수의 종이란 신분은 영광스럽고 자랑스러운 신분입니다. 주인이 되시는 예수 그리스도는 죽음에서 부활하셨다가 승천하시어 지금은 영광의 왕으로 우주를 통치하고 계십니다. 세상 마지막 날에는 이 세상을 심판하러 오실 만왕의 왕이십니다. 그러므로 그리스도 예수의 종이란 신분은 자랑할 만하며, 명예스럽고, 존귀합니다.

빌립보서는 참 행복의 비결을 소개하고 있습니다. 진실한 행복은 우리의 모범이시며 능력이 되시는 예수 그리스도 안에 있습니다. 빌립보서는 바울이 기록한 가장 아름다운 서신으로 주 안에서의 기쁨의 생활을 가르쳐 주고 있습니다.

라틴어로 'Illi Servire est regnare'란 말이 있습니다. '주의 노예가 되는 것은 왕자가 되는 것이다'란 뜻입니다. 그리스도 예수의 종이 된다는 것은 완전한 자유를 얻는 길입니다. 그리스도 안에서 자유를 얻습니다. 내가 지배하지 않고 그리스도께서 나를 지배하시게 되면 그리스도 안에 있는 기쁨과 자유를 누릴 수 있기 때문입니다. 내가 주인이 되면 아무리 발버둥을 쳐도 잘 되지 않습니다. 실패와 좌절과 허무함이 남을 뿐입니다. 그러나 예수 그리스도께서 나의 주인이 되어 주시고 내가 그리스도 안에 있으면 그 속에 참 행복과 기쁨이 있습니다. "내가 그리스도와 함께 십자가에 못 박혔나니 그런즉 이제는 내가 사는 것이 아니요 오직 내 안에 그리스도께서 사시는 것이라 이제 내가 육체 가운데 사는 것은 나를 사랑하사 나를 위하여 자기 자신을 버리신 하나님의 아들을 믿는 믿음 안에서 사는 것이라"(갈 2:20)

우리도 그리스도 예수의 종입니다. 우리도 그리스도 예수의 종이란 아름다운 이름을 가졌습니다. 명예롭고 자랑스러운 이름입니다. 우리가 그리스도 예수의 종으로서 그리스도께 우리를 완전히 복종시키면 그 안에서 참 자유와 기쁨을 누릴 수 있습니다.

우리도 사도 바울처럼 자신을 전적으로 그리스도께 복종시키고 닮읍시다. 그리하여 내 속에 그리스도께서 살아 역사하심으로 주님이 주시는 참 자유와 행복과 기쁨을 소유하는 그리스도 예수의 종들이 다 되어야 합니다.

3. 수신자들

이 서신의 수신자는 그리스도 예수 안에 있는 모든 성도들과 감독들과 집사들입니다. "그리스도 예수의 종 바울과 디모데는 그리스도 예수 안에서 빌립보에 사는 모든 성도와 또한 감독들과 집사들에게 편지하노니"(1:1)

1) 감독들과 집사들에게 보내는 편지입니다

바울은 감옥에 있는 바울에게 위로의 선물을 보낼 때 솔선수범한 이들의 수고에 감사를 표했습니다. 이들은 교회 안에 들어온 이단 사상을 가진 자들과 그리스도의 십자가의 원수들을 경계해야 했기 때문에 그들의 권위를 보증해 줄 필요가 있었습니다. 교회의 지도자들이 필요합니다. 교회는 행정과 전도와 구제와 관리뿐 아니라 이단을 대항하여 진리를 파수하기 위해서도 지도자들이 필요합니다. 따라서 그들에게는 권위가 있어야 하고, 성도들은 그 권위에 복종하며 따라야 합니다. 이렇게 하는 것은 결국 교회를 세우는 일입니다. 이 권위는 인간의 방법으로 얻어지는 것이 아니라 신앙인격과 진실한 섬김을 통해서 주어집니다. 따라서 지도자들은 올바른 신앙생활로 믿음의 본을 보여야 합니다. 성도들과 교회를 섬기는 본을 보여야 합니다. 그리고 성도들은 모든 지도자들을 존경함으로 따르고 협조해야 합니다.

2) 모든 성도들에게 보내는 편지입니다

'성도'(하기오스, $\alpha\gamma\iota o\sigma$)는 '구별된 자' 라는 뜻입니다. 구약시대의 제사장은 하나님의 거룩한 성소를 섬기는, 일반인들과 구별된 거룩한 사람이었습니다. 유대 민족은 많은 민족들 중에서 하나님의 사랑을 받는 거룩한 백성으로 구별(출 19:6)되었습니다. 그러나 그들은 예수 그리스도를 배반하고 십자가에 못 박은 결과 지금까지 누려온 모든 특권과 책임을 잃게 되었습니다. 그래서 하나님은 새로운 이스라엘, 즉 영적인 이스라엘을 선택하셨습니다. 주 예수 그리스도를 믿는 성도들이 바로 참 이스라엘입니다.

저와 여러분은 거룩한 자, 즉 성도입니다. 그러므로 우리는 구별된 삶을 살아야 합니다. 사도 바울 자신도 처음엔 박해자였으나 예수님을 만난 후 변하여 성도가 되었습니다. 우리도 과거에는 죄인이었으나 이제는 변하여 거룩한 자로 신분이 바뀌었습니다. 이제 우리는 그리스도 예수 안에 있는 성도, 즉 그리스도 안에 있는 백성이 되었습니다.

여기서 '그리스도 안에' 있다는 말은 아주 중요합니다. 이 말은 '그리스도와 연합한 성도'라는 뜻입니다. 성경에는 '그리스도 예수 안에' 라는 말이 43회, '그리스도 안에' 란 말은 34회, '주 안에' 라는 말은 50회로 전부 132회 나옵니다. 그리스도 안에 있는 성도는 기독교의 본질 그 자체입니다. 그리스도 밖에 있는 자는 그리스도를 믿지 않는 불신자이므로 성도가 될 수 없습니다. 성도는 그리스도 안에 있어야 하고, 그리스도 안에 있어야 성도로서의 특권을 유지할 수 있습니다. 새들은 공기 중에 있어야 마음껏 창공을 날 수 있고, 물고기는 수중에 있어야 마음껏 헤엄쳐 다닐 수 있고, 나무뿌리는 토양에 있어야 깊이 뿌리를 내릴 수 있습니다. 마찬가지로 성도는 그리스도 안에 있어야 하고 성령 안에 있어야 합니다. 이것이 성도의 본질이자 성도의 마땅한 삶입니다.

4. 은혜와 평강을 기원

"하나님 우리 아버지와 주 예수 그리스도로부터 은혜와 평강이 너희에게 있을지어다"(1:2)

사도 바울은 사랑하는 빌립보교회 성도들에게 은혜와 평강을 기원합니다. 은혜와 평강은 크리스천의 인사말입니다.

1) 은혜

'은혜'(카리스, χαρισ)는 헬라인들의 평범한 인사말입니다. 이 말은 '기쁨', '즐거움', '쾌활', '아름다움'이란 의미가 있습니다. '은혜'는 '하나님의 과분한 호의'(favor dei)를 말합니다. 예수 그리스도로 말미암아 우리는 하나님과 새로운 관계가 형성되었습니다. 우리는 예수님 때문에 구원받아 영생을 얻어 하나님의 자녀가 되었습니다. 하나님 아버지와 동행하는 삶을 살게 되었으며, 성령을 받게 되었으며, 진리의 말씀을 알게 되었습니다. 이것은 주님의 무한하신 은혜입니다.

우리는 그리스도 안에서 이 세상 사람들이 알지 못하는 놀라운 하나님의 은혜를 입은 백성들임을 기억하여 항상 감사하며 살아야 합니다.

2) 평강

'평강'은 히브리인의 인사말입니다. 헬라어로는 '에이레네'(ειρηνη), 히브리어로는 '샬롬'(שלום)입니다. 인간의 최고의 선을 향하여 행하는 모든 행위, 또는 복지 전체를 의미합니다. 하나님께서 우리의 친구가 되셔서 모든 것이 잘 되어 간다는 상태가 바로 평강입니다. 이 평강은 항상 인격적인 관계이며, 친한 사람과의 관계이며, 이웃과의 관계이며, 하나님과의 관계입니다. 그런데 이 평강은 예수 그리스도의 십자가의 은혜를 통해 옵니다. 예수 그리스도의 십자가의 은혜가 없이는 참 평강을 얻을 수 없습니다. 그러므로 은혜는 평강의 근원이 됩니다. 은혜 없이는 평강이 있을 수 없습니다. 다시 말하면 우리가 은혜로 충만할 때 평강이 임하게 됩니다.

사도 바울과 실라가 빌립보에서 복음을 전하다가 감옥에 갇혔지만 그들의 심령은 즈의 은혜로 충만했습니다. 그들의 심령에 평강이 임하자 그들은 찬송을 불렀습니다. 그때 지진으로 옥문이 열리는 기적이 나타났습니다. 간수가 죄수들이 도망간 줄 알고 자결하려고 할 때 바울이 그를 불렀습니다. 달려온 간수가 "선생들이여 어찌 하리이까" 할 때, "주 예수를 믿으라 그리하면 너와 네 집이 구원을 받으리라"며 복음을 전했습니다. 이 일로 복음을 들은 간수와 그의 온 가족이 회개하고 주님께로 돌아오는 역사가 나타났습니다.

이 은혜와 평강은 하나님 아버지와 주 예수 그리스도로부터 나옵니다. 축복은 위로부터 흘러내립니다. 은혜와 평강은 하늘로부터 하나님의 자녀들, 즉 십자가의 구속을 받은 주의 백성들에게로 흘러내려 옵니다.

우리는 하나님의 은혜와 평강이 없으면 살 수가 없습니다. 주의 은혜가 없이는 이 힘난한 인생을 한 순간도 살아갈 수 없습니다. 그러므로 우리는 이 은혜와 평강을 소유해야 합니다. 은혜와 평강은 그리스도 예수 안에 있는 성도들에게 주어집니다. 우리 주 예수 그리스도는 우리에게 은혜와 평강을 주시기 위하여 자신의 생명을 주셨습니다.

우리는 영광스럽게도 그리스도의 보혈로 그리스도 예수의 종이 되었습니다. 그리스도 안에서 구원과 영생과 천국을 소유하고 주님과 동행하는 삶을 살게 되었습니다. 그리스도 안에서 주께서 주시는 은혜와 평강을 소유한 백성들이 되었습니다. 우리 모두 항상 이 은혜에 감사하면서, 주를 섬기며, 복음을 전하는 복된 삶을 살아야 합니다. 아멘.

³내가 너희를 생각할 때마다 나의 하나님께 감사하며 ⁴간구할 때마다 너희 무리를 위하여 기쁨으로 항상 간구함은 ⁵너희가 첫날부터 이제까지 복음을 위한 일에 참여하고 있기 때문이라 ⁶너희 안에서 착한 일을 시작하신 이가 그리스도 예수의 날까지 이루실 줄을 우리는 확신하노라 ⁷내가 너희 무리를 위하여 이와 같이 생각하는 것이 마땅하니 이는 너희가 내 마음에 있음이며 나의 마음과 복음을 변명함과 확정함에 너희가 다 나와 함께 은혜에 참여한 자가 됨이라 ⁸내가 예수 그리스도의 심장으로 너희 무리를 얼마나 사모하는지 하나님이 내 증인이시니라

(빌립보서 1:3-8)

02

바울의 감사

하나님의 복음을 전파하다가 로마 감옥에 갇힌 사도 바울은 사랑하는 빌립보교회를 항상 기억하며 감사했습니다. 사도 바울과 빌립보교회 성도들은 특별히 친밀한 관계였습니다. 사도 바울은 빌립보교회를 사랑했습니다. 따라서 바울은 빌립보교회를 생각할 때마다 하나님께 감사했습니다. "내가 너희를 생각할 때마다 나의 하나님께 감사하며 간구할 때마다 너희 무리를 위하여 기쁨으로 항상 간구함은"(1:3-4) 바울은 빌립보교회 성도들을 생각할 때마다 항상 감사하며 그들을 위해 기쁨으로 기도했습니다. 바울이 그처럼 감사하며 기뻐한 데에는 그럴 만한 이유가 있었습니다.

1. 복음을 위한 일에 참여했기 때문입니다

사도 바울은 빌립보교회가 하나님의 복음을 위하여 수고한 일을 기억하고 있었습니다. "너희가 첫 날부터 이제까지 복음을 위한 일에 참여하고 있기 때문이라"(1:5)

'복음을 위한 일'은 '복음을 위하여', '복음 안에서'란 말입니다. 여기에서 '복음을 위한 일에 참여한다'는 말은 빌립보교회 성도들이 사도 바울에게 보낸 많은 선물들을 가리킵니다. 빌립보교회 성도들이 선물을 보낸 것은 사도 바울이 복음 전파와 선교 사업을 위해서 전심을 다할 수 있도록 하기 위해서입니다. 이 선물은 복음을 위하여 계속 전달되었습니다. 빌립보교회 성도들은 사도 바울이 데살로니가에 있을 때 선물을 두 번 보낸 적이 있습니다(4:16). 그리고 세 번째 선물은 에바브로디도를 통해 전달되었습니다(4:18). 빌립보교회 성도들은 예루살렘에 사는 가난한 성도들의 궁핍함을 알고 구제한 일도 있었습니다(고후 8:1-5). 빌립보교회 성도들은 복음을 위하여 바울이 빌립보에서 복음 사역을 시작할 때부터 참여하였습니다.

사도 바울은 빌립보에 들어와 제일 먼저 루디아에게 복음을 전했습니다(행 16:14-15). 그때 성령께서는 루디아의 마음을 열어 말씀을 청종하게 하심으로 예수님을 영접하게 하였습니다. 그러자 루디아는 자기 집을 개방하여 강권하여 사용하게 했습니다. 자기 집을 개방한 것은 사도 바울의 복음을 위하여 협력했다는 말입니다. 이것은 자발적으로, 기쁨으로, 주의 은혜에 감사하여 한 것입니다. 바울은 루디아의 집을 복음 전도의 전초기지로 사용하여 빌립보교회를 개척하게 되었습니다. 이 일은 루디아가 예수님을 믿기 시작할 때부터 했습니다. 이 복음을 위한 참여는 교회가 출발할 때부터 시작되었습니다. 바울은 귀신들린 여종과 빌립보 간수와 그의 가족들에게도 복음을 전했습니다. 이 복음을 위한 참여는 사도 바울이 복음을 전파하다가 로마 감옥에 갇혀 죽음을 기다리는 시간이 가까울 때까지 지속되었습니다. 그러므로 사도 바울과 빌립브교회는 특별한 관계였습니다. 그래서 바울은 빌립보교회를 생각할 때마다 감사할 수밖에 없었습니다. 이 일은 빌립보교회가 자발적으로 기쁜 마음으로 한 것입니다. 주의 은혜에 감사하여 나온 참여이자 협력이었습니다. 교회와 선교를 위하여 협력하는 아름다운 참여는 오늘날에도 계속되고 있습니다.

기쁨으로 헌신하는 사람, 봉사하는 사람, 섬기는 사람, 헌금하는 사람들이 많습니다. 이 모든 것은 그리스도와 복음을 위한 일입니다. 사도 바울을 돕고 위로하고 격려하는 것은 그리스도와 복음을 위한 일입니다. 주의 종들을 돕고 위로하고 격려하는 것 역시 그리스도와 복음을 위한 일인 동시에 교회를 위한 일이기도 합니다. 사도 바울은 자신을 위하여 위로하고 격려하며 용기를 준 빌립보교회 성도들의 사랑을 잊을 수 없었습니다. 복음을 위한 일에 함께 동역하고 참여했던 것을 잊을 수 없었습니다. 그래서 생각할 때마다 감사하며 기쁨이 넘쳤습니다. 빌립보교회 성도들의 신앙이 그리스도 안에 있었고, 복음을 위한 참여가 그리스도를 위한 것이었기 때문입니다. 주의 종들은 성도들의 아름다운 신앙과 복음을 위한 참여를 항상 기억합니다.

이것은 하나님께서 기억하고 인정하시는 신앙입니다. 그런데 중요한 것은 복음을 위한 참여와 사랑이 시작할 때부터 이제까지 계속되었다는 사실입니다. 이 참여는 일시적인 참여가 아니라 지속적인 참여였습니다. 이것은 처음 사랑을 잃지 않았다는 말입니다. 다시 말하면 처음에 주님을 믿기 시작할 때의 그 감격과 은혜, 그 헌신과 열심을 계속 유지하면서 섬긴다는 말입니다. 그런데 대부분의 성도들은 처음에는 열심으로 주의 일에 동참하여 섬기지만 나중에는 식어버리는 경우가 많습니다.

부족한 종도 지금까지 교회를 섬기며 주의 일을 하는 가운데 많은 분들로부터 위로와 격려와 사랑을 받았습니다. 성도들의 기도와 사랑의 참여가 저에게 큰 위로가 되고 힘과 용기를 얻게 했습니다. 그리고 마음 속 깊은 곳으로부터 감사가 우러나오게 했습니다. 저를 돕고 위로하고 격려하는 것은 그리스도의 복음과 교회를 위한 일입니다. 이것은 그리스도와 복음 안에서의 참여이기 때문에 지속될 수 있었습니다. 물질이나 어떤 이익, 또는 서로의 욕심이나 계산적인 참여는 오래가지 못합니다. 그러나 복음과 그리스도와 교회를 위한 참여이기 때문에 지속될 수 있습니다. 그래서 사도 바울은 하나님께 감사하고 있습니다. 주의 종들도 아름다운 성도들의 신앙을 생각할 때마다 하나님께 감사하게 됩니다. 우리는 신앙생활을 아름답고 훌륭하게 하는 성도들을 볼 때 하나님께 감사하게 됩니다. 진실하게 주를 섬기는 믿음의 자녀들이나 복음을 위하여 충성하는 일꾼들을 볼 때에도 하나님께 감사하게 됩니다.

여기서 우리가 본받을 것은 우리도 주의 종들에게 인정받아야 한다는 것입니다. 신실한 믿음의 성도, 주의 복음과 교회를 위하여 헌신적으로 섬기며 협력하는 성도들이 되어야 합니다. 그리하여 주의 종들의 자랑이 되고, 그의 섬김을 생각할 때마다 하나님께 감사하게 되는 믿음의 성도들이 되어야 합니다. 생각조차 나지 않는 성도, 기억도 하기 싫은 성도, 지긋지긋한 성도가 되어선 안 됩니다. 복음을 위하여 협력하기는커녕, 방해와 거침돌이 되거나 의욕을 꺾어버리는 성도로 기억되어선 안 됩니다.

사도 바울은 빌립보교회 성도들을 생각할 때마다 항상 하나님께 감사하며 기뻐했습니다. 우리도 그들처럼 주의 종들에게 아름다운 복음 사역을 위하여 지속적으로 협력하고, 복음을 위한 일에 참여하며 헌신하는 성도들로 기억되기를 바랍니다. 우리 교회도 복음과 주의 나라를 위하여 서로 협력하며 아름답게 헌신하는 봉사자들로 가득하여, 하나님께 영광을 돌리며 은혜와 축복이 넘치는 교회가 되어야 합니다.

2. 복음을 위한 은혜에 참여했기 때문입니다

"내가 너희 무리를 위하여 이와 같이 생각하는 것이 마땅하니 이는 너희가 내 마음에 있음이며 나의 매임과 복음을 변명함과 확정함에 너희가 다 나와 함께 은혜에 참여한 자가 됨이라"(1:7)

'너희가 내 마음에 있다'(I have you in my heart.)는 말은 '내가 너희를 내 마음에 두다' 라는 뜻입니다. 이 말은 빌립보교회 성도들에 대한 바울의 사랑의 표현입니다. 히브리인들에게 있어 '마음' 카르디아, $καρδια$)은 정신과 의지를 표현합니다. 따라서 마음은 사람의 가장 솔직한 본성입니다. 인간의 의식과 인격에 있어서 가장 본질적인 면이 바로 마음입니다. 한 마디로 '너희가 내 마음에 있다' 는 말은 바울이 그의 마음 가장 깊숙한 곳에서부터 빌립보교회 성도들을 사랑한다는 말입니다. 그것은 바울이 복음 전파를 위해 수많은 어려움과 고난을 당할 때 빌립보교회 성도들이 변함없이 기도와 물질로 후원하고 협력했기 때문입니다.

"나의 매임과 복음을 변명함과 확정함에 너희가 다 나와 함께 은혜에 참여한 자가 됨이라"(1:7)

여기서 '매임', '변명함', '확정함' 은 다 법률적 용어입니다(행 25:16; 딤후 4:16; 히 6:16). 이것은 바울 사도가 실제로 복음 전파로 인하여 투옥되었으며(엡 6:20; 골 4:18), 법정에 서서 모든 사람들에게 복음의 진리를 선포한 것을 뜻합니다(행 26:29). 그리고 '너희가 다 나와 함께 은혜에 참여한 자가 됨이라' 고 했습니다. 빌립보교회 성도들도 위험한 가운데 있었지만, 바울이 복음을 전파하다가 감옥에 갇히기도 하고 고난을 받는 등 많은 어려움을 겪을 때에 이것을 본 빌립보교회 성도들이 그를 위하여 기도하며 헌금을 모아 인편으로 격려와 위로를 전달한 것을 말합니다. 빌립보교회 성도들의 이러한 섬김은 바로 은혜의 복음 전파에 참여한 것입니다. 사실 이러한 일은 빌립보교회가 바울과 함께 복음을 위해 투쟁한 것이며, 그리스도의 복음을 위해 감옥에 갇힌 바울과 함께 한 것이며, 그리스도의 복음 때문에 재판을 받아 법정에 함께 참여한 것이 됩니다. 한 마디로 빌립보교회 성도들은 바울을 전적으로 지지하며 그의 복음 전파에 참여했습니다. 그의 복음 전파에 동조하며 협력한 빌립보교회는 복음을 위한 은혜에 참여한 것입니다. 이러한 빌립보교회 성도들의 봉사와 섬김은 감옥에서 어려움을 겪고 있는 바울에게 큰 위로와 용기를 주는 계기가 되었습니다. 그러므로 사도 바울은 이런 헌신과 봉사로 복음 전파에 참여하는 빌립보교회 성도들을 잊을 수가 없어 그들을 생각할 때마다 하나님께 감사한 것입니다.

우리도 빌립보교회 성도들의 신앙과 복음에 대한 열정을 본받아야 합니다. 그리고 환난과 위험을 무릅쓰고 담대히 사도 바울의 편에 서서 주의 일에 동참하며 협력하는 자세를 본받아야 합니다. 주님은 우리가 진리를 위해 어려움 속에서도 복음을 전하며 수고하는 주의 종들을 기억하여 기도하며 협력하는 이 일을 기억하시고 기뻐하신다는 사실을 알아야 합니다.

그 대표적인 예로 산정현교회의 주기철 목사님과 조만식 장로님과의 아름다운 협력관계를 들 수 있습니다. 조만식 장로님은 진리를 파수하기 위해 일제 신사참배 반대 운동을 하다가 감옥에 갇힌 주기철 목사님을 적극적으로 도왔습니다. 먼저 목사님의 신앙과 진리를 파수하기 위한 일에 뜻을 같이 했습니다. 목사님과 같은 편에 서서 하나님의 진리를 위해 투쟁하며 목사님께 용기를 북돋아 드렸습니다. 또한 은밀하게 목사님의 가족을 돌보았습니다. 당시에 신사참배를 반대하다가 감옥에 갇힌 목사님의 가족을 돌보는 것이 적발되면 벌을 받는 시대였으므로 마음껏 도울 수도 없었습니다. 그러나 조만식 장로님은 목사님의 가족을 도우며 후원했습니다.

우리도 진리의 편에 서야 합니다. 복음을 위한 열정으로 하나님 나라를 위해 달려가는 종들과 신앙을 같이 하며 진리를 외쳐야 합니다. 그들의 고난에도 동참하야 합니다. 복음 전파에 동참함으로써 주의 종들의 마음에 항상 기억되어 하나님께 감사하게 되는 믿음의 성도들이 되어야 합니다.

사도 바울은

3. 빌립보교회 성도들을 그리스도의 심장으로 사모했습니다

"내가 예수 그리스도의 심장으로 너희 무리를 얼마나 사모하는지 하나님이 내 증인이시니라"(1:8)

'심장'을 뜻하는 '스플랑카노이스'(σπλαγχνοις)는 심장, 간, 허파, 콩팥 등 내장을 가리킵니다. 이것은 한 마디로 마음이나 감정을 의미합니다. 따라서 '내가 예수 그리스도의 심장으로 너희 무리를 사모한다'는 말은 바울이 '마음과 감정으로 진실로 그들을 사랑한다'는 말입니다. 바울은 예수 그리스도께서 우리를 사랑하셨던 그 마음으로 빌립보교회 성도들을 사랑했습니다. 빌립보교회를 향한 사도 바울의 사랑과 마음은 하나님이 증거해 주십니다. '하나님이 내 증인이시니라'는 말은 진실성을 강조한 말입니다. 다시 말하면 하나님이 증거하실 만큼 진실하다는 말입니다. 우리 하나님은 마음으로 판단하시는 분이므로 속일 수 없습니다. 따라서 이 말은 '내가 그리스도의 마음으로 너희를 사랑하는 것이 진실임을 하나님이 증거해 주신다'는 사도 바울의 고백이라 할 수 있습니다. 그러므로 빌립보교회를 향한 바울의 고백은 진실합니다. 바울은 참으로 마음을 다하여 빌립보교회 성도들을 사랑했습니다. 이것은 부끄러움이나 사심이 없는 진실한 마음입니다. 이것이 그리스도의 심장을 가진 자의 고백입니다.

　우리도 사도 바울처럼 그리스도의 심장으로 교회를 사랑해야 합니다. 그리스도의 마음으로 성도들을 사랑해야 합니다. 이것은 사도 바울의 마음에 주의 성령이 역사하셨기 때문에 가능했습니다. 바울에게 예수 그리스도는 그의 전부였기에 가능할 수 있었습니다. 그리스도의 심장을 가졌다는 것은 그리스도와 하나가 되었다는 말입니다. 그리스도의 심장을 가진다는 것은 그리스도와 우리의 사상과 생각과 마음과 생활이 하나가 된다는 말입니다. 빌립보서 2장 5-8절에서는 그리스도의 심장과 그리스도의 마음에 대해 잘 말씀하고 있습니다. "너희 안에 이 마음을 품으라 곧 그리스도 예수의 마음이니 그는 근본 하나님의 본체시나 하나님과 동등 됨을 취할 것으로 여기지 아니하시고 오히려 자기를 비워 종의 형체를 가지사 사람들과 같이 되셨고 사람의 모양으로 나타나사 자기를 낮추시고 죽기까지 복종하셨으니 곧 십자가에 죽으심이라"(2:5-8). 그리스도의 마음은 한 마디로 그리스도의 낮아지심, 겸손, 희생, 섬김, 십자가라 할 수 있습니다.

　우리가 진실로 예수 그리스도와 하나가 될 때 비로소 우리가 그리스도의 심장을 가지게 됩니다. 우리가 그리스도의 심장을 가지게 되면 우리를 통하여 그리스도의 마음이 이웃에게 전달됩니다. 우리가 그리스도의 심장을 가지게 되면 예수님이 우리를 사랑하시어 십자가에서 죽어주신 그 사랑을 이웃에게 나누어 줄 수밖에 없습니다. 여기서 우리가 알아야 할 것은 진실한 성도는 주님과 모든 것이 일치하게 되어 주님만을 따를 수밖에 없다는 사실입니다. 진정으로 주님을 사랑하는 성도는 사상과 소망이 주님과 같을 수밖에 없습니다. 진실로 주님을 사랑하는 성도의 맥박은 주님의 맥박과 함께 뜁니다. 진실로 주님을 사랑하는 성도의 심장은 주님의 심장과 함께 고동칩니다. 성도는 주께서 자신의 피로 값 주고 사신 주의 것이기 때문입니다. 주님은 십자가의 피로 사신 그의 백성인 성도들 안에 거하십니다. 우리 안에 주의 성령이 계시므로 우리는 당연히 그리스도의 뜻을 따라 살아야 합니다. 당연히 그리스도의 사랑을 공유해야 합니다. 따라서 우리는 그리스도의 심장과 사랑과 사상과 소망을 가져야 합니다.

아씨시의 성자 프랜시스는 그리스도를 가장 많이 닮은 성자로 불립니다. 그는 그리스도를 닮기 위해 그리스도의 심장을 가지기를 소망하며 기도했습니다. 이것이 유명한 '평화의 기도' 입니다.

평화의 기도

주여 나를 평화의 도구로 써 주소서
미움이 있는 곳에 사랑을
상처가 있는 곳에 용서를
분열이 있는 곳에 일치를
의혹이 있는 곳에 믿음을
오류가 있는 곳에 진리를
절망이 있는 곳에 희망을
어둠이 있는 곳에 광명을
슬픔이 있는 곳에 기쁨을 심게 하소서
위로 받기보다는 위로하며

이해 받기보다는 이해하며
사랑 받기보다는 사랑하며
자기를 온전히 줌으로써 영생을 얻기 때문이니
주여 나를 평화의 도구로 써 주소서

우리는 그리스도의 심장을 가지고 있습니까? 그리스도의 마음을 품고 그리스도의 심장으로 교회와 형제를 사랑하고 있습니까? 우리 스스로의 힘으로는 불가능합니다. 성령의 도우심이 있어야 그리스도의 심장으로 교회와 성도들을 사랑할 수 있습니다. 성령께서 힘을 주셔야만 가능한 일입니다. 성령께서 우리 안에서 역사하실 때 우리가 그리스도의 심장을 가지게 됩니다. 그래야 우리가 그리스도와 하나가 되어 나누어 줄 수 있습니다.

우리는 그리스도의 심장을 가지도록 소망하고 사모함으로 기도해야 합니다. 그리하여 우리 모두 그리스도의 심장과 그리스도의 마음으로 교회와 형제를 사랑해야 합니다. 그리고 복음을 위하여 함께 참여하며, 생명의 복음을 이웃에게 나누어 주는 삶을 살아야 합니다.

사도 바울은

4. 아름다운 복음을 위한 참여가 그리스도의 날까지 이루실 줄을 확신했습니다

"너희 안에서 착한 일을 시작하신 이가 그리스도 예수의 날까지 이루실 줄을 우리는 확신하노라"(1:6)

여기서 '착한 일'은 '구속 사역의 은혜'를 말합니다. '그리스도 예수의 날까지'는 '구속 사역의 완성의 날까지', '그리스도의 재림의 날까지', '마지막 심판 때까지'를 말합니다. 그리스도께서 오시는 그 날에는 모든 것이 완성됩니다.

이 날은 크리스천의 승리의 날입니다. 반면 불신자는 심판을 받는 날입니다. 이 날, 주님의 재림의 날, 그리스도의 날은 아무도 모릅니다. 오직 성부 하나님만이 아십니다. 그러므로 우리는 그 날까지 그리스도의 심장으로 주님을 사모하고 소망하면서, 성도를 사랑하며 아름다운 복음을 위한 참여에 힘써야 합니다. 우리에게 맡기신 주님의 일, 즉 구원을 이루는 일을 위해 힘을 다해야 합니다. 우리 주님은 약속에 신실하십니다. 선택하신 그의 백성들을 결코 버리지 않으십니다. 구원받은 그의 백성들을 결코 포기하지 않으십니다. 주님은 분명히 다시 오십니다. 우리 주님이 재림하시는 그날까지 우리로 하여금 복음을 위하여 참여하게 하실 것입니다. 우리 주님은 그의 백성들과의 약속을 반드시 지키십니다.

하나님은 아브라함과 이삭과의 약속을 지키셨습니다. 야곱과의 약속을 지키신 하나님은 요셉과의 언약도 지키셨습니다. 하나님은 아브라함에게 출애굽을 약속하시고 가나안 땅을 주시겠다던 약속도 지키셨습니다. 아브라함과 이삭과 야곱의 후손으로 다윗 왕이 태어날 것이며, 다윗의 후손으로 메시야가 오실 것을 약속하신 하나님은 그 약속도 지키셨습니다. 그리스도께서 십자가에서 우리의 모든 죄를 대속하시고 부활하시어 승천하실 것이란 언약도 지키셨습니다. 이제 마지막 날에는 주 예수 그리스도께서 언약하신 대로 이 땅에 재림하시어 모든 민족을 심판하시고, 주 예수 그리스도를 믿는 선택받은 그의 백성들을 구원하시고, 그들로 하여금 영원히 왕 노릇하게 하신다는 그 약속도 반드시 지키실 것입니다. 그리고 주님이 오시는 그날까지 이 땅에서 살아가는 그의 백성들과의 교제도 지키실 것입니다. 그것은 우리 속에 역사하시는 성령님께서 지키게 하실 것입니다. 성경은 말씀합니다. "너희 안에서 착한 일을 시작하신 이가 그리스도 예수의 날까지 이루실 줄을 우리는 확신하노라"(1:6)

우리 안에 구원의 역사를 시작하신 성령께서 주님이 오실 그날까지 우리를 도우시고 인도하실 것입니다. 그러므로 우리는 그리스도의 심장으로, 그리스도 안에서, 복음과 교회를 위하여 서로 사랑으로 참여해야 합니다. 우리는 복음을 전할 때 성령님의 도우심을 받아 그리스도의 심장으로 전해야 합니다. 그리고 그리스도의 마음으로 사랑을 나누어야 합니다.

우리도 그리스도의 복음에 참여해야 합니다. 주님이 오시는 날까지 그리스도의 심장으로 주님의 사랑을 나누며 복음을 전해야 합니다. 아멘.

> [9]내가 기도하노라 너희 사랑을 지식과 모든 총명으로 점점 더 풍성하게 하사 [10]너희로 지극히 선한 것을 분별하며 또 진실하여 허물없이 그리스도의 날까지 이르고 [11]예수 그리스도로 말미암아 의의 열매가 가득하여 하나님의 영광과 찬송이 되기를 원하노라
>
> (빌립보서 1:9-11)

03 바울의 기도

사도 바울은 사랑하는 빌립보교회 성도들에게 문안 인사를 마친 후 감사했습니다. 바울은 빌립보교회 성도들을 생각할 때마다 감사했습니다. 이어서 그는 사랑하는 빌립보교회 성도들을 위하여 기도했습니다. 빌립보교회 성도들을 향한 바울의 기도 내용이 무엇입니까?

빌립보교회 성도들은 감옥에 갇혀 있는 바울 사도를 볼 수 없었습니다. 로마 감옥은 빌립보에서 너무 먼 거리인데다 바울의 몸이 자유롭지 못했기 때문입니다. 그러나 비록 그런 가운데서도 바울이 할 수 있는 일이 한 가지 있었습니다. 그것은 바로 기도였습니다. 누구도 바울에게서 기도를 빼앗아 갈 수는 없었습니다. 바울은 기도를 통하여 사랑하는 빌립보교회 성도들과의 교제를 이어갈 수 있었습니다. 기도를

통해 성도들과의 영적인 교통이 가능했습니다. 이것은 바울에게 있어 큰 위로요, 축복이요, 기쁨이었습니다.

우리가 기도할 수 있다는 것은 굉장한 축복입니다. 기도할 수 있고, 기도의 대상이 있다는 것은 감사한 일입니다. 기도해 줄 수 있는 사람이 있다는 것은 기쁨이요, 축복입니다. 기도는 장소와 시간을 초월해서 할 수 있습니다.

1. 사랑이 풍성하도록 기도했습니다

"내가 기도하노라 너희 사랑을 지식과 모든 총명으로 점점 더 풍성하게 하사"(1:9)

사도 바울은 먼저 빌립보교회 성도들의 사랑이 자라도록 기도했습니다. 여기의 사랑은 어떤 특정한 사랑이 아니라 보편적인 사랑을 말합니다. 특별히 누구를 사랑하라거나 어떤 사랑을 하라는 것이 아닙니다. 이 사랑은 크리스천으로서 누구나 해야 할 '성령의 열매로서의 사랑'을 말합니다. 성도가 지녀야 할 사랑입니다. 이 사랑이 완성되기 위해서는 갖추어야 할 것이 있습니다. 그것은 지식과 총명입니다.

1) 지식을 갖추어야 합니다

참된 사랑은 지식이 있어야 합니다. 지식이 있을 때 그 사랑이 더 풍성해질 수 있습니다. '지식'이란 말 에피그노세이($ἐπιγνώσει$)는 그 노시스($γνωσις$, 앎)보다 더욱 진보(進步)된 단어로, 그리스도인들이 지닌 하나님에 대한 지식을 말합니다. 우리는 하나님에 대한 지식이 있어야 합니다. 즉 하나님의 말씀을 바로 아는 지식이 있어야 합니다. 성령에 의해서 하나님의 말씀을 깨닫게 될 때 그리스도인의 사랑이 확고하게 자리 잡게 됩니다. 다시 말해서 성도의 진실한 사랑은 하나님의 말씀을 바로 깨달아 알게 될 때 더욱 확고하게 된다는 말입니다. 성도의 사랑은 하나님에 대한 바른 지식이 있을 때 더욱 풍성해 질 수 있습니다. 반면 하나님에 대한 지식도 없고 하나님의 말씀이 주는 의미도 모른 채 사랑한다면, 그 사랑은 인간적이고 동정적이며 인본주의적인 사랑으로 끝날 수 있습니다. 그런 사랑은 더 이상 자랄 수 없습니다.

우리는 하나님에 대하여 얼마나 알고 있습니까? 우리가 하나님에 대해 알면 알수록 하나님에 대한 사랑이 더욱 풍성해질 것입니다. 우리가 하나님에 대한 지식이 많으면 많을수록 그만큼 형제에 대한 사랑도 더욱 풍성해질 것입니다. 우리도 하나님에 대해 더 많이 알기 위해 힘을 써 하나님에 대한 사랑이 더욱 성장할 뿐 아니라 이웃을 향한 사랑도 더욱 깊어져야 합니다.

2) 총명을 갖추어야 합니다

'총명' (아이스데세이, $\alpha i \sigma \theta \eta \sigma \epsilon \iota$)은 주로 70인역에서 '지혜' (다아트, דעת)란 의미로 사용되었습니다(잠 1:4, 7, 22; 3:20; 5:2). '총명'은 지각적인 통찰력이나 도덕적인 분별력을 나타내는 말입니다. 여기서 바울은 사랑에는 분별력이 있어야 함을 강조합니다. 사랑에는 분별력이 있어야 합니다. 사랑은 중요한 것과 중요하지 않은 것, 악한 것과 선한 것을 분별할 수 있어야 합니다. 악한 것과 선한 것을 분별할 때 올바른 사랑을 할 수 있습니다. 그러므로 사랑은 지식과 총명이 있어야 성장하고 풍성해질 수 있습니다. 우리의 신앙이 매일 성장하는 동시에 사랑도 성장해야 합니다. 사랑은 어떤 감정이 아닌 깊은 지식과 총명에서 자라야 합니다. 사랑은 날카로운 감각에서 점점 증가하여 무엇이 중요한지를 판단할 수 있어야 합니다. 사랑과 지식은 밀접한 관계가 있습니다.

최근 불미스런 일로 이혼까지 했지만, 골프 천재 타이거 우즈는 연습벌레로 알려져 있습니다. 그는 밤이 늦도록 연습한다고 합니다. 그가 골프를 사랑하다 보니 골프에 대한 지식이 날마다 증가하게 되었고, 결국 세계 제일의 골프 황제가 될 수 있었습니다. 우리가 무엇을 좋아하고 사랑하게 되면 그에 대한 지식도 더불어 성장하게 됩니다. 또 누군가를 사랑하게 되면 그 사람에 관하여 많은 것을 알게 됩니다. 관심을 가지고 알려고 하기 때문에 그 사람에 관한 지식을 얻게 되는 것입니다.

예수님을 사랑한다면 예수님에 관하여 알고 싶은 욕구가 생깁니다. 그리고 하나님의 말씀을 배우면 하나님에 대한 지식이 증가하여 주님에 대한 사랑이 점점 풍성하게 될 것입니다. 진실로 하나님을 사랑한다면 하나님의 뜻이 무엇이며, 하나님의 요구가 무엇인가를 바로 알아야 합니다. 하나님의 요구와 하나님의 뜻을 알면 알수록 하나님에 대한 사랑이 더욱 풍성하게 될 것입니다. 그러므로 우리가 주님을 더욱 사랑하고 싶다면 하나님의 말씀에 대한 지식이 있어야 합니다. 하나님의 말씀이 나에게 무엇이라고 하며, 내가 사랑하는 주님은 어떤 분인가를 알아야 합니다. 이 말씀 가운데 확신이 생기면 주님을 향한 사랑이 더욱 성장하게 되고 풍성해집니다. 따라서 말씀에서 벗어난 사랑은 참된 사랑이 될 수 없습니다.

성경의 가르침은 일부일처입니다. 여기서 벗어나 일부다처가 되거나 다부일처가 되는 것은 사랑이 아닙니다. 성경은 죄를 짓지 말라고 가르치는데 계속 죄를 짓는다면 그것은 사랑이 아닙니다. 성경은 주일을 거룩하게 지키고 하나님께 예배드리라고 가르칩니다. 그런데 주일에 예배는 드리지 않고 세상으로 간다면 그것은 하나님을 사랑하는 것이 아닙니다. 우상을 숭배한다면 그것 역시 참 사랑이 될 수 없습니다. 잘못된 사랑입니다. 하나님에 대한 지식과 분별력이 없으면 참 사랑이 성장할 수 없습니다.

우리 주님은 우리의 사랑이 지식과 총명으로 더욱 성장하고 풍성해지기를 원하십니다. 주님을 향한 우리의 지식은 어느 정도입니까? 하나님에 대해 어느 정도 소개할 수 있습니까? 30분이나 1시간 이상 주님을 소개할 수 있습니까?

우리가 하나님에 대하여 배우면 배울수록 하나님을 향한 사랑이 그만큼 더 성장하고 깊어지게 됩니다. 모세가 처음에는 하나님에 대하여 잘 몰랐습니다. 그러나 하나님을 알아 갈수록 하나님을 더욱 사랑하게 되어 후에는 하나님의 놀라운 일들을 이루어 낼 수 있었습니다. 다윗도 날이 갈수록 하나님에 관하여 깊이 알아가게 되었습니다. 그러자 하나님을 더욱 깊이 사랑하게 되어 하나님의 위대한 역사를 이루어 갈 수 있었습니다. 다니엘도 하나님에 대한 지식이 깊어질수록 하나님을 더욱 깊이 사랑하게 되었습니다. 그래서 사자굴속에 들어갈 것을 알면서도 창문을 열고 하나님께 기도하며 감사할 만큼 담대한 신앙생활을 할 수 있었던 것입니다.

여러분이 하나님을 향한 사랑이 더욱 깊어지고 풍성해 지기를 원한다면 이렇게 기도해야 합니다. "주님, 사랑합니다. 주님을 더욱 많이 알고 싶습니다. 주님을 아는 지식이 더욱 성장하게 해 주십시오. 더욱 더 주님을 닮아가도록 도와주십시오. 주의 말씀을 더 많이 배워서 하나님을 더 많이 알아 깨달을 수 있는 지혜를 주셔서 죄악을 멀리하게 해 주십시오. 주님을 향한 사랑이 지식과 총명으로 날마다 풍성하게 해 주십시오."

2. 선한 것을 분별하도록 기도했습니다

"너희로 지극히 선한 것을 분별하며 또 진실하여 허물없이 그리스도의 날까지 이르고"(1:10)

이것은 바울의 두 번째 기도입니다. 바울은 선한 것을 분별하도록 기도했습니다. 여기서 '선한 것' 이란 원래 '다르다', '뛰어나다' 란 뜻입니다. 따라서 '선한 것' 은 '중요한 것', '최선의 것'(what is excellent)을 의미합니다. '분별하다' (도키마제인, δοκιμαζειν)는 '시험하여 증명하다' 라는 뜻입니다. 금속 주화가 진짜인지 가짜인지를 판단하는 것입니다. 따라서 '분별하다' 는 '중요한 것을 시험하여 분별하는 것' 을 말합니다.

우리는 지금 혼탁한 시대에 살고 있습니다. 판단하기 어려운 미묘한 문제들을 직면할 때가 많습니다. 애매한 문제도 많고, 신앙적으로나 도덕적으로 결론짓기 어려운 문제들도 계속 나타납니다. 그러므로 더욱 올바른 분별력과 판단력이 요구됩니다. 사도 바울은 이 사실을 잘 알았기 때문에 빌립보교회 성도들이 선한 것을 분별할 수 있도록 기도했습니다. 선한 것은 성령의 역사, 성령의 열매, 하나님의 일입니다. 그리고 하나님 중심, 말씀 중심으로 하는 것입니다.

우리는 성령의 역사를 분별할 수 있도록 기도해야 합니다. 하나님을 위한 일과 세속적인 일을 분별할 수 있도록 기도해야 합니다. 하나님 중심과 나 중심, 하나님 중심과 인본주의를 분별할 수 있도록 기도해야 합니다. 이 분별하는 삶이 진실하여 허물없이 그리스도의 날까지 계속되도록 기도해야 합니다. 사도 바울은 빌립보교회 성도들이 예수 그리스도께서 오시는 날까지 하나님과 사람들 앞에서 진실하고 정직하도록 기도했습니다. 그리고 빌립보교회 성도들이 허물없이 깨끗한 마음으로 행하도록 기도했습니다. 우리는 항상 옳고 그른 것을 분별할 수 있어야 합니다. 하나님의 일과 인간적인 일, 성령의 역사와 악령의 역사, 성령의 열매와 불의한 열매를 분별할 수 있어야 합니다. 하나님께서 기뻐하시는 일이 무엇인가를 분별할 수 있어야 합니다.

구약시대의 유명한 선지자 중에 발람이 있었습니다. 이스라엘 군대가 모압을 공격하자 모압 왕 발락이 두려워 떨었습니다. 이때 발락 왕은 이스라엘의 발람 선지자가 기도하면 무엇이든 그대로 이루어진다는 소문을 듣게 되었습니다. 그래서 발락 왕은 이스라엘을 저주해 주는 조건으로 재물로 발람을 유혹했습니다. 그런데 하나님께서 이 사실을 아시고 발람에게 발락 왕이 보낸 사신들을 따라가지 말라고 말씀하셨습니다. 그러나 발람 선지자는 엄청난 재물 앞에 마음이 흔들리고 말았습니다. 발람 선지자는 이스라엘을 저주하려고 했지만 입술에서는 계속 축복이 터져 나왔습니다. 결국 발람 선지자는 비참하게 멸망당하고 말았습니다. 그는 하나님이 기뻐하시는 일이 무엇인지를 분별하지 못했습니다.

사울 왕은 아말렉과 전쟁을 하기 전에 하나님으로부터 남녀노소를 비롯하여 모든 가축을 다 죽이라는 명령을 받았으나 살찐 우양과 짐승을 살렸습니다. 그리고 하나님께는 제사를 지내려고 살렸다고 변명했습니다. 그러나 사실 사울 왕이 불순종한 것은 물질의 탐욕 때문이었습니다. 그는 하나님을 기쁘시게 하는 것이 무엇인지를 분별하지 못했습니다.

교회 봉사도 마찬가지입니다. 우리는 어느 것이 하나님께서 기뻐하시는 일이며, 어떻게 하는 것이 교회의 유익을 위한 것인지를 분별할 수 있어야 합니다. 자신의 아집이나 고집 때문에 하나님의 일을 그르치거나 교회 성장에 거침돌이 되면 안 됩니다. 그러므로 우리는 주님의 뜻을 바로 발견할 수 있도록 분별력을 달라고 기도해야 합니다. 그리스도께서 오시는 그날까지 기도해야 합니다. 우리는 진실하여 허물이 없도록 그리스도의 날까지 기도하며 순종함으로 따라가야 합니다. 그러기 위해 우리 성도들은 자신이 먼저 불순물이 없이 순전하고 깨끗해야 합니다. 우리는 그리스도께서 오시는 그날까지 진실하고 허물이 없는 순전한 삶을 살도록 기도해야 합니다. 시편 15편은 우리가 진실하고 허물이 없는 순전한 삶을 살아가고자 하는데 도움이 되는 기도문입니다. "여호와여 주의 장막에 머무를 자 누구오며 주의 성산에 사는 자 누구오니이까 정직하게 행하며 공의를 실천하며 그의 마음에 진실을 말하며 그의 혀로 남을 허물하지 아니하고 그의 이웃에게 악을 행하지 아니하며 그의 이웃을 비방하지 아니하며 그의 눈은 망령된 자를 멸시하며 여호와를 두려워하는 자들을 존대하며 그의 마음에 서원한 것은 해로울지라도 변하지 아니하며 이자를 받으려고 돈을 꾸어 주지 아니하며 뇌물을 받고 무죄한 자를 해하지 아니하는 자이니 이런 일을 행하는 자는 영원히 흔들리지 아니하리이다"(시 15:1-5)

우리는 우리 주 예수 그리스도께서 다시 오시는 그날까지 하나님과 모든 사람들 앞에서 순전하여, 선한 것을 분별하며 정직하고 깨끗한 마음으로 살도록 기도해야 합니다.

3. 의의 열매가 가득하여 하나님께 영광과 찬송이 되도록 기도했습니다

"예수 그리스도로 말미암아 의의 열매가 가득하여 하나님의 영광과 찬송이 되기를 원하노라"(1:11)

바울의 세 번째 기도는 의의 열매가 가득하도록 기도했습니다. 의의 열매가 무엇입니까? 예수 그리스도께서 우리를 구원해 주심으로 우리가 의로운 존재가 되었습니다. 주께서 보내신 성령이 성도들 안에서 역사하심으로 열매를 맺게 하셨습니다. 이것이 성령의 열매입니다. 이 열매는 예수 그리스도로 말미암아 맺을 수 있습니다. 그러므로 열매를 맺게 하시는 분은 예수 그리스도이십니다. 예수 그리스도는 성령의 열매의 근원이 되십니다. 예수 그리스도는 우리를 죄악에서 구원하셨습니다. 그리고 성령을 보내어 열매를 맺게 하십니다. 성령의 열매를 많이 맺는 성도는 주님을 사랑하는 성도요, 성공적인 믿음생활을 하는 성도입니다.

사도 바울은 빌립보교회 성도들이 의의 열매, 즉 성령의 열매를 맺도록 기도했습니다. 우리 성도들은 의의 열매를 맺어야 합니다. 성령의 열매는 그리스도 안에 있어야 맺을 수 있습니다. 예수님은 말씀하셨습니다. "내 안에 거하라 나도 너희 안에 거하리라 가지가 포도나무에 붙어 있지 아니하면 스스로 열매를 맺을 수 없음 같이 너희도 내 안에 있지 아니하면 그러하리라 나는 포도나무요 너희는 가지라 그가 내 안에 내가 그 안에 거하면 사람이 열매를 많이 맺나니 나를 떠나서는 너희가 아무것도 할 수 없음이라"(요 15:4-5) 예수님은 포도나무요, 우리는 그의 가지입니다. 따라서 우리가 하나님과의 관계가 바로 되어 있어야 열매를 맺을 수 있습니다. 우리가 성령의 열매, 의의 열매를 맺기 위해서는 우리의 삶이 그리스도 안에 있어야 합니다. 말씀 속에 거해야 하고, 성령 안에서 살아야 합니다. 그러려면 우리가 얼마나 많은 열매를 맺고 있으며, 어떤 종류의 열매를 맺고 있는지 우리의 삶을 점검해 봐야 합니다. 우리는 성령의 열매를 맺어야 합니다. 성령의 열매에 대해 성경은 이렇게 말씀합니다. "오직 성령의 열매는 사랑과 희락과 화평과 오래 참음과 자비와 양선과 충성과 온유와 절제니 이같은 것을 금지할 법이 없느니라"(갈 5:22-23)

우리가 성령의 열매를 맺어야 할 이유는 하나님께 영광과 찬송이 되기 때문입니다. 성경은 말씀합니다. "예수 그리스도로 말미암아 의의 열매가 가득하여 하나님의 영광과 찬송이 되기를 원하노라"(1:11) 우리는 삶 속에서 하나님께 영광을 돌려야 합니다. 예수님은 말씀하셨습니다. "이같이 너희 빛이 사람 앞에 비치게 하여 그들로 너희 착한 행실을 보고 하늘에 계신 너희 아버지께 영광을 돌리게 하라"(마 5:16), "너희가 열매를 많이 맺으면 내 아버지께서 영광을 받으실 것이요 너희는 내 제자가 되리라"(요 15:8), "그런즉 너희가 먹든지 마시든지 무엇을 하든지 다 하나님의 영광을 위하여 하라"(고전 10:31) 우리의 삶의 목적은 오직 '하나님의 영광' 입니다.

우리도 사도 바울처럼 기도합시다. "주여, 우리의 전 생애가 하나님께 영광이 되게 해 주십시오. 순간마다 하나님의 영광을 생각하며 살게 해 주십시오. 우리에게 선한 분별력을 주시고, 하나님을 향한 사랑이 더욱 풍성하게 자라게 해 주십시오." 아멘.

¹²형제들아 내가 당한 일이 도리어 복음 전파에 진전이 된 줄을 너희가 알기를 원하노라 ¹³이러므로 나의 매임이 그리스도 안에서 모든 시위대 안과 그 밖의 모든 사람에게 나타났으니 ¹⁴형제 중 다수가 나의 매임으로 말미암아 주 안에서 신뢰함으로 겁 없이 하나님의 말씀을 더욱 담대히 전하게 되었느니라 ¹⁵어떤 이들은 투기와 분쟁으로 어떤 이들은 착한 뜻으로 그리스도를 전파하나니 ¹⁶이들은 내가 복음을 변증하기 위하여 세우심을 받은 줄 알고 사랑으로 하나 ¹⁷그들은 나의 매임에 괴로움을 더하게 할 줄로 생각하여 순수하지 못하게 다툼으로 그리스도를 전파하느니라 그러면 무엇이냐 겉치레로 하나 참으로 하나 무슨 방도로 하든지 전파되는 것은 그리스도니 이로써 나는 기뻐하고 또한 기뻐하리라

(빌립보서 1:12-18)

04

복음의 진전

  중국은 문화혁명(文化革命) 이전의 크리스천 인구가 70만 명이었다고 합니다. 그런데 문화혁명 기간 중에 있었던 종교탄압으로 인하여 기독교인이 전멸할 줄 알았는데, 오히려 문화혁명 후에 집계된 기독교인의 수는 3천만 명으로 늘어났습니다. 문화혁명으로 인하여 자신의 안전만을 생각하던 쭉정이 크리스천들은 다 떠나고, 알곡 크리스천들이 목숨을 걸고 복음을 지켰기 때문입니다. 기독교는 그들을 통

해 복음이 진전되어 지하교회(地下敎會)를 중심으로 더욱 단단한 반석(磐石) 위에 구축될 수 있었습니다. 이것이 복음의 진전입니다.

　복음을 전하다가 로마 감옥에 갇힌 사도 바울이 사랑하는 빌립보교회 성도들에게 보내는 편지를 통해, 그의 강렬한 소망은 오직 복음이 진전되고 전파되는 것이라고 밝히고 있습니다. 빌립보교회 성도들도 사도 바울이 로마 감옥에서 어떻게 보내고 있는지 매우 궁금했습니다. 사도 바울이 이 마음을 모를 리가 없었습니다. 그래서 빌립보교회 성도들에게 보내는 편지를 통하여 바울의 소식을 전해 주었습니다. 바울은 자신이 비록 로마 감옥에 있지만 계속 그리스도의 복음을 전파하여 열매가 나타나고 있다는 소식도 전했습니다. "형제들아 내가 당한 일이 도리어 복음 전파에 진전이 된 줄을 너희가 알기를 원하노라"(1:12) 사도 바울은 빌립보교회 성도들을 '형제들'이라고 부릅니다. 이것은 사랑과 우정이 담긴 호칭입니다. 그리고 '나의 당한 일'이라고 한 것은 그가 복음을 위하여 감옥에 갇힌 것을 말합니다. 그런데 바울이 감옥에 갇힌 것이 복음 전파에 진전이 되었다는 말입니다. '진전'이란 말은 전진을 방해하는 방해물을 제거하는 것으로 군대나 탐험대가 진군하는 데 사용되는 말입니다. 다시 말하면 '복음 전파에 진전이 되었다'는 말은 비난과 박해 속에서도 계속 앞으로 나아가는 것을 뜻합니다. 바울이 비록 감옥에 갇혀 있었지만 그는 하나님의 복음을 변호했고, 그 복음이 이방 세계로 널리 퍼지게 되었습니다. 이것이 바로 복음 전파의 진전입니다.

1. 고난을 통해서 복음 전파에 진전이 나타났습니다

"이러므로 나의 매임이 그리스도 안에서 모든 시위대 안과 그 밖의 모든 사람에게 나타났으니"(1:13)

사도 바울이 복음을 전하다가 감옥에 갇힘으로 해서 시위대 안에 있는 모든 사람들을 비롯하여 많은 사람들에게 복음이 전파되었습니다. 복음은 예수 그리스도를 통하여 구원받는 소식, 즉 좋은 소식입니다. 바로 복음은 예수 그리스도 자신입니다. 복음의 진전은 사도 바울의 매임, 즉 감옥에 갇히는 구속 사건을 통하여 먼저 시위대 안에서 나타났습니다.

사도 바울은 지금 감옥에서 로마 황제의 재판을 기다리고 있습니다. 로마 시민권을 가진 사도 바울이 감옥에 갇힌 것은 흉악한 죄수이기 때문이 아니라 오직 복음을 전했다는 이유 때문입니다. 그래서 그는 로마 황제로부터 직접 재판을 받기 위해 기다리고 있습니다. 그 동안 특수 죄인인 그에게는 어느 정도의 자유가 있었습니다. 그래서 셋방을 얻어서 찾아오는 사람들과 면회할 수 있었는데 이때 그들에게 복음을 전했습니다. 이때 바울을 지키는 시위대 군인들도 자연히 복음을 들을 수 있게 되었습니다. 이 시위대는 로마 황제 아우구스투스가 창설했는데 많은 군인들 가운데 특출한 1단 명의 병사를 9개 보병대로 구성한 정예부대입니다. 이들은 모두 이탈리아 본토 출신들로 이중으로 봉급을 받았습니다. 또한 특수한 권리를 향유한 이들은 로마 시 전체와 이웃 도시에 분산 주둔하여 무서운 세력을 형성했습니다 뿐만 아니라 이들은 무력으로 민중들을 강요할 수 있었기 때문에 언제든지 그들이 지명한 사람이 황제가 되었습니다. 사도 바울은 지금 이 시위대 병사들의 감시를 받고 있습니다. 교대 근무를 하는 이 특수 정예 부대인 로마 시위대 장교들과 병사들은 자연스럽게 바울과 접촉하여 대화할 수 있게 되었습니다. 이들은 바울의 생활을 통해서 감명을 받았습니다. 사도 바울의 인내심, 온유함, 학식, 용기, 내적 확신, 그리고 굽힐 줄 모르는 집념에 깊은 감동을 받은 것입니다.

하나님의 섭리는 오묘합니다. 세계 최대의 수도인 로마 한 가운데 그의 사랑하는 종 바울을 감금시켜 놓고, 그로 하여금 거칠고 오만하기 짝이 없는 시위대 병사들에게 복음을 전하게 하셨습니다. 바울에게 면회가 허용되었으므로 많은 사람들이 그를 찾아 왔습니다. 그때 로마 시위대 병사들도 면회 온 사람들과의 대화를 자연히 듣게 되었습니다. 그들은 서신 대필자의 말과 판사들에게 하는 말과 하나님께 기도하는 내용도 들을 수 있었습니다. 그 기도 가운데는 시위병들을 위한 기도도 있었습니다.

시위대 군인들이 처음에는 바울의 말, 즉 복음을 대수롭지 않게 생각하여 경멸했을 것입니다. 그러나 점차 관심을 가지게 되어 결국 열심히, 그리고 적극적으로 자신들이 들은 이야기를 전하게 되었습니다. 바울의 이야기의 핵심은 예수 그리스도입니다. 십자가와 부활이요, 영생과 천국이었습니다. 이 복음을 들은 시위대 군인들을 통하여 동료 시위대원들과 가족들 뿐 아니라 친구와 로마 궁전에 있는 가이사의 집, 즉 황제의 친척들, 그리고 로마의 일반 시민들에게까지 널리 전파되었습니다. 바울이라는 죄수의 소문이 점점 더 널리 퍼져 나중에는 예수 그리스도의 이야기가 로마 시의 화젯거리가 되었습니다.

이 복음은 점점 더 널리 소개되고 전파되었습니다. 또한 사도 바울이 재판을 받는 세계 최고의 로마 법정에서는 지금까지 예수 그리스도의 복음 때문에 재판을 한 적이 없었습니다. 그렇기 때문에 재판관들은 지금까지 한 번도 들어본 적이 없는 사건을 재판해야 했습니다. 로마 법정에서 예수 그리스도의 복음 때문에 재판이 열리게 된 것은 놀라운 일입니다. 하나님의 섭리는 너무도 위대하고 완벽하여 가히 우리가 측량할 수 없습니다. 사도 바울이 전도하다가 체포되어 감옥에 갇힘으로 인하여 로마 제국의 핵심 세력인 시위대 병사들과 그들의 가족 및 친지들에게도 복음을 전하게 되었습니다. 뿐만 아니라 왕족인 가이사의 가족들, 그리고 일반 시민들에게까지 복음이 확산되는 역사가 나타났습니다. 이것이 복음의 진전입니다. 사도 바울은 이 복음의 진전을 생각할 때마다 하나님께 감사했습니다. 바울은 자신의 매임으로 인하여 하나님의 복음에 진전이 있는 것이 감사하여 '내가 기뻐하고 또한 기뻐한다'고 고백합니다.

그리스도의 복음은 고난과 환난을 통해서도 힘차게 진전합니다. 그리스도의 복음은 희생을 통해서도 확장됩니다. 사도 바울이 로마 감옥에 갇힘으로 인하여 복음의 문이 더 넓게 열렸습니다. 하나님의 역사는 고난을 통해 오히려 더 크고 확실하게 이루어지기도 합니다.

요셉은 형들의 미움을 받아 웅덩이에 갇혔다가 끝내 애굽으로 노예로 팔려갔을 뿐 아니라 거기서도 누명을 쓰고 감옥에 갇히게 되었습니다. 그러나 거기에서 애굽 왕 바로의 꿈을 해몽해 줌으로써 결국 총리가 되어 이스라엘의 구원 역사를 이루게 했습니다. 그가 감옥에 들어감으로써 하나님의 역사를 이루게 된 것입니다. 믿음의 사람 욥도 모든 재산과 자녀와 건강을 다 잃고 자신의 몸마저 병이 들었습니다. 그러나 욥은 이 일로 인하여 하나님의 깊고 신비로운 지혜와 뜻을 발견하게 되었습니다.

우리도 어려움을 당하게 되면 순간적으로 불평하며 원망할 수 있습니다. 그러나 시간이 지나면 이 일을 통한 하나님의 섭리를 곧 깨닫게 됩니다. 사도 바울은 자신의 고난을 통해서 그리스도의 복음에 진전이 있게 된 것을 기뻐하며 감사했습니다. 그의 가슴에는 오직 주의 영광과 주의 복음으로 가득하게 되었습니다. 그의 마음은 복음 전파의 열정으로 더욱 뜨거워졌습니다.

바울의 소원이 우리의 소원이 되고, 바울의 기쁨이 우리의 기쁨이 되어야 합니다. 우리는 그리스도의 복음 전파를 위해서 고난도 각오해야 합니다. 항상 감사하며 기뻐해야 합니다. 우리 모두 오직 그리스도의 영광과 찬양이 되는 복음의 진전을 위한 열정으로 뜨거워져야 합니다.

2. 바울의 매임을 통한 복음 전파의 진전은 형제들 가운데 나타났습니다

1) 다수의 형제들 가운데 나타났습니다

"형제 중 다수가 나의 매임으로 말미암아 주 안에서 신뢰함으로 겁 없이 하나님의 말씀을 더욱 담대히 전하게 되었느니라"(1:14)

여기서 다수의 형제는 로마에 있는 신자들을 말합니다. 로마교회는 사도 바울이 설립한 것이 아니므로 이 형제들을 모릅니다. 이들은 흩어진 유대인(디아스포라)들입니다. 사도행전 8장에 보면 핍박을 받아 흩어진 유대인들이 베니게와 구브로와 안디옥까지 가서 복음을 증거했습니다. 그리고 로마까지 와서 교회를 세웠습니다. 그런데 로마에 있는 대다수의 성도들이 투옥이란 장애를 극복하고 로마군의 꽃이라 할 수 있는 시위대 군인들에게 복음을 전파하여 점점 확산되고 있다는 바울의 소식을 듣고 용기를 얻게 되었습니다.

하나님의 은혜를 체험한 성도들은 동료가 복음 전파로 인하여 어려움을 당하는 것을 보면 오히려 용기를 얻게 됩니다. 주의 종들이 복음을 위해 고난을 받으면 성도들이 담대해집니다. 전쟁터에서 전우가 총에 맞아 쓰러지는 것을 보면 의분이 일어나 더 용감하게 싸우게 되는 것과 마찬가지입니다. 주의 종들이 복음 때문에 투옥되어 고문을 받거나 순교했다는 소식을 들으면 진실한 성도들은 이에 용기를 얻어 더욱 담대하게 복음을 전하게 됩니다. 이것이 복음의 진전입니다.

바울이 2년 정도 감옥에 갇혀 있을 때 많은 사람들에게 복음을 전했는데 특별히 가이사의 집 사람들 중에 몇 명을 전도했습니다. "모든 성도들이 너희에게 문안하되 특별히 가이사 집 사람 중 몇이니라"(4:22) 로마 황제의 집인 가이사, 즉 왕족 중에 몇 명이 바울을 통해 예수 그리스도를 영접하게 되었습니다. 그런데 이들이 빌립보교회의 이야기를 듣고 문안하게 되었습니다. 참으로 놀라운 일입니다. 이런 소식을 들은 로마에 있는 성도들이 담대하게 일어났습니다. 그들은 이제 핍박을 두려워하지 않고 담대하게 그리스도의 복음을 전할 수 있게 되었습니다.

여기서 우리는 바울 사도의 모범적인 신앙을 발견할 수 있습니다. 바울은 복음을 위해 고난과 희생을 당하다가 감옥까지 가게 되었습니다. 그러나 그는 그곳에서도 오직 주의 복음과 주의 영광을 위하여 기쁜 마음으로 섬겼습니다. 우리도 이런 바울의 신앙을 본받아 주님께는 칭찬을 받고, 다른 성도들에게는 용기와 소망을 줄 수 있어야 합니다.

모르드개는 하만의 계략에 의해 동족 유대인들이 모두 죽게 되었을 때 베옷을 입고 금식하며 기도하기 시작했습니다. 여기에 자극을 받은 에스더 왕후가 용기를 얻어, 3일 동안 금식기도 후 '죽으면 죽으리라' 는 고백을 하고 왕 앞에 나아갔을 때 민족을 살리는 역사가 나타났습니다. 육신의 병으로 고통 받는 중에도 믿음이 더욱 강건하게 되어 주님을 더욱 의지한다거나, 사업에 실패한 성도가 어려움 속에서도 오히려 더 담대한 모습을 보이면 그것을 지켜보는 성도들도 힘과 용기를 얻게 됩니다. 이것이 복음의 진전입니다.

우리도 사도 바울처럼 어떤 어려움이 오더라도 오직 그리스도의 복음의 진전을 위해 전진해야 합니다. 그리하여 우리를 지켜보는 다른 성도들이 힘을 얻어 더욱 더 주님을 의지하게 되는 믿음의 역사가 나타나도록 아름답고 모범적인 신앙생활을 해야 합니다.

2) 사도 바울의 투옥 사건을 통해 복음 전파가 두 가지 형태로 나타났습니다

"어떤 이들은 투기와 분쟁으로 어떤 이들은 착한 뜻으로 그리스도를 전파하나니"(1:15)

① 투기와 분쟁으로 시작한 무리가 있었습니다. 이들은 원래 유대주의적 경향을 가진 로마교회의 지도자들로 바울이 로마에 가기 전부터 있었던 사람들입니다. 사도 바울이 로마 감옥에서 복음을 전파하자 바울의 명성이 높아지기 시작했습니다. 그러자 점차 사람들의 마음이 바울에게로 기울어지게 되면서부터 그들의 지위가 다소 흔들리게 되자 바울을 시기하게 되었습니다. 그들은 바울의 힘을 약화시키려는 목적으로 열심히 전파했습니다. 그렇게 함으로써 감옥에 있는 바울의 힘이 약해지면 그의 영향력이 떨어져 자신들의 지위와 명예가 상대적으로 올라갈 것으로 생각했기 때문입니다. 이들이 이단이라거나 다른 복음을 전한 것이 아닙니다. 모두 같은 예수 그리스도를 전했습니다. 그런데 문제는 그들의 동기입니다. 이들은 순수한 동기로 하지 않고 투기와 분쟁으로 그리스도를 전파했습니다. 이 말은 당파심으로 전했다는 말입니다. 다시 말하면 자신의 이익만을 위해서 전했다는 말입니다. 그들은 명예를 얻기 위해 경쟁심으로 전했습니다. 쉽게 말해서 정치운동이나 선거운동이라도 해서 자기의 욕망을 충족하려고 했던 것입니다. 이들은 그렇게 함으로써 감옥에 있는 바울에게 더 큰 괴로움을 줄 것으로 생각하고 순전하지 못한 마음으로 전파했습니다. 이것은 진실한 교사의 모습이 아닙니다. 결코 성실한 교역자의 자세라 할 수 없습니다. 당연히 복음 전파는 해야 하지만 그 동기가 떳떳하지 못했습니다. 동역자가 자신의 모든 것을 희생해 가며 복음을 전하다가 감옥에 갇혔습니다. 그런데 그들은 자신의 이익과 목적 달성만을 위하여 경쟁심으로, 그것도 바울을 매장하고자 투기와 분쟁으로 복음을 전했습니다. 이것은 그들의 신앙인격의 문제입니다. 이것은 떳떳

하지 못하고 존경받지 못할 방법이며 결코 하나님이 기뻐하시지 않는 방법입니다.

우리가 교회를 위해 봉사하고 섬길 때도 마찬가지입니다. 투기와 시기로 하거나 경쟁심으로 하지 말아야 합니다. 자신의 이익이나 명예, 또는 욕망을 위하여 순수하지 못한 동기로 하면 안 됩니다. 오직 그리스도의 영광과 영혼 구원을 위해, 그리고 하나님의 교회를 위해 겸손하게 희생적이며 순수한 심정으로 섬겨야 합니다.

② 착한 뜻으로 전파한 사람들이 있었습니다. "어떤 이들은 투기와 분쟁으로 어떤 이들은 착한 뜻으로 그리스도를 전파하나니 이들은 내가 복음을 변증하기 위하여 세우심을 받은 줄 알고 사랑으로 하나"(1:15-16)

'착한 뜻'(유도키안, εὐδοκίαν)이란 말은 '만족', '충족'이란 의미가 있습니다. 이 말은 다른 사람과 유익된 관계를 갖는 것을 뜻합니다. 바울이 전하는 복음의 목적을 바로 깨달아 선한 일꾼으로서 복음 전파의 사역을 행하는 것을 뜻합니다. 이들은 사도 바울을 진실한 주의 종으로 인정하여 바울이 복음을 전파하는 이 사역에 적극 동참하기로 결정했습니다. 그리고 그들은 감옥에 있는 바울을 대신하여 복음을 더 열심히 전해야겠다고 마음먹었습니다. 바울이 하지 못하는 일을 대신 하겠다고 앞장 선 사람들입니다. 이들은 사랑과 순전한 동기로 복음을 전했습니다. 이들은 그리스도를 사랑하고 섬겼습니다. 그리스도와 복음을 위해 세움 받은 바울을 사랑하고 존경하며 인정해 주었습니다. 복음 전파는 이처럼 순수한 동기와 사랑으로 해야 합니다.

거짓 증거자는 투기와 분쟁과 이기심으로 하지만 참된 증거자는 사랑과 착한 뜻으로 했습니다. 이들은 바울을 기쁘게 하고 격려하기 위해 복음을 전했습니다. 이들은 진실한 신앙인격자들이었습니다.

우리도 주님을 기쁘시게 하기 위해 진실한 신앙 인격자들이 되어 서로 사랑하고 협력하여 착한 뜻으로 복음을 전해야 합니다.

3. 진실한 전도자의 자세

우리는 이러한 와중에도 진실한 전도자 바울의 자세를 발견할 수 있습니다. "그러면 무엇이냐 겉치레로 하나 참으로 하나 무슨 방도로 하든지 전파되는 것은 그리스도니 이로써 나는 기뻐하고 또한 기뻐하리라"(1:18)

바울은 감옥 바깥에서 일어나는 모든 사실을 잘 알고 있었으나 그는 모든 현실을 초월하여 초연한 자세를 취했습니다. 자신에 대하여 누가 뭐라고 하든 상관하지 않았습니다. 바울을 시기하고 질투를 하든, 모함을 하든, 원수로 여기든 상관하지 않았습니다. 누가 더 명성을 얻고, 누구의 지위가 더 높아지든지 그런 것 따위는 전혀 관심이 없었습니다. 오직 그의 관심은 예수 그리스도였습니다. 오직 예수 그리스도의 복음 전파와 복음의 진전만이 그의 관심거리였습니다. 바울은 오로지 많은 사람들이 전도를 받아 구원받을 이 일에만 관심을 가졌습니다. 바울은 자신에 대해서도 무관심했습니다. 오직 그의 관심은 복음이었습니다. 그의 최대의 관심과 목표는 '참으로 하나 외모로 하나 그리스도만 전파되는 것'이었습니다. 사도 바울의 가슴에는 '오직 그리스도, 오직 복음'으로 가득했습니다. 모든 시기와 질투와 원망은 사도 바울에게서 사라졌습니다.

우리는 바울에게서 진실한 복음 증거자의 자세와 신앙인격을 배워야 합니다. 우리는 다른 사람들의 훌륭하고 뛰어난 점과 명성과 지위를 인정해야 합니다. 비판하거나 질투해서도 안 되며, 무조건 부정적으로만 보아도 안 됩니다. 사도 바울처럼 명예가 손상되거나 신상에 손해가 오더라도 모든 것을 초월해야 합니다. 이것이 바로 예수 그리스도를 닮아가는 성도의 모습입니다.

그리스도의 복음은 고난과 환난 중에서도 전파되고 진전됩니다. 바울처럼 복음의 진전을 위해 고난도 기쁘게 받을 수 있어야 합니다. 우리의 신앙의 아름다운 모습을 다른 성도들에게 보여주는 용기가 있어야 합니다. 투기와 분쟁으로 하거나 이기적이며 경쟁적으로 하지 말고, 오직 사랑과 진실함으로 전파해야 합니다. 오직 그리스도만 전파되고, 그리스도만 높아지고, 많은 사람이 구원받을 이 일에만 관심과 소망을 두어야 합니다. 그리고 복음의 진전을 위해 기도하며, 복음의 진전을 기뻐하는 우리 모든 성도들이 되어야 합니다. 아멘.

¹²형제들아 내가 당한 일이 도리어 복음 전파에 진전이 된 줄을 너희가 알기를 원하노라 ¹³이러므로 나의 매임이 그리스도 안에서 모든 시위대 안과 그 밖의 모든 사람에게 나타났으니 ¹⁴형제 중 다수가 나의 매임으로 말미암아 주 안에서 신뢰함으로 겁 없이 하나님의 말씀을 더욱 담대히 전하게 되었느니라 ¹⁵어떤 이들은 투기와 분쟁으로 어떤 이들은 착한 뜻으로 그리스도를 전파하나니 ¹⁶이들은 내가 복음을 변증하기 위하여 세우심을 받은 줄 알고 사랑으로 하나 ¹⁷그들은 나의 매임에 괴로움을 더하게 할 줄로 생각하여 순수하지 못하게 다툼으로 그리스도를 전파하느니라 ¹⁸그러면 무엇이냐 겉치레로 하나 참으로 하나 무슨 방도로 하든지 전파되는 것은 그리스도니 이로써 나는 기뻐하고 또한 기뻐하리라 ¹⁹이것이 너희의 간구와 예수 그리스도의 성령의 도우심으로 나를 구원에 이르게 할 줄 아는 고로

(빌립보서 1:12-19)

05

구원에 이르게 하는 길

사도 바울은 그의 일생을 복음 전파를 위해 바쳤습니다. 그리고 바울은 하나님을 사랑하여 오직 그리스도만을 위해 살았습니다. 그러나 사실은 하나님께서 먼저 바울을 사랑하시어 그에게 특별한 은혜를 주셨습니다. 그래서 바울은 그 사랑에 감격하여 복음을 기뻐하며 그의 전 인생을, 아니 그의 생명까지도 주와 복음을 위해 바칠 수 있었습니다. 그는 지금 사랑하는 주님과 복음을 위하여 살다가 로마 감옥에 갇

혀 있습니다. 그러나 그는 원망하거나 불평하지 않았습니다. 하나님을 원망한다거나 자기를 시기하며 미워하는 사람들도 원망하지 않았습니다. 오히려 그는 기뻐하며 즐거워했습니다. 그것은 그가 감옥에 갇힘으로 인하여 복음의 진전이 있었기 때문입니다. 시위대 군인들과 가이사의 사람들, 즉 로마 황제의 가족들에게도 복음이 전파되었기 때문입니다. 뿐만 아니라 로마 교회의 성도들이 힘을 내어 담대히 복음을 전파했기 때문입니다. 어떤 사람들은 시기와 질투, 즉 외모로 복음을 전파했습니다. 그런가 하면 다른 이들은 참 마음으로 예수 그리스도를 전하는 사람들도 있었습니다. 바울은 이 소식을 듣고 외모로 하나 참으로 하나 결국 그리스도가 전파되는 것으로 기뻐하고 기뻐했습니다.

그는 감옥에 갇혀 있으면서도 하나님의 구원 계획을 바라보았습니다. 그는 하나님의 놀라우신 구원 역사를 바라보았습니다. 바울의 고백입니다. "이것이 너희의 간구와 예수 그리스도의 성령의 도우심으로 나를 구원에 이르게 할 줄 아는 고로"(1:19) 바울은 지금 자신이 처한 이 상황이 결과적으로 구원에 이르게 될 것을 확신하고 있습니다. 자기가 감옥에 갇힌 일과 자신을 향해 인신공격을 하는 모든 일들도 구원에 이르게 하는 길이 될 것으로 믿고 있습니다.

1. 구원이 무엇입니까

오늘 본문에서 바울이 말하는 구원에 대한 여러 가지 해석이 있습니다.

1) 바울의 석방을 의미합니다

바울은 결국 출옥하여 자유를 얻게 된다는 해석입니다. 그러나 바울은 이어서 자기가 살게 될 것인지에 대해 언급했습니다. 그러므로 그에게 있어서 구원을 석방이라고 해석하는 것은 적절하지 않습니다.

2) 영원한 하늘나라에서의 구원을 의미합니다

사도 바울은 결국 하늘나라에서의 구원을 얻게 될 것입니다. 이 땅에서, 특히 감옥에 갇혀서 복음을 증거하며 고난 받은 모든 것이 증거로 남을 것입니다. 그리고 그 모든 증거들이 심판 날에 그의 공적으로 나타날 것입니다. 바울은 비록 이 땅에서 살아도 현세만을 위하여 살지 않았습니다. 영원한 하늘나라를 소망삼고 일했습니다. 성도의 마지막 구원은 주님의 재림 때에 이루어집니다. 그리고 이 땅에서의 모든 수고가 끝나고 하나님 나라에 들어갈 때 완성됩니다. 그러므로 구원받은 성도는 항상 하나님의 나라를 소망하는 삶을 살아야 합니다.

3) 현재 자신의 건강과 행복한 상태를 의미합니다

바울에게 구원은 감옥에서의 석방이나 천국에서의 구원이 아니라 지금 자신에게 일어나는 좋은 일을 말한다는 해석입니다. 바울은 지금 감옥에서 재판을 기다리고 있습니다. 앞으로 그의 장래가 어떻게 될지 아무도 모릅니다. 그러나 그는 어떤 환경에도 신경을 쓰지 않았습니다. 바울은 현재의 상황이든 천국에 가게 되든 모든 환경을 주님께서 주신 것으로 믿었습니다. 그래서 그는 어떤 형편에 처하든지 낙심하지 않고 항상 감사하며 기뻐할 수 있었습니다. 바울은 '내가 처한 모든 환경은 하나님께서 주셨고, 하나님은 언제나 나와 함께 하시므로 나의 구원을 확신한다. 그러므로 나는 감사하며 기뻐한다'고 고백하고 있습니다.

사도 바울의 신앙을 통해 우리는 많은 위로를 받게 됩니다. 그는 감옥에 갇혀서도 절망하지 않고 오직 그리스도의 복음을 전하는 일에 전념했습니다. 여러분 중에도 지금 어려움을 겪고 있는 분들이 있을 것입니다. 사업이나 직장 문제, 자녀 문제, 부부 문제, 질병, 신앙의 박해 등으로 인해 어려움을 당할 수도 있습니다. 그러나 바울 사도를 보십시오. 그는 평생 복음을 위해 고난과 박해를 받았으며, 투옥당하기도 하고, 질병에 걸리기도 하고, 시기와 멸시도 받았습니다. 그리고 지금은 감옥에 갇혀 언제 죽임을 당할지 모르는 형편입니다. 그러나 그의 태도가 어떠합니까? "그러면 무엇이냐 겉치레로 하나 참으로 하나 무슨 방도로 하든지 전파되는 것은 그리스도니 이로써 나는 기뻐하고 또한 기뻐하리라"(1:18) 바울은 고난을 참으며 인내하는 것에 그치지 않고 한 걸음 더 나아가 기뻐한다고 했습니다. 우리 예수님도 우리가 고난을 당할 때 불평하지 않는 것에 그치지 말고 어떤 환경에서라도 기뻐하라고 말씀하십니다. 고통 중에도 감사하고 고난 중에도 기뻐하라고 하십니다.

찬송가 작사자인 패니 J. 크로스비(Fanny J. Crosby) 여사는 아주 어릴 때 소경이 되었지만 수많은 찬송가를 작사했습니다. 우리가 애창하는 '나의 갈 길 다 가도록', '예수로 나의 구주 삼고', '너희 죄 흉악하나' 등을 작사했습니다. 크로스비 부인은 어릴 때 수술을 하다가 의사의 실수로 실명하여 평생 소경으로 살았습니다. 그러나 그녀는 우리가 생각하는 그런 고난의 삶을 살지 않았습니다. 부인은 훗날 이런 고백을 했습니다. "지금 그 의사를 만날 수 있다면 나를 실명하게 한데 대해 몇 번이고 감사할 것입니다. 비록 신체적으로는 안타까운 현실이지만 하나님은 이미 오래 전부터 이 일을 통하여 하실 일을 계획하셨습니다. 하나님은 나로 하여금 신체적으로 어두운 가운데 살면서 하나님을 찬양하는 노래를 더 훌륭하게 작사하고, 다른 사람들에게는 하나님을 찬양하는 노래를 부르게 하시려는 위대한 목적이 있으셨다고 믿습니다."

우리도 우리의 환경이 어떠하든지, 앞으로 어떤 일을 만나든지, 하나님은 변함없이 우리를 사랑하신다는 사실을 믿어야 합니다. 또한 하나님은 우리를 위한 완벽한 계획을 가지고 있으실 뿐 아니라, 모든 환경을 초월하여 우리를 구원의 길로 인도해 주신다는 사실도 믿어야 합니다. 그러므로 우리는 어떠한 경우에도 주님을 원망하거나 불평하지 말고, 오히려 감사하며 기뻐하는 삶을 살아야 합니다.

2. 구원에 이르게 하는데 도움이 되는 열쇠가 있습니다

1) 기도입니다

"이것이 너희의 간구와 예수 그리스도의 성령의 도우심으로 나를 구원에 이르게 할 줄 아는 고로"(1:19)

여기서 말하는 '너희 간구'는 빌립보교회 성도들의 기도를 말합니다. 사도 바울은 자신이 이렇게까지 복음을 전파할 수 있는 배후에는 빌립보교회 성도들의 기도의 뒷받침이 있었다는 것을 잘 알고 있습니다. 바울이 구원에 이르게 된 것은 빌립보교회 성도들의 기도의 힘이 있었기 때문입니다. 기도는 우리 인간이 하는 일입니다. 바울은 성도들을 위하여 기도하고, 성도들은 바울을 위하여 기도했습니다. 이 기도들이 역사를 만들어 낸 것입니다.

　사도 바울은 기도의 중요성을 누구보다도 잘 알고 있었습니다. 특히 바울 자신에게 있어 기도는 절대적으로 필요하다는 것도 잘 알았습니다. 그의 복음 전파 사역의 중요성을 잘 알았기 때문입니다. 그는 늘 성도들에게 기도를 부탁했습니다. 그는 데살로니가교회 성도들에게도 부탁했습니다. "끝으로 형제들아 너희는 우리를 위하여 기도하기를 주의 말씀이 너희 가운데서와 같이 퍼져 나가 영광스럽게 되고 또한 우리를 부당하고 악한 사람들에게서 건지시옵소서 하라 믿음은 모든 사람의 것이 아니니라"(살후 3:1-2) 고린도교회 성도들에게도 부탁했습니다. "너희도 우리를 위하여 간구함으로 도우라 이는 우리가 많은 사람의 기도로 얻은 은사로 말미암아 많은 사람이 우리를 위하여 감사하게 하려 함이라"(고후 1:11) 빌레몬에게도 부탁했습니다. "오직 너는 나를 위하여 숙소를 마련하라 너희 기도로 내가 너희에게 나아갈 수 있기를 바라노라"(몬 1:22) 예루살렘에서 로마로 떠나는 여행을 하기 전에 로마에 있는 성도들에게도 부탁했습니다. "형제들아 내가 우리 주 예수 그리스도와 성령의 사랑으로 말미암아 너희를 권하노니 너희 기도에 나와 힘을 같이 하여 나를 위하여 하나님께 빌어"(롬 15:30) 바울 사도는 기도와 하나님의 도우심이 없이는 아무것도 할 수 없는 존재임을 너무나 잘 알고 있었습니다.

우리에게 어려움이 오고 고난이 닥칠 때 기도해야 합니다. 슬픔을 당할 때에도 기도해야 합니다. 우리 자신이 모든 무거운 짐을 지고 갈 것이 아니라 하나님 앞에 다 내려놓고 기도해야 합니다. 그리고 우리 성도들도 서로를 위하여 기도해야 합니다. 진정한 친구라면 그 친구를 위하여 기도해야 합니다. 가장 행복한 사람은 기도의 친구가 있는 사람입니다. 친구를 위하여 기도하지 않으면 진정한 친구라 할 수 없습니다. 사도 바울이 교회를 위하여 기도했을 때 놀라운 축복의 역사가 나타났습니다. 성도들도 바울 사도를 위해 기도할 때 그의 사역에 놀라운 역사가 나타났을 뿐 아니라 고난도 능히 이길 수 있었습니다.

그런데 문제는 많은 사람들이 어려움과 고난을 당할 때 기도는 하지 않고 스스로 해결하려고 하는데 이것은 잘못된 자세입니다. 우리 예수님도 기도하기를 촉구하셨습니다. "구하라 그리하면 너희에게 주실 것이요 찾으라 그리하면 찾아낼 것이요 문을 두드리라 그리하면 너희에게 열릴 것이니 구하는 이마다 받을 것이요 찾는 이는 찾아낼 것이요 두드리는 이에게는 열릴 것이니라"(마 7:7-8) 야고보 사도 역시 기도를 강조했습니다. "너희는 욕심을 내어도 얻지 못하여 살인하며 시기하여도 능히 취하지 못하므로 다투고 싸우는도다 너희가 얻지 못함은 구하지 아니하기 때문이요"(약 4:2)

기도는 하나님께서 우리에게 주신 특권입니다. 그런데 우리가 구하지 않으면 하나님은 주시지 않습니다. 물론 기도하지 않아도 주시는 것이 있습니다. 그러나 하나님은 우리가 기도할 때까지 기다렸다가 주십니다. 하나님은 우리의 기도를 통해서 우리를 향하신 하나님의 역사를 이루어 가십니다. 기도는 분명히 응답됩니다. 즉각 응답되기도 하고 기다렸다가 받게도 하십니다. 어떤 것은 기도한 것보다 더 좋은 것으로 응답하실 때도 있습니다.

우리 교회 어느 집사님의 가정에서 구역 심방을 하게 되었을 때의 일입니다. 심방을 받는 가정의 집사님은 자원해서 혼자 음식 준비를 했습니다. 그런데 갑자기 아들이 배가 아프다고 해서 새벽 2시에 남편이 근무하는 병원으로 가서 진찰을 받았는데 '장 협착'이라고 했습니다. X-Ray 촬영 결과를 본 남편이 수술을 해야 한다고 했습니다. 집사님은 날이 밝으면 수술하기로 하고 일단 아들을 집으로 데리고 왔습니다. 그리고 집사님은 그때부터 간절히 기도하기 시작했습니다. 모처럼 목사님을 모시고 구역원들과 심방을 받으려고 했는데 이 일에 차질이 오게 되었기 때문입니다. 그런데 집사님이 기도하자 그때부터 아들이 잠을 자더니 아침에 보니 말끔히 나아 있었습니다. 아들이 수술을 하지 않고도 정상으로 회복된 것입니다. 기도의 응답이었습니다.

하나님은 우리의 기도에 응답하십니다. 어려움과 고난을 당할 때 기도하면 반드시 응답해 주십니다. 기도하는 것은 전능하신 하나님을 의지하고 그분께 도움을 구하는 것입니다. 반면 기도하지 않는 것은 자신의 힘을 의지하는 것입니다. 그러므로 우리는 기도해야 합니다. 고난 중에 응답하시는 하나님께 기도하여 응답받아 구원의 역사를 이루어 가야 합니다.

2) 성령의 도우심입니다

"이것이 너희의 간구와 예수 그리스도의 성령의 도우심으로 나를 구원에 이르게 할 줄 아는 고로"(1:19)

우리 예수님은 승천하실 때 우리에게 약속하셨습니다. "내가 너희에게 분부한 모든 것을 가르쳐 지키게 하라 볼지어다 내가 세상 끝 날까지 너희와 항상 함께 있으리라"(마 28:20), "오직 성령이 너희에게 임하시면 너희가 권능을 받고 예루살렘과 온 유대와 사마리아와 땅 끝까지 이르러 내 증인이 되리라"(행 1:8) 성령님이 오신 것은 주님께서 오신 것입니다. 성령님은 모든 믿는 성도들 안에 거하십니다. 구원은 성령을 통해서 이루어 가십니다. 성령을 받지 않으면 구원을 이룰 수 없습니다. 성경은 말씀합니다. "그러므로 내가 너희에게 알리노니 하나님의 영으로 말하는 자는 누구든지 예수를 저주할 자라 하지 아니하고 또 성령으로 아니하고는 누구든지 예수를 주시라 할 수 없느니라"(고전 12:3)

여러분이 주 예수 그리스도를 자신의 구주로 믿는다면 우리 속에 성령님이 거하신다는 증거입니다. 마귀는 예수 그리스도를 주라 시인하지 않습니다. 예수님을 알고 두려워하지만 믿지는 않습니다. 예수님을 믿지 않는 사람은 성령을 받지 않은 사람입니다. 반면 예수님을 믿는 성도는 성령을 받은 사람입니다. 그러므로 성령님은 주를 믿는 백성들 안에 거하십니다. 그러므로 우리가 성령으로 인하여 구원을 받고, 성령으로 인하여 구원을 이루어 갑니다. 성령이 우리 속에 거하시면 우리 몸은 성령의 전이 됩니다. 성경은 말씀합니다. "너희는 너희가 하나님의 성전인 것과 하나님의 성령이 너희 안에 계시는 것을 알지 못하느냐"(고전 3:16)

성령님은 우리에게 지혜와 능력을 주십니다. 우리가 고난 중에 있을 때에 지켜주시고 기도해 주십니다. "이와 같이 성령도 우리의 연약함을 도우시나니 우리는 마땅히 기도할 바를 알지 못하나 오직 성령이 말할 수 없는 탄식으로 우리를 위하여 친히 간구하시느니라"(롬 8:26) 성령님은 우리를 위하여 성부 하나님께 기도해 주십니다. 성령님은 우리의 변호사이십니다. 그러므로 우리는 성령을 받았지만 성령의 충만한 역사를 위해서 늘 기도해야 합니다. 항상 성령으로 충만해야 합니다. 성경은 우리에게 말씀합니다. "술 취하지 말라 이는 방탕한 것이니 오직 성령으로 충만함을 받으라"(엡 5:18) 우리는 성령의 지배를 받기 위해, 성령의 충만을 받기 위해 늘 기도해야 합니다. 우리가 성령의 충만을 구하면 주님은 주신다고 약속하셨습니다. "너희가 악할지라도 좋은 것을 자식에게 줄 줄 알거든 하물며 너희 하늘 아버지께서 구하는 자에게 성령을 주시지 않겠느냐"(눅 11:13)

사도 바울은 감옥에 있으면서도 복음을 힘 있게 증거했습니다. 그것은 성령께서 바울과 함께 하셨기 때문에 가능했습니다. 그래서 바울은 감옥에서도 기뻐하며 감사할 수 있었습니다. 성령께서 위로해 주시고 소망을 주셨기 때문입니다.

능력 있는 전도자가 되기를 원한다면 성령의 충만을 받아야 합니다. 항상 성령님을 온전히 의지하여 성령의 인도하심을 받아야 합니다. 사도 바울은 감옥에서도 성령을 의지하여 성령의 도우심을 받았기 때문에 담대하게 복음을 전할 수 있었습니다. 예수님은 말씀하십니다. "사람이 너희를 회당이나 위정자나 권세 있는 자 앞에 끌고 가거든 어떻게 무엇으로 대답하며 무엇으로 말할까 염려하지 말라 마땅히 할 말을 성령이 곧 그때에 너희에게 가르치시리라"(눅 12:11-12)

우리가 전도할 때 부끄러워하거나 두려워할 때가 있습니다. 그것은 성령께서 우리에게 말할 바를 가르쳐 달라고 기도하지 않았기 때문입니다. 전도는 우리의 지혜나 말로 하면 안 됩니다. 우리 모두 성령의 충만을 받아 항상 감사하는 능력 있는 전도자들이 되도록 기도해야 합니다. 우리는 성령의 지배를 받고, 성령의 능력을 받아야 구원의 역사를 이루어 갈 수 있습니다. 사도 바울은 비록 감옥에 갇혀 있었지만 늘 감사하며 기뻐하며 평안을 누릴 수 있었습니다. 그것은 바울의 최고의 소망인 예수 그리스도가 전파되고 있었기 때문입니다. 바울은 자신이 천국에 가든지, 석방이 되든지, 아니면 감옥에 그대로 있든지 관심이 없었습니다. 왜냐하면 하나님께서 이미 구원의 길을 이루셨고, 또 역사하실 것이기 때문입니다. 사도 바울은 주께서 자신을 구원해 주실 것이며, 어떤 환경에서도 변함없이 자신을 사랑하시며, 하나님께서 자신을 향한 완벽한 계획을 가지고 있으시다는 것을 믿었습니다. 그리고 기도와 성령을 통하여 구원의 길을 이루어 가신다는 것을 확신했기 때문에 기뻐하고 기뻐했습니다.

우리는 끝까지 구원을 이루어 가는 삶을 살아야 합니다. 우리 하나님은 어떤 고난이 와도 우리를 사랑하시며, 우리를 향하신 구원을 이루어 가십니다. 우리는 어떤 환경에서라도 항상 기도함으로 성령의 충만을 받아 구원을 이루어 가야 합니다. 우리 모두 항상 주 안에서 기뻐하고 감사하면서 담대하게 복음을 전파하여 구원을 이루어 가야 합니다. 아멘.

²⁰나의 간절한 기대와 소망을 따라 아무 일에든지 부끄러워하지 아니하고 지금도 전과 같이 온전히 담대하여 살든지 죽든지 내 몸에서 그리스도가 존귀하게 되게 하려 하나니 ²¹이는 내게 사는 것이 그리스도니 죽는 것도 유익함이라 ²²그러나 만일 육신으로 사는 이것이 내 일의 열매일진대 무엇을 택해야 할는지 나는 알지 못하노라 ²³내가 그 둘 사이에 끼었으니 차라리 세상을 떠나서 그리스도와 함께 있는 것이 훨씬 더 좋은 일이라 그렇게 하고 싶으나 ²⁴내가 육신으로 있는 것이 너희를 위하여 더 유익하리라 ²⁵내가 살 것과 너희 믿음의 진보와 기쁨을 위하여 너희 무리와 함께 거할 것을 확실히 아노니 ²⁶내가 다시 너희와 같이 있음으로 그리스도 예수 안에서 너희 자랑이 나로 말미암아 풍성하게 하려 함이라

(빌립보서 1:20-26)

06

성도의 간절한 기대와 소망 1

세상의 모든 사람들은 나름대로 소원을 가지고 살아갑니다. 그 가운데는 간절한 기대와 소원을 가진 사람들도 있습니다. 그런데 그 간절한 기대와 소원이 무엇인가에 따라 그의 인생의 가치가 결정됩니다.

하나님의 종 사도 바울 역시 간절한 기대와 소망이 있었습니다. 그는 이 간절한 기대와 소망을 한 순간도 잊지 않고 마음에 간직하고 달려갔습니다. 그리고 그것을 이루어 냈습니다. 그는 성공적인 삶을 살

앉습니다. 바울의 간절한 기대와 소망이 우리의 간절한 기대와 소망이 되어야 하겠습니다.

성도의 간절한 기대와 소망은 한 마디로 그리스도만 존귀하게 하는 삶이어야 합니다.

1. 어떤 일에서나 부끄럽지 않은 삶입니다

"나의 간절한 기대와 소망을 따라 아무 일에든지 부끄러워하지 아니하고 지금도 전과 같이 온전히 담대하여 살든지 죽든지 내 몸에서 그리스도가 존귀하게 되게 하려 하나니"(1:20)

사도 바울은 어떤 일에서나 부끄러워하지 않고 그리스도만 존귀하게 되기를 기대하고 소망했습니다.

그러면 부끄러워하지 않는 생활이 무엇입니까? '아무 일에든지 부끄러워하지 아니하고'란 말은 사도 바울의 재판 결과가 어떠하든지 바울 자신은 부끄럽지 않다는 말입니다. 이 말은 바울 자신이 지금까지 그리스도의 영광을 위해서 살아 왔으며, 장차 그리스도 앞에 서게 될 몸이기 때문에 거리낌 없이 재판 결과를 기다리겠다는 의미가 포함되어 있습니다. 사도 바울은 자신이 재판을 받아 사형선고를 받는다 해도 조금도 부끄러울 것이 없었습니다. 그것은 오직 주 예수 그리스도를 존귀하게 하려다가 당한 일이기 때문입니다. 어떤 일에나 부끄럽지 않은 생활은

1) 죄가 없는 생활입니다

'부끄러워하지 아니하다'는 말에는 '낙심하지 아니하고'라는 의미도 있습니다. 우리가 죄를 지으면 부끄러운 마음이 들고 낙심하게 됩니다.

아담과 하와가 범죄한 후 벌거벗은 것이 부끄러워 무화과 나뭇잎으로 치마를 만들어 입고 숲속에 숨었습니다(창 3:8). 동생 아벨을 죽인 가인도 부끄러워했습니다(창 4:7). 오늘날에도 죄를 지어 체포된 사람들은 모두 부끄러워서 얼굴을 가린 채 고개를 숙입니다. 사도 바울은 부끄럽지 않은 삶을 살기를 소망했습니다. 그리고 그는 그런 삶을 살았습니다. 그것이 그리스도를 존귀하게 하는 일이라는 것도 바울은 잘 알았습니다.

이 세상에서 죄를 짓지 않고 산다는 것은 매우 어렵습니다. 우리 인간은 연약하여 쉽게 넘어지기 쉽습니다. 우리가 죄를 짓지 않고 부끄럽지 않은 생활을 하려면 항상 그리스도만 존귀하게 하려는 마음과 믿음이 있어야 합니다. 그러기 위해 항상 주님을 바라보며 성령 안에서 살아야 합니다.

우리는 항상 주님만 바라보며 그리스도만 높이는 삶을 기대하고 소망하며 살아야 합니다. 그러기 위해 죄를 멀리하여 어떤 일에도 부끄럽지 않은 삶을 살아야 합니다.

2) 사명을 완수하는 생활입니다

사도 바울은 자신에게 주어진 사명을 위해 최선을 다했습니다. 그는 자신에게 맡겨 주신 사명을 완수하기 위해 매를 맞기도 하고, 굶주리

기도 하고, 감옥에 갇히기도 했습니다. 그러면서도 그는 최선을 다하여 충성했습니다. 하나님께서 맡겨 주신 사명을 위해 최선을 다하는 것은 주님을 존귀하게 할 뿐 아니라 부끄럽지 않은 생활입니다.

성도는 하나님으로부터 받은 사명에 최선을 다할 때 모범적인 신앙생활을 할 수 있습니다. 그러나 사명에 열심을 다하지 않으면 신앙생활도 제대로 할 수 없을 뿐더러 항상 부끄러운 마음으로 살게 됩니다. 성경은 말씀합니다. "사람이 마땅히 우리를 그리스도의 일꾼이요 하나님의 비밀을 맡은 자로 여길지어다 그리고 맡은 자들에게 구할 것은 충성이니라"(고전 4:1-2)

마태복음 25장에는 달란트 비유가 나옵니다. 여기서 주인으로부터 다섯 달란트와 두 달란트를 받은 종들은 최선을 다하여 각각 두 배씩 남겨 주인으로부터 칭찬을 받았습니다. "그 주인이 이르되 잘 하였도다 착하고 충성된 종아 네가 적은 일에 충성하였으매 내가 많은 것을 네게 맡기리니 네 주인의 즐거움에 참여할지어다"(마 25:21) 반면 주인이 맡긴 일에 최선을 다하지 않고 땅속에 파묻어 놓았다가 그대로 가지고 온 한 달란트 받은 종은 주인으로부터 책망을 받았습니다. "그 주인이 대답하여 이르되 악하고 게으른 종아 나는 심지 않은 데서 거두고 헤치지 않은 데서 모으는 줄로 네가 알았느냐 그러면 네가 마땅히 내 돈을 취리하는 자들에게나 맡겼다가 내가 돌아와서 내 원금과 이자를 받게 하였을 것이니라 하고 그에게서 그 한 달란트를 빼앗아 열 달란트 가진 자에게 주라 무릇 있는 자는 받아 풍족하게 되고 없는 자는 그 있는 것까지 빼앗기리라 이 무익한 종을 바깥 어두운 데로 내쫓으라 거기서 슬피 울며 이를 갈리라 하니라"(마 25:26-30) 사명을 다하지 않고 게으름을 피운 종은 부끄러움을 당할 수밖에 없습니다.

세상의 일도 마찬가지입니다. 직장생활에서도 우리가 사명을 다하면 인정을 받지만, 최선을 다하지 못하면 부끄러움을 당할 수밖에 없습니다. 교회 일도 마찬가지입니다. 자신에게 맡겨진 사명에 최선을 다하면 부끄러울 것이 없습니다. 그러나 사명에 열심을 다하지 않으면 하나님과 교회 앞에서 부끄러움을 당하게 됩니다. 사명을 완수한 자는 칭찬과 상급을 받고, 사명을 다하지 않은 자는 부끄러움과 심판을 받게 됩니다.

어떤 분이 42세의 나이에 아프리카 선교를 위해 떠나게 되었습니다. 다른 선교사들에 비해서 늦은 편이었습니다. 그 이유는 그가 젊었을 때에는 학력이 부족하다는 이유로 선교본부로부터 거절당했기 때문입니다. 그러나 그는 포기하지 않고 열심히 준비하여 42세가 되어 그토록 바랐던 아프리카로 떠나게 된 것입니다. 그런데 그가 선교지에 도착한 지 얼마 안 되어 사역을 시작하기도 전에 풍토병으로 세상을 떠나게 되었습니다. 참으로 안타까운 일이 아닐 수 없었습니다. 그는 마지막으로 이런 말을 남겼습니다. "오! 주님. 감사합니다. 나를 아프리카에 복음을 전할 수 있는 다리 밑바닥의 돌멩이로 사용해 주시니 감사합니다." 사명에 최선을 다한 그의 삶은 결코 부끄럽지 않은 삶이었습니다. 아니, 그는 그리스도를 존귀하게 하는 삶을 살았습니다.

사도 바울은 그리스도를 존귀하게 하기 위해 자신에게 맡겨 주신 사명에 최선을 다하여 충성했습니다. 주께서 주신 사명을 위해 그의 전 생을 바쳐 충성한 바울의 고백입니다. "내가 달려갈 길과 주 예수께

받은 사명 곧 하나님의 은혜의 복음을 증언하는 일을 마치려 함에는 나의 생명조차 조금도 귀한 것으로 여기지 아니하노라"(행 20:24)

우리도 사도 바울처럼 그리스도를 존귀하게 하는 삶을 살기 위해 주께서 맡겨 주신 사명에 최선을 다하는 부끄럽지 않은 삶을 살아야 합니다.

2. 변함이 없는 담대한 신앙생활입니다

"나의 간절한 기대와 소망을 따라 아무 일에든지 부끄러워하지 아니하고 지금도 전과 같이 온전히 담대하여 살든지 죽든지 내 몸에서 그리스도가 존귀하게 되게 하려 하나니"(1:20)

그리스도를 존귀하게 하는 사람은 예전이나 지금이나 변함없는 담대한 신앙으로 주님을 사랑하는 사람입니다. 환경이 바뀌고 시대가 변해도 주님을 향한 사랑이 요지부동인 사람입니다. 사람은 잘 변합니다. '용두사미'라는 말이 있습니다. 시작은 용의 대가리처럼 거창하지만, 마지막은 뱀의 꼬리처럼 아주 작아진다는 의미입니다. 우리는 유종의 미를 거두어야 합니다. 시작도 좋아야 하지만 더 중요한 것은 마지막이 좋아야 합니다. 사도 바울은 자신의 삶을 이렇게 고백했습니다. "겉 사람은 낡아지나 우리의 속 사람은 날로 새로워지도다"(고후 4:16)

사도 바울은 어제나 오늘이나 변함없이 주님을 사랑하며 섬기기를 소망했습니다. 우리의 신앙생활은 시작과 마지막이 한결 같아야 합니다. 그러나 이것 역시 쉽지만은 않습니다. 많은 사람들이 처음에 은혜 받았을 때는 교회를 열심히 섬기겠다고 다짐합니다. 그런데 점차 시간이 갈수록 그 열정이 식어 마지막에는 결국 실패하게 됩니다.

에베소교회도 처음에는 열심이었지만 나중에는 처음 사랑이 식었다고 주님으로부터 책망을 받았습니다. 사울 왕도 처음에는 겸손하게 출발했으나 나중에는 교만해져서 패망하고 말았습니다. 가룟 유다도 처음에는 주님을 잘 따르며 충성했으나 나중에는 예수님을 배반하여 실패자가 되고 말았습니다. 데마 역시 처음에는 열심히 주님을 섬겼으나 나중에는 세상으로 돌아가는 실패자가 되고 말았습니다.

우리는 어떠합니까? 신년 초에는 누구나 열심히 하겠다고 다짐을 합니다. 이전보다 더 주님을 사랑하며, 주님이 맡겨 주신 직분에 충성을 다하겠다고 다짐합니다. 그런데 지금은 어떠합니까? 우리는 다시 새롭게 각오해야 합니다. 그리고 변함없이 주님을 높이며, 주님을 존귀하게 하는 삶을 살아야 합니다. 또한 우리는 담대한 신앙생활을 해야 합니다.

어느 시골 교회를 담임하는 목사님이 심방을 마치고 냉면집에서 식사를 하게 되었습니다. 그날이 장날이라 사람들이 매우 붐볐습니다. 목사님은 부끄럽고 창피한 생각이 들어 기도를 하지 않고 식사를 시작했습니다. 마침 이 광경을 보게 된 어느 집사님이 말했습니다. "목사님, 냉면 잡수시기 전에 기도 안 하시던데요?" 그러자 목사님이 대답했습니다. "왜 기도를 안 해? 사람들이 너무 많아서 속으로 했지."

우리는 이런 적이 없습니까? 우리는 예수님을 믿는 일에, 예수님을 존귀하게 하는 일에 담대해야 합니다. 우리가 변함없이 담대하게 주

님을 높이는 신앙생활을 하려면

1) 견고하게 그리스도를 붙잡아야 합니다

"우리가 시작할 때에 확신한 것을 끝까지 견고히 잡고 있으면 그리스도와 함께 참여한 자가 되리라"(히 3:14)

우리는 그리스도를 견고하게 붙잡아야 합니다. 처음부터 끝까지 확실하게 붙잡아야 합니다. 이스라엘 백성들이 출애굽하여 홍해를 건넜을 때 그들은 감격한 나머지 열광적으로 주님을 찬양했습니다. 그런데 그 감격도 얼마 가지 못하고 광야생활을 하는 내내 그들의 삶은 원망과 반역의 연속이었습니다. 그러나 여호수아와 갈렙은 변함없이 주님을 사랑하고 높였습니다. 그들과 함께 갔던 열 명의 정탐꾼들로부터 보고를 받은 백성들이 애굽으로 돌아가자고 반역했습니다. 그러자 여호수아와 갈렙은 그들 앞에서 담대하게 하나님을 믿고 의지하자고 외쳤습니다.

우리는 그리스도를 존귀하게 하기 위해서 견고하게 그리스도를 붙잡아야 합니다.

2) 굳은 각오와 결심을 해야 합니다

"이에 예수께서 제자들에게 이르시되 누구든지 나를 따라 오려거든 자기를 부인하고 자기 십자가를 지고 나를 따를 것이니라"(마 16:24)

다니엘은 사자굴 속에 들어가는 일이 있더라도 하나님을 높이며 사랑하겠다고 결단했습니다. 그의 친구 사드락과 메삭과 아벳느고 역시 풀무불 속에 던져져서 죽임을 당하는 일이 있더라도 하나님만을 높이고 섬기겠다고 굳게 결심했습니다. 느부갓네살 왕이 위협하며 회유를 해도 그들은 조금도 요동하지 않았습니다. 오히려 더욱 더 주님을 사랑하고 섬기겠다고 더욱 굳게 결심했습니다. 이것이 주님을 존귀하게 하는 삶입니다.

우리도 굳은 각오와 결심으로 변함없이 주님을 섬기며 존귀하게 하는 삶을 살아야 합니다.

3) 오직 하나님의 은혜가 있어야 합니다

"그러나 내가 나 된 것은 하나님의 은혜로 된 것이니 내게 주신 그의 은혜가 헛되지 아니하여 내가 모든 사도보다 더 많이 수고하였으나 내가 한 것이 아니요 오직 나와 함께 하신 하나님의 은혜로라"(고전 15:10)

우리는 결심을 했더라도 또 넘어질 수밖에 없는 연약한 존재들입니다. 그러므로 하나님의 은혜를 받아야 합니다. 그러기 위해 우리는 주님께 도움을 청해야 합니다. 우리는 주님께 항상 겸손한 자세로 기도함으로 은혜를 구해야 합니다. "언제 어디서나, 어떤 형편에서든지, 담대하게 주님만을 높이며 존귀하게 하는 삶을 살도록 도와주십시오."

우리 모두 그리스도를 존귀하게 하는 간절한 기대와 소망을 가집시다. 그러기 위해 어떤 일에 있어서도 부끄럽지 않도록 변함없는 신앙생활을 해야 합니다. 우리 모두 담대한 신앙생활로 그리스도를 존귀하게 하는 삶을 살아야 합니다. 아멘.

> ²⁰나의 간절한 기대와 소망을 따라 아무 일에든지 부끄러워하지 아니하고 지금도 전과 같이 온전히 담대하여 살든지 죽든지 내 몸에서 그리스도가 존귀하게 되게 하려 하나니 ²¹이는 내게 사는 것이 그리스도니 죽는 것도 유익함이라 ²²그러나 만일 육신으로 사는 이것이 내 일의 열매일진대 무엇을 택해야 할는지 나는 알지 못하노라 ²³내가 그 둘 사이에 끼었으니 차라리 세상을 떠나서 그리스도와 함께 있는 것이 훨씬 더 좋은 일이라 그렇게 하고 싶으나 ²⁴내가 육신으로 있는 것이 너희를 위하여 더 유익하리라 ²⁵내가 살 것과 너희 믿음의 진보와 기쁨을 위하여 너희 무리와 함께 거할 이것을 확실히 아노니 ²⁶내가 다시 너희와 같이 있음으로 그리스도 예수 안에서 너희 자랑이 나로 말미암아 풍성하게 하려 함이라
>
> (빌립보서 1:20-26)

07

성도의 간절한 기대와 소망 2

성도의 간절한 기대와 소망이 무엇입니까? 사도 바울은 오직 그리스도만 존귀하게 하는 것이 그의 간절한 기대와 소망임을 고백했습니다. 그리스도를 존귀하게 하는 삶은 어떤 일에서나 부끄럽지 않고 변함없이 담대한 신앙생활을 하는 것입니다.

3. 살든지 죽든지 그리스도만을 존귀하게 하는 삶입니다

한 마디로 생사를 초월하여 주님을 존귀하게 하는 삶입니다. "나의 간절한 기대와 소망을 따라 아무 일에든지 부끄러워하지 아니하고 지금도 전과 같이 온전히 담대하여 살든지 죽든지 내 몸에서 그리스도가 존귀하게 되게 하려 하나니"(1:20)

사도 바울은 지금 로마 감옥에 갇혀 황제의 재판을 기다리고 있지만 그 결과가 어떻게 될지 모릅니다. 석방되어 나올지, 아니면 유죄판결을 받아 감옥에서 죽게 될지 알 수가 없습니다. 그러나 그는 사는 것이 주님을 존귀하게 하는 것이라면 살고, 죽는 것이 그리스도를 존귀하게 하는 것이라면 기꺼이 죽겠다는 마음 자세입니다. 이것은 생사를 초월한 신앙입니다. 살아도 주를 위하여 살고 죽어도 주를 위하여 죽겠다는 것이 그의 바람입니다.

바울은 이 모든 것이 주님의 뜻 안에서 주님의 은혜 가운데 진행될 것을 확신했습니다. 사도 바울은 그리스도를 위하여 생명을 아끼지 않았습니다. "사람을 택하여 우리 주 예수 그리스도의 이름을 위하여 생명을 아끼지 아니하는 자인 우리가 사랑하는 바나바와 바울과 함께 너희에게 보내기를 만장일치로 결정하였노라"(행 15:25-26) 사도 바울은 그리스도를 위해 감옥에 갇히기도 하고 채찍에 맞기도 했습니다. 풍랑으로 고생도 했으며, 돌에 맞기도 하고, 굶주리기도 수 없이 했습니다. 그리고 지금은 죽음의 자리까지 내려갔습니다. 바울의 관심은 이 세상에서 오래 사는 것이 아니라 어떻게 사느냐에 있었습니다. 바울은 오직 어떻게 하는 것이 하나님께 영광이 되며, 어떻게 하는 것이 그리스도만을 존귀하게 하며, 어떻게 해야 주님만을 높일 수 있을 것인지를 생각하며 살았습니다.

우리의 기대와 소망도 그리스도를 존귀하게 하는 것이어야 합니다. 그러면 왜 우리가 그리스도만을 존귀하게 해야 합니까? 성경은 그 해답을 말씀해 주고 있습니다. "우리가 살아도 주를 위하여 살고 죽어도 주를 위하여 죽나니 그르그로 사나 죽으나 우리가 즈의 것이로다"(롬 14:8) 우리의 몸은 내 것이 아니라 그리스도의 것이기 때문입니다. 우리의 주인은 그리스도이십니다. 그리스도께서 우리를 죄악에서 구원하시려고 갈보리산 십자가 위에서 자신의 생명을 주심으로 우리를 사셨으므로 우리는 그리스도의 것이 되었습니다. 그러므로 우리는 그리스도를 존귀하게 하는 삶을 살아야 합니다. 따라서 성도의 최고의 삶의 목표는 오직 '하나님의 영광' 입니다. 이것이 그리스도를 존귀하게 하는 삶입니다.

하나님의 백성인 우리는 이 세상에서 편안하게 사는 것만이 삶의 목적이 되어서는 안 됩니다. 우리는 하나님을 위해 그리스도를 존귀하게 하는 삶을 살아야 합니다.

어떤 부인이 20년 만에 동창생들을 만났습니다. 반갑게 대화하는 중에 자연스럽게 친구들의 이야기가 나왔습니다. "그 애는 학교 다닐 때 공부를 못 했는데도 남편을 잘 만나 손끝에 물 한 방울 묻히지 않고 산다더라." 목사님이 이 이야기를 듣고 물었습니다. "그것이 그렇게 부럽습니까?" "그럼요." 모두 입을 모았습니다. 그러고는 "목사님, 손에 물 한 방울도 묻히지 않는 방법이 없습니까?" 하고 되물었습니다. 그 목사님은 이렇게 대답했습니다. "아무 일도 하지 않고 손에 물도 묻히지 않는 방법이 한 가지 있는데 그것은 죽는 것입니다."

세상의 많은 사람들은 일을 하지 않고 편하게 지내는 것이 축복받은 삶인 줄 알고 있습니다. 그러나 하나님의 백성들은 편하게 사는 것만이 삶의 목표가 될 수 없습니다. 우리의 목표가 힘들고 어렵고 피곤할지라도 오직 그리스도만을 존귀하게 하는 삶이 되어야 합니다.

앞을 보지 못하는 어느 소녀의 고백입니다. "나는 태어날 때부터 앞을 볼 수 없었습니다. 그래서 나는 지금까지 한 번도 빛을 보지 못했습니다. 그래서 색깔도 모르고, 사랑하는 부모님의 얼굴도 모릅니다. 나는 아는 것이 하나도 없었습니다. 나는 깊은 절망감으로 인하여 자살을 시도한 적도 있었습니다. 그러던 어느 날 예수님을 만나 그분을 믿게 되었습니다. 그 이후로 나는 앞을 볼 수 없는 것과 한 번도 눈물을 흘린 적이 없었던 것을 감사했습니다. 언젠가 예수님을 만나게 되면 그때 예수님 앞에서 나의 눈이 처음으로 열린다는 것이 큰 기쁨입니다." 이것이 바로 그리스도를 존귀하게 하는 성도의 자세입니다.

우리의 삶이 피곤하고, 때로는 어렵고 힘이 들 때도 있습니다. 그러나 우리를 구원하신 주님을 위하여 우리에게 놀라운 은혜를 베풀어 주시는 그리스도만을 찬양하며 높이는 삶을 살아야 합니다.

4. 복음 전파를 위한 소망으로 불타는 삶입니다

사도 바울의 간절한 소망은 이 세상을 떠나 천국에서 주님과 함께 사는 것이었습니다. 그는 이 세상을 속히 떠나 천국에 가서 쉬고 싶은 소망이 있습니다. 사실 복음 전파를 위해 너무 많은 고생을 한 사도 바울은 이 세상의 삶을 다 마치고 주님의 나라에 가서 편히 쉬고 싶었을 것입니다. 그러나 그는 비록 힘들고 어려워도 이 세상에 머물면서 복음을 전파하는 것을 더 열망했습니다. 왜냐하면 복음을 전파하는 일이야 말로 그리스도를 존귀하게 하는 일이기 때문입니다. 바울의 고백입니다. "그러나 만일 육신으로 사는 이것이 내 일의 열매일진대 무엇을 택해야 할는지 나는 알지 못하노라 내가 그 둘 사이에 끼었으니 차라리 세상을 떠나서 그리스도와 함께 있는 것이 훨씬 더 좋은 일이라 그렇게 하고 싶으나 내가 육신으로 있는 것이 너희를 위하여 더 유익하리라"(1:22-24) 바울은 육신의 장막을 벗고 천국으로 가는 일과 불쌍한 영혼들을 구원하기 위해서 이 세상에 남아 있는 일 사이에서 갈등하고 있습니다. 그는 천국에 가서 모든 배의 닻줄을 풀고 편히 쉬면서 사랑하는 주님과 영원히 함께 있게 될 축복을 늘 사모해 왔습니다. 그러나 바울은 아직 이 세상에서 복음을 전할 일이 남아 있었기 때문에 그 두 사이에서 갈등했지만, 결국 이 세상에 남아서 하나님의 복음을 전하기로 했습니다. 사도 바울이 이런 결정을 하게 된 것은 땅에 머무는 이 일 역시 하나님께 영광이요, 복음을 전파하는 이 일이 바로 그리스도를 존귀하게 하는 일임을 알았기 때문입니다. 바울은 주께서 복음 전파를 위하여 자신을 이 땅에 더 남겨 두실 것을 확신했습니다.

  사도 바울이 이 땅에 더물며 복음을 전파하려는 것은 결국 교회를 위한 것입니다. 빌립보교회는 설립된 지 겨우 10년밖에 되지 않았습니다. 성도들 중에는 이전에 우상 숭배를 하던 사람들도 있고, 부도덕한 생활에서 겨우 빠져나온 사람들도 있었습니다. 빌립보교회는 하나님의 약속을 받은 공동체였지만 연약한데다 신앙의 핍박을 받고 있었습니다. 그래서 사도 바울은 자신이 하나님 나라의 영광에 들어가기에 앞서 지상의 교회를 먼저 생각했던 것입니다. 사도 바울 자신은 죽어서 천국에 가는 것이 더 좋았습니다. 그러나 하나님의 교회를 위해서는 이 땅에 좀 더 머물면서 많은 영혼을 주님 앞으로 인도하는 것이 하나님께 더 영광이 되고, 그리스도를 존귀하게 하는 것이라는 확신이 있었습니다.

사도 바울의 이 마음은 바로 예수 그리스도의 심정과 같았습니다. 우리 주 예수 그리스도는 교회를 세우기 위하여 자신의 모든 것을 희생하셨습니다. 주님은 영혼을 구원하기 위하여 자신의 모든 것을 우리에게 주셨습니다. 그리스도의 제자인 바울의 소망도 교회와 영혼을 구원하기 위하여 이 땅에서 복음을 전파하는 것이었습니다.

이 복음 전파는 바로 열매를 맺는 일입니다. 사도 바울은 고백합니다. "그러나 만일 육신으로 사는 이것이 내 일의 열매일진대"(1:22) 사도 바울은 빌립보교회를 설립하여 많은 성도들을 말씀으로 교화시켰습니다. 그리고 전도하여 영혼 구원의 역사가 나타났습니다. 이 모든 것이 구원의 열매입니다. 사도 바울은 더 넓은 곳에서 다시 복음을 전하고 싶어 석방되기를 바랐습니다. 하나님의 복음 전파에는 항상 열매가 있기 마련입니다. 하나님을 위한 수고와 헌신에는 언제나 열매가 있습니다. 씨를 많이 뿌린 자는 많이 거두는 것이 성경의 원리입니다. 성경은 말씀합니다. "울며 씨를 뿌리러 나가는 자는 반드시 기쁨으로 그 곡식 단을 가지고 돌아오리로다"(시 126:6), "내 입에서 나가는 말도 이와 같이 헛되이 내게로 되돌아오지 아니하고 나의 기뻐하

는 뜻을 이루며 내가 보낸 일에 형통함이니라"(사 55:11)

전도자는 씨앗이 속히 자라지 않는다 하여 헛된 일이라고 생각하면 안 됩니다. 하나님의 때가 되면 우리가 뿌린 씨앗이 열매를 맺어 추수를 하게 해 주십니다. 그러므로 우리는 부지런히 복음의 씨를 뿌려야 합니다. 뿌리되 많이 뿌려야 합니다. 사도 바울은 많은 씨를 뿌려서 많은 열매를 거두려고 했습니다. 이 열매를 맺는 일이 바로 예수 그리스도를 존귀하게 하는 일이기 때문입니다. 생명을 구원하는 이 복음 전파는 바로 생명의 근원이 되시는 예수 그리스도를 높이는 것이기 때문입니다. 그러므로 우리도 바울처럼 우리의 전 삶에 걸쳐 많은 복음을 뿌려서 많은 열매를 거두어야 합니다. 그리해서 하나님을 더욱 높이고 그리스도만을 존귀하게 하는 우리 모두가 되어야 하겠습니다.

바울이 천국에 가는 것보다 이 세상에 좀 더 남아 있기를 원했던 또 다른 이유는 빌립보교회 성도들의 믿음의 진보와 기쁨을 위해서였습니다. "내가 살 것과 너희 믿음의 진보와 기쁨을 위하여 너희 무리와 함께 거할 이것을 확실히 아노니"(1:25) 빌립보교회 성도들은 사도 바울이 출옥하여 다시 열심히 복음을 전해 주길 바라고 있었습니다. 그렇게 된다면 사도 바울은 다른 사람들에게 기쁨을 주게 됩니다. 바울이 석방되어 다시 복음을 전파하여 많은 사람들이 구원을 받게 되면 결국 하나님께 영광이 될 뿐더러 그리스도를 존귀하게 하는 일이 되기 때문입니다. 이 일은 빌립보교회 성도들에게 큰 기쁨을 주는 일입니다. 그리고 그들에게는 믿음의 진보가 나타나게 될 것입니다. 복음 전파는 많은 기쁨을 가져옵니다. 우리 성도들도 복음을 전하여 많은 영혼들이 구원을 받을 더 기뻐하며 감사하게 됩니다. 이것이 우리의 변함없는 간절한 소망이 되어야 합니다.

그리고 사도 바울 때문에 빌립보교회 성도들의 자랑거리가 더 늘어나기 때문입니다. "내가 다시 너희와 같이 있음으로 그리스도 예수 안에서 너희 자랑이 나로 말미암아 풍성하게 하려 함이라"(1:26) 사도 바울이 석방되면 그가 하나님의 역사를 증거할 것입니다. 하나님께서 바울을 지금까지 어떻게 사용하셨으며, 자신을 통해서 어떤 방법으로 구원 역사를 이루셨는가를 증거하게 될 것입니다. 하나님께서 죽음 가운데서 자신을 어떤 방법으로 구원하셨으며, 자신이 어떤 방법으로 복음을 전파했는가를 증거하게 될 것입니다. 하나님께서 바울이 담대하게 복음을 전파할 수 있도록 어떤 방법으로 도우셨는가를 증거할 것입니다. 이 모든 것을 하신 분은 바로 주 예수 그리스도이심을 증거할 것입니다. 결국 바울은 그리스도를 자랑하고 그리스도만을 존귀하게 할 것입니다. 그래서 사도 바울은 이 땅에 남아서 그리스도의 복음을 전파하기를 원했습니다. 오직 그리스도만을 존귀하게 하고 그리스도만을 자랑하고 높이기 위해서입니다. 그러므로 사도 바울은 자나 깨나, 가거나 있으나, 매여 있을 때나 자유할 때나, 살든지 죽든지, 오직 그리스도만을 존귀하게 되기를 소망했습니다.

주 예수 그리스도의 보배로운 피로 구원받은 우리는 이제 영원한 생명을 소유한 천국의 백성들이 되었습니다. 그렇다면 우리는 우리의 전 생애를 통해 무엇을 소망하고 무엇을 기대하며 살아야 하겠습니까? 사도 바울처럼 오직 예수 그리스도만을 존귀하게 하는 삶을 살아야 하지 않겠습니까?

음악가 중에 다수의 위대한 성가를 작곡했던 조셉 하이든에게 어떤 사람이 물었습니다. "당신은 훌륭한 작곡을 할 때마다 어디에서 영감을 받습니까?" 하이든이 대답했습니다. "나는 기도할 때마다 이런 기도를 합니다. '하나님, 하나님은 내 삶의 주인이십니다. 하나님께서 지혜를 주셔서 내가 아름다운 음악을 작곡하게 되면, 이것은 하나님의 영광을 위한 것입니다. 그리고 이 음악을 주님께 드릴 것입니다.'" 그가 작곡한 곡 가운데 아주 유명한 곡이 있습니다. 그것은 '천지창조'입니다. 성경의 창세기와 존 밀턴의 '실락원'을 근거하여 작곡한 곡입니다. 이 곡이 비엔나에서 공연되던 날에 하이든은 몸이 몹시 아파서 뒷자석에 앉아 있게 되었습니다. 그날 지휘자는 놀랍게도 아주 훌륭한 지휘를 했습니다. 연주가 끝났을 때 청중은 일제히 기립박수를 보냈습니다. 그때 지휘자는 청중의 박수를 중단시키며 뒷좌석 발코니에 앉아 있는 하이든을 가리키며 말했습니다. "저 분입니다. 저분이 이 놀랍고도 아름다운 곡을 작곡했습니다." 청중은 다시 하이든 쪽으로 고개를 돌려 일제히 박수를 보냈습니다. 하이든이 갑자기 청중을 중단시키며 말했습니다. "아니오." 그는 하늘을 가리키면서 이런 유명한 말을 했습니다. '나는 아무것도 아닙니다. 그분이 모든 것을 하셨습니다. 이 모든 것은 하늘로부터 온 것입니다. 주님께서 나에게 지혜를 주셨습니다. 그분께만 영광을 돌리십시오." 이렇듯 하나님께서 늘 하이든에게 지혜를 주셔서 훌륭한 곡들을 작곡할 수 있었습니다. 그리고 그는 항상 그 분께만 영광을 돌려야 할 것을 강조했습니다. 우리는 어떤 일에 대한 성취감으로 스스로를 자랑스럽게 여길 때가 있습니다. 그러나 이 세상에서 인간 스스로 한 것은 사실상 하나도 없습니다.

우리의 전 생애를 걸쳐 해야 할 일은 오직 하나님께 영광을 돌리는 일입니다. 오직 그리스도만 존귀하게 되기를 바라는 것입니다. "Soli Deo Gloria"(오직 하나님께 영광) 이것이 저와 여러분의 간절한 기대와 소망이 되어야 합니다. 아멘.

²⁷오직 너희는 그리스도의 복음에 합당하게 생활하라 기는 내가 너희에게 가 보나 떠나 있으나 너희가 한 마음으로 서서 한 뜻으로 복음의 신앙을 위하여 협력하는 것과 ²⁸무슨 일에든지 대적하는 자들 때문에 두려워하지 아니하는 이 일을 듣고자 함이라 이것이 그들에게는 멸망의 증거요 너희에게는 구원의 증거니 이는 하나님께로부터 난 것이라 ²⁹그리스도를 위하여 너희에게 은혜를 주신 것은 다만 그를 믿을 뿐 아니라 또한 그를 위하여 고난도 받게 하려 하심이라 ³⁰너희에게도 그와 같은 싸움이 있으니 너희가 내 안에서 본 바요 이제도 내 안에서 듣는 바니라

(빌립보서 1:27-30)

08

복음에 합당한 생활

요즈음 해외여행을 하는 사람들이 계속 늘고 있습니다. 그런데 몇몇 관광객들의 추태로 나라 망신을 시키는 일이 종종 발생하고 있습니다. 그것이 비록 한국인 한 사람만의 실수라 하더라도 한국 전체에 좋지 않은 이미지를 남길 수밖에 없습니다. 술을 마시고 추태를 부린다거나, 폭력을 쓴다거나, 경제적으로 손해를 끼친다거나, 도박으로 말썽을 일으킨다거나, 도덕적으로 큰 실수라도 한 번 하게 되면 그 한 사람으로 인해 우리나라는 국제적으로 나쁜 이미지를 남기게 됩니다.

그러므로 우리는 동방예의지국이란 아름다운 명성에 합당한 행동을 해야 합니다.

오늘 성경 본문에서 사도 바울은 사랑하는 빌립보교회 성도들에게 권면합니다. "오직 너희는 그리스도의 복음에 합당하게 생활하라" (1:27) 우리는 하나님 나라의 백성들입니다. 천국의 시민권자들입니다. 그러므로 우리는 천국 백성이란 신분에 합당한 생활을 해야 합니다. 여기서 '복음에 합당하게 생활하라'는 말은 시민으로서의 본분을 다하라는 말입니다. 여기서 말하는 시민은 로마 제국의 시민을 말합니다.

당시 로마 제국은 세계 최대의 나라였으며, 로마 시민이라고 하면 굉장한 자부심과 명예의 상징이었습니다. 특히 빌립보는 로마 시민으로서의 자부심이 굉장했습니다. 빌립보는 리디아의 수도로 처음에는 그다지 유명하지 못했습니다. 이 도시는 알렉산더 대왕의 아버지 필립 왕이 흡수한 뒤 자신의 이름을 인용하여 빌립보라고 지었습니다. 그 후에 빌립보는 로마의 옥타비아누스가 안토니오와의 전쟁에서 승리한 후부터 로마의 속국이 되었습니다. 전쟁이 끝난 후에는 승리의 공신들에게 빌립보를 중심으로 한 부근의 땅들을 보상으로 나누어 주었습니다. 이렇게 되자 빌립보의 유지들은 대부분 로마에서 이주한 퇴역 군인들이었습니다. 이들은 늘 "우리는 자랑스런 로마의 시민이다. 로마의 명예를 위해 전쟁에서 승리한 공신들로서 로마의 명성을 지켜 나가야 할 책임이 우리 어깨 위에 있다"고 생각했습니다. 그래서 그들은 자녀들에게 로마에 뒤떨어지지 않는 교육을 시켰으며, 늘 로마인으로서의 자긍심과 자부심으로 충만해 있었습니다. 이들은 로마의 가치관을 가지고 있었으며, 시민생활에 있어서도 그들만의 뚜렷한 주관으로 가득했습니다.

이 사실을 잘 알고 있는 빌립보교회 성도들에게 사도 바울이 권면합니다. "빌립보 성도들아. 너희는 로마 시민과 비교도 할 수 없는 예수 그리스도의 피로 구원받은 천국의 시민들이다. 그러므로 너희는 결코 이 사실을 잊지 말고 이 세상에서 천국 시민으로서의 자부심과 긍지를 가지고 천국의 시민답게 살아라."

천국 시민으로서의 복음에 합당한 생활을 하려면

1. 복음의 신앙을 위해 협력해야 합니다

"복음의 신앙을 위하여 협력하는 것과"(1:27)

여기에 나오는 '복음의 신앙'은 그리스도의 복음에서 생긴 신앙입니다. 복음은 하나님의 이야기입니다. '복음'이란 말은 원래 전쟁에서 승리한 소식을 전하는 전령의 말을 말합니다. 그 소식이 복음, 즉 좋은 소식입니다. 성경은 말씀합니다. "좋은 소식을 전하며 평화를 공포하며 복된 좋은 소식을 가져오며 구원을 공포하며 시온을 향하여 이르기를 네 하나님이 통치하신다 하는 자의 산을 넘는 발이 어찌 그리 아름다운가"(사 52:7), "때가 찼고 하나님의 나라가 가까이 왔으니 회개하고 복음을 믿으라"(막 1:15)

복음은 환희와 기쁨의 소식입니다. 이 소식은 나 자신을 포함한 우리 모든 사람들에게 주어진 기쁨입니다. 복음은 한 마디로 예수 그리스도를 믿음으로 죄를 용서받아 구원받은 소식을 말합니다. 죄인이 의인이 되고, 하나님의 자녀가 되어 영원한 하나님의 나라에 들어가게 되는 것을 말합니다. 이 복음을 떠나서는 구원이나 기쁨이 없습니다. 영원한 세계도 없습니다. 그러므로 이미 이 복음을 소유한 사람은 구원받아 천국의 시민이 되었습니다. 하나님 나라의 백성이 된 특별한 사람입니다.

이 사실을 믿는다면 천국 시민이 된 우리는 그리스도의 복음에 합당한 생활을 해야 합니다. 복음에 합당한 생활을 하려면 복음의 신앙에 협력해야 합니다.

1) 가 보나 떠나 있으나 협력해야 합니다

"내가 너희에게 가 보나 떠나 있으나 너희가 한 마음으로 서서 한 뜻으로 복음의 신앙을 위하여 협력하는 것과"(1:27)

이 말은 사람 앞에서가 아니라 하나님 앞에서 살아가라는 말입니다. 다시 말하면 변함없이 견실하고 견고하게 살 것을 말합니다. 성도들은 어려움을 당하면 후퇴하거나 포기해 버리기 때문에 실패하게 됩니다. 때로는 자신의 신분을 숨기기도 합니다. 어떤 사람은 10년간 함께 일을 해 왔으나 교인이라는 것을 몰랐다고 합니다. 이것은 옳은 신앙이라 할 수 없습니다. 바울은 빌립보교회 성도들에게 가 보나 떠나 있으나 복음 안에서 굳게 서라고 권면합니다. 우리는 사람들이 보거나 보지 않거나, 윗사람이 있거나 없거나 하나님 앞에서 살아야 합니다.

어떤 형편에 처하게 되더라도 주님에 대한 우리의 충성심만은 변함이 없어야 합니다. 우리는 모든 대적자들을 이기고 천국의 시민답게 굳게 서서 복음을 위해 살아야 합니다.

2) 한 마음 한 뜻으로 협력해야 합니다

"너희가 한 마음으로 서서 한 뜻으로 복음의 신앙을 위하여 협력하는 것과"(1:27)

크리스천은 한 마음으로 결합되어야 합니다. 빌립보교회도 완전한 교회는 아니었습니다. 항상 주위에는 적들이 있어 늘 위험이 도사리고 있었습니다. 그래서 바울은 한 마음 한 뜻이 되어 서로 협력하라고 권면합니다. 마치 경기에 임하는 선수들처럼 공동의 적에 대항하여 한 마음 한 뜻이 되라는 말입니다. 경기에 있어서 가장 중요한 것은 팀워크입니다. 우리나라가 2002년 월드컵 대회에서 4강에 오르게 된 것이 선수 개개인의 뛰어난 실력 때문이 아니었습니다. 모든 선수들이 한 마음 한 뜻으로 뭉친 협력, 즉 팀워크가 탁월했기 때문입니다. 운동경기에서 가장 중요한 것은 한 마음 한 뜻으로 협력하는 것입니다. 무엇보다 단체정신, 즉 동지애가 중요합니다.

이와 같이 모든 성도들은 복음을 위해서 그리스도 안에서 하나로 뭉쳐야 합니다. 항상 마음과 뜻이 하나가 되어야 합니다. 천국 시민의 정신은 그리스도 안에서 하나로 연합하여 일치를 이루는 것입니다. 마음이 하나가 되어 서로 협력할 때 승리할 수 있습니다. 예배생활도 한 마음으로 해야 합니다. 기도하는 일에도 하나가 되고, 성경공부도 한 마음으로 하고, 복음을 전하는 일에도 뜻을 모아 하나가 되어야 합니다. 감사생활도 하나가 되어야 하고, 섬김과 봉사도 하나로 연합해야 합니다. 성도의 교제도 하나가 되어야 합니다. 모든 것이 하나가 되면 사탄은 물러갑니다. 온 교회가 하나가 되어 기도하며, 전도하며, 말씀 안에서 행하면 역사가 나타납니다. 우리는 진리를 파수하는 일에도 하나가 되어야 합니다. 온 교회가 하나가 되어 힘을 모으면 반드시 하나님의 역사가 나타나게 됩니다.

우리가 하나가 되기 위해서는 그리스도의 편에 서야 합니다. 주님의 편이 되는 것입니다. 나 자신의 주장과 경험과 이권을 버려야 합니다. 하나님의 영광을 위하여 하나님의 편이 되어야 합니다. 우리가 주님의 편에 있을 때 하나로 연합할 수 있습니다. 자신의 이익을 생각한다거나, 친분이 있다는 이유로 어떤 계파 쪽으로 치우치게 되면 하나가 될 수 없습니다. 그리스도의 편에 서고 주님의 편에 서야 하나가 될 수 있습니다.

교회 구성원들, 즉 하나님의 백성들은 다양한 사람들로 구성되어 있습니다. 직업과 재능이 다르고, 재산 규모가 다르고, 학벌과 취미생활도 다릅니다. 그러나 교회는 하나가 되어야 합니다. 하나가 되도록 협력하는 방법은 자기의 주장을 고집하지 않는 것입니다. 서로 섬기는 자세로 주님의 편에 설 때 모두가 하나가 되어 협력할 수 있습니다.

우리 모두 그리스도와 복음을 위하여, 그리고 몸 된 교회를 위하여 주 안에서 한 뜻으로 뭉쳐 복음에 합당한 천국 시민으로서의 삶을 살아야 합니다.

2. 두려워하지 않아야 합니다

"무슨 일에든지 대적하는 자들 때문에 두려워하지 아니하는 이 일을 듣고자 함이라"(1:28)

'대적하는 자들'은 개들, 행악자들, 손할례당, 유대인, 율법주의자들을 포함한 하나님을 대적하는 모든 자들을 가리킵니다. '두려워하다'는 말은 겁먹은 말처럼 깜짝 놀라거나 놀란 새처럼 조마조마해 하는 것을 말합니다. 빌립보교회 성도들의 주위에는 많은 핍박자들과 거짓 교사들이 있었습니다. 그러나 그런 대적자들을 두려워하면 안 된다고 바울은 권면합니다. 이들과의 싸움을 두려워하면 안 됩니다. 왜냐하면 이 싸움의 승패는 이미 결정된 싸움이기 때문입니다. "이것이 그들에게는 멸망의 증거요 너희에게는 구원의 증거니 이는 하나님께로부터 난 것이라"(1:28) 악의 세력은 머잖아 패배할 수밖에 없습니다. 반면 하나님의 세력은 영원토록 변하지 않고, 그리스도의 복음 또한 영원토록 승리합니다. 그 이유는 이것이 사람에게서 난 것이 아니라 하나님으로 부터 난 것이기 때문입니다.

사도 바울은 적들을 두려워하지 말라고 합니다. 그것은 빌립보교회 성도들은 천국의 시민이 되었으며, 이미 이겨 놓은 싸움을 싸우고 있기 때문입니다. '너희 속에 착한 일을 시작하신 이가 그리스도의 그날까지 이루어 주신다'고 했습니다.

믿음의 사람들은 모두 대적들을 두려워하지 않고 담대했습니다. 여호수아와 갈렙은 돌을 들어 치려고 하는 대적들을 두려워하지 않았습니다. 오히려 담대하게 하나님을 의지함으로써 복음에 합당한 생활을 했습니다. 사도 바울 역시 수많은 대적들 앞에서도 담대했습니다. 당시 로마 군인은 세계 최강이었습니다. 그들은 싸움가다 백전백승이었으며 전쟁에서 승리할 때마다 영토를 확장해 나갔습니다. 그들은 적들을 두려워하지 않고 자신만만하게 용감하게 전진하여 매번 승리를 거두었습니다.

우리의 신앙을 방해하며 박해하는 대적은 누구입니까? 복음에 합당한 생활을 방해하는 박해자가 누구입니까? 우리는 우리의 대적들을 두려워하면 안 됩니다. 우리가 복음을 위해 믿음으로 담대하게 나가면 분명히 승리하게 될 것입니다. 왜냐하면 우리 하나님께서 우리와 함께 하실 것이기 때문입니다. 우리는 이 확신을 가지고 나가야 합니다.

처음으로 비행기를 탄 소녀가 있었습니다. 소녀는 모든 것이 신기했습니다. 창밖을 보니 파아란 하늘과 흰 구름이 황홀했습니다. 그런데 갑자기 불연속선을 만나 비행기가 흔들리기 시작했습니다. -일종의 공기 진공상태로 밀도와 온도, 습도, 풍속, 풍향 등의 기상 요건이 다른 두 기층이 대립되는 상태를 말합니다. 그 상태가 되면 비행기가 갑자기 10-20m 가량 급강하하게 되어 기체가 안정감을 잃고 흔들리면서 떨어지게 됩니다.- 기내 손님들은 모두 사색이 되었습니다. 십자가를 붙들고 기도하는 사람이 있는가 하면 회개기도를 하는 사람도 있었습니다. 그런데 이상하게도 맨 앞좌석에 앉은 그 소녀는 무척 흥미롭다는 표정을 지으며 여유가 있어 보였습니다. 한참 후 비행기가 안정을 찾게 되자 한 승객이 그 소녀에게 물었습니다. "얘야, 너는 비행기가 흔들리면서 무서운 속도로 떨어질 때 무섭지 않았니?" "아뇨, 전혀 무섭지 않았어요." "왜?" "이 비행기의 조종사가 우리 아빠예요." 소녀는 그 비행기의 조종사가 바로 자기 아버지였기 때문에 두렵지 않았던 것입니다. 그것은 아버지가 자기를 지켜줄 것을 확신했기 때문입니다.

우리 하나님은 창조주이시며, 역사의 주인이시며, 심판의 주인이십니다. 하나님이 허락하지 않으시면 참새 한 마리도 땅에 떨어지지 않으며, 우리의 머리털까지 다 헤아리시는 하나님이십니다. 우리도 바울처럼 복음의 대적자들을 두려워하지 맙시다. 그리고 하나님께서 우리와 함께 하심으로 반드시 승리하게 해 주실 것을 확신하며 담대하게 복음에 합당한 생활을 해야 합니다.

3. 그리스도를 위하여 고난도 받아야 합니다

"그리스도를 위하여 너희에게 은혜를 주신 것은 다만 그를 믿을 뿐 아니라 또한 그를 위하여 고난도 받게 하려 하심이라"(1:29)

사도 바울은 빌립보교회 성도들에게 하나님의 자녀요, 천국의 시민인 그들에게 두 가지 은혜를 주셨다고 했습니다. 그것은 바로 믿음과 고난입니다. 예수 그리스도를 믿음으로 우리가 구원을 받았고, 믿음으로 우리가 이 세상에서 승리하여 행복한 삶을 살고 있으며, 믿음으로 우리가 천국에서 안식을 누리게 됩니다. 복음에 합당한 생활은 예수 그리스도를 믿는 것이며, 그를 위하여 고난을 받는 것입니다. 빌립보교회에는 신자들을 괴롭히는 대적들이 있었습니다. 따라서 천국의 시민답게 복음에 합당한 삶을 사는 사람이라면 그리스도와 복음을 위하여 고난도 받아야 했습니다.

그런데 이 고난은 축복입니다. 왜냐하면 하나님은 그의 사랑하는 백성들에게 사랑의 증표로 고난도 주시기 때문입니다. 그래서 바울은 빌립보교회 성도들에게 '너희는 그리스도에 대한 믿음의 선물뿐만 아니라 그를 위한 고난이란 선물도 가지고 있다'고 말하는 것입니다. 그리스도의 복음을 위한 고난은 바로 복음에 합당한 생활입니다. 그리고 그리스도의 복음을 위한 고난은 바로 축복이요, 영광스런 특권입니다. 이 고난을 통해 신자들의 영혼이 그리스도께로 더 가까이 나아갈 수 있게 합니다. 그리스도를 위해 우리가 고난을 받을 때 주 예수께서 우리를 위해 고난당하신 그 심정을 이해하게 됩니다. 뿐만 아니라 주님의 길이 참으시는 교제를 생생하게 맛볼 수도 있기 때문입니다. 따라서 고난을 통해 주님을 더 잘 알게 되고, 더 가까이 할 수 있게 됩니다.

이 고난에는 상이 있습니다. 성경은 말씀합니다. "생각하건대 현재의 고난은 장차 우리에게 나타날 영광과 비교할 수 없도다"(롬 8:18) 그리고 우리가 반드시 기억할 것은 주님은 우리가 감당하지 못할 고난은 주시지 않는다는 사실입니다. 성경은 말씀합니다. "사람이 감당할 시험 밖에는 너희가 당한 것이 없나니 오직 하나님은 미쁘사 너희가 감당하지 못할 시험 당함을 허락하지 아니하시고 시험 당할 즈음에 또한 피할 길을 내사 너희로 능히 감당하게 하시느니라"(고전 10:13) 하나님은 우리에게 감당할 만한 시험만 주시고, 시험당할 때에는 피할 길도 주십니다.

우리 모든 성도는 같은 싸움을 싸우고 있습니다. "너희에게도 그와 같은 싸움이 있으니 너희가 내 안에서 본 바요 이제도 내 안에서 듣는 바니라"(1:30) 이 싸움은 마귀와의 싸움입니다. 우리도 빌립보교회 성도들과 똑같은 싸움을 하고 있습니다. 이단과 거짓 교리와의 싸움입니다. 예수님을 믿는 성도라면 모두 똑같은 싸움을 합니다. 이것이 우리에게 위로가 됩니다. 위대한 종 바울 뿐 아니라 빌립보교회 성도들과 우리 성도들도 함께 싸웁니다. 모두 같은 입장에서 같은 대적들과 싸웁니다.

"내 안에서 본 바요 이제도 내 안에서 듣는 바니라"(1:30) 빌립보교회 성도들은 이미 바울 사도가 빌립보에서 싸운 싸움과 고난을 보고 들어 알고 있습니다. 귀신들린 여종에게서 귀신을 쫓아내었다는 이유로 체포되어 채찍에 맞으며 감옥에 갇히는 등 수 많은 고난을 받았습니다. 빌립보교회 성도들은 이미 이 사실을 다 알고 있었습니다. 이 싸움은 모든 그리스도인들의 싸움입니다. 지금 이 시간에도 이 싸움으로 고통 받는 성도들이 많습니다. 우리 성도들 중에도 그리스도를 위해 싸우는 사람들이 많습니다. 바울은 지금 감옥에서 싸우고, 빌립보교회 성도들은 감옥 밖에서 싸우고 있습니다. 많은 성도들은 삶의 현장에서 싸웁니다. 우리가 이 사실을 알 때 위로가 되고 용기가 생깁니다. 엘리야가 바알을 섬기는 아합 왕과 이세벨과 싸울 때 자기 혼자만 남은 줄 알았습니다. 그러나 하나님은 아직 바알에게 무릎 꿇지 않은 7천 명이 있다고 하셨습니다. 엘리야와 함께 싸우는 믿음의 동지가 7천 명이란 말입니다.

교회를 섬길 때도 마찬가지입니다. 우리는 모두 신앙의 싸움을 하고 있습니다. 목사는 목사대로, 장로는 장로대로, 집사는 집사대로, 권사는 권사대로, 성도는 성도들대로 모두 함께 이 싸움에 참여하고 있습니다. 우리 모두가 함께 싸우는 것입니다. 이것이 복음에 합당한 생활입니다. 우리가 그리스도를 위하여 그리스도와 함께 고난을 당하던 그리스도와 함께 영광을 누리게 됩니다. 이것이 바로 복음에 합당한 생활입니다.

　우리는 복음에 합당한 생활을 해야 합니다. 그리고 서로 협력하되 대적을 두려워하면 안 됩니다. 주를 위하여 고난도 받을 줄 알아야 합니다. 우리 모두 천국의 시민으로서 복음에 합당한 생활을 해야 합니다. 아멘.

¹그러므로 그리스도 안에 무슨 권면이나 사랑의 무슨 위로나 성령의 무슨 교제나 긍휼이나 자비가 있거든 ²마음을 같이 하여 같은 사랑을 가지고 뜻을 합하며 한 마음을 품어 ³아무 일에든지 다툼이나 허영으로 하지 말고 오직 겸손한 마음으로 각각 자기보다 남을 낫게 여기고 ⁴각각 자기 일을 돌볼뿐더러 또한 각각 다른 사람들의 일을 돌보아 나의 기쁨을 충만하게 하라

(빌립보서 2:1-4)

09

하나가 되십시오

빌립보교회는 아름답고 좋은 교회이지만 그 교회에도 문제가 있었습니다. 이것은 지상 교회는 아무리 좋다 해도 완벽하지 않다는 것을 보여줍니다. 연약한 죄인들이 모인 지상 교회는 어느 교회나 문제가 있기 마련입니다. 빌립보교회 안에 알력이 있었던 듯합니다. 그것은 여 성도들 사이에 일어난 문제입니다. 유오디아와 순두게라는 두 여인 사이에서 발생한 질투와 시샘으로 인하여 교회가 화목을 잃게 되었습니다. 이 여인들은 교회에 영향력을 끼칠 정도로 능력이 있는 여성 지도자들로 보입니다. 사도 바울은 빌립보교회에 보내는 편지를 통해 '하나가 되라' 고 권면합니다.

교회가 하나가 되지 못하면 힘을 잃게 됩니다. 교회가 복음 사역을 하려면 힘을 하나로 모아야 합니다. 힘이 있으려면 연합(unity)과 조화(harmony)와 협동(cooperaton), 이 세 가지를 갖추어야 합니다. 자동차 한 대를 만드는데 2만 개의 부속품이 필요하다고 합니다. 그런데 이 중에 하나라도 없으면 온전한 자동차를 만들 수가 없습니다. 교회 역시 많은 지체들이 모여 하나의 몸을 이루고 있습니다. 이 많은 지체들 중에서 단 한 명이라도 문제를 일으키게 되면 어려움이 발생합니다. 그러므로 교회는 하나가 되어야 합니다.

1. 빌립보교회에 나타난 문제가 무엇입니까

문제는 다툼과 허영입니다. "아무 일에든지 다툼이나 허영으로 하지 말고"(2:3)

다툼과 허영은 한 마디로 자기를 내세우는 데서 옵니다. 교회가 하나가 되지 못하고 다툼과 허영이 나타나게 된 원인은

1) 자기 본위의 자랑과 공명심 때문입니다

사람들은 자신을 내세우려는 허영이 있습니다. 스스로를 자랑하고 싶은 마음은 누구에게나 있습니다. 그러나 자기 자랑은 불신앙을 초래하게 되어, 나중에는 교만해져 결국 자신이 하나님이 되어 버리고 맙니다. 그리고 자기 자랑과 공명심은 결국 분열을 일으키게 됩니다.

창세기에 나오는 바벨탑 사건은 한 마디로 공명심과 자랑과 교만의

결과입니다. "또 말하되 자 성읍과 탑을 건설하여 그 탑 꼭대기를 하늘에 닿게 하여 우리 이름을 내고 온 지면에 흩어짐을 면하자"(창 11:4) 이 바벨탑의 배경에는 자기 자랑과 공명심과 교만이 있었습니다. 결국 바벨탑 사건으로 분열이 일어나고 말았습니다. 하나님께서 그들의 언어를 혼란스럽게 만들어 서로 말이 통하지 않게 되자 통하는 사람들끼리 무리를 지어 사방으로 흩어지게 된 것입니다. 자기를 나타내고자 하다가 분열을 초래하게 되었습니다.

명예와 명성은 상당한 매력을 가지고 있습니다. 어떤 사람들에게는 물질보다 더 귀한 것이 될 수도 있습니다. 그래서 명예를 얻기 위해 생명을 걸기도 합니다. 정치인들도 모든 것을 동원해서 도전합니다. 그런데 이런 것이 교회 안에까지 들어온다는 것이 문제입니다. 자기 자랑이나 명예가 지배하게 되면 분열이 나타나고 허영과 다툼이 생기게 됩니다.

그러나 역사적으로 신앙의 인물들은 모두 자기 자신을 나타내기보다 자신의 무능력을 인정했습니다. 유명한 어거스틴(Augustine)의 은사인 암브로시우스(Ambrosius)는 훌륭한 학자요, 목회자였습니다. 암브로시우스는 원래 로마의 집정관으로 선정을 베풀어 지방 백성들로부터 아버지처럼 존경받을 만큼 애정과 배려가 충만했습니다. 그런데 그 지방의 주교(목사)가 세상을 떠나게 되어 후임자를 모셔야 했는데 과연 '누구를 후계자로 삼느냐' 하는 문제로 열띤 토론이 벌어졌습니다. 그때 한 어린이가 큰 소리로 말했습니다. "암브로시우스를 주교로, 암브로시우스를 주교로." 이 소리를 들은 군중들도 입을 모아 "암브로시우스를 주교로, 암브로시우스를 주교로"를 외치며 그에게로 몰려들었습니다. -당시에는 요즈음처럼 정규신학 과정을 밟은 목회자들이 없었으며, 누구든지 능력 있고 존경받는 사람을 추대하여 주교(담임목사)로 세웠습니다.- 그때 암브로시우스는 정치인이었으므로 주교를 할 생각이 전혀 없었습니다. 그래서 그는 겸손하게 사양을 했습니다. 그러나 계속 주교를 맡아 달라는 요구에 암브로시우스는 한밤중에 도망을 쳤습니다. 결국 이 사실을 알게 된 로마 황제가 직접 개입하여 암브로시우스를 밀라노의 주교로 임명하자 할 수 없이 순종하게 되었습니다. 결국 그는 훌륭한 사역자로 역사에 기록되었습니다.

위대한 인물은 야심에 차 있다거나 스스로를 훌륭한 사람으로 여기지 않습니다. 자신은 도저히 그 일을 감당할 수 없다고 생각합니다. 이런 사람들이 많을 때 다툼과 허영은 사라지고 하나가 될 수 있습니다. 빌립보교회 성도들에게 필요한 것은 바로 자기 자랑을 버리는 것이었습니다. 신실한 성도들에게 필요한 것은 바로 겸손입니다. 우리가 겸손해 질 때 비로소 하나가 될 수 있습니다.

2) 자기 우월감 때문입니다

자기 우월감은 일종의 특권의식입니다. 우월감은 항상 허영과 다툼의 원인이 됩니다. 우리는 항상 모두가 똑같다는 생각으로 시작해야 합니다. 나는 다른 사람들보다 훌륭하다고 생각할 때 문제가 발생하게 됩니다. 내 남편은 다른 남편들보다 낫고, 우리 자녀는 다른 자녀들보다 뛰어나다고 생각할 때 문제가 발생하게 됩니다. 우리는 상대방을 나와 똑같은 인격자로 대해야 합니다. 우리는 모두 하나님의 형상대로 지음을 받은 귀한 존재들입니다. 그러므로 우월의식을 가지고 상대방을 무시하면 안 됩니다. 우리는 서로가 서로를 존중해 주어야 합니다. 그래야 다툼이나 허영이 생기지 않습니다.

하나님의 교회도 마찬가지입니다. 모든 교회의 직분은 계급이 아닌 봉사직입니다. 다시 말하면 섬기는 직분입니다. 그러므로 직분을 받았다고 우월감을 가지면 안 됩니다. 오히려 어떻게 하면 조금이라도 더 잘 섬길 것인지를 생각해야 합니다. 어느 성도가 "목사님, 제가 그 교회에서 집사까지 땄어요." 하고 말했습니다. 집사는 계급이 아닙니다. 직분이 계급이라면 권사도 따야 합니다. 목사, 장로, 권사, 집사는 특권층이 아니라 교회의 봉사직입니다. 직분에 대한 성도들의 사고가 바뀌어야 합니다. 장로, 장립집사, 권사들은 교회를 섬길 때에도 책임감을 가져야 합니다. 헌금을 할 때도 적당히 하면 된다는 생각을 가지고 있다면 지양해야 합니다. 평신도들 역시 예수 그리스도의 몸 된 교회의 지체들이므로 주인의식을 가지고 봉사해야 합니다.

직분자는 당연히 자신의 믿음의 분량대로 섬기고 봉사해야 합니다. 그 밖의 모든 성도들도 각각 교회의 일원으로서 주인의식을 가져야 합니다. 교회 안에서는 자신이 우월하다는 생각을 하는 사람이 아무도 없어야 합니다. 하나님 앞에서 우리는 모두 똑같습니다. 특별한 사람은 아무도 없습니다. 내가 학벌이 더 높고, 직장이 더 좋고, 재물이 더 많다는 것 때문에 우월감을 가지면 분열만 생길 뿐입니다. 우리가 다른 사람들에게 인정과 칭찬을 받고 존경을 받는 것도 물론 중요하지만 받으려고만 하면 허영이 됩니다. 우리는 사람들에게 인정받으려고만 하면 안 됩니다. 우리는 우리가 사람들 앞에서만 인정받으려고 하면 결국 자신이 소멸된다는 사실을 잊지 말아야 합니다. 성도는 선한 일을 하되 오직 '하나님께 영광'을 돌린다는 생각으로 해야 합니다. 진실한 신자는 오히려 사람들의 시선이 자신에게 집중되는 것을 두려워합니다. 오직 하늘에 계신 아버지 하나님께만 집중되기를 원합니다.

우리가 선을 행하고 빛을 발하는 궁극적인 목적도 '하나님께 영광'이어야 합니다. 이 빛은 나의 빛이 아니라 하나님의 빛으로 하나님을 높이며 하나님을 나타내는 빛이 되어야 합니다. 이때 우리가 하나가 될 수 있습니다.

3) 자기 집중 때문입니다

자기 집중이 강할 때 경쟁심이 생기게 되고, 경쟁심은 결국 다툼을 일으키게 됩니다. 자신의 이익에만 관심을 가지고 혈안이 되어 있으면 충돌이 불가피합니다. 하나님의 백성인 성도가 집중할 것은 내가 다른 사람들보다 얼마나 더 나은지가 아니라, 하나님과 나와의 관계가 어떠한가에 관심을 두고 거기에 집중해야 합니다. 자신에게만 집중하면 다른 사람들에게는 손해를 끼치게 된다는 것을 우리는 기억해야 합니다. 또한 자신의 목적 달성을 위해서 수단과 방법을 가리지 않게 됩니다. 물론 불법도 행하게 되고 질서도 파괴됩니다. 그러다 보면 다른 사람이 피해를 보게 되고, 피해를 본 사람 역시 자신에게 집중하다 보면 자신의 유익을 위해서 다툴 수밖에 없습니다. 결국 이렇게 되면 하나가 될 수 없습니다.

우리는 자신보다 다른 사람을 위하여 섬기고 봉사하는 데 목적을 두어야 합니다. 예수 그리스도의 십자가는 바로 섬김이었습니다. 예수 그리스도는 철저히 자신을 희생하고 섬김으로써 우리를 죄악에서 구원하셨습니다. 자신에게만 집중하다 보면 허영이 나오고, 그 허영은 자신의 존재를 상실하게 합니다. 사람들이 자신을 알아주기를 바라며 여기에만 신경을 쓰게 되면 진실을 상실하게 됩니다. 물론 자신도 상실하게 됩니다. 다른 사람의 평가에만 치으쳐 그들의 눈치만 살피게 되는 불쌍한 사람이 되고 맙니다. 한 마디로 다툼과 허영은 이기심에서 나온 것이므르 이것을 버려야 하나가 될 수 있습니다.

주님이 우리에게 주신 가장 큰 계명이 '하나님을 사랑하고 이웃을 사랑하라' 는 것임을 우리는 잘 알고 있습니다. 우리가 이 계명을 실천할 때 허영과 다툼을 멀리할 수 있습니다. 우리는 항상 자신을 자랑하거나 우월감을 가진다거나 자신에게 집중해서도 안 됩니다. 오직 하나님 앞에서 항상 자신의 부족함을 인정하고, 사람의 인정보다 하나님께서 나를 어떻게 보실 것인가에 관심을 가져야 합니다. 그리해서 하나님을 사랑하며, 하나님의 빛을 발함으로써 주 안에서 하나가 되는 삶을 살아야 합니다.

2. 하나가 되는 비결은 무엇입니까

1) 성도들이 하나로 일치해야 합니다

"마음을 같이 하여 같은 사랑을 가지고 뜻을 합하며 한 마음을 품어"(2:2)

마음을 같이 한다는 것은 사상이 하나가 되는 것을 말합니다. 영적으로 한 가지를 생각하는 것입니다. 조화를 이루어야 한 마음이 됩니다. 같은 사랑을 가져야 합니다. 이것은 감정의 조화를 이루는 것입니다. 사상이 같으면 감정이 하나가 되어 같은 사랑을 가지게 됩니다. 뜻을 모아야 합니다. 이것은 정신의 조화와 일치를 의미합니다. 한 마디로 한 마음을 품어야 합니다. 분열은 망하고, 정지하고, 퇴보하게 합니다. 결국 분열은 사탄이 기뻐할 뿐입니다. 마귀는 가정이나 단체나 교회를 분열시키는 것을 좋아합니다. 그러므로 우리는 하나로 뭉쳐야 합니다.

그리스도 안에서, 성령 안에서, 말씀 안에서, 하나님의 뜻 안에서 하나가 되어야 합니다. 한 마음 한 뜻이 되면 모든 문제가 해결됩니다. 그리고 교회는 하나가 되기 위해서 기도해야 합니다. 기도하는 모임에 우리 모든 성도들이 힘써 참여할 때 하나가 될 수 있습니다. 전도하는 일에 한 마음이 되어야 합니다. 이단을 저지하는 일과 봉사하고 구제하는 일에도 하나가 되어야 합니다. 그리스도 안에서 마음이 하나가 되면 성도들이 하나로 일치할 수 있습니다. 성경은 말씀합니다. "그러므로 그리스도 안에 무슨 권면이나 사랑의 무슨 위로나 성령의 무슨 교제나 긍휼이나 자비가 있거든 마음을 같이 하여 같은 사랑을 가지고 뜻을 합하며 한 마음을 품어"(2:1-2) 우리가 그리스도 안에서 하나가 될 때 권면할 수 있고, 사랑할 수 있고, 위로할 수 있고, 성령의 교제를 할 수 있고, 긍휼과 자비를 베풀 수 있습니다.

무엇보다 먼저 우리 자신이 그리스도 안에서 하나가 되어야 합니다. 하나님의 영광을 위하여 가정과 구역과 교회가 하나가 되어야 합니다.

2) 겸손해야 합니다

"오직 겸손한 마음으로 각각 자기보다 남을 낫게 여기고"(2:3)

다툼과 허영은 인본주의입니다. 다른 사람보다 자기를 낮게 여기는 것입니다. 그러나 겸손은 자기보다 다른 사람을 낫게 여기는 것입니다. 자기를 살필 줄 아는 사람은 겸손한 마음의 소유자입니다. 다른 사람을 나보다 낫게 여기며 존경하는 겸손한 마음이 있을 때 하나가 될 수 있습니다.

가정에서도 겸손해야 가족이 하나가 될 수 있습니다. 자녀가 공부를 잘 하면 '네 아버지(어머니)를 닮아서 잘 한다.', 공부를 못 하면 '너 어머니(아버지)를 닮아서 못 한다' 고 말하면 하나가 될 수 없습니다. 잘 하는 것은 나를 닮고, 못하는 것은 다른 사람을 닮았다고 하는 것은 교만입니다. 우리는 이런 생각을 바꾸어야 합니다. 못하면 나를 닮고, 잘 하면 아버지(어머니)를 닮았다고 해야 하나가 될 수 있습니다. 어느 믿음이 좋은 장로님의 가정은 이렇게 말합니다. "저는 성질이 매우 나쁘지만 아내는 성품이 좋고 어질어서 하나님께서 복을 주시나 봅니다." "저는 부족하지만 남편의 믿음 때문에 우리 가정이 복을 받습니다." 가히 대화의 모범이 될 만합니다.

성도가 하나가 되는 것은 다른 사람을 나보다 낫게 여기는 것입니다. 다른 사람을 나보다 낫게 여기는 이런 겸손한 마음만 있으면 부부싸움을 할 일이 없습니다. 친구끼리도 싸울 필요가 없고, 성도들끼리도 얼굴을 붉힐 이유가 없습니다. 물론 서로 경쟁의식을 가질 필요도 없습니다.

신앙인의 가장 위대한 미덕은 겸손입니다. 신앙의 인물들은 모두 겸손이란 미덕을 가지고 있었습니다. 아브라함도 조카 롯에게 양보했습니다. "네가 좌하면 내가 우하고 네가 우하면 내가 좌하리라" 했습니다. 모세 역시 겸손한 사람이었습니다. 그의 온유함이 지면에 뛰어났다고 성경은 말씀합니다. 바울 사도 역시 겸손한 믿음의 사람이었습니다. 바울은 자신을 "사도 중에 가장 작은 자"(고전 15:9), "성도 중에 지극히 작은 자"(엡 3:8), "죄인 중에 괴수"(딤전 1:15)라고 소개했습니다.

어느 소녀는 벽에 좌우명을 걸어 두었습니다. "나는 기꺼이 셋째가 되겠습니다. 첫째는 하나님, 둘째는 이웃, 셋째는 나."

사도 바울은 주와 복음과 교회를 위하여 순교의 자리까지 낮아졌습니다. 우리도 그리스도와 교회를 위하여 겸손히 낮아지고 죽어서 하나가 되는 역사를 이루어 가야 합니다.

3) 서로 돌보아야 합니다

"각각 자기 일을 돌볼 뿐더러 또한 각각 다른 사람들의 일을 돌보아"(2:4)

'자기 일을 돌볼' 이란 말은 자신이 맡은 일에 책임을 다하며 작은 일에 충성하는 것을 말합니다. '다른 사람들의 일을 돌보아' 란 말은 먼저 자기 일에 충실한 자가 되어야 다른 사람들을 돌볼 수 있다는 말입니다. 공부도 내가 실력이 있어야 다른 사람의 공부를 도울 수 있고, 사업도 자신의 사업을 잘 운영해 나갈 때 비로소 다른 사람을 도울 수 있고, 내가 먼저 건강해야 다른 사람의 건강을 돌볼 수 있습니다. 자신을 사랑하지 못하고 자기 일에 충성하지 못하면 다른 사람에게 베풀 수가 없습니다. 자신을 사랑하며 자기 일에 충성을 다해야 다른 사람의 일을 돌볼 수 있습니다. 우리는 다른 사람의 일에 참견해서도 안 되지만, 자기의 이익만 챙겨도 안 됩니다. 우리는 항상 협조하고 봉사하는 가운데 자기를 희생하는 이타주의적 삶을 살아야 합니다. 예수님은 말씀하셨습니다. "네 이웃을 네 자신과 같이 사랑하라"(마 19:19) 우리가 맡은 일에 최선을 다하며 다른 사람들을 돌볼 때 교회가 하나가 되고 성도들이 일치할 수 있음을 잊지 말아야 합니다.

4) '나의 기쁨을 충만하게 하라'고 당부합니다

"나의 기쁨을 충만하게 하라"(2:4)

빌립보교회를 설립한 사도 바울은 빌립보교회의 영적 지도자이자 영적 아버지입니다. 그런 그가 지금 로마 감옥에 갇혀 있습니다. 그리스도를 위하여 복음을 증거하다가 옥중생활을 하고 있는 것입니다. 이런 형편을 잘 알고 있는 빌립보교회 성도들이 서로 싸우게 되자 바울의 마음이 아팠습니다. 그래서 바울이 빌립보교회 성도들에게 '너희가 하나가 되어 나의 기쁨을 충만하게 하라'고 부탁하는 것입니다. 사실 바울 사도를 생각하면 빌립보교회 성도들이 다투거나 싸울 수 없습니다. 사도 바울을 기쁘게 하려면 하나가 되어야 합니다.

부모 앞에서 자녀들이 싸울 수 없습니다. 부모를 기쁘게 하려면 모든 자녀들이 하나가 되어야 합니다. 팥죽 한 그릇에 장자권을 빼앗긴 에서도 야곱을 죽이고 싶을 만큼 미웠습니다. 그러나 그는 아버지가 살아 있을 동안에는 죽이려고 하지 않았습니다.

영적 아버지와 같은 사도 바울이 감옥에 있는데 빌립보교회 성도들이 싸울 수 없듯, 그리스도를 생각하는 사람들도 역시 다툴 수 없습니다. 십자가의 사랑을 아는 사람이 교만할 수 없으며, 하나님의 은혜를 아는 사람이라면 결코 교회 안에서 문제를 일으킬 수 없을 것입니다.

오늘 성경 말씀은 우리에게 '하나가 되라' 고 부탁합니다. 이것은 우리 주님의 부탁이기도 합니다.

우리는 예수 그리스도의 마음을 품을 때 하나가 될 수 있습니다. 말씀 안에 있고, 성령 안에 있을 때 하나가 될 수 있습니다. 우리 모두 겸손하게 자신을 낮춥시다. 그래서 하나님과 이웃을 사랑하여 우리 가정과 교회가 하나가 되는 역사를 이루어 가야 합니다. 아멘.

> ⁵너희 안에 이 마음을 품으라 곧 그리스도 예수의 마음이니 ⁶그는 근본 하나님의 본체시나 하나님과 동등됨을 취할 것으로 여기지 아니하시고 ⁷오히려 자기를 비워 종의 형체를 가지사 사람들과 같이 되셨고 ⁸사람의 모양으로 나타나사 자기를 낮추시고 죽기까지 복종하셨으니 곧 십자가에 죽으심이라 ⁹이러므로 하나님이 그를 지극히 높여 모든 이름 위에 뛰어난 이름을 주사 ¹⁰하늘에 있는 자들과 땅에 있는 자들과 땅 아래에 있는 자들로 모든 무릎을 예수의 이름에 꿇게 하시고 ¹¹모든 입으로 그리스도 예수를 주라 시인하여 하나님 아버지께 영광을 돌리게 하셨느니라
>
> (빌립보서 2:5-11)

10

그리스도 예수의 마음을 품어야 합니다

　모든 성도들은 하나가 되어야 합니다. 사도 바울은 사랑하는 빌립보 교회 성도들에게 하나가 되는데 꼭 필요한 것이 있다고 말합니다. 성도들이 하나가 되는 것은 정치적으로나 조직으로 되는 것이 아닙니다. 바울은 성도들이 하나가 되려면 오직 '그리스도 예수의 마음을 품는 것' 임을 강조하고 있습니다.

　하나님의 백성인 우리 성도들은 진리와 말씀 안에서 그리스도 예수의 마음을 품을 때 비로소 하나가 될 수 있습니다. 그리스도 예수의 마음을 품는 것은 성도들의 가장 큰 신앙의 목표이자 소망이기도 합니

다. 크리스천의 최고의 미덕과 이상은 그리스도 예수의 마음을 품고 살아가는 것입니다. 우리는 그리스도 예수의 마음을 품어야 합니다.

1. 왜 그리스도 예수의 마음을 품어야 합니까

1) 마음의 문제가 가장 중요하기 때문입니다

"너희 안에 이 마음을 품으라 곧 그리스도 예수의 마음이니"(2:5)

우리가 하나가 되는 데 가장 중요한 문제는 외형적인 문제가 아니라 내면적인 문제입니다. 속사람이 문제이며, 심령의 문제가 가장 중요합니다. 그러므로 성도가 하나가 되는 것은 심령의 문제입니다. 따라서 우리 속에 그리스도가 계시면 하나가 될 수 있습니다. 그리스도 예수께서도 마음의 중요성을 잘 아시고 심령의 중요성을 가르쳐 주셨습니다. 예수님은 산상설교에서 제일 먼저 심령의 문제를 말씀하셨습니다. "심령이 가난한 자는 복이 있나니 천국이 그들의 것임이요 애통하는 자는 복이 있나니 그들이 위로를 받을 것임이요 온유한 자는 복이 있나니 그들이 땅을 기업으로 받을 것임이요"(마 5:3-5)

이 모든 것이 심령의 문제입니다. 그러므로 우리 마음에 그리스도 예수의 마음을 품어야 합니다.

2) 그리스도 예수께서 우리의 모범이 되시기 때문입니다

"믿음의 주요 또 온전하게 하시는 이인 예수를 바라보자 그는 그 앞에 있는 기쁨을 위하여 십자가를 참으사 부끄러움을 개의치 아니하시

더니 하나님 보좌 우편에 앉으셨느니라"(히 12:2)

그리스도 예수는 우리에게 완전한 모범을 보여주셨습니다. 그리스도 예수의 마음은 우리의 이상이요 모범이십니다. 그리스도 예수는 완벽한 성품을 가지신 분입니다. 물론 우리가 따를 수 없는 모범의 영역도 분명히 있습니다. 그의 십자가의 구속 사역은 우리가 도저히 따를 수 없습니다. 그리스도 예수의 십자가의 고난과 죽음과 부활은 오직 그리스도 예수께만 속한 영역이요, 사역입니다. 그러나 우리는 그의 근본정신과 마음만은 본받을 수 있습니다. 그때 비로소 하나가 되고, 화평이 이루어지고, 영광이 나타나게 됩니다. 우리는 예수님의 마음을 본받아야 합니다.

2. 그리스도 예수의 마음은 어떤 마음입니까

한 마디로 겸손한 마음입니다. 자기를 낮추신 마음입니다. 그리스도 예수께서는

1) 하나님의 본체를 버리셨습니다

"그는 근본 하나님의 본체시나 하나님과 동등 됨을 취할 것으로 여기지 아니하시고"(2:6)

'본체'(모르페, μορφη)는 '형상'이란 뜻입니다. 이것은 내적, 근본적, 영구적인 어떤 인격, 또는 사물의 본질을 의미하는 것으로 변하지 않습니다. '동등 됨을 취할 것으로 여기지 아니하시고'란 영광의 자리

를 포기하셨다는 말입니다. 성육신, 즉 하나님께서 인간의 몸을 입으시고 이 세상에 오신 사건을 말합니다. 바로 그 분이 그리스도 예수이십니다. 인간의 몸을 입으신 그리스도 예수께서는 십자가의 고난을 받으시고 죽으셨습니다. 성경은 증거합니다. "태초에 말씀이 계시니라 이 말씀이 하나님과 함께 계셨으니 이 말씀은 곧 하나님이시니라"(요 1:1), "말씀이 육신이 되어 우리 가운데 거하시매 우리가 그의 영광을 보니 아버지의 독생자의 영광이요 은혜와 진리가 충만하더라"(요 1:14) '말씀이 육신이 되어' 란 하나님께서 사람이 되어 오셨다는 말씀입니다. 이 분이 바로 그리스도 예수이시며, 이 성육신 안에 그리스도 예수의 마음이 있습니다.

하나님께서 인간의 몸을 입고 이 땅에 오셨습니다. 이것이 바로 크리스마스입니다. 하나님께서 성령으로 마리아의 몸에 잉태되어 이 땅에 오신 사건은 예수님께서 인간의 역사 안으로 오셨다는 말입니다. 하나님께서 인간의 몸을 입으신 것은 인간과 대화적 관계를 이루신 것입니다. 하나님께서 문화의 옷과 종의 형체를 입으시고 이 땅에 오셨습니다. 하나님께서 사람들에게 구원의 도리를 가르쳐 주시기 위해 성육신하신 것입니다.

사람의 형체를 입지 않고는 사람들과 교제할 수 없으셨고, 사람들에게 구원의 복음을 전파할 수도 없으셨고, 죄인들의 죄를 대속할 수도 없으셨습니다. 그래서 사람의 모습으로 이 땅에 오신 것입니다. 그리스도 예수께서 사람이 되신 것은 가장 낮아지신 사건입니다.

2) 자신을 비어 종의 형체를 입으셨습니다

"오히려 자기를 비워 종의 형체를 가지사 사람들과 같이 되셨고" (2:7)

'비워'(에케노센, εκενωσεν)라는 말은 높으신 분이 그 형체를 벗고 종이 되신 것을 말합니다. 연구의 대상이 되는 말입니다. 이 말씀은 성육신 기간 중에 하나님의 본체, 즉 그리스도의 신성을 비웠다는 말이 아니라 성부 하나님과 동일시 되는 존재 양식을 비운 것을 말합니다. 다시 말하면 하나님의 속성을 버린 것이 아니라 하나님의 권위를 버리셨다는 말입니다. 그리스도께서는 자신의 모든 영광을 포기하셨습니다. 하늘의 영광을 다 버리셨습니다. 그리스도 예수는 인간을 만나 구원하시기 위해 하나님의 본래의 형체를 벗고 종의 형체를 입으셨습니다.

벨기에 출신의 신부 다미엔(Damien, 1840-1889)은 파리 근처에 있는 예수 마리아 성심수도원에서 공부를 했습니다. 그의 소원은 하와이 군도에서 선교활동을 하는 것이었습니다. 그래서 그는 호놀룰루 주교 마이그레트에게 요청하여 가톨릭 신자인 나병환자 200여 명이 살고 있는 몰로카이로 갔습니다. 그런데 그곳에서 버림받고 상처받은 그들에게 하나님의 사랑을 전했지만 그다지 반응이 없어 고민에 빠지게 되었습니다. 그때 한 사람이 찾아와서 이런 말을 했습니다. "우리는 나병환자이고 당신은 건강한 사람입니다. 그래서 서로 생각하는 바가 달라서 안 됩니다." 이 말을 들은 다미엔은 선교를 포기하고 돌아갈까 생각하다가 큰 결단을 하고 그때부터 기도하기 시작했습니다. "하나님, 저에게도 나병을 허락하옵소서. 저는 저들을 사랑하기 때문입니다." 세월이 흐른 어느 날, 그는 마침내 자신의 손등에서 나병균을 발견하게 되었습니다. 그가 나병균을 발견하는 순간 기뻐하며 하나님께 무릎을 꿇고 감사의 기도를 드렸습니다. 나병환자가 되면 저들과 같은 위치에서 하나님의 말씀을 전할 수 있기 때문입니다. 결국 나병환자가 된 그는 그들과 같은 아픔을 겪으며 그들을 진심으로 사랑할 수 있게 되었습니다. 그는 33세의 젊은 나이에 '살아있는 무덤'이라 불리는 땅으로 가서 49세의 나이로 세상을 떠났습니다. 그가 남긴 마지막 말입니다. "모든 것을 다 바친 나는 참으로 행복한 사람이다. 지금 나는 완전히 가난한 모습으로 죽는다." 1965년 하와이 주정부는 이 다미엔을 하와이의 영웅으로 선정하고, 미국 국회의사당에 그의 자료를 전시하게 되었습니다. 그는 건강한 사람이었지만 나병환자들을 구원하기 위해서 병자의 자리까지 내려갔던 사람입니다.

우리 하나님께서도 우리를 구원하시기 위하여 하늘의 높은 보좌의 영광을 다 버리시고 사람이 되어 이 땅에 오셨습니다. 하나님은 우리 죄인들을 구원하시기 위해서 오셨습니다. 사람이 되어 십자가에서 죽으심으로 우리의 구원을 이루셨습니다. 그러므로 우리도 자신을 비우시고, 낮추시고, 희생하신 그리스도 예수의 마음을 품어야 합니다.

하나님은 우리를 구원하시기 위해 하늘의 영광을 포기하시고, 자신을 비우시고, 이 땅에 종의 모습으로 오셨습니다. 성육신하신 그리스도 예수께서 십자가를 지신 그 마음을 닮기 위해 우리는 하나가 되어야 합니다.

3) 죽기까지 복종하셨습니다

"사람의 모양으로 나타나사 자기를 낮추시고 죽기까지 복종하셨으니 곧 십자가에 죽으심이라"(2:8)

그리스도 예수는 십자가에 죽으시기까지 자신을 낮추시고 복종하셨습니다. 복종에는 한계가 없습니다. 그리스도 예수의 겸손의 최고의 모범은 바로 십자가입니다. 십자가는 고통, 수치, 큰 욕, 저주, 죽음을 뜻합니다. 십자가 밑에서는 사탄과 귀신들이 공격을 했습니다. 십자가 주위에서는 사람들이 조롱하며 비난을 했습니다. 십자가 위에서는 하나님의 진노의 상징인 어두움이 덮여 있었습니다. 예수님께서 이런 고통을 당하신 이유는, 우리의 구주가 되시기 위해서는 우리의 모든 죄를 짊어지시고 십자가에서 죽으셔야만 했기 때문입니다. 예수님은 하나님의 뜻을 이루고 죄인들을 구원하시기 위하여 자발적으로 순종하셨습니다.

믿음의 사람들은 모두 겸손하게 순종했습니다. 믿음의 조상인 아브라함도 "너는 너의 고향과 친척과 아버지의 집을 떠나 내가 네게 보여 줄 땅으로 가라"는 하나님의 명령에 순종하여 떠났습니다. 100세에 낳은 독자 이삭을 모리아산에서 제물로 바치라고 하실 때도 순종했습니다.

영국의 유명한 선교사 윌리엄 캐리(William Carry)는 원래 구두 수선공이었습니다. 그가 선교사로 떠나려고 했지만 학력이 부족하다는 이유로 선교부로부터 거절을 당했습니다. 그러나 그는 포기하지 않고 인도로 가는 경비를 마련하기 위해서 3년 동안 열심히 일했습니다. 드디어 인도로 가서 선교사역에 전념할 수 있었습니다. 이 소식이 영국에까지 알려지게 되자 고국으로부터 후원자들이 나타나기 시작했습니다. 그는 인도에서 산스크리트어를 문자로 만들고, 인도어 영어사전을 발간했으며, 성경을 인도어로 번역하게 되었습니다. 참으로 위대한 사역이었습니다. 그가 사역을 마치고 영국으로 돌아올 때에는 많은 사람들이 환영해 주었습니다. 영국 상류 사회와 황실이 그를 환대하며 큰 파티를 열었습니다. 파티 중에 한 무례한 귀족이 짓궂은 질문을 했습니다. "캐리 씨, 당신은 선교사로 떠나기 전에 구두 수선공이었다면서요?" 고의성이 있는 공격이었습니다. 그때 캐리는 웃으며 대답했습니다. "공작님, 제가 일하던 곳은 번화가의 유명한 구두점이 아니라 빈민가의 허름한 구둣방이었습니다."

이미 낮아진 사람은 더 이상 넘어질 곳이 없습니다. 자신을 낮춘 사람은 넘어지지 않는 법입니다. 그러나 교만한 자는 넘어지게 됩니다. 우리 주님은 죽기까지 낮아지셨습니다. 그리스도 예수의 구속의 은혜를 받은 우리는 죽기까지 낮아지신 주님의 겸손한 마음을 본받아야 합니다.

3. 하나님은 겸손히 낮아지신 그리스도 예수를 높이셨습니다

하나님은 겸손한 자를 높이십니다. 하나님은 십자가에 죽기까지 겸손히 낮아지신 그리스도 예수를 높이셨습니다.

1) 지극히 높이셨습니다

"이러므로 하나님이 그를 지극히 높여 모든 이름 위에 뛰어난 이름을 주사"(2:9)

그리스도 예수는 가장 높아지셨습니다. 그리스도 예수는 십자가를 이기시고 부활 승천하시어 하나님의 보좌 우편에 앉으셨습니다. 그리고 장차 이 땅에 재림의 주로 오시어 심판하실 것입니다. 그리스도는 만왕의 왕이 되셨고, 심판의 주가 되셨습니다. 하나님은 하늘과 땅의 모든 권세를 예수님께 맡기셨습니다. 예수님께서 승천하실 때 말씀하셨습니다. "하늘과 땅의 므든 권세를 내게 즈셨으니"(마 28:18)

하나님은 낮아지신 그리스도를 지극히 높여 주셨습니다.

2) 모든 이름 위에 뛰어난 이름을 주셨습니다

그리스도의 이름은 위대합니다. "이는 한 아기가 우리에게 났고 한 아들을 우리에게 주신 바 되었는데 그의 어깨에는 정사를 메었고 그의 이름은 기묘자라, 모사라, 전능하신 하나님이라, 영존하시는 아버지라, 평강의 왕이라 할 것임이라"(사 9:6)

겸손과 희생과 복종의 결과 이름이 높아지셨습니다. 그리스도 예수의 이름은 존귀한 이름입니다. "그 옷과 그 다리에 이름을 쓴 것이 있으니 만왕의 왕이요 만주의 주라 하였더라"(계 19:16) 예수님께 주어진 새 이름은 '주 그리스도 예수' 입니다. 그리스도 예수는 주님이십니다. '주'(큐리오스, κύριος)는 '주인', '소유자' 란 말입니다. '주'는 원래 로마 황제의 공식 칭호입니다. '주' 는 이교도의 신들을 부르는 칭호입니다. 그러나 우리 주님은 다릅니다. 우리의 주 그리스도 예수이신 주님은 모든 생명 있는 것의 주인이십니다. 그리스도 예수는 '만유의 주'가 되십니다. 이 세상과 우주에서 '만유의 주 그리스도 예수'가 되십니다. 이 이름은 가장 아름답고 존귀한 이름입니다.

3) 모든 무릎을 예수님 앞에 꿇게 하셨습니다

모두가 예수님을 경배하며 무릎을 꿇어야 합니다. 성경은 말씀합니다. "모든 입으로 그리스도 예수를 주라 시인하여 하나님 아버지께 영광을 돌리게 하셨느니라"(2:11) 하나님은 주 그리스도 예수 앞에 지위고하를 막론하고 모든 무릎이 경배하게 하셨습니다. "하늘에 있는 자들과 땅에 있는 자들과 땅 아래에 있는 자들로 모든 무릎을 예수의 이름에 꿇게 하시고"(2:10)

경배의 범위는

① 하늘에 있는 자들입니다. 그룹들과 스랍들, 즉 천사장을 포함한 모든 선한 천사들과 이 세상을 떠난 구원받은 모든 성도들이 주님 앞에 무릎을 꿇고 경배할 것입니다.

② 땅에 있는 자들입니다. 지상에 있는 모든 인류가 주님 앞에 무릎을 꿇고 경배할 것입니다. 모든 왕들과 귀족들과 평민들이 그리스도 앞에 무릎을 꿇고 경배할 것입니다.

③ 땅 아래에 있는 자들입니다. 정죄를 받아 지옥으로 간 모든 존재들, 즉 불신자들과 악한 천사들이 모두 무릎을 꿇고 그리스도 앞에 경배할 것입니다. 그때는 그리스도께서 통치하실 것이며, 그리스도의 나라가 완성될 것입니다.

④ 모든 입이 예수를 주로 시인하며 하나님 아버지께 영광을 돌릴

것입니다. "모든 입으로 그리스도 예수를 주라 시인하여 하나님 아버지께 영광을 돌리게 하셨느니라"(2:11) 그리스도 예수는 우리의 주가 되십니다. 그러므로 모든 입술이 그리스도를 주라 시인해야 합니다. 주가 되시며, 하나님 아버지께 영광을 받으신 그리스도께서는 모든 사람들을 통해 영광을 받으실 것입니다. 참 통치자는 지상의 황제인 로마의 가이사가 아니라 그리스도이십니다. 모든 혀가 '그리스도 예수는 주'라고 고백하게 될 것입니다.

진정한 신자는 언제 어디서나 그리스도 예수를 '주'라고 시인할 수 있어야 합니다. 나에게는 그리스도 예수만이 주님이시라고 고백할 수 있는 사람만이 진정한 신자라 할 수 있습니다. 누구에게도 하지 못할 충성과 누구에게도 하지 못할 봉사를 오직 주 예수 그분에게만 할 수 있는 사람이 참 신자입니다. 모든 삶 속에서 그리스도 예수께 무조건 복종할 수 있는 사람이 참 신자입니다. 참 신자가 되려면 그리스도 예수의 마음을 가져야 합니다. 그리스도 예수의 마음은 한 마디로 낮아지고 겸손해지는 마음입니다.

미국의 남북전쟁 당시 즈지 맥클랜(George Mcclellan) 장군은 포토맥에 있는 대부대를 지휘하는 아주 칭찬받는 위대한 지휘관이었습니다. 젊은 나폴레옹이란 통판을 받는 장군이었지만 작전 성과는 보잘 것 없었습니다. 그런데도 링컨 대통령은 그를 총사령관으로 임명했습니다. 링컨은 그에게서 성과를 기대하고 있었지만 사령관은 꾸물대고만 있었습니다. 어느 날 밤에 링컨은 두 막료와 함께 맥클랜 장군을 찾아갔지만 장군은 결혼식장에 가고 없었습니다. 세 사람은 마냥 앉아서 기다렸습니다. 한 시간이 지난 후에 맥클랜 장군이 도착했지만 대통령을 거들떠보지도 않고 이층으로 올라갔습니다. 30분이 지난 후에 사환에게 기다리는 사람이 있다고 전해 달라 했지만 사환은 장군이 잠들었다는 보고만 했습니다. 그러자 막료들이 화를 내었습니다. 대통령이 기다리는데도 잠이 들었다는 것은 여간 무례한 짓이 아닙니다. 그러나 링컨은 말없이 돌아오면서 말했습니다. "지금은 예절이나 인격을 따질 때가 아니오. 맥클랜이 승리를 안겨 준다면 나는 그의 말고삐라도 잡겠소."

　이런 겸손한 태도가 링컨을 위대한 인물로 만들었습니다. 그의 겸손이 링컨을 역사에 길이 남는 위대한 대통령으로 만든 원동력이 되었습니다. 낮아짐과 겸손이 결국 위대한 인물로 만드는 비결이었습니다.

　우리도 그리스도 예수의 마음을 가져야 합니다. 그의 겸손한 마음을 본받아야 합니다. 그리스도 예수는 하늘의 영광을 버리시고 죽기까지 복종하셨습니다. 우리는 그리스도 예수의 마음을 품어야 합니다. 우리를 구원하신 만유의 주가 되시는 그리스도 예수를 높이며, 그분을 끝까지 섬기며 경배해야 합니다. 아멘.

¹²그러므로 나의 사랑하는 자들아 너희가 나 있을 때뿐 아니라 더욱 지금 나 없을 때에도 항상 복종하여 두렵고 떨림으로 너희 구원을 이루라 ¹³너희 안에서 행하시는 이는 하나님이시니 자기의 기쁘신 뜻을 위하여 너희에게 소원을 두고 행하게 하시나니 ¹⁴모든 일을 원망과 시비가 없이 하라 ¹⁵이는 너희가 흠이 없고 순전하여 어그러지고 거스르는 세대 가운데서 하나님의 흠 없는 자녀로 세상에서 그들 가운데 빛들로 나타내며 ¹⁶생명의 말씀을 밝혀 나의 달음질이 헛되지 아니하고 수고도 헛되지 아니함으로 그리스도의 날에 내가 자랑할 것이 있게 하려 함이라 ¹⁷만일 너희 믿음의 제물과 섬김 위에 내가 나를 전제로 드릴지라도 나는 기뻐하고 너희 무리와 함께 기뻐하리니 ¹⁸이와 같이 너희도 기뻐하고 나와 함께 기뻐하라

(빌립보서 2:12-18)

11

구원을 이룹시다

우리는 예수 그리스도를 믿음으로 하나님의 백성이 되었습니다. 그러나 아직 우리 속에는 옛 사람의 본성이 남아 있습니다. 그래서 우리의 생각이나 말과 행실이 하나님의 백성답지 못할 때가 많습니다. 아름답지 못한 근성이 아직 많이 남아 있습니다. 그러므로 우리는 그리스도의 형상을 닮아가기 위해 노력해야 합니다.

이것을 잘 아는 사도 바울은 사랑하는 빌립보교회 성도들에게 '구

원을 이루라'고 권면합니다. 이 말은 구원받기 위해서 행하라는 말이 아니라 '구원이 효력을 발하도록 하라'는 뜻입니다. 즉 성화를 이루어 가라는 말입니다. 우리가 예수님을 믿어 거듭나 하나님의 자녀가 된 순간부터 예수 그리스도를 닮아가게 되는데, 이 과정은 세상을 떠나는 날까지 계속됩니다. 중생이 출생이라 한다면 성화는 성장이라 할 수 있습니다. 그리스도를 지속적으로 닮아가는 거룩한 삶을 살아가게 됩니다. 우리가 예수 그리스도를 믿음으로 구원받아 하나님의 자녀가 된 것은 단번에 된 일입니다. 예수님을 믿는 순간 모든 죄를 용서받아 천국 백성이 되었습니다. 그러나 우리가 구원은 받았지만 여전히 우리 속에는 악한 본성이 남아 있어 죄로부터 단번에 해방될 수가 없습니다. 구원을 이루어 가는 성화에는 시간이 걸립니다. 그러므로 구원을 이룬다는 것은 마치 벽돌을 한 장씩 쌓아 집을 짓는 것처럼 끊임없이 이루어 나가야 합니다. 구원받은 백성들은 평생에 걸쳐 하나님의 백성이란 신분에 걸맞는 합당한 인격을 이루어 가야 한다는 말입니다.

1. 구원을 이루는 방법이 무엇입니까

1) 항상 복종해야 합니다

"항상 복종하여"(2:12)

'그러므로'로 시작되는 이 구절은 앞의 2장 5-11절과 연결됩니다. "너희는 예수 그리스도의 마음을 품으라"는 말씀입니다. 그리스도의 마음은 겸손과 섬기는 마음입니다. 십자가에 죽기까지 복종하며 섬기는 마음입니다. 예수 그리스도께서 먼저 복종하셨으므로 우리도 예수님을 본받아야 한다는 말입니다. 우리도 예수 그리스도의 마음을 품어야 합니다. 그리스도께서 우리를 사랑하시어 자신을 주셨기 때문입니다.

구원받은 성도의 생활과 구원을 이루는 삶은 예수 그리스도의 마음을 품는 데서부터 시작됩니다. 복종하는 것은 쉬운 일이 아닙니다. 그러나 구원을 이루어 가는 과정에서 복종은 아주 중요합니다. 예수 그리스도는 죽기까지 성부 하나님의 명령에 복종하셨습니다. 겟세마네 동산에서 기도하실 때도 끝까지 완벽하게 복종하셨습니다. "아버지여 만일 아버지의 뜻이거든 이 잔을 내게서 옮기시옵소서 그러나 내 원대로 마시옵고 아버지의 원대로 되기를 원하나이다"(눅 22:42) 우리 자신이 죽고 그리스도께서 내 안에 살아 계실 때 구원을 이루는 역사가 시작됩니다.

레오나르도 다빈치의 불후의 명작인 '최후의 만찬'이 거의 완성될 무렵에 친구에게 그 그림을 보여주게 되었습니다. 친구에게 이 그림에서 무엇이 가장 뚜렷하게 나타나는지를 물었습니다. 그러자 그림을 살펴 본 친구는 이 그림에서 가장 뚜렷한 것은 '컵'이라고 대답했습니다. 이 말을 들은 다빈치는 "나의 그림에서 예수 그리스도의 얼굴보다 더 시선을 끌어야 할 것은 아무것도 없다"면서 붓으로 그림을 지워버렸습니다.

우리의 지금까지의 생활은 어떠했습니까? 우리의 삶 가운데 그리스도가 가장 뚜렷하게 나타났습니까? 우리의 모든 삶 속에서 그리스도가 나타나지 않으면 구원을 이루어 가는 삶이라 할 수 없습니다. 이제

성탄절이 다가옵니다. 구원받은 우리 성도들은 주 예수님이 우리를 구원하시려고 이 땅에 오신 이 영광스럽고 복된 절기를 찬양하며 감사함으로 보내야 합니다. 물론 이 성탄절 축제에서 가장 중요한 것은 주 예수 그리스도이십니다. 행사를 준비하는 사람들의 마음에 주 예수 그리스도의 사랑을 간직해야 하고, 모든 내용의 주제는 예수 그리스도를 높이는 것이 되어야 함을 반드시 기억해야 합니다.

우리가 무엇을 하든 그리스도로부터 시작되어야 합니다. 그리스도가 삶의 중심이 되고 목적이 되어야 합니다. 그리하여 날마다 복종하는 삶 가운데 예수 그리스도의 형상을 닮아 감으로써 구원의 역사를 이루어 가야 합니다.

2) 하나님 앞에서 살아야 합니다

"나의 사랑하는 자들아 너희가 나 있을 때뿐 아니라 더욱 지금 나 없을 때에도"(2:12)

'나 있을 때뿐 아니라 더욱 지금 나 없을 때에도'란 말은 구원을 이루는 성도는 사람 앞에서 뿐만 아니라 하나님 앞에서 살아야 한다는 말입니다. 사도 바울은 내가 있을 때나 없을 때나 하나님을 경외하며 순종하라고 가르치고 있습니다. 사도 바울은 빌립보교회 성도들의 영적인 아버지입니다. 말씀을 가르치고, 세례를 베풀고, 기도해 주고, 축복해 준 그들의 영적 지도자입니다. 그러므로 사도 바울 앞에서는 감히 대항하거나, 변명하거나, 불순종한다는 것이 어렵습니다. 그러나 바울이 멀리 있어 눈에 보이지 않을 때는 온전히 복종하지 않을 수도 있었습니다. 그래서 사도 바울이 있을 때나 없을 때나 복종하라고 권면하는 것입니다. 사실 주의 종들이 보면 잘 하고 보지 않으면 하지 않는다면 아직 부족한 사람입니다. 주의 종들이 보든 보지 않든 변함없이 주님을 따르고 순종해야 합니다. 아무도 없는 곳에서도 진실해야 그 신앙이 참 신앙입니다. 본인 앞에서 칭찬하는 것보다 없는 곳에서 칭찬하는 것이 참된 칭찬입니다. 우리가 사람들 앞에서 진실한 척하는 것은 위선입니다. 보는 사람이 없어도 경건생활이나 교회 봉사를 잘 해야 합니다. 우리가 교회를 섬길 때도 처음에는 열심히 하다가 도중에 식어버리거나 그만 둔다면 진실을 의심받을 수 있습니다. 새벽기도도 꾸준히 해야 합니다. 어떤 사람은 교회에서 일꾼을 뽑기 전에는 열심히 기도하다가 피택이 된 후에는 하지 않는 사람이 있습니다. 또 어떤 사람은 투표하기 전에는 열심히 기도하다가 떨어지면 하지 않는 사람도 있습니다. 다 문제가 있습니다. 일꾼으로 뽑히면 주께서 주신 사명을 잘 감당하기 위해서 감사함으로 더욱 열심히 기도해야 합니다. 떨어졌으면 자신의 부족함을 깨달아 더 열심히 주의 뜻대로 살려고 노력해야 합니다. 그리고 주의 뜻대로 살기 위해 더 열심히 해야 합니다. 그럴 때 주님은 더 잘 섬길 기회를 주실 것입니다.

구원을 이루며 살기를 원하는 성도는 사람들이 보거나 보지 않거나 항상 하나님 앞에서 진실하게 순종하는 삶을 살려고 노력합니다.

우리 주님은 주의 백성들이 누가 보거나 보지 않거나 항상 하나님께 순종하며 믿음으로 살기를 원하십니다. 우리 모두 사람들이 보거나 보지 않거나 변함없이 주님께 순종하며 믿음으로 구원을 이루어 가야 합니다.

3) 두렵고 떨림으로 복종해야 합니다

"항상 복종하여 두렵고 떨림으로"(2:12)

빌립보서의 전체적인 흐름은 '주 안에서 기뻐하고 기뻐하라' 입니다. 하나님의 백성들이 항상 기뻐하며 살아갈 수 있는 것은 살거나 죽거나 우리가 주의 것이기 때문입니다. 이 세상을 떠나면 천국에 갈 것이고, 이 땅에 살아 있으면 그리스도를 높이며 기뻐하며 살아갈 것이기 때문입니다. 동시에 우리는 죄를 짓지 않고 하나님의 뜻을 이루기 위해 두렵고 떨리는 마음으로 살아야 합니다. 이 두렵고 떨린다는 것은 공포가 아닌 경외를 말합니다. 우리는 항상 자신을 살펴야 합니다. 우리가 하나님께 기도할 때 하나님의 뜻을 거스르거나 하나님의 영광을 가린 것은 없는지 두려운 마음으로 자신을 살펴야 합니다. 이것은 우리가 저주를 받을까 하는 마음이 아니라 하나님을 경외함으로 하나님을 더욱 더 잘 섬기고 사랑하고자 하는 마음에서 오는 두려움입니다. 저주를 받을까 하는 마음이 아닙니다.

우리는 항상 자신이 연약하고 보잘 것 없는 존재라는 사실을 잊으면 안 됩니다. 그리고 지나친 자신감을 버리고 언제나 죄를 지을 수 있고 실수할 가능성이 있음을 인정해야 합니다. 동시에 우리의 신분은 천국의 시민권을 가진 하나님의 백성임을 기억해야 합니다. 따라서 우리는 하나님의 뜻을 이룸으로 날마다 우리의 삶 속에서 구원을 이루어 가야 합니다. 그러므로 항상 자신을 살피며, 두렵고 떨림으로 하나님을 경외함으로 섬기며, 주께서 주신 사명을 이루어 가야 합니다.

2. 구원의 주체가 누구입니까

1) 구원을 이루시는 분은 하나님 아버지이십니다

"너희 안에서 행하시는 이는 하나님이시니"(2:13)

우리 스스로의 힘으로는 구원을 이룰 수가 없습니다. 구원은 하나님의 주권으로 우리 속에 계시는 하나님께서 이루어 가십니다.

2) 하나님은 소원을 두고 행하십니다

"자기의 기쁘신 뜻을 위하여 너희에게 소원을 두고 행하게 하시나니"(2:13)

여기서 '행하신다'는 말은 강력하게 효과적으로 일한다는 뜻입니다. 하나님은 강력한 구원의 에너지를 공급하시는 분입니다. 빌립보교회 성도들은 연약하고 어렸지만 구원을 이룰 수가 있었습니다. 왜냐하면 그들 속에 하나님의 강력한 에너지가 있었기 때문입니다. 그렇지만 우리도 구원을 이룰 수 있습니다. 우리 속에서 강력한 에너지를 공급하시는 하나님께서 역사하시기 때문입니다. 우리는 연약하나 우리 속에서 역사하시는 하나님이 계시므로 능히 구원을 이루어 갈 수 있습니다.

옛날 중국에서 한 선교사가 부흥회를 인도할 때 어느 중국인이 질문을 했습니다. "당신은 예수님을 발견했습니까?" 그때 그 선교사는 "나는 발견하지 못했습니다. 그러나 예수님이 나를 발견하셨습니다." 하고 대답했습니다. 예수님이 나를 찾으신 것이지 내가 예수님을 찾은 것이 아닙니다.

우리 하나님은 우리를 구원하시기 위한 소원을 가지고 있으십니다. 이 구원은 하나님의 기쁘신 뜻대로 행하십니다. 성경은 말씀합니다. "그 기쁘신 뜻대로 우리를 예정하사 예수 그리스도로 말미암아 자기의 아들들이 되게 하셨으니"(엡 1:5) 우리를 선택하시고 구원하신 것은 우리가 한 것이 아니라 하나님께서 하셨습니다. 그 구원은 억지로나 마지못해서가 아니라 기쁘신 뜻대로 하셨습니다. 하나님은 그의 기쁘신 뜻대로 우리를 구원하셨습니다. 하나님은 한 번 소원하시고 작정하시면 끝까지 이루십니다. 하나님의 소원은 적극적이며 행동적입니다.

모세가 미디안 광야로 도피하여 40년 간 목자생활을 했습니다. 하나님께서 이스라엘을 애굽으로부터 구원하시려고 모세를 부르실 때도 적극적이셨습니다. 변명하고 핑계했지만 하나님은 기어코 그를 불러내어 구원 역사를 이루셨습니다. 사도 바울도 기독교인들을 체포하려고 다메섹으로 가는 도상에서 행동적으로 부르셨습니다. 강력한 빛으로 소경이 되게 하시고, 금식하며 회개하게 하시고, 결국 눈을 뜨게 하여 전도자가 되게 하셨습니다. 도망가는 요나를 부르실 때도 적극적으로 부르셨습니다. 풍랑을 일으켜 제비를 뽑게 하시고, 바다에 던져 큰 물고기 뱃속에서 삼일삼야를 회개하게 하시고, 물고기로 하여금 토해내게 하신 후에 다시 사명을 주셨습니다. 그리고 니느웨 백성들을 회개시켜 구원받게 하셨습니다. 우리가 아무리 도망가려고 해도 하나님은 반드시 구원받을 자를 찾아 무릎을 꿇게 하시어 구원을 이루시는 행동하시는 하나님이십니다. 하나님은 그의 기쁘신 뜻을 위하여 소원을 두고 행하십니다. 우리는 적극적이며 행동적으로 놀라운 구원의 역사를 이루어 가시는 하나님께 감사함으로 순종해야 합니다.

그런데 우리가 오해하면 안 됩니다. 구원은 100% 하나님께서 이루십니다. 인간은 아무것도 할 수 없습니다. 다만 우리가 할 일은 전적으로 주를 믿고 의지하며 순종하는 것뿐입니다. 이것 역시 하나님께서 은혜로 주셔야만 가능합니다. 믿음과 순종하는 마음을 주셔야 가능합니다.

2장 13절에 보면, 구원을 이루는 우리 삶에 하나님의 원동력이 있음을 알 수 있습니다. "너희 안에서 행하시는 이는 하나님이시니"(2:13) 우리 안에서 행하시는 분은 하나님이십니다. 하나님께서 우리 안에서 일하십니다. 하나님께서 만족하실 만하고 우리에게도 좋은 소원을 우리에게 두고 계십니다. 하나님은 그의 기쁘신 목적대로 우리를 만들어 가시되 우리가 구원을 온전히 이루도록 힘을 주십니다.

미국에서 두 번째로 큰 도시인 LA는 원래 사막지역으로 일반적인 도시의 입지적 요인인 강이나 상수원이 없습니다. 그러나 LA에는 살기에 적합한 기온과 마르지 않는 상수원이 있습니다. 그 이유는 LA 동쪽에 있는 산타페산맥 때문입니다. 이 산타페산맥이 모하비사막의 건조한 열풍을 식혀주어 LA가 아주 살기 좋은 기온을 유지하도록 만들어 주기 때문입니다. 그리고 모하비사막에서 불어오는 열풍이 산타페산맥 꼭대기의 만년설을 녹여 이 지역에 늘 물이 마르지 않도록 해 주기 때문입니다.

우리의 삶의 원동력이자 상수원은 영원히 변함이 없고 부족함이 없으신 하나님이십니다. 하나님은 우리가 구원을 이루기 위하여 복종하며 거룩하게 살려고 할 때에 우리에게 힘과 능력을 주실 것입니다.

그러나 한 가지 기억할 것이 있습니다. 하나님은 구원을 이루기 위하여 노력하지 않고, 복종하려고 노력하지 않고, 거룩한 삶을 살려고 노력하지 않는 사람에게는 침묵하신다는 사실입니다. 그런 사람들의 안에 계시는 하나님은 일하시지 않습니다. 그런 사람들에게는 삶의 원동력이 되어 주시지 않습니다. 그런 사람들은 하나님의 능력을 경험할 길이 없습니다.

구원을 이루며 주님의 말씀에 복종하며 거룩하게 살기 위해 몸부림을 쳐 보십시오. 그러면 살아 계신 하나님께서 우리 속에 계신 것과 그분의 능력이 얼마나 크고 놀랍게 작동하는지를 경험하게 될 것입니다. 우리는 전적으로 주의 은혜를 구하며, 사모하며, 감사하며, 순종해야 합니다. 성경은 말씀합니다. "이를 위하여 나도 내 속에서 능력으로 역사하시는 이의 역사를 따라 힘을 다하여 수고하노라"(골 1:29) 이것이 우리의 고백이어야 합니다. 우리는 구원을 이루시는 분은 하나님 아버지이시지만, 주님은 우리에게 그에 합당한 책임을 요구하신다는 것을 기억해야 합니다.

마태복음 25장의 달란트 비유에서 보듯, 책임을 다하여 충성한 종에게는 칭찬과 상급이 있는 반면 악하고 게으르며 책임을 이행하지 못한 종에게는 책망과 벌이 있습니다. 하나님은 수고한 대로 상급을 주십니다. 우리는 주의 은혜로 구원받은 백성들입니다. 그러므로 구원의 은혜에 감사하며 거룩한 삶을 살아야 합니다. 성화의 길을 걸어가기 위해 노력해야 합니다. 이것이 구원을 이루는 길입니다. 여기에는 상급이 따릅니다. 그리고 우리 하나님은 우리에게 거룩한 구원 역사를 이룰 수 있도록 강력한 힘을 공급해 주십니다.

우리는 하나님의 주권적인 은혜로 구원받은 천국의 백성들입니다. 구원을 이루기 위해 하나님의 말씀에 항상 복종하며 하나님 앞에서 살아야 합니다. 그리고 하나님의 기쁘신 뜻대로 우리의 삶 속에서 구원을 이루어 가야 합니다. 아멘.

> ¹⁴모든 일을 원망과 시비가 없이 하라 ¹⁵이는 너희가 흠이 없고 순전하여 어그러지고 거스르는 세대 가운데서 하나님의 흠 없는 자녀로 세상에서 그들 가운데 빛들로 나타내며 ¹⁶생명의 말씀을 밝혀 나의 달음질이 헛되지 아니하고 수고도 헛되지 아니함으로 그리스도의 날에 내가 자랑할 것이 있게 하려 함이라 ¹⁷만일 너희 믿음의 제물과 섬김 위에 내가 나를 전제로 드릴지라도 나는 기뻐하고 너희 무리와 함께 기뻐하리니 ¹⁸이와 같이 너희도 기뻐하고 나와 함께 기뻐하라
>
> (빌립보서 2:14-18)

12

구원받은 성도의 생활 1

사도 바울은 빌립보교회 성도들에게 이미 구원을 받았지만 매일의 생활 속에서 두렵고 떨림으로 구원을 이루라고 권면합니다. 이미 예수를 믿어 구원받은 우리는 그리스도를 닮아가는 거룩한 성화의 삶을 살아가야 합니다. 그런데 우리가 구원을 이루어 가는 과정에서 가장 중요한 것은 순종입니다. 그리스도 안에서의 구원의 길은 그리스도의 뜻을 따라 순종하며 봉사하는 것입니다. 그런데 이것은 기쁨으로 해야 합니다. 불평하면서 따르는 사람도 있고 자발적으로 기쁨으로 순종하는 사람도 있습니다. 구원받은 성도는 기쁨으로 감사함으로 순종

해야 합니다.

1. 모든 일을 원망과 시비가 없이 해야 합니다

"모든 일을 원망과 시비가 없이 하라"(2:14)

'원망'은 '투덜대는 불평'을 의미하며, '시비'는 '악의가 있는 논쟁'을 의미합니다. 결국 사소한 일로 '악의 있는 마음으로 불평하는 태도'를 말합니다. 바울은 교회 안에서 모든 일에 불평이나 싸움이 없이 하라고 권면합니다. 하나님의 일을 할 때 모든 일에 원망과 시비가 없어야 합니다. 주의 일을 할 때도 모든 일에 완전히 순종해야 합니다.

원망을 하면 일을 그르치게 됩니다. 우리는 사소한 일로 원망하기 쉽습니다. 조그만 일에 원망하기 시작하면 나중에는 온갖 것을 원망하게 됩니다. 사람을 원망하기 시작하면 나중에는 하나님까지 원망하게 됩니다. 부부싸움을 하다가도 처음에는 소개한 사람을 원망하는 것으로 시작해서 점차 부모를 원망하다가 나중에는 하나님까지 원망하게 됩니다.

구약시대에도 이스라엘 백성들은 많은 원망을 했습니다. 음식이 시원찮다고 하자 만나를 주셨고, 물이 없다고 하자 반석에서 생수를 주셨습니다. 그리고 길이 좋지 않다고 할 때는 불뱀이 나와서 혼이 났습니다. 애굽으로 돌아가자며 지도자 모세를 원망하다가 하나님의 진노로 광야에서 모두 죽고 말았습니다. 그들 중에는 젖과 꿀이 흐르는 가나안 땅에 들어간 사람이 아무도 없습니다.

하나님의 소원은 우리가 원망 없이 하나님의 뜻 안에서 기쁘게 순종하며 사는 것입니다. 우리는 모든 일을 원망 없이 해야 합니다. 이것이 구원받은 성도의 생활입니다. 그리고 시비해서도 안 됩니다. 시비는 자기중심적인 생각에서 이루어지는 것으로 자기가 옳다는 것을 지나치게 주장하는 것입니다. 그런데 하나님의 뜻 앞에 무슨 시비를 할 수 있겠습니까? 예수님의 제자들을 봅시다. 예수님은 곧 십자가를 지셔야만 했습니다. 그런데 제자들은 누가 더 크며 누가 예수님의 우편과 좌편에 앉을 것인지를 두고 서로 다투었습니다. 조그만 잘못을 가지고도 누가 옳고 그른지를 시비한다면 결과가 어떻게 되겠습니까? 우리가 잘못했으면 잘못했다고 인정하고 사과할 줄 알아야 합니다. 그리고 상대방을 이해할 수 있어야 합니다.

원망과 시비는 우리 기독교인들의 특성이 아닙니다. 구원받은 성도의 생활은 모든 일에 즐거워하며 기뻐해야 합니다. 하나님 중심으로 사는 성도, 구원의 은혜를 깊이 묵상하는 성도는 누구에게도 원망하거나 시비하려고 하지 않습니다. 하나님의 백성은 원망과 시비를 하는 대신 모든 일에 감사하며 기쁨으로 구원을 이루어 가는 삶을 살아야 합니다.

어느 목사님이 세계 일주를 한 후에 이런 말을 했습니다. "나는 햇빛이 비취는 나라는 다 가보았습니다. 그런데 예수 그리스도의 복음이 전파되지 않은 곳에서는 행복하고 희망에 찬 얼굴을 단 한 사람도 보지 못했습니다."

주 예수 그리스도를 모르는 곳에는 진정한 기쁨과 즐거움이 있을 수 없습니다. 반면 예수 그리스도를 모신 사람이 있는 곳에는 그 어느 곳에나 늘 은혜와 기쁨이 충만합니다. 그들의 생활환경이 어떠하든지 주 예수 그리스도를 모시고 섬기며 사는 성도의 삶은 언제나 기쁘고 즐겁습니다.

오래 전에 공부를 마치고 돌아오는 길에 스위스 취리히를 방문하여 유스 호스텔에서 묵은 적이 있습니다. 그곳에는 세계 여러 나라에서 온 많은 여행객들과 식사하며 교제할 수 있는 좋은 점이 있었습니다. 아침 식사시간에 영국과 스리랑카에서 온 사람들과 자리를 함께 하게 되었습니다. 영국인들은 얼굴이 희고 키가 컸으며, 스리랑카에서 온 사람들은 얼굴색이 검고 체구도 작았습니다. 그러나 친구 사이인 그들은 가족처럼 밝고 즐겁게 여행을 다녔습니다. 우리는 한국인이고, 그들은 영국과 스리랑카인들로 서로 문화와 피부색과 생활방식이 달랐지만 공통점이 하나 있었습니다. 그것은 모두가 예수 그리스도를 믿어 그 분을 사랑하고, 그 분을 섬기며 사는 크리스천들이었습니다. 우리는 그리스도를 믿는 길음 하나만으로 서로 마음이 통하여 즐겁게 교제할 수 있었습니다.

예수 그리스도가 마음속에 살아 있는 성도는 그 기쁨의 깃발을 높이 나타내는 사람들입니다. 올해도 한 해를 서서히 마감해야 할 시간이 다가옵니다. 하나님의 백성인 우리는 원망과 시비를 버려야 합니다. 우리에게 큰 구원의 은혜를 베푸신 주님의 은혜를 생각하며, 하나님 아버지의 거룩한 소원을 따라 모든 일에 기쁨과 감사의 깃발을 높이는 성도들이 되어야 합니다.

2. 빛 된 생활을 해야 합니다

"이는 너희가 흠이 없고 순전하여 어그러지고 거스르는 세대 가운데서 하나님의 흠 없는 자녀로 세상에서 그들 가운데 빛들로 나타내며"(2:15)

여기서 '흠이 없고' 란 말은 사람들로부터 책망이나 비난을 받을 만한 일이 없는 것을 의미합니다. 구약시대에 하나님께 바치는 제물은 흠과 점이 없어야 했습니다. 흠이나 점이 있는 제물로는 제사를 드릴 수 없었으며, 그 제사는 하나님께서 열납하지 않으셨습니다. 우리는 구원받은 하나님의 자녀들로서 하나님의 성품을 닮아 흠이 없어야 합니다.

'순전하여' 는 이질적인 것이나 온전하지 못한 것이 전혀 섞이지 않은 상태를 가리킵니다. 즉 불순물이 섞이지 않은 것을 말합니다. 포도주에 물을 타지 않은 것이나 금속에 불순물이 섞이지 않은 것을 말합니다. 바울은 빌립보교회 성도들이 다른 사람들로부터 책망을 받을 만한 일이 없이 하나님의 거룩하고 온전하신 성품을 닮아서 세상에 빛을 나타내기를 바라고 있습니다. 그리스도인들은 세상의 빛으로서 온 세상을 비추도록 부르심을 받은 사람들입니다(마 5:14; 엡 5:8). 다른 말로 하면 빌립보교회 성도들과 구원받은 하나님의 백성들은 비난의 손가락질을 받지 않는 생활을 해야 한다는 말입니다. 우리는 다른 사람들에게 비판을 받을 만한 흠이 없어야 합니다. 우리는 다른 것과 섞이지 않아 순수해야 합니다. 주님은 말씀하셨습니다. "보라 내가 너희를 보냄이 양을 이리 가운데로 보냄과 같도다 그러므로 너희는 뱀

같이 지혜롭고 비둘기 같이 순결하라"(마 10:16)

'순결하라'는 말은 부패한 것에 혼합되지 않고 오염되지 않은 순수한 상태를 가리키는 말입니다. 즉 이 말은 거짓이 없이 솔직하고 순진한 것을 뜻합니다. 한편 비둘기는 평화와 순결을 상징합니다. 그러나 성경에는 미련하여 쉽게 속아 넘어가는 동물로도 기록되어 있습니다(호 7:11). 사실 순진함이 지혜로움과 결합되지 않을 때는 어리석음과 무지(無知)로 전락하고 맙니다. 랍비들은 흔히 하나님에 대해서는 순결하고, 이교도에 대해서는 지혜로워야 한다고 가르칩니다. 예수님은 이러한 생각을 넘어 모든 복음 전파자들에게 순결하고 지혜로울 것을 당부하시면서, 어떻게든 맡은 바 복음 전파 사역에 최선을 다할 것을 명령하셨습니다. 그러나 우리가 흠과 점이 없이 살아간다는 것은 결코 쉬운 일이 아닙니다. 왜냐하면 이 시대가 어그러지고 거스르는 세대이기 때문입니다.

'어그러지고 거스르는 세대 가운데'라고 했는데, 빌립보교회 성도들이 현재 살고 있는 이 '세상'은 하나님을 거역하며 악과 연합한 타락한 세대입니다(엡 6:12). '어그러지고'라는 말은 '비뚤어지고 구부러졌다'는 말입니다. '거스른다'는 말은 '역행한다', '유혹되고 곡해한다', '순수하게 받아주지 않는다'는 뜻입니다. 이 세상은 순수한 것을 잘 받아 주지 않습니다. 마음들이 다 비뚤어져 있기 때문입니다. 순진한 사람들은 어딘가 모자라는 것으로 생각하는 세상입니다. 그러므로 그리스도인들은 이런 세상에서 빛을 드러내야 합니다.

사도 바울은 이러한 세상을 살아가는 빌립보교회 성도들에게 흠이 없는 자가 되어 세상에 빛을 드러내라고 말합니다. 세상 사람들은 영적으로 뒤틀리고 도덕적으로 비꼬여 있습니다. 그러나 우리 신자들은 흠이 없고 순전해야 합니다. 그러기 위해 이 세상에 빛들로 나타나야 합니다. 사도 바울은 빌립보교회 성도들에게 비록 온 세상이 어두워도 하나님의 구원받은 백성들만은 흠이 없고 순전하여 빛을 발하는 생활을 해야 한다고 가르치고 있습니다.

3. 세상에서 빛들로 나타나야 합니다

"이는 너희가 흠이 없고 순전하여 어그러지고 거스르는 세대 가운데서 하나님의 흠 없는 자녀로 세상에서 그들 가운데 빛들로 나타내며"(2:15)

여기에 나오는 빛들은 광명체를 말합니다. 빛을 내는 것은 횃불, 랜턴, 등대, 해, 달과 별들을 말합니다. 달과 별들이 어두운 밤을 밝히듯이 우리 신자들도 영적으로나 도덕적으로 어두운 사회를 선행의 빛으로 밝혀야 합니다. 성도들은 부패한 이 사회를 밝히는 광명체들입니다. 그러므로 교회는 산꼭대기로 올라가지 말고 사회 안으로 들어와서 어둠 속에서 빛을 발해야 합니다. 아무도 없는 산골짜기에서는 하나님의 구원의 빛을 발할 수 없습니다. 이 어두운 세상 가운데서 복음의 빛을 밝혀야 합니다.

저는 아프리카 보츠와나에서 남아프리카로 갈 때에 수백 km가 되는 광야를 달린 적이 있습니다. 밤중에 우리 차만 달렸기 때문에 온 사방이 캄캄했습니다. 칠흑 같은 어둠 속을 계속 달리는데 한줄기 빛이 나타났습니다. 그 빛은 달려오는 자동차로 보였는데 아무리 달려도 그 불빛은 그 자리에 있었습니다. 한참 후에 다가온 빛은 역시 자동차였습니다. 그런데 그 자동차는 우리 옆을 너무도 빨리 지나가 버렸습니다. 저는 시속 120km로 달렸는데 달려오는 차도 그 이상의 속도였습니다. 그 차가 지나가자 다시 어둠이 계속되었습니다. 저는 그때 깨달았습니다. 우리가 그 빛을 발견했을 때 그 차는 우리에게서 아주 멀리 떨어져 있었지만 그 빛은 우리를 비추었다는 사실입니다. 이 말은 아무리 어두운 밤이라도, 아무리 작은 빛이라도 빛은 어둠을 비춘다는 사실입니다. 빛은 반드시 드러나게 마련입니다.

우리는 어두운 이 세상을 비추는 빛으로 살아가야 할 하나님의 백성들입니다. 구원받은 성도는 빛으로 살아야 합니다.

그러면 빛을 밝히려면 어떻게 해야 합니까? 오늘 본문은 말씀합니다. "생명의 말씀을 밝혀 나의 달음질이 헛되지 아니하고 수고도 헛되지 아니함으로 그리스도의 날에 내가 자랑할 것이 있게 하려 함이라"(2:16) 생명의 말씀을 밝혀야 합니다. 다시 말하면 캄캄한 이 세상을 밝히는 것은 바울이 전하고 빌립보교회 성도들이 믿었던 그 복음의 말씀을 굳게 붙잡는 것입니다. 말로만 붙잡는 것이 아니라 행동으로 보여 주어야 합니다. 우리가 생명의 말씀을 밝히는 것은 메시지가 있는 삶을 살아야 한다는 말입니다. 즉 우리의 모든 생활 속에서 입술로 복음을 전하는 것입니다. 우리가 이웃에게 복음을 전하는 것은 바로 생명의 말씀을 밝히는 것입니다. 동시에 생명의 말씀을 생활 속에서 비추어야 합니다. 빛은 말이 없어도 환하게 비출 수 있습니다.

그런데 오늘날은 성도들이 서로 다투면서 생명의 빛을 밝히지 못하고 있습니다. 서로 원망하고 시비하면 생명의 빛을 발할 수 없습니다. 성도들도 평소에는 잘 지내는 듯하나 어떤 이권관계가 개입이 되면 돌아서고 맙니다. 성도의 참된 교제는 동기가 순수하고, 방법도 좋고, 그 결과도 은혜로워야 합니다. 그래야 서로 사랑하며 도우면서 오랫동안 좋은 교제를 이어갈 수 있습니다.

우리는 구원받은 하나님의 백성들로서 생명의 말씀의 빛을 비추어야 합니다. 혹시 성도들 가운데 마음이 상하거나 원망과 시빗거리가 있다면 먼저 하나님께 회개하고 서로 화해해야 합니다. 먼저 손을 내밀며 사과하고 용서를 구하는 것이 여러모로 유익하고 아름답습니다. 우리는 항상 모든 것이 나의 잘못이며 내가 부족한 탓이라고 말할 수 있어야 합니다. 이것이 구원받은 성도의 모습이며, 빛을 발하는 성도의 자세입니다.

하나님 나라의 법칙은 먼저 낮아지는 사람이 높아진다는 사실입니다. 겸손한 자에게 하나님의 은혜가 임합니다. 섬기는 자가 섬김을 받고, 나중 된 자가 먼저 됩니다. 우리는 구원받은 성도들로서 생명의 빛을 밝히는 삶을 살아야 합니다.

헬라시대에 어느 장님이 등불을 켜고 밤길을 갔습니다. 자신은 비록 앞을 볼 수 없지만 다른 사람들과 충돌하지 않기 위해서였습니다. 그런데 한참을 가다가 어떤 사람과 부딪혔습니다. 그 장님이 화가 나서 소리를 질렀습니다. "너는 눈도 없느냐? 나는 소경이라 앞을 보지 못하지만 너는 왜 이 등불을 보지 못한 것이냐?" 그러자 부딪힌 사람이 이렇게 말했습니다. "자네 등불은 이미 꺼진 지가 오래 되었네." 우리도 등불을 들고 있지만 불이 꺼진 채 다니는지도 모릅니다. 우리가 불이 꺼졌다는 사실을 모르고 스스로 빛을 비추고 있다고 생각하기 때문에 이 세상이 점점 더 어두워지는 것입니다.

우리는 지금 구원받은 성도로서 빛을 비추고 있습니까? 우리는 우리가 있는 자리에서 빛을 비추어야 합니다. 우리의 가정과 직장과 공동체에서 빛을 발해야 합니다. 우리는 결코 꺼진 등불을 들고 다니는 어리석은 삶을 살면 안 됩니다. 우리 자신이 먼저 하나님의 빛이 되어 생활 속에서 생명의 말씀의 빛을 밝힘으로써 기뻐하며 감사해야 합니다. 뿐만 아니라 어두운 세상에 있는 사람들에게도 그리스도를 보여주는 생명의 말씀을 밝혀야 합니다.

구원받은 성도는 모든 일에 원망과 시비가 없이 해야 합니다. 그리고 빛 된 생활로 세상에서 빛들로 나타나야 합니다. 우리는 구원받은 백성으로서 원망과 시비를 하는 대신 빛을 비추는 삶을 살아야 합니다. 아멘.

¹⁴모든 일을 원망과 시비가 없이 하라 ¹⁵이는 너희가 흠이 없고 순전하여 어그러지고 거스르는 세대 가운데서 하나님의 흠 없는 자녀로 세상에서 그들 가운데 빛들로 나타내며 ¹⁶생명의 말씀을 밝혀 나의 달음질이 헛되지 아니하고 수고도 헛되지 아니함으로 그리스도의 날에 내가 자랑할 것이 있게 하려 함이라 ¹⁷만일 너희 믿음의 제물과 섬김 위에 내가 나를 전제로 드릴지라도 나는 기뻐하고 너희 무리와 함께 기뻐하리니 ¹⁸이와 같이 너희도 기뻐하고 나와 함께 기뻐하라

(빌립보서 2:14-18)

13

구원받은 성도의 생활 2

우리는 구원받은 하나님의 백성들이므로 그 신분에 걸맞는 삶을 살아야 합니다. 구원받은 성도는 모든 일을 원망과 시비가 없이 해야 합니다. 그리고 빛 된 생활을 하며 세상에서 빛들로 나타나야 합니다.

4. 그리스도의 날에 자랑할 것이 있어야 합니다

"생명의 말씀을 밝혀 나의 달음질이 헛되지 아니하고 수고도 헛되지

아니함으로 그리스도의 날에 내가 자랑할 것이 있게 하려 함이라"(2:16)

우리 기독교인들은 종말을 믿습니다. 이 세상의 마지막, 즉 주 예수 그리스도의 재림을 믿습니다. 그런데 그날에 부끄러움을 당하는 사람이 있는가 하면 자랑스럽게 나타날 사람들도 있을 겁니다.

오늘 본문에서 사도 바울은 구원받은 성도는 그리스도의 날에 자랑할 것이 있어야 한다고 말합니다. 이 자랑은 세상 사람들이 생각하는 그런 자랑이 아닙니다. 성경은 자랑하기보다 항상 겸손하라고 말씀합니다. "교만은 패망의 선봉이요 거만한 마음은 넘어짐의 앞잡이니라"(잠 16:18) 교만하지 말고 겸손하라는 것이 성경 전체의 가르침입니다.

그런데 오늘 성경 본문은 자랑하라고 말씀합니다. 자랑을 하되 그리스도의 날에 자랑하라고 합니다. 이 땅에서의 자랑이 아니라 그리스도의 날에 할 자랑입니다. 이 날은 그리스도의 재림의 날입니다. 주 예수 그리스도께서 심판의 주로 오시어 심판하시는 날입니다. 사도 바울은 주 예수 그리스도의 재림의 날에 주님 앞에서 자랑할 것이 많게 하려고 평생을 바쳤습니다. 사실 사도 바울은 그날이 오면 그리스도 앞에서 자랑할 것이 많은 사람입니다. 사도 바울은 그리스도의 날에 예수님 앞에서 자랑하기 위해 평생에 걸쳐 선한 싸움을 싸우며 달려갈 길을 마침으로 믿음을 지켰습니다. 사도 바울처럼 주를 위해 열심히 달린 사람을 찾아보기 어렵습니다. 그는 정말 주님 앞에서 자랑할 만한 삶을 살았습니다.

사도 바울은 그리스도 앞에서 자랑할 거리를 위해서 열심히 달렸습니다. 특히 본문에서는 자기의 인생을 경주에 비유했습니다. 빌립보는 헬라의 아덴(아테네)고 가깝고 고대 올림픽 경기가 열린 곳이므로 곳곳에 운동 경기장이 있었습니다. 그래서 빌립보교회 성도들은 올림픽 경기에 대해서 잘 이해하고 있었습니다. 그래서 그는 "생명의 말씀을 밝혀 나의 달음질이 헛되지 아니하고"(2:16)라고 표현했습니다. 경기장에서 경주하는 선수는 힘을 다해서 달립니다. 사도 바울 역시 주께서 자신에게 맡겨 주신 생명의 말씀을 밝히는 복음 증거를 위하여 열심히 달린 결과 많은 믿음의 역사가 나타났습니다. 그가 말씀을 밝히는 복음 증거를 위하여 열심히 달린 결과 많은 믿음의 수고가 헛되지 않아 풍성한 열매를 얻었습니다.

바울은 이제 나이가 많아 자신의 일생을 회고해 봅니다. 지금까지 주를 위해 최선을 다하여 수고하며 달린 결과 지금 그는 자신의 달려갈 길을 다 마치고 마지막 도착지점을 바로 눈앞에 두고 있습니다.

그는 자랑할 것이 많았습니다. 그는 복음을 위해 최선을 다해 달렸습니다. 그 열매가 바로 빌립보교회 성도들과 같은 그리스도인들입니다. 빌립보교회는 바로 심판 날에 사도 바울의 자랑거리가 될 것입니다. 사도 바울은 고백합니다. "그러므로 나의 사랑하고 사모하는 형제들 나의 기쁨이요 면류관인 사랑하는 자들아 이와 같이 주 안에 서라"(4:1) 빌립보교회 성도들은 사도 바울의 열매입니다. 빌립보교회의 성도들은 바울의 기쁨이었고, 바울은 장차 주님 앞에 설 때 그들로 인해 면류관을 받게 될 것입니다. 우리가 주님 앞에서 받게 될 면류관의 표준은 우리가 전도해서 예수를 믿게 한 그리스도인들입니다. 빌립보교회 성도들은 바울의 자랑이요, 면류관이었습니다. 우리도 장차 주님 앞에 서게 될 때 자랑거리를 내놓아야 합니다.

고린도전서 3장에 보면, 성도들이 주님 앞에 설 때 그 공적이 나타난다고 말씀합니다. 심판 날에 모든 성도들의 공적이 불로써 심판받을 때 불에 타서 없어지는 것이 있는 반면 불에 타지 않는 공적도 나타날 것입니다. 금과 은이나 보석, 그리고 나무나 풀이나 짚으로 세운 것들이 다 불의 심판을 거칠 것입니다. 불에 타도 사라지지 아니하는 공적을 가진 사람은 그 믿음을 인정받아 주님께 칭찬과 상급을 받을 것입니다. 그들은 주님 앞에 자랑거리를 얻게 됩니다. 그러나 모든 공적이 불에 타버린 사람은 구원은 받지만 상급이나 자랑거리가 없어 부끄러움을 당할 것입니다.

우리는 하나님 앞에 설 때 부끄러움이 없도록 우리의 사명에 최선을 다해 달려야 합니다. 사도 바울도 완벽한 사람은 아니었습니다. 허물과 실수가 있었습니다. 그 역시 하나님 앞에 부끄러움이 있을 것입니다. 그러나 그는 부끄러움이나 두려움에 대해서 말하지 않고, 오직 주님 앞에서 자랑할 것에 초점을 맞추고 있습니다. 사도 바울에게는 빌립보교회가 있었습니다. 이 빌립보교회는 바울의 수고의 열매입니다. 빌립보교회 성도들이 신앙에 흠이 없고 순전하고 진실하다면 그리스도의 날에 바울의 자랑거리가 될 것입니다. 그리고 하나님께 영광이 되며 천사들도 기뻐할 것입니다.

사도 바울은 확신하며 "나의 달음질이 헛되지 아니하고 수고도 헛되지 아니함으로 그리스도의 날에 내가 자랑할 것이 있게 하려 함이라"(2:16)고 고백했습니다. 바울은 열심히 일했습니다. 그는 복음의 열매를 얻으려고 많은 노력 끝에 승리했습니다. 바울은 인생을 훌륭하게 보냈기 때문에 그리스도 앞에서 자랑할 것이 있었습니다.

우리가 주님 앞에 설 때 목사는 그동안 섬기며 봉사했던 교회가 자랑이 되어야 할 것입니다. 믿음으로 교회를 잘 섬기고 아름답게 봉사하는 성도들이 그의 면류관이 될 것입니다. 마지막 날에 그리스도 앞에 설 때 성도들은 목사의 자랑이 되고, 기쁨이 되고, 면류관이 될 것입니다. 우리 성도들도 마지막 날에 주께서 우리에게 주신 사명에 충성을 다한 것이 자랑이 되어야 합니다.

사도 바울은 하나님 앞에서 자랑할 것을 위해 열심히 수고했으며, 빌립보교회 성도들은 순종했습니다. 그래서 사도 바울은 힘 있게 외칩니다. "마지막 그리스도의 날에 빌립보교회 성도들로 인하여 자랑이 넘치게 될 것이다." 사도 바울은 빌립보교회를 자랑하고, 빌립보교회는 바울 사도의 자랑이 될 것입니다.

우리도 주님 앞에 서는 날 부끄러움 없이 자랑할 것이 많도록 달음질해야 합니다. 우리의 수고가 헛되지 않도록 이 일을 위해 열심히 달려야 합니다. 열매를 얻기 위해 수고하여 주님 앞에 우리의 자랑거리가 많도록 해야 합니다. 그러려면 열심히 복음을 전파해야 합니다. 주님 앞에 설 때 재물이나 명예, 또는 학력이나 지식 등은 자랑거리가 될 수 없습니다. 우리가 주님 앞에 설 때 자랑할 것은 우리가 전도하여 구원받은 성도들, 즉 믿음의 형제자매들입니다. 이들은 우리의 자랑이요, 기쁨이요, 면류관이 될 것입니다. 우리는 이 자랑거리를 위하여 기도해야 합니다. 잃은 영혼들을 열심히 찾아서 주 예수님께로 인도해야 합니다.

우리 모두 그리스도의 날에 자랑할 것을 위해 전진합시다. 우리 모두 주님 앞에 설 때 "주님, 여기에 나의 기쁨과 면류관이 있습니다." 하고 고백할 수 있도록 열심히 수고하여 달려야 합니다.

5. 전제로 바치며 기뻐하는 삶이어야 합니다

　사도 바울은 마지막으로 자기의 생을 어떻게 마칠 것인가를 의미 있게 말하고 있습니다. 우리 인생의 마지막 마무리는 아주 중요합니다. 사도 바울은 그의 인생을 주와 복음을 위해, 그리고 주의 교회를 위해 달음질하는 운동선수처럼 최선을 다하여 수고했습니다. 그는 복음 전하는 일을 위해서 천막을 만드는 일도 했습니다. 그런 바울이 이제 자신의 생명을 전제로 바치는 것으로 마무리하려고 합니다. 즉 순교의 제물이 되겠다는 각오를 한 것입니다. 바울의 고백입니다. "만일 너희 믿음의 제물과 섬김 위에 내가 나를 전제로 드릴지라도 나는 기뻐하고 너희 무리와 함께 기뻐하리니 이와 같이 너희도 기뻐하고 나와 함께 기뻐하라"(2:17-18)

　여기서 말하는 '전제'는 헬라시대에 제사 때의 마지막 단계로 제물 위에 포도주를 쏟아 붓는 것을 말합니다. 사도 바울은 빌립보교회는 제사드릴 때의 제물로, 자신은 그 마지막에 붓는 전제로 비유했습니다. 다시 말하면 주님께 바치는 제물은 빌립보교회 성도들의 믿음과 열심을 말합니다. 그리고 제사의 마지막에 뿌리는 전제는 바울 자신의 순교의 피, 즉 죽음을 의미합니다. 그러면서 바울은 '내가 너를 위하여 피를 쏟아 부어도 기뻐하리라'고 고백합니다. 사도 바울은 빌립보교회 성도들의 믿음과 봉사를 기뻐했습니다.

　빌립보교회 성도들은 예전에 이방신을 섬기던 불신자들이었습니다. 그런데 바울을 통하여 복음을 듣고 구원받아 믿음이 아름답게 성장하여, 이제는 사도 바울의 복음 사역을 돕는 훌륭한 믿음의 일꾼들이 되었습니다. 한 영혼이 예수를 믿어 구원받아 주께로 돌아오는 것은 참으로 귀하고 아름다운 일입니다. 한 영혼은 천하보다 귀합니다. 그런데 이들이 복음 사역을 위한 봉사자가 되었다면 더 없이 기쁘고 감사한 일이 아닐 수 없습니다. 사도 바울은 이런 빌립보교회 성도들의 믿음과 봉사를 볼 때 기쁨이 넘쳤습니다. 그래서 바울은 이제 '내가 너희를 위하여 나의 피를 쏟아 붓는 전제가 되는 것'이 나의 기쁨이라고 말합니다.

사도 바울은 지금 그의 인생에서 가장 행복한 순간인 죽음을 기다리고 있습니다. 그런데 바울이 죽음 앞에서도 행복하고 기쁨이 넘치는 것은 그가 지금까지 '나는 지금 죽어도 좋다'는 마음으로 일해 왔기 때문입니다. 이런 마음을 가진 사람은 죽음이 두렵다거나 일을 해도 피곤하지 않을 뿐더러 오히려 기뻐하고 기뻐할 수 있습니다. 짜증이 나고 불평이 나는 것은 마음에 기쁨이 없기 때문입니다.

사도 바울은 지금 기쁨이 넘치고 있습니다. 사랑하는 빌립보교회 성도들의 신앙생활과 봉사를 본 바울은 이제 자신이 순교의 제물이 되어도 기뻐할 것이라고 고백합니다. 사역자들의 기쁨은 성도들이 신앙생활을 잘 하는 것입니다. "형제들이 와서 네게 있는 진리를 증언하되 네가 진리 안에서 행한다 하니 내가 심히 기뻐하노라"(요삼 1:3) 나이가 많은 사도 요한은 자기가 말씀으로 가르친 믿음의 자녀들이 신앙생활을 잘 한다는 소식을 듣고 기뻐합니다.

목회자의 가장 큰 기쁨은 성도들이 말씀 안에서 살아가는 것입니다. 목사는 어디를 가도 신앙생활과 교회 봉사를 잘 하는 성도들을 기쁨으로 자랑합니다. 저도 집회를 가면 우리 교회 성도들을 자랑합니다.

우리 교회에 자랑하고 싶은 성도들이 많습니다. 이것은 목사의 자부심이요, 기쁨입니다. 목사에게 힘이 솟아나게 해 주는 성도들입니다. 자랑할 성도들이 많다는 것은 목사의 큰 기쁨이요, 측복입니다.

사도 바울이 전도해서 말씀을 가르치고 양육한 빌립보교회가 신앙생활과 봉사를 잘 하는 것을 보고 자신의 생명을 걸었습니다. 바울은 그들의 믿음과 봉사를 통해 오는 기쁨에 생명을 걸고 자신의 피를 쏟아 전제와 같이 드려질지라도 기뻐하고 기뻐한다고 말했습니다. 이것이 바로 그리스도의 사랑입니다. 그리스도의 사랑은 십자가에서 죽어주신 사랑입니다. 바로 희생입니다. 진정한 사랑은 희생이 없이는 이루어지지 않습니다. 진정한 사랑은 희생하면서도 기뻐하는 것입니다. 진정한 사랑은 생명을 버리면서까지 기뻐하는 것입니다.

"이와 같이 너희도 기뻐하고 나와 함께 기뻐하라"(2:18) 사도 바울은 마음속에 있는 이 기쁨을 전달하고 싶었습니다. 죽음을 앞둔 사도 바울은 기뻐하면서 다른 사람들에게도 기뻐하라고 권면합니다. 생명을 희생하면서도 기뻐할 수 있는 이유는 주님이 계시기 때문입니다. 십자가의 고난을 받으시고 부활하신 그리스도의 사랑이 있기 때문입니다. 그 주님을 찬양하고 예배하며 봉사할 수 있기 때문입니다. 우리 마음에 주님의 십자가의 사랑이 있으면 어떤 환경에서도 기뻐할 수 있습니다.

빌립보에서 복음을 전파하다가 감옥에 갇힌 사도 바울과 실라가 밤중에 기도하며 찬양했습니다. 그들이 그렇게 할 수 있었던 것은, 그들이 비록 고난 가운데 있었지만 주 예수님의 사랑을 생각할 때 감사하고 기쁨이 넘쳤기 때문입니다. 로마의 원형경기장에서 맹수의 밥이 되며 화형을 당하는 고통 속에서도 찬송하며 죽어갈 수 있었던 것 역시 그리스도의 사랑이 그들의 마음 깊은 곳에 자리 잡고 있었기 때문입니다. 주 예수 그리스도는 우리의 하나님이시며 우리의 영원한 왕이 되십니다. 그분은 우리를 변함없이 사랑해 주시고 구원을 이루시는 우리의 구주이시기 때문입니다. 그러므로 우리는 주님의 자랑이 되기 위해 어떤 고난에도 끝까지 주님을 따르며 찬양하며 섬길 수 있습니다.

영국의 거부였던 피츠제럴드는 사랑하는 아내를 잃었습니다. 그는 열 살을 갓 넘은 외아들을 더욱 사랑으로 정성껏 돌보았지만 그 아들마저 병으로 세상을 떠났습니다. 홀로 된 피츠제럴드는 그의 여생을 유명한 미술작품을 수집하는 것으로 슬픔을 달랬습니다. 세월이 흘러 피츠제럴드도 역시 병으로 떠났습니다. 그런데 그의 유언장에는 자신이 세상을 떠난 뒤에 재산을 처분할 방법을 분명하게 밝혀 두었습니다. 그 유언장에는 그가 많은 돈을 들여 수집한 미술 소장품들을 경매에 붙이라는 내용도 포함되어 있었습니다. 그가 수집한 귀한 소장품들은 양적으로도 어마어마했지만 질적으로도 매우 고귀한 것들이 많았습니다. 그래서 그의 소장품을 사려는 사람들이 인산인해를 이루었습니다. 소장품들은 경매에 앞서 누구나 열람할 수 있도록 전시되었습니다. 그런데 그곳에 전시된 소장품들 중에는 그다지 눈에 띄지 않는 그림 한 점이 있었습니다. 그 작품은 '내 사랑하는 아들'이란 제목의 작품으로 지방의 한 무명 화가가 피츠제럴드의 외아들을 그린 볼품없는 그림이었습니다. 경매가 시작되자 제일 먼저 그 그림이 경매에 붙여졌습니다. 하지만 그 그림은 인기가 없어 아무도 응찰하려고 하지 않았습니다. 그때 뒷자리에 앉아 있던 초라한 모습의 한 노인이 조용히 손을 들고 말했습니다. "제가 그 그림을 사면 안 될까요?" 그는 피츠제럴드의 아들을 어릴 때부터 돌보았던 늙은 하인이었습니다. 그는 자신이 가진 돈을 동땅 털어 그림을 샀습니다. 그때 피츠제럴드의 유언을 집행하던 변호사가 경매를 중지시켰습니다. 그리고 큰 소리로 피츠제럴드의 유언장을 읽었습니다. "누구든 내 아들의 그림을 사는 사람이 내 모든 소장품을 갖도록 해 주시오. 이 그림을 선택하는 사람은 내가 가장 소중히 여기는 것이 무엇인지를 아는 사람임에 틀림이 없으므로 모든 것을 가질 충분한 자격이 있을 것입니다." 이 세상에서 가장 소중하고 가장 자랑하고 싶은 분은 예수 그리스도이십니다. 우리는 주 예수님을 가장 존귀한 분으로 알아야 합니다. 그리고 전심으로 그분을 사랑하며 그 분을 위해 고난도 받을 수 있어야 합니다. 그리하면 주님은 우리의 모든 삶을 책임지실 것입니다.

우리는 주 예수님을 자랑하는 삶을 살아야 합니다. 그렇다면 주 예수님의 복음을 위해서 달려가야 합니다. 주께서 세우신 교회를 위하여 충성을 다해야 합니다. 그때 우리도 그리스도의 날에 주님의 자랑이 될 것입니다. 사도 바울처럼 우리도 주 예수의 날에 자랑할 것을 위해 살아야 합니다.

우리는 구원받은 성도로서의 삶을 살아야 합니다. 구원받은 성도는 모든 일을 원망과 시비가 없이 해야 하고, 빛 된 생활을 하며, 세상에서 빛들로 나타나야 합니다. 그리고 구원받은 성도는 그리스도의 날에 자랑할 것이 있어야 합니다. 구원받은 성도의 생활은 전제로 바치며 기뻐하는 삶입니다. 아멘.

> [19]내가 디모데를 속히 너희에게 보내기를 주 안에서 바람은 너희의 사정을 앎으로 안위를 받으려 함이니 [20]이는 뜻을 같이 하여 너희 사정을 진실히 생각할 자가 이 밖에 내게 없음이라 [21]그들이 다 자기 일을 구하고 그리스도 예수의 일을 구하지 아니하되 [22]디모데의 연단을 너희가 아나니 자식이 아버지에게 함 같이 나와 함께 복음을 위하여 수고하였느니라 [23]그러므로 내가 내 일이 어떻게 될지를 보아서 곧 이 사람을 보내기를 바라고 [24]나도 속히 가게 될 것을 주 안에서 확신하노라
>
> (빌립보서 2:19-24)

14

신실한 복음의 동역자 디모데

하나님의 신실한 일꾼 사도 바울에게는 훌륭한 동역자이자 심복이 있었습니다. 사도 바울이 위대한 복음 사역을 할 수 있었던 것은 하나님의 은혜와 그를 도와 준 신실한 복음의 동역자들이 있었기 때문이라고 할 수 있습니다. 그 중에 한 사람이 오늘 본문에 소개되는 디모데입니다.

사도 바울은 지금 로마 감옥 안에 갇혀 있기 때문에 바깥일도 궁금하고, 사랑하는 빌립보교회 성도들도 보고 싶었습니다. 사랑한다는 것은 보고 싶어 하는 마음이며, 그리워하는 마음이며, 함께 있고 싶어 하는 마음입니다. 그런데 그는 감옥에 갇혀 있기 때문에 사랑하는 빌

립보교회에 갈 수가 없었습니다. 그래서 빌립보교회는 사랑하는 주의 종 사도 바울에게 사람을 보내어 교회 소식과 함께 위문금을 보냈습니다. 또한 빌립보교회는 그 교회의 교역자인 에바브로디도를 아예 로마로 보내어 사도 바울과 함께 있게 했습니다. 따라서 빌립보교회는 현재 교역자가 없는 상태입니다. 그래서 사도 바울은 교역자가 없는 빌립보교회의 소식이 궁금하던 차에 유오디아와 순두게가 서로 시기하여 다툰다는 소식을 들었기 때문에 디모데를 그곳으로 보내기로 결정한 것입니다. "내가 디모데를 속히 너희에게 보내기를 주 안에서 바람은 너희의 사정을 앎으로 안위를 받으려 함이니"(2:19) 그래서 이 편지를 통해 빌립보교회 성도들에게 하고 싶은 말도 하고, 듣고 싶은 소식도 듣고자 했던 것입니다. 바울이 디모데를 빌립보교회로 보내는 것은 그 만큼 그에 대한 사랑과 신뢰감이 있었기 때문입니다. 디모데는 훌륭하고 신실한 복음의 동역자였습니다.

1. 디모데는 어떤 사람입니까

'디모데'(Timothy)란 이름은 '하나님을 경외하는 하는 사람', '하나님을 영화롭게 하는 사람' 이란 뜻이 있습니다. 디모데의 아버지는 헬라인이며, 외조모 로이스와 어머니 유니게는 히브리인이었습니다. 디모데는 종교적으로 어머니를 따라 히브리인이 되었습니다. 히브리인의 신앙은 모계를 따릅니다. 부모가 모두 히브리인이면 자연히 히브리인이 됩니다. 그런데 아버지가 히브리인이고 어머니가 이방인이면 그 자녀는 이방인이 되고, 어머니가 히브리인이고 아버지가 이방인이면 그 자녀는 히브리인이 됩니다. 그러므로 어머니의 신앙교육이 자녀에게 큰 영향을 미치게 됩니다. 모세의 경우도 그렇습니다. 어머니 요게벳이 어린 모세가 젖을 뗄 때까지 교육시킨 것이 그의 평생을 좌우했습니다. 디모데는 이방 나라에서 태어났으나 외할머니 로이스와 어머니 유니게의 신앙교육을 잘 받았기 때문에 훌륭하게 자랐습니다. 그는 헬라 혈통인 아버지로부터 헬라철학을 배웠습니다. 그리고 히브리 혈통인 어머니로부터는 히브리 종교를 통해 여호와 하나님을 잘 배워서 이미 이상적인 선교사로 준비되어 있었습니다.

사도 바울과 디모데는 바울의 제2차 전도여행 때에 만나 디모데는 그의 제자가 되고, 믿음의 아들이 되었습니다. 디모데의 믿음은 사도 바울로 인하여 성장했기 때문입니다. 따라서 사도 바울에게 디모데는 더없이 귀하고 아름다운 일꾼이었습니다. '내가 너를 낳았다' 고 할 만큼 디모데는 바울적인 그리스도인이자 동역자였습니다. 디모데는 항상 사도 바울의 전도여행에 동행했습니다. 빌립보, 데살로니가, 베뢰아, 고린도, 에베소, 그리고 로마 감옥까지 동행했습니다. 바울이 로마 감옥에서 전셋방에 감금되었을 때에도 거기에 함께 기거하며 도왔습니다. 또한 그의 서신을 대필해 주는 훌륭한 비서 역할도 했습니다. 디모데 역시 복음을 전하다가 감옥에 갇힌 적이 있습니다(히 13:23). 사도 바울은 자기를 대신할 사람으로 디모데를 보냈습니다. 디모데는 바울이 믿고 추천할 만한 사람이었습니다. 사실 사람을 추천한다는 것은 쉬운 일이 아닙니다. 그러나 바울은 사랑하는 빌립보교회의 임시 목회자로 디모데를 추천하여 보냈습니다. 디모데는 신실한 복음의 동역자였습니다. 이런 신실한 복음의 동역자들이 많을 때 하나님의 역사가 왕성해지고, 교회가 성장하게 됩니다. 이런 교회는 은혜가 충만해져서 아름다운 믿음의 역사가 나타날 것입니다.

2. 디모데는 뜻을 같이 했습니다

"이는 뜻을 같이 하여 너희 사정을 진실히 생각할 자가 이 밖에 내게 없음이라"(2:20)

'뜻을 같이 한다' 는 말은 '같은 혼', '같은 마음으' 란 뜻이 있습니다. 복음 사역을 하는 동역자는 뜻이 하나가 되어야 한다는 말입니다. 그리고 복음의 동역자는 성령 안에서 하나님의 뜻을 추구하며, 복음을 위해서 하나님의 뜻에 맞추는 사람입니다. 내 자신에게 맞추는 것이 아니라 모든 것을 주님의 뜻에 맞추는 것입니다. 다시 말하면 하나님의 나라와 그의 영광을 위하여 하나님께서 기뻐하시는 뜻에 맞추는 것입니다. "그런즉 너희가 먹든지 마시든지 무엇을 하든지 다 하나님의 영광을 위하여 하라"(고전 10:31)

사실 사도 바울과 디모데는 성격을 비롯해 여러 면에서 대조가 되었습니다. 사도 바울은 적극적인 반면 디모데는 소극적이었습니다. 사도 바울은 추진력이 있는가 하면 디모데는 사고력이 있었습니다. 사도 바울은 정열적으로 일하는 사람이었으나 디모데는 자제력이 있었습니다. 사도 바울은 주도적인 인물이었지만 디모데는 협조적인 인물이었습니다. 그런데 두 사람은 조화를 이루었습니다. 서로 대조적인 성격이었지만 좋은 동반자요 협조자가 되었습니다. 그러기 위해서는 서로 뜻을 모아야 했습니다. 그들은 목적과 사고방식과 신학이 같았습니다. 이것이 다르면 곤란합니다. 특히 신학 사상이 다르면 하나가 되기 어렵습니다.

예를 들어 자유주의자들과 개혁주의와 복음주의자들이 하나가 되는 것은 쉬운 일이 아닙니다. 자유주의자들은 성경의 영감설을 부인하며 성경을 하나님의 말씀으로 온전히 믿지 않습니다. 그러나 우리는 성경을 영감으로 기록된 하나님의 말씀으로 확실히 믿습니다. 그러므로 신학이 다르면 하나가 되기 어렵습니다. 그러나 사도 바울은 자기와 뜻을 같이 하는 디모데를 마음 놓고 추천할 수 있었습니다. 디모데는 누구보다도 바울의 마음을 잘 알고 있었으므로 디모데가 빌립보에 가서 무슨 결정을 하든지 그것은 곧 바울의 결정과 같은 것이었습니다. 사도 바울은 디모데의 인격과 능력을 믿었습니다. 우리가 사람을 믿는다는 것은 그 사람의 인격 자체와 일하는 능력을 믿는다는 것입니다. 이것은 아주 중요합니다.

제가 울산교회 부교역자 시절에 운전면허를 취득했습니다. 면허증을 발급받고 처음으로 운전해서 심방을 가려고 하는데 아무도 타려고 하지 않았습니다. 그러다가 어쩔 수 없이 타기는 했지만 모두 불안해하며 아무런 말들이 없었습니다. 사람은 믿지만 운전 실력은 믿을 수 없다는 말입니다. 그러므로 우리가 사람을 완전히 신뢰한다는 것은 그의 사람됨과 일의 능력을 다 믿는다는 말이 됩니다.

사도 바울은 디모데의 인격과 사역을 완전히 믿었습니다. 바울은 이렇게 고백합니다. "이는 뜻을 같이 하여 너희 사정을 진실히 생각할 자가 이 밖에 내게 없음이라"(2:20) 디모데는 빌립보교회와 관련된 일들에 관심이 있었을 뿐 아니라 그 일들을 잘 알고 있었습니다. 여기서 '이 밖에 내게 없음이라' 는 말은 지금 사도 바울 곁에 있는 사람들 중에서 진심으로 빌립보교회에 관심을 가지고 있는 사람, 즉 바울과 같은 마음을 가진 사람이 디모데 외에는 없다는 말입니다. 다시 말하면 많은 사람들 중에 바울의 인정을 받는 사람은 디모데 밖에 없다는 말이 됩니다. 바울이 가장 믿을 만한 사람은 디모데였습니다. 디모데는 신실하고 정직한 진리에 서 있는 일꾼이었습니다.

우리도 주님께 인정받아야 합니다. 주의 종이 마음 놓고 추천할 수 있는 신실한 일꾼, 무엇을 맡겨도 능히 처리할 수 있는 인정받는 일꾼이 되어야 합니다. 디모데 처럼 신뢰할 수 있는 일꾼이 많은 교회는 아름다운 교회요, 능력이 있는 교회입니다. 신뢰할 수 있는 일꾼이 많은 것은 목회자의 기쁨이요, 축복입니다.

그러기 위해 우리는 뜻을 같이 해야 합니다. 복음을 위하여 성령 안에서 하나님의 뜻에 맞추어야 합니다. 우리 모두 디모데처럼 주의 나라와 교회를 위하여, 그리고 하나님의 나라를 위하여 뜻을 같이 해야 합니다. 신실한 복음의 동역자, 마음 놓고 일을 맡길 수 있는 인정받는 일꾼들이 다 되어야 합니다.

3. 디모데는 복음을 위하여 수고했습니다

"디모데의 연단을 너희가 아나니 자식이 아버지에게 함 같이 나와

함께 복음을 위하여 수고하였느니라"(2:22)

디모데는 복음을 위하여

1) 자기의 일을 구하지 아니하고 그리스도의 일을 구했습니다

"그들이 다 자기 일을 구하고 그리스도 예수의 일을 구하지 아니하되"(2:21)

이기주의자, 즉 자신의 것만을 추구하는 사람은 복음의 동역자가 될 수 없습니다. 그러나 디모데는 자신의 이익을 추구하지 아니하고 그리스도의 일을 구한 신실한 일꾼이었습니다. 로마에서 빌립보까지 가는 길은 시간이 많이 걸릴 뿐 아니라 힘든 일이었습니다. 또한 빌립보 교회에는 처리할 문제가 많았으므로 자신의 시간과 체력과 이익을 희생해야 했습니다. 반면 바울 곁에 있던 다른 사람들은 그리스도 예수의 일보다 자신의 이익 추구에 급급했다고 생각할 수도 있는 말입니다. 이것은 안타까운 일입니다. 복음을 위해 나선 일꾼들 중에도 어떤 중요한 일들이 있으면 자신의 이권을 따라 가는 사람들이 많다는 말입니다. 사도 바울 곁에도 그런 사람들이 있었습니다. 데마 역시 세상을 사랑하여 바울을 버리고 데살로니가로 갔다고 했습니다.

오늘날에도 마찬가지입니다. 교회 직분자들 중에도 기분이 조금 상하거나 작은 손해라도 있으면 아예 일을 하지 않으려는 풍토가 있습니다. 요즈음도 어떤 사역자들은 근무 시간이 얼마나 되는지, 사례는 얼마이며 휴가는 며칠인지, 자동차와 사택은 제공되는지 등의 조건을 살펴 본 후에 사역지를 결정한다는 말이 들립니다. 물론 이런 것들은 다 생활에 필요한 것들입니다. 그러나 그리스도의 일꾼은 소명감과 사명감으로 일하는 사람입니다. 하나님께서 나를 불러주셔서 주의 일꾼으로 삼으신 것은 주님의 복음과 교회를 위한 것임을 알고, 주님이 원하시는 곳이면 어디든 갈 수 있어야 참된 주의 일꾼이라 할 수 있을 것입니다.

디모데는 자신을 희생하고 그리스도 예수의 일을 위해 선뜻 나섰습니다. 사도 바울이 디모데를 추천한 것은 디모데의 인격과 능력을 믿었을 뿐 아니라 자신의 일보다 주님의 일을 먼저 추구하는 사람임을 알았기 때문입니다.

우리는 예수 그리스도의 심복이 되기 위하여 자신만을 생각하는 이기심을 버려야 합니다. 우리는 신실한 복음의 동역자가 되기 위해 복음과 주 예수 그리스도의 일, 그리고 주의 교회를 먼저 생각하는 성도들이 되어야 합니다.

2) 연단을 받았습니다

"디모데의 연단을 너희가 아나니 자식이 아버지에게 함 같이 나와 함께 복음을 위하여 수고하였느니라"(2:22)

사도 바울은 디모데가 훈련을 잘 받은 것을 인정했습니다. 사도 바울은 디모데가 이기적인 것을 버리고 그리스도를 위해 사는 사람이란 것을 알았으며, 빌립보교회 역시 이를 인정했습니다. 이것은 순간적으로나 일시적으로 되는 일이 아닙니다. 디모데는 오랜 경험과 많은 사건들을 통해서 연단을 받았습니다. 사도 바울과 빌립보교회가 그의 됨됨이와 신앙인격, 그리고 그의 경건한 삶을 인정한 것입니다. 그는 어렸을 때부터 성경에 열심이었습니다. 장성해서는 사도 바울의 신실한 동역자요, 믿음의 아들이었습니다. 그는 바울이 가라고 할 때나 머물라 할 때나 언제나 기쁨으로 순종했습니다. 디모데는 건강하지 못했을 뿐 아니라 나이가 어려 미숙하고, 아주 겁이 많은데다 수줍음도 탔지만 성실했습니다. 그는 오직 그리스도를 위하여 성실한 삶을 살았습니다. 사도 바울은 디모데에게 이런저런 많은 일들을 맡겨본 후 디모데의 신실함을 알고 전적으로 신뢰하게 되었습니다.

일반적으로 그 사람의 됨됨이와 성실성을 알아보기 위해 두 가지를 테스트 한다고 합니다. 그것은 돈을 맡겨서 그것을 어떻게 사용하는지와 칭찬을 한 후에 나타나는 그의 반응으로 알아보는 것입니다. 디모데는 이 모든 것에 합격했습니다. 바울은 디모데와 10년 동안 함께 지내면서 그의 인격과 신앙이 훌륭하다는 것을 알고 그에게 모든 것은 맡겼습니다. 우리도 디모데의 신실함을 배워야 합니다. 이것은 하루아침에 되지 않습니다. 연단이 필요합니다. 우리도 주님과 교회 앞에서 인정받는 사람이 되어야 합니다. 우리는 교회의 일꾼을 선출할 때 신중해야 합니다. 좋은 일꾼을 세우기 위해 기도하면서 신중하게 결정해야 합니다. 어떤 분은 자신은 자격이 있는데 되지 못했다고 생각할 수도 있습니다. 하나님과 교회에 충성하겠다고 기도로 준비를 했는데 왜 세움을 받지 못했느냐며 반문할 수 있을 것입니다. 그러나 그에 대한 해답은 하나님은 연단을 통해 더 준비시키시려고 기다리게 하신다는 사실입니다. 달리 말하면 하나님으로부터 인정을 받기에 아직 부족하다는 말입니다.

술집에서 연주를 하는 이름난 사람이 있었습니다. 어느 날 그가 목사님을 찾아와서 자신이 구원을 받았으니 주를 위해서 일하고 싶다고 했습니다. 목사님은 먼저 좋은 교회에 출석하는 것이 좋겠다는 말과 함께 부인도 기독교 신자인지를 물었습니다. 그러자 자신의 아내는 아직 예수님을 믿지 않지만 개심시키겠다면서 당장 무엇이든 하고 싶다고 말했습니다. 그래서 목사님은 "한 교회에 출석하면서 열심히 당신의 달란트를 사용하십시오." 하고 말하자, 그 사람은 이렇게 말했습니다. "저는 대 연주자입니다. 저는 전도단을 운영하고, 음반을 취임할 것이며, 많은 청중들 앞에 서고 싶습니다." 목사님은 "위험합니다. 잘못하면 당신이 하는 일도 망칠 수 있습니다. 준비가 될 때까지 성경공부를 하면서 당신이 성장할 수 있는 기회를 가져야 합니다." 하고 재차 권면했습니다. 그는 목사님의 충고를 듣지 않고 즉시 큰 선교단체를 조직하여 자기의 방식대로 운영해 나갔습니다. 그 후 1년도 못 되어 실패하여 가족들과도 멀어졌고 자신도 주저앉고 말았습니다. 선교단체도 집회도 다 사라졌습니다. 목사님은 이렇게 말했습니다. "뿌리가 깊이 내리기 전에 가지가 너무 멀리 뻗어나가 결국 쓰러지고 말았습니다." 훌륭한 일꾼은 하루아침에 만들어지는 것이 아닙니다.

하나님과 교회 앞에 인정을 받으려면 오랜 시간이 흘러야 합니다. 다시 말하면 연단이 필요하다는 말입니다. 신실한 복음의 동역자가 되려면 훈련과 연단의 과정을 거쳐야 합니다.

오래 전에 부흥회를 인도하는 어느 목사님의 간증을 들었습니다. 이 목사님이 조그만 시골 교회에 부임하게 되었는데, 새벽기도를 마치면 곧바로 서울로 가서 하루 종일 큰 교회를 찾아다니다 밤늦게 돌아왔습니다. 그리고 다음날 새벽이면 또다시 서울로 가곤 했습니다. 매일 서울로 출퇴근을 한 것입니다. 그러다보니 교회는 아예 돌아볼 수도 없었습니다. 그러던 어느 날, 서울에서 밤늦게 내려와 잠자리에 들었는데 이상한 소리가 들렸습니다. 조용히 소리가 나는 곳을 찾아갔는데 그곳은 바로 교회였습니다. 그 소리는 할머니 한 분이 "불이 꺼졌습니다." 하며 기도하는 소리였습니다. 그래서 불을 켜 주고 다시 집으로 들어가려고 하는데 할머니가 "기도의 불이 꺼졌습니다." 했습니다. 그래도 무시하고 들어가려고 하는데 "우리 목사님의 기도의 불이 꺼졌습니다." 하는 소리가 들렸습니다. 이때 목사님의 정신이 번쩍 들었습니다. 목사님은 그날부터 서울로 출근하는 것을 멈추고 교회에서 기도하기 시작했습니다. 말씀을 전하는 일과 심방과 전도를 시작했습니다. 기도 시간이 되면 교회로 들어갔습니다. 그러자 "불이 꺼졌습니다." 하던 할머니의 기도소리가 "이제 불이 켜졌습니다. 기도의 불이 켜졌습니다"로 바뀌었습니다. 그때부터 교회가 나날이 부흥되었습니다. 얼마 후 목사님은 서울에 있는 큰 교회로 시무지를 옮기게 되었는데, 그 교회가 크게 성장했을 뿐 아니라 목사님은 유명한 부흥사로 활동하게 되었습니다.

우리도 디모데처럼 신실한 복음의 동역자가 되기 위하여 많은 연단을 받아야 하고, 많은 훈련과 경험도 쌓아야 합니다. 그리스도와 교회를 위해 경건한 훈련을 받아야 합니다. 우리 모두 디모데처럼 잘 연단 받아 주님으로부터 인정받아야 하겠습니다. 그리고 교회로부터 마음 놓고 추천받아 쓰임을 받는 복음의 동역자들이 다 되어야 합니다.

3) 사랑하는 마음이 있었습니다

"디모데의 연단을 너희가 아나니 자식이 아버지에게 함 같이 나와

함께 복음을 위하여 수고하였느니라"(2:22)

디모데는 사도 바울을 믿음의 아버지로 여기고 사랑하며 존경했습니다. 그는 아들이 아버지에게 하듯 바울을 잘 섬겼습니다. 보냄을 받은 자로서 자기를 보낸 바울을 위해 봉사했습니다. 여기에는 사랑이 있어야 합니다. 디모데는 자신을 믿고 일을 맡긴 종에 대한 존경과 신뢰가 있었기 때문에 충성할 수 있었습니다. 디모데는 자기를 보낸 바울을 아버지처럼 사랑하고 존경했습니다. 그래서 그는 자기의 이름으로 일하지 않고 자기를 보낸 사도 바울의 이름으로 일했습니다. 이것이 바로 신실한 복음의 동역자의 모습입니다. 사도 바울은 신실한 일꾼을 곁에 두고 싶었지만 빌립보교회를 위해서 일시적이나마 보낼 수밖에 없었습니다. 사랑하기 때문에 멀리 보내야 했습니다. 여기에서 우리는 영혼에 대한 사랑이 없으면 복음의 사역자가 될 수 없다는 것을 알 수 있습니다. 영혼을 향한 사랑이 없으면 복음을 들고 멀리 갈 수도 없고 보낼 수도 없습니다. 그리스도의 종으로서 자신의 일을 구하지 않고 복음을 위해 일한 바울이었기에 사랑하는 디모데를 보내야만 했습니다. 디모데는 복음을 위해 바울을 따랐으며, 복음을 위한 일이었기에 바울을 대신하여 멀리 빌립보까지 가서 봉사할 수 있었습니다. 이 모든 것이 사랑에서 나왔습니다. 영혼을 사랑하고, 스승과 제자를 사랑하는 데서 나왔습니다. 이 사랑은 예수 그리스도의 사랑에서 나왔습니다. 주님을 사랑했기 때문에 영혼을 사랑할 수 있었고, 스승과 제자와 동역자를 사랑할 수 있었습니다.

오래 전 구세군 창설자의 아내인 캐더린 부스(Catherine Booth)가 세상을 떠났습니다. 그녀는 평생 불쌍한 사람들을 돕는 일에 전 생애를 바쳤습니다. 평생 걸인, 강도, 매춘부, 살인자들에게 그리스도의 복음을 전파하며 그리스도의 사랑을 나타내었습니다. 그녀가 세상을 떠났을 때 영국 런던의 어느 홀에 시신을 안치했습니다. 각지에서 조문객이 찾아 왔습니다. 목사, 국회의원, 빈민가의 어린이, 강도들이 울며 찾아 왔습니다. 한 술주정뱅이였던 사람은 "이 부인은 나를 위해 살았다"고 말했습니다. 또 한 여인은 이런 말을 했습니다. "이 부인은 나의 두 아들을 구원한 사람입니다. 그래서 나는 이 부인과 작별하기 위해 60마일(180Km)을 걸어서 왔습니다." 캐더린 부스의 일생은 한 마디로 복음 증거의 생애였습니다. 그리스도의 사랑을 증거한 생애였습니다.

그리스도의 복음의 동역자는 사랑의 사람입니다. 복음을 가슴에 안고 그리스도의 사랑을 나누어 주는 사람입니다. 바울의 신실한 동역자 디모데는 바울의 후계자가 되어 그의 영적인 자리를 이어 받아 복음을 위해 충성을 다했습니다. 신실한 복음의 동역자로 인정받은 디모데가 바울의 신앙을 이어 받았습니다.

우리 모두 신실한 복음의 동역자들이 다 되어야 합니다. 우리 주님은 디모데처럼 신실한 복음의 일꾼을 찾으십니다. 주의 교회도 디모데와 같은 신실한 복음의 동역자들을 필요로 합니다. 신실한 복음의 동역자는 주의 뜻을 같이 하며, 자기의 유익을 구하지 않고 주님의 일을 추구하는 사람입니다. 연단과 훈련을 통해 준비된 사람이며, 주님과 교회가 인정하는 사람이며, 영혼을 사랑하는 신실한 사람입니다. 우리 모두 디모데처럼 신실한 복음의 동역자들이 되어 주님 앞에 인정받는 영광스럽고 복된 삶을 살아야 합니다. 아멘.

²⁵그러나 에바브로디도를 너희에게 보내는 것이 필요한 줄로 생각하노니 그는 나의 형제요 함께 수고하고 함께 군사 된 자요 너희 사자로 내가 쓸 것을 돕는 자라 ²⁶그가 너희 무리를 간절히 사모하고 자기가 병든 것을 너희가 들은 줄을 알고 심히 근심한지라 ²⁷그가 병들어 죽게 되었으나 하나님이 그를 긍휼히 여기셨고 그뿐 아니라 또 나를 긍휼히 여기사 내 근심 위에 근심을 면하게 하셨느니라 ²⁸그러므로 내가 더욱 급히 그를 보낸 것은 너희로 그를 다시 보고 기뻐하게 하며 내 근심도 덜려 함이니라 ²⁹이러므로 너희가 주 안에서 모든 기쁨으로 그를 영접하고 또 이와 같은 자들을 존귀히 여기라 ³⁰그가 그리스도의 일을 위하여 죽기에 이르러도 자기 목숨을 돌보지 아니한 것은 나를 섬기는 너희의 일에 부족함을 채우려 함이니라

(빌립보서 2:25-30)

15

신실한 복음의 동역자 에바브로디도

사도 바울은 그의 복음 사역에 훌륭한 동역자를 만나는 축복을 받았습니다. 우리는 이미 바울의 믿음의 아들이자 신실한 복음의 동역자인 디모데에 대해 살펴 보았습니다. 그리고 바울의 곁에는 그와 협력한 신실한 동역자 에바브로디도가 있었습니다.

1. 에바브로디도를 소개합니다

1) 이방인입니다

디모데의 아버지는 헬라인이었고, 그의 어머니는 유대인이었습니다. 그는 모계 신앙을 따라 유대인이 되었습니다. 그러나 에바브로디도는 완전한 이방인이었습니다. 그런 그가 예수 그리스도를 믿어 주님의 사역자가 되었다는 것은 축복이며, 은혜입니다.

2) 빌립보교회의 영적 지도자 중의 한 사람입니다

사도 바울이 로마 감옥에 갇히게 되자 빌립보교회는 노 사도의 건강이 염려되었습니다. 그래서 바울이 감옥에서 고생할 것을 생각하여 그를 돕기 위해 헌금을 했습니다. 당시에는 요즘처럼 금융기관을 통해 송금하는 제도가 없었기 때문에 사람이 직접 전달해야 했습니다. 그래서 헌금을 정확하게 전달할 만한 신실한 사람과, 그곳에서 사도 바울을 도와 줄 사람이 필요했습니다. 추운 겨울에 전셋집 감옥에서 보내고 있을 사도에게 따뜻한 이불과 옷, 그리고 음식도 넣어 주는 일을 할 사람이 필요했습니다. 누구를 보낼 것인지 기도하며 의논하는 가운데 에바브로디도가 자원을 했고, 교회는 그를 추천하여 보내기로 결정을 했습니다.

3) 바울을 위해 봉사하다가 중병에 걸렸습니다

"그가 병들어 죽게 되었으나"(2:27)

에바브로디도가 사도 바울을 도와 사역을 하다가 중병에 걸렸습니다. 그 병이 풍토병으로 보는 견해가 있는데, 풍토병은 그 현지인이 아닌 나그네와 방문자들에게만 걸립니다. 그리고 에바브로디도가 과로로 얻은 병이라는 설도 있습니다. 바울을 도와 수고하다가 체력이 소진되어 병에 걸렸다는 것입니다. "그가 그리스도의 일을 위하여 죽기에 이르러도"(2:30)란 말씀으로 보아, 그가 너무 열심히 일한 결과 죽음에 이를 정도로 심각한 병에 걸린 것으로 볼 수 있습니다. 이것을 볼 때 에바브로디도는 병에 걸릴 정도로 주의 일에 최선을 다했음을 알 수 있습니다. 그는 신실한 주의 복음의 동역자였습니다.

4) 그러나 하나님의 긍휼하심으로 다시 살아났습니다

"그가 병들어 죽게 되었으나 하나님이 그를 긍휼히 여기셨고 그뿐 아니라 또 나를 긍휼히 여기사 내 근심 위에 근심을 면하게 하셨느니라"(2:27)

에바브로디도가 병들자 사도 바울과 빌립보교회가 간절히 기도한 것이 분명합니다. 하나님은 에바브로디도를 긍휼히 여기시고 그들의 기도에 응답하시어 그를 일으켜 주셨습니다. 여기서 우리는 빌립보교회와 에바브로디도의 사랑과 봉사의 정신을 알 수 있습니다. 봉사란 마음만으로 하는 것이 아닙니다. 마음이 있으면 행동이 따라야 하고, 서로 시간도 맞아야 합니다. 빌립보교회는 사랑을 행동으로 나타냈습니다. 사도 바울을 돕고자 헌금을 해서 에바브로디도 편에 보냈습니다. 사도 바울에 대한 사랑을 능동적으로 나타낸 것입니다. 그런데 사도 바울에게 사랑을 전달할 사람이 필요했지만 아무나 보낼 수가 없었습니다. 가는 길도 힘한데다 여러 가지 어려운 일들을 각오해야 했기 때문입니다. 비상한 용기도 필요했습니다. 그러던 중에 에바브로디도가 모든 위험을 무릅쓰고라도 바울을 돕겠다고 자원을 했습니다. 희생적인 각오가 되어 있는 일꾼 에바브로디도는 사도 바울의 신실하고도 훌륭한 동역자가 되었습니다.

5) 사도 바울에게 필요한 동역자였습니다

"그러나 에바브로디도를 너희에게 보내는 것이 필요한 줄로 생각하노니 그는 나의 형제요 함께 수고하고 함께 군사 된 자요 너희 사자로 내가 쓸 것을 돕는 자라"(2:25)

에바브로디도는 바울에게 꼭 필요한 사람이었습니다. '에바브로디도'란 이름은 '아프로디테'(Aphrodite)에서 왔습니다. 그 이름의 뜻은 사랑과 미의 여신 '아프로디테', 즉 '비너스의 사랑을 받은 자'입니다. 이름으로 보아 에바브로디도는 예수님을 믿기 전에 아프로디테를 숭배하는 헬라 가문의 후손이었음을 알 수 있습니다. 분명히 그의 이름은 이교도적이며, 비기독교적이었습니다. 그러나 사도 바울은 그의 이름을 바꾸려고 하지 않았습니다. 물론 에바브로디도 본인도 바꾸려고 하지 않았습니다. 이름보다 기독교적인 삶이 더 중요하기 때문입니다. 물론 이름도 중요합니다. 이름을 아무렇게나 지을 수는 없습니다. 기도하는 가운데 부르기 좋고 의미가 있는 신앙적인 이름이 좋습니다. 그러나 이름보다 더 중요한 것은 그리스도를 위해 믿음 안에서 사는 올바른 삶입니다.

룻기에 나오는 '엘리멜렉'은 '나의 하나님은 왕이시다'라는 뜻으로 아주 신앙적인 훌륭한 이름입니다. 그러나 그는 하나님을 왕으로 섬기는 삶을 살지 못했습니다. 베들레헴에 기근이 들자 고향을 버리고 이방 땅 모압으로 가서 패가망신하고 말았습니다. 베들레헴은 약속의 땅이요, 하나님의 축복이 있는 선민의 나라입니다. 그러나 그는 어려움이 올 때 참지 못하고 도강가 버렸습니다. 결국 늙은 아내와 젊은 두 며느리만 남기고 자신과 두 아들은 죽고 말았습니다. 그는 엘리멜렉이란 이름값을 못했습니다. 반면 그의 며느리 룻은 모압 여인이었습니다. 하나님을 모르는 가운데 지은 이름으로 신앙적인 이름이 아닙니다. '룻'이란 이름은 '보는 행위', '보는 것', 또는 '우정', '여자 친구'라는 의미가 있을 뿐입니다. 그러나 그는 하나님을 믿은 후 보아스의 아내가 되어 다윗 왕의 증조모가 되는 놀라운 축복을 받았습니다. 문제는 이름이 아니라 믿음의 행위가 더 중요합니다.

에바브로디도란 이름은 '아프로디테의 사랑을 받은 자'라는 뜻을 가진 이교도적인 이름이지만 그는 그리스도와 교회를 위하여 살았습니다. 그는 사도 바울에게 필요한 사람이었습니다. 사도 바울을 돕는 일꾼이었습니다. 사도 바울을 돕는 것은 주님의 일, 즉 하나님의 일을 돕는 것입니다. 사도 바울을 위해 수고하는 것은 결국 그리스도와 교회를 위해 수고하는 것입니다. 그는 신실한 복음의 동역자였습니다. 우리는 여기서 복음과 주의 교회를 위해서는 사람이 그만큼 중요하다는 것을 깨닫게 됩니다. 주의 교회에는 사도 바울과 같은 일꾼이 필요하지만 그를 도울 수 있는 신실한 복음의 동역자도 있어야 합니다. 하나님의 교회는 신실한 일꾼을 통해서 역사합니다. 하나님의 복음은 신실한 일꾼을 통해서 진전합니다. 에바브로디도는 신실한 복음의 동역자였습니다.

우리도 에바브로디도처럼 하나님 나라에 꼭 필요한 일꾼, 복음 사역에 협력하는 신실한 동역자들이 되어야 합니다.

2. 신실한 동역자로서의 에바브로디도를 소개합니다

1) 바울의 형제입니다

"그러나 에바브로디도를 너희에게 보내는 것이 필요한 줄로 생각하노니 그는 나의 형제요"(2:25)

사도 바울은 에바브로디도를 '나의 형제'라고 소개하고 있습니다. 이것은 그의 겸손을 보여줍니다. 그리고 그리스도 안에서 우리 모두는 평등한 한 형제임을 뜻합니다. 우리 모두는 하나님의 자녀들이며, 예수 그리스도 안에서 구원받은 하나님의 백성들이며, 한 형제들입니다. 에바브로디도는 복음 안에서 사랑하는 바울의 형제였습니다. 우리 기독신자는 그리스도 안에서 모두 한 형제들입니다. 그리스도는 머리이시며 우리는 그 몸의 지체들입니다. 따라서 우리는 기본적으로 모두 한 형제자매들입니다. 우리 모두는 예수를 믿음으로 중생하여 새로 태어난 주의 자녀들이므로 모두 한 형제들입니다. 하나님 앞에서 우리는 모두 평등합니다. 높고 낮음이 없습니다. 하나님 앞에서 모두 한 형제자매들입니다. 창조주 하나님 앞에서는 할아버지, 아버지, 아들 할 것 없이 모두 평등합니다. 우리 하나님은 우주의 창조자이시며, 만물의 주인이시며, 모든 생명의 주관자이십니다. 그분이 바로 우리의 하나님 아버지이십니다. 그러므로 한 형제자매로서 서로 사랑하고 연합하여 신실한 복음의 동역자들이 되어야 합니다.

2) 함께 수고하는 자입니다

"그는 나의 형제요 함께 수고하고"(2:25)

에바브로디도는 하나님의 일을 위하여 함께 수고했습니다. 그는 그리스도의 복음을 전하는 일에 바울의 동역자였습니다. 사실 복음을 전파하는 사역에는 많은 동역자가 필요합니다. 바울은 대사도였으며, 위대한 설교가요 위대한 목회자였으며, 능력의 종이었습니다. 많은 열매가 있는 그에게도 그의 사역을 도울 신실한 동역자들이 필요했습니다. 그래서 그의 곁에는 바나바, 실라, 디모데, 에바브로디도 등의 기라성 같은 신실한 동역자들이 있었습니다. 이 신실한 복음의 동역자들이 사도 바울과 뜻을 같이 하여 하나님의 복음을 전파하며 교회를 섬길 때 큰 역사가 나타났습니다.

저 역시 우리 교회의 모든 목회 사역을 혼자 감당할 수는 없습니다. 신실한 동역자들의 도움이 필요합니다. 교회의 많은 사역 중에 설교, 찬양 인도, 심방, 주일학교 교사, 구역장, 성경공부 인도, 안내, 기도의 후원, 행정 등으로 협력하는 분들이 많아야 합니다. 교회의 전반적인 일을 돌보며 섬기고 지도하면서 목사를 협력할 장로들이 있어야 합니다. 재정을 돌보며 각종 교회의 일을 위해 헌신할 장립집사들이 필요합니다. 성도들을 돌보며 기도하고, 그들을 신앙으로 인도해 줄 권사들도 필요합니다. 뿐만 아니라 관리집사, 운전으로 섬길 분, 식당 일을 위해 수고할 봉사위원, 방송을 위해 수고할 일꾼, 그 외에 여러 가지 교회 사역을 위해 기도하며 자신에게 맡겨 주신 달란트로 열심히 섬길 일꾼들이 많아야 합니다. 물질로 섬길 일꾼도 필요합니다. 주께서 이런 신실한 복음의 동역자들을 반드시 축복하실 것입니다.

우리 교회에도 하나님의 복음 전파와 하나님의 나라를 건설하기 위해서는 이런 신실하고 아름다운 동역자들이 많아야 합니다. 이런 신실한 복음의 동역자들이 많아야 하나님의 나라가 확장되고, 주의 교회가 힘 있게 성장할 수 있습니다. 저는 우리 교회에 이런 신실한 복음의 동역자들이 많이 나타나 부산 성시화, 민족 복음화, 세계 선교의 비전이 속히 이루어지길 기도합니다. 그리고 하나님 나라를 위한 교회당 건축의 역사가 나타나기를 기도하고 있습니다. 우리 모두 하나님의 나라와 복음을 위하여, 그리고 주의 교회를 위하여 하나님과 함께 수고하는 동역자들이 되어야 합니다.

영국의 유명한 청교도 설교자인 스펄전 목사님이 섬기던 메트로폴리탄(Metropolitan) 교회의 연세가 많은 할머니 한 분은 주일마다 새로 등록한 새신자 명단을 집으로 가지고 갔습니다. 그 할머니는 날마다 그 명단을 보며 한 사람씩 이름을 불러가면서 그들의 신앙을 위해서 기도했습니다. 참으로 귀한 복음의 동역자입니다. 이 할머니의 장례식 때 스펄전 목사님은 "그는 나의 가장 훌륭한 동역자였다"고 설교했습니다.

우리는 기도의 동역자가 되어야 합니다. 목회자와 믿음이 어린 사람들을 위해 기도해야 합니다. 우리 모두 에바브로디도처럼 그리스도의 복음을 위하여 함께 수고해야 합니다. 목사의 사역을 돕는 동역자, 하나님의 교회를 위하여 함께 수고하는 복음의 동역자, 기도의 동역자들이 되어야 합니다.

3) 함께 군사 된 자입니다

"그는 나의 형제요 함께 수고하고 함께 군사 된 자요"(2:25)

복음을 전파하거나 하나님의 일을 할 때는 반드시 대적하는 자, 방해꾼들이 나타납니다. 그러나 하나님의 사람들은 어떤 어려움이 오더라도 이 영적 전쟁에서 이겨야 합니다. 에바브로디도는 전우애적인 사랑으로 모든 위험을 무릅쓰고 바울의 사역에 최선을 다하여 도왔습니다. 사도 바울은 에바브로디도를 '나와 함께 군사 된 자'라고 했습니다. 신실한 복음의 동역자는 '함께 군사 된 자'가 되어야 합니다. 군인은 자기의 생활에 얽매이지 않습니다. 오직 나라를 위하여 충성을 다하며 상사의 명령에 복종합니다. 피나는 훈련을 하며 생명을 바쳐 싸우는 것이 군인입니다.

우리는 모두 복음의 군사들입니다. 우리의 대장은 예수 그리스도이십니다. 우리의 싸움은 대장이신 예수 그리스도를 위한 싸움입니다. 싸움에는 전우가 필요합니다. 함께 싸울 동역자, 즉 그리스도의 군사 된 자가 필요합니다. 에바브로디도는 바울과 함께 그리스도를 위해 자신의 모든 것을 바쳐서 싸운 그리스도의 군사였습니다. 생사를 같이 하는 전우는 평생의 친구입니다. 우리는 그리스도의 복음을 위해 전우가 되어야 합니다. 마귀와의 싸움에 '함께 군사 된 자'로 싸워야 합니다. 그리스도의 말씀 아래 하나가 되어 싸워야 합니다.

우리는 그리스도의 군사로서의 준비가 되어 있어야 합니다. 에바브로디도처럼 복음 사역에 '함께 군사 된 자'가 되어 고난도 당하며 생명도 바칠 각오가 되어 있어야 합니다. 그리스도와 복음을 위해 함께 군사 된 자가 되어 충성을 다하여 싸우는 성도라야 신실한 복음의 동역자라 할 수 있습니다. 그래야 장차 주님 앞에 설 때 인정과 칭찬을 받을 것입니다.

우리 모두 이 싸움에서 승리하도록 멋있고 용감한 신실한 복음의 동역자들이 되어야 합니다. 그러기 위해 그리스도와 복음을 위해 복음의 사역자들과 함께 그리스도의 군사가 되어 싸워야 합니다.

4) 바울의 쓸 것을 돕는 자입니다

"너희 사자로 내가 쓸 것을 돕는 자라"(2:25)

빌립보교회는 로마 감옥에 있는 사도 바울을 위해 헌금을 했습니다. 그리고 이것을 빠른 시일 내에 바울에게 보내기 위해 에바브로디도를 파송했습니다. 그를 파송한 목적은 감옥생활을 하고 있는 바울이 쓸 것, 즉 그에게 필요한 옷과 이불과 음식 등을 제공할 뿐 아니라 편지를 대필하며 심부름도 하게 하기 위해서입니다.

'너희 사자'는 '대표자'를 말합니다. 에바브로디도는 빌립보교회를 대표하여 바울의 쓸 것을 돕는자로 로마까지 가게 되었습니다. 그런데 이 모든 것들은 시기를 놓치면 소용이 없습니다. 그래서 필요한 시기에 맞추어서 빨리 보내야 했는데 그 일을 에바브로디도가 감당했습니다. 그는 마음과 시간과 몸으로 봉사했습니다. 그는 먼 거리인 로마까지 가는 수고와 위험, 그리고 감옥에 갇힌 노종 바울을 수종 드는 모든 힘든 일을 자원했습니다.

우리가 주의 일을 하거나 섬기는 것도 생각이 날 때 즉각 해야 합니다. 봉사도 하고 싶을 때 즉시 해야 합니다. 대접하고 싶은 마음이 있을 때 대접하고 전도하고 싶을 때 전도해야 합니다. 그런데 시간이 지나면 그 마음들이 식어져 영원히 못하게 되는 경우가 종종 있기 때문입니다. 지혜롭게 섬기는 성도는 참 좋은 동역자입니다. 에바브로디도는 사도 바울이 가장 필요한 시기에 맞추어 섬겼습니다. 빌립보교회 성도들이 모은 헌금으로 시간을 내어서 자신의 몸으로 섬김으로써 복음 사역에 동참한 신실한 동역자입니다.

우리도 에바브로디도처럼 복음을 위하여 섬겨야 합니다. 교회가 필요로 할 때, 주의 종들이 복음 사역을 위해 필요로 하는 것들을 위하여 자원하는 마음으로 돕는 신실한 복음의 동역자들이 되어야 합니다.

5) 자기의 목숨을 돌보지 않은 자입니다

"그가 그리스도의 일을 위하여 죽기에 이르러도 자기 목숨을 돌보지 아니한 것은 나를 섬기는 너희의 일에 부족함을 채우려 함이니라"(2:30)

에바브로디도는 자기가 죽을 지경에 이르러도 그리스도와 바울을 위하여 자기의 목숨을 돌보지 않고 일했습니다. '나를 섬기는 너희의 일에 부족함을 채우려 함이니라'는 말씀은 빌립보교회가 사도 바울을 위해서 섬기고자 하는 마음을 대신하여 에바브로디도가 생명을 돌보지 않고 섬겼다는 말입니다. 빌립보교회가 사도 바울을 위해 봉사하고 싶었으나 너무 멀리 떨어져 있어 할 수가 없었습니다. 그래서 교회를 대표하여 에바브로디도로 하여금 돕게 한 그 일을 위해서 그가 최선을 다했다는 말입니다. 그는 자기의 생명을 돌보지 않았습니다. '돌보다'는 말은 도박사들이 주사위를 던지고 거기에 자기의 돈을 거는 것을 의미합니다. 다시 말하면 에바브로디도가 그리스도를 위해서 생명을 걸었다는 말입니다. 이것은 큰 모험입니다. 예수 그리스도를 위하여 자기의 생명을 걸었다는 것은 대단한 각오입니다. 이런 사람은 세상이 감당치 못하는 사람입니다. 그리스도와 복음을 위하여 자신의 생명도 돌보지 않는 사람에게는 세상이 이길 수 없습니다. 이런 사람들이 순교자가 될 수 있습니다.

로마 제국의 그 무서운 박해 속에서도 그리스도를 위하여 생명을 돌보지 않고 끝까지 충성한 사람들, 일제시대에 신사참배 거부로 감옥에서 모진 고문을 받으면서도 끝까지 신앙을 지킨 사람들, 공산당의 그 무서운 박해 중에도 끝까지 신앙을 지키며 그리스도께 충성을 다한 사람들이 있습니다. 이들은 진정한 승리자요, 세상이 감당치 못할 사람들입니다. 이런 사람들이 많을수록 교회는 놀라운 역사를 만들어 냅니다.

우리도 그리스도와 교회를 위해, 그리고 복음을 위해 자기의 생명을 걸고 충성을 다한 에바브로디도의 헌신적인 믿음을 본받는 신실한 복음의 동역자들이 다 되어야 합니다.

6) 매인 자입니다

에바브로디도는 다른 사람을 염려하는 사람이었습니다. 그는 사도 바울을 염려하여 자원하여 로마까지 가서 바울의 시중을 들었습니다. 또한 교회가 마련한 사랑의 선물을 생명을 걸고 지켰습니다. 오늘날의 교회는 구경꾼들은 많으나 참여하는 자는 많지 않습니다. 일꾼이 적다는 말입니다. 그러나 에바브로디도는 일꾼을 자청했습니다. 그가 그리스도와 사도 바울에게 매였기 때문입니다. 그는 사도 바울의 복음에 대한 열정과 수고에 감동을 받아 그를 존경하며 사랑하게 되었습니다. 그러자 자연스럽게 그를 위하여 봉사하기로 결심하게 된 것입니다.

에바브로디도는 그리스도와 복음에 매인 동시에 빌립보교회에도 매인 자였습니다. "그가 너희 무리를 간절히 사모하고 자기가 병든 것을 너희가 들은 줄을 알고 심히 근심한지라"(2:26) 에바브로디도는 자신이 병들었다는 것을 빌립보교회가 알게 되자 심히 근심하게 되었습니다. 그는 교회에 걱정과 폐를 끼쳐 염려하는 것에 대해 죄송스럽게 생각하고 있었습니다. 사실 그는 죽을 뻔한 병에 걸려 빌립보교회로 돌아갈 수 없을 정도로 심히 앓았습니다. 그러나 그는 그런 자신보다 먼저 교회를 염려했습니다. 교회에 걱정을 끼치게 된 것이 마음에 걸렸습니다. 그는 교회에 매인 자였기 때문입니다. 교회에 매인 자는 진정으로 교회를 사랑하는 사람입니다. 그리스도에 매인 자는 진정으로 그리스도를 사랑하는 사람입니다. 그리스도의 사랑에 매인 신실한 복음의 동역자인 디모데는 자기의 일을 구하지 아니하고 그리스도의 일을 구했습니다. 사도 바울도 오직 그리스도만 존귀하게 하는 일을 평생의 목표로 삼았습니다.

우리 모두 에바브로디도처럼 그리스도와 복음과 교회에 매인 자들이 되어 서로 사랑하고 헌신하며 봉사하는 신실한 복음의 동역자들이 다 되어야 합니다.

7) 축복받은 성도입니다

에바브로디도는 모든 사람에게 덕을 끼치며 바울을 섬김으로써 바울과 빌립보교회에 기쁨을 주었습니다. 그는 그리스도를 섬기며 복음을 위해 봉사하는 일로 자기의 생명을 돌보지 않고 섬겼습니다. 사도 바울은 이 믿음의 사람을 빌립보교회로 돌려보내면서 "그러므로 내가 더욱 급히 그를 보낸 것은 너희로 그를 다시 보고 기뻐하게 하며 내 근심도 덜려 함이니라"(2:28)고 말했습니다.

에바브로디도는 빌립보교회의 기쁨이 되었습니다. 그는 성도를 기쁘게 하는 축복을 받은 사람입니다. 그리고 바울은 빌립보교회 성도들에게 "이러므로 너희가 주 안에서 모든 기쁨으로 그를 영접하고 또 이와 같은 자들을 존귀히 여기라"(2:29)고 부탁했습니다. 이것은 그의 충성과 섬김에 대한 대가이자 보상이었습니다. 에바브로디도는 빌립보교회의 영접을 받으며 그들로부터 존경을 받을 만한 충분한 자격이 있습니다. 그래서 사도 바울은 에바브로디도를 기쁨으로 영접하고 존귀히 여기라고 했습니다. 주의 종으로부터 인정을 받으며 성도들의 존경을 받게 된 그는 축복받은 사람임에 틀림이 없습니다. 에바브로디도는 우리에게 아름다운 섬김의 본을 보여 주었던 축복받은 신실한 복음의 동역자였습니다. 그는 우리에게 그리스도의 마음을 보여 준 신실한 종이었습니다.

우리도 신실한 복음의 동역자인 에바브로디도를 본받아야 합니다. 그는 그리스도와 바울, 그리고 교회에 필요한 사람이었습니다. 그는 바울의 형제요, 함께 수고한 동역자였으며, 그리스도의 군사였습니다. 그는 복음을 위하여 수고하는 바울의 쓸 것을 도우며 자기의 생명을 돌보지 않고 사랑을 주는 사람이었습니다. 그는 주의 종과 교회로부터 인정과 환영을 받은 축복받은 사람이었습니다. 우리도 에바브로디도처럼 그리스도 안에서 인정을 받고, 교회 안에서 존귀함을 받으며, 사람들에게도 사랑을 받는 신실한 복음의 동역자들이 되는 축복을 받아야 합니다. 아멘.

> ¹끝으로 나의 형제들아 주 안에서 기뻐하라 너희에게 같은 말을 쓰는 것이 내게는 수고로움이 없고 너희에게는 안전하니라 ²개들을 삼가고 행악하는 자들을 삼가고 몸을 상해하는 일을 삼가라 ³하나님의 성령으로 봉사하며 그리스도 예수로 자랑하고 육체를 신뢰하지 아니하는 우리가 곧 할례파라
>
> (빌립보서 3:1-3)

16
주 안에서 기뻐하십시오

빌립보서의 주제는 한 마디로 '기뻐하라' 입니다. 빌립보서에는 '기뻐하라' 는 말이 132회 나옵니다. 여기서 기뻐하라는 것은 '주 안에서 기뻐하라' 는 말입니다. 지금 사도 바울은 기뻐할 수 있는 형편이 아닙니다. 그는 지금 복음 때문에 로마 감옥에 갇혀 있습니다. 그의 장래도 예측할 수 없습니다. 언제 사형을 받을 지도 모릅니다. 그런데도 그는 기뻐하라고 말합니다.

그것은

1. 주 안에 있기 때문입니다

"끝으로 나의 형제들아 주 안에서 기뻐하라"(3:1)

여기서 '끝으로'란 말은 '그 밖에', '이제', '그건 그렇고'란 의미로 '잘 새겨서 들으라'는 뜻으로 한 말입니다. 바울은 지금 아주 나쁜 환경에서 기뻐하라고 합니다. 이 말은 호소력이 있습니다. 좋은 환경에 있는 사람이 아주 나쁜 상황에 처한 사람에게 기뻐하라고 한다면 설득력이 없습니다. 그런데 지금 누구보다 나쁜 환경에 있는 사람이 좋은 환경에 있는 사람들에게 기뻐하라고 하기 때문에 이 말에는 설득력이 있습니다.

사도 바울은 빌립보교회 성도들에게 '기뻐하라'고 합니다. 빌립보교회 성도들은 사도 바울을 잘 알고 있습니다. 빌립보교회를 개척하여 세워갈 때에도 사도 바울은 많은 핍박을 받았습니다. 복음을 전한다고 해서 매를 맞기도 하고, 그 때문에 감옥에 갇히기도 했습니다. 그리고 지금까지 복음을 위해 수고하는 가운데 많은 고난도 받았습니다. 그러므로 사도 바울이 빌립보교회 성도들에게 '주 안에서 기뻐하라'고 한 말에는 호소력과 설득력이 있습니다. 그것은 바울의 삶이 증거하기 때문입니다. 사도 바울이 '나는 지금 복음을 전하다가 감옥에까지 왔지만 이런 환경에서도 기뻐한다. 그러므로 너희도 주 안에서 기뻐하라'고 할 때 빌립보교회 성도들이 은혜를 받지 않을 수가 없습니다. 이보다 더 중요한 것은 우리가 '주 안에서' 기뻐할 수 있다는 사실입니다.

우리가 주 안에서 기뻐할 수 있는 이유는

1) 교회 안에 있는 성도는 예수 그리스도와 특별한 관계를 가졌기 때문입니다

우리는 모두 그리스도로부터 새 생명을 받았습니다. 우리에게는 구원받은 기쁨이 있습니다.

영국에서 부흥운동이 일어났을 때 요한 웨슬레가 어느 아버지로부터 받은 한 통의 편지 내용입니다. 그의 아들이 방황하다가 요크형무소에 갇혔는데 사형선고를 받았습니다. 그런데 그 아들이 감옥에서 사형 집행을 기다리는 중에 회개하고 예수님을 영접하게 되었습니다. 그러자 그의 삶이 완전히 변했습니다. 그는 매일 같이 평화롭고도 기쁨이 넘치는 생활을 했습니다. 드디어 사형집행일이 되었습니다. 그는 마차를 타고 사형장으로 가는 길에도 여전히 쾌활하고 침착했습니다. 길에서 그를 보는 사람들마다 놀랐습니다. 방황하던 죄인이 회개하고 예수님을 영접하자 기뻐하게 된 것입니다. 세상의 모든 것을 다 빼앗기고, 심지어 목숨까지 빼앗겨도 예수님이 주신 새 생명을 가진 그는 기뻐할 수 있었습니다.

세상의 기쁨은 상대적입니다. 바라던 학교에 합격하거나 성적이 오르면 기뻐합니다. 또 수입이 늘었거나, 건강이 좋아지거나, 승진을 해도 기뻐합니다. 그런데 이런 세상적인 기쁨은 오래 가지 못합니다. 이 세상은 돈이 너무 많아도 불안하고, 출세를 해도 불안합니다. 그러나 지금 사도 바울이 가진 기쁨은 이런 것들과는 다릅니다. 주 안에서의 기쁨은 절대적인 기쁨입니다. 주 안에서 모든 죄를 용서받아 구원받은 기쁨, 하나님의 자녀가 된 이 기쁨은 절대적인 기쁨입니다. 이 기쁨은 하나님이 주신 기쁨으로 아무도 빼앗아 갈 수 없습니다. 주 안에서 주신 기쁨은 능력이 있습니다. 이 기쁨이 있었기에 사도 바울은 모든 환난과 고난을 이기고 승리할 수 있었습니다.

우리가 잘 부르는 찬송가 370장입니다. "주 안에 있는 나에게 딴 근심 있으랴 십자가 밑에 나아가 내 짐을 풀었네 주님을 찬송하면서 할 렐루야 할렐루야 내 앞길 멀고 험해도 나 주님만 따라 가리"

우리는 주 안에서 기뻐할 수 있음을 감사해야 합니다.

2) 주님은 주 안에 있는 우리와 동행해 주시기 때문입니다

하나님의 자녀는 주 안에서, 성령 안에서, 말씀 안에서 주님과 신비한 교제를 할 수 있습니다. 주 예수님을 믿는 우리 성도들은 주님이 우리와 함께 하시는 신비스러운 체험을 하며 살아가는 사람들입니다. 이런 신비스런 경험을 하는 성도는 기뻐할 수 있습니다.

이스라엘을 애굽의 노예생활에서 해방시켜 광야로 인도했던 위대한 종 모세의 후계자가 된 여호수아가 두려워할 때 하나님께서 그에게 말씀하셨습니다. "네 평생에 너를 능히 대적할 자가 없으리니 내가 모세와 함께 있었던 것 같이 너와 함께 있을 것임이니라 내가 너를 떠나지 아니하며 버리지 아니하리니 강하고 담대하라 너는 내가 그들의 조상에게 맹세하여 그들에게 주리라 한 땅을 이 백성에게 차지하게 하리라"(수 1:5-6), "내가 네게 명령한 것이 아니냐 강하고 담대하라 두려워하지 말며 놀라지 말라 네가 어디로 가든지 네 하나님 여호와가 너와 함께 하느니라"(수 1:9) 여호수아는 여호와 하나님께서 자기와 함께 하심을 믿고 용기를 얻어 마침내 승리하게 되었습니다.

우리가 주 안에 있고 주님이 우리와 함께 하신다는 이 믿음을 가진 성도는 두려워하지 않습니다. 굳건한 믿음과 용기를 가지고 담대하게 살아갈 수 있습니다. 주 안에서 살아가는 성도는 어떤 환경에 있더라도 주님과 함께 하심을 확신하기 때문에 기뻐할 수 있습니다. 우리가 애창하는 찬송가 438장입니다.
>   1. 내 영혼이 은총 입어 중한 죄짐 벗고 보니
>   슬픔 많은 이 세상도 천국으로 화하도다
>   2. 주의 얼굴 뵙기 전에 멀리 뵈던 하늘나라
>   내 맘 속에 이뤄지니 날로날로 가깝도다
>   3. 높은 산이 거친 들이 초막이나 궁궐이나
>   내 주 예수 모신 곳이 그 어디나 하늘나라
>   후렴: 할렐루야 찬양하세 내 모든 죄 사함 받고
>   주 예수와 동행하니 그 어디나 하늘나라

주 안에 있는 성도는 주님과 항상 동행하는 삶을 살기 때문에 기뻐할 수 있습니다.

사도 바울은 주 안에 있는 성도들에게 확신을 가지고 말합니다. "누가 우리를 그리스도의 사랑에서 끊으리요 환난이나 곤고나 박해나 기근이나 적신이나 위험이나 칼이랴 기록된 바 우리가 종일 주를 위하여 죽임을 당하게 되며 도살당할 양 같이 여김을 받았나이다 함과 같으니라 그러나 이 모든 일에 우리를 사랑하시는 이로 말미암아 우리가 넉넉히 이기느니라 내가 확신하노니 사망이나 생명이나 천사들이나 권세자들이나 현재 일이나 장래 일이나 능력이나 높음이나 깊음이나 다른 어떤 피조물이라도 우리를 우리 주 그리스도 예수 안에 있는 하나님의 사랑에서 끊을 수 없으리라"(롬 8:35-39)

우리도 주님이 항상 우리와 함께 하신다는 이 믿음으로 담대하여 늘 주 안에서 승리하는 삶을 살아야 합니다.

3) 천국의 소망이 약속되어 있기 때문입니다

하나님의 백성들의 특징은 항상 천국에 대한 소망을 가지고 산다는 것입니다. 우리가 이 세상을 떠나는 순간 천국에 간다는 확신이 있으면 두려울 것이 없습니다. 반면 천국에 대한 확신이 없으면 미래가 불투명하기 때문에 불안합니다.

주 예수님을 믿는 성도들은 오늘 밤에 우리 영혼이 떠나더라도 천국에 갈 수 있다는 확신을 가지고 사는 사람들입니다. 만약 오늘 밤에 주께서 우리를 부르신다 해도 천국에 갈 확신과 소망이 있으면 우리는 어떤 일을 만나도 좌절하지 않습니다. 주 안에서 용기를 얻고 기뻐할 수 있습니다. 성경은 말씀합니다. "생각하건대 현재의 고난은 장차 우리에게 나타날 영광과 비교할 수 없도다"(롬 8:18), "내가 진실로 진실로 너희에게 이르노니 내 말을 듣고 또 나 보내신 이를 믿는 자는 영생을 얻었고 심판에 이르지 아니하나니 사망에서 생명으로 옮겼느니라"(요 5:24), "너희는 마음에 근심하지 말라 하나님을 믿으니 또 나를 믿으라 내 아버지 집에 거할 곳이 많도다 그렇지 않으면 너희에게 일렀으리라 내가 너희를 위하여 거처를 예비하러 가노니 가서 너희를 위하여 거처를 예비하면 내가 다시 와서 너희를 내게로 영접하여 나 있는 곳에 너희도 있게 하리라"(요 14:1-3)

예수님의 제자들, 베드로, 바울, 스데반은 모두 천국에 대한 소망이 있었습니다. 그래서 그들은 그 무서운 핍박과 환난 중에도 기뻐하며 순교의 자리까지 갈 수 있었습니다.

우리는 천국에 대한 소망을 가지고 주 안에서 항상 기뻐하며 살아야 합니다.

4) 주 안에서 그리스도를 위해 수고하는 기쁨이 있기 때문입니다

우리는 그리스도와 특별한 관계입니다. 생명의 관계이며, 사랑의 관계입니다. 교회의 생명력은 그리스도에게서 나옵니다. 우리의 생명도 그리스도로부터 나옵니다. 그리스도께서 우리를 위해 십자가에서 죽어 주심으로 그 피 값으로 우리를 사셨으며, 그리고 부활하셨습니다.

우리도 그리스도 안에서 죽었다가 그리스도와 함께 부활했습니다. 그리스도 안에서 옛 사람은 죽고 그리스도 안에서 새 사람이 되었습니다. 그리스도 안에서 죄인이 죽고 그리스도 안에서 새로운 피조물이 되었습니다. 그러므로 우리를 사랑하시어 자기의 생명까지 주신 주 예수 그리스도를 우리가 사랑하지 않을 수 없습니다. 그렇기 때문에 우리가 주님을 위해서 수고하는 것이 기쁠 수밖에 없습니다. 사랑하는 주님을 위해 수고하는 것은 기쁨이요, 즐거움이요, 축복입니다. 사랑하는 사람을 위한 수고는 힘들게 느껴지지 않습니다. 사랑하는 사람에게는 무엇이든 계속 주고 싶습니다.

우리가 진정 주님을 사랑한다면 주님을 위해 수고해야 합니다. 우리가 진정 주님을 사랑한다면 주의 몸 된 교회를 위해 수고하고 봉사해야 합니다. 주 안에서 그리스도를 위해 수고하는 것은 기쁨이요, 즐거움이요, 축복입니다.

어느 교회의 헌당식 때에 목사님이 목 놓아 울었습니다. 이 교회는 교회당을 건축하는 동안에 건축위원장을 맡았던 장로님 두 분이 세상을 떠나고, 세 번째 건축위원장으로 임명받은 장로님이 공사를 마무리하게 되었습니다. 목사님은 헌당식이 시작되자 그동안 수고하시다가 천국으로 가신 장로님에 대한 생각도 나고, 어려운 가운데서도 드디어 교회당을 건축하고 보니 너무도 기쁘고 감사해서 울었던 것입니다. 이것이 주 안에서 그리스도를 위해 수고하는 기쁨입니다.

교회당을 건축하는 일은 누구에게나 허락된 것이 아닙니다. 교회를 짓고 확장하는 것은 하나님의 축복입니다. 은혜받을 기회요, 특권이며, 축복입니다. 우리 생애에 이런 축복을 받을 기회가 있을 수도 있지만 한 번도 오지 않을 수도 있습니다.

우리가 분명히 알아야 할 것은 교회를 위해서 수고할 기회는 누구에게나 찾아오는 것이 아니라는 사실입니다. 교회를 위해 수고할 기회와 축복은 누구에게나 주어지지 않습니다. 그러므로 우리는 주를 위해 수고할 수 있고 주의 교회를 위해 봉사할 수 있다는 사실만으로도 기뻐해야 합니다. 주님과 주의 교회를 위해서 수고하고 봉사할 수 있는 기회와 직분을 주신 것에 대해 감사하며 기뻐해야 합니다. 그리고 이 특권을 마음껏 누려야 합니다.

2. 주 안에 있으면 어떤 환경에서도 기뻐할 수 있습니다

사도 바울은 지금 주 안에서 기뻐하라고 합니다. 이 말은 현재 기뻐할 일이 있어서 기뻐하라는 말이 아닙니다. 기뻐할 일이 있을 때는 누구나 기뻐할 수 있습니다. 우리는 기뻐할 조건이 없어도 기뻐할 수 있어야 합니다. 사도 바울이 주 안에서 기뻐하라는 것은 우리가 먼저 기뻐하면 기쁜 일이 있을 것이란 말입니다. 예를 들면 음식과 입맛의 관계라 할 수 있습니다. 맛있는 음식이 있으면 대부분 맛있게 먹습니다.

그러나 아무리 맛있는 음식이 많아도 입맛이 없으면 소용이 없습니다.

　기쁨도 마찬가지입니다. 마음에 기뻐할 준비가 되어 있는 사람은 어떤 경우에도, 어떤 일을 만나도 기뻐할 수 있습니다. 봄이 오면 날씨가 화창하고, 꽃도 아름답게 피기 때문에 감사합니다. 여름이 되면 햇볕이 뜨거워 곡식이 무르익고, 시원하게 피서도 할 수 있어 감사합니다. 가을이 되면 서늘하고, 곱게 단풍이 물들고, 높고 푸른 하늘을 볼 수 있고, 오곡백과의 결실을 얻을 수 있어 감사합니다. 참으로 기뻐하는 사람은 환경과 조건을 탓하지 않고 기뻐할 수 있습니다. 결국 우리가 주 안에서 기뻐할 수 있느냐 없느냐 하는 것은 사건이 아니라 자세의 문제입니다. 그러므로 우리가 기뻐하는 자세, 기뻐하는 생활을 하기 위해서는 훈련과 노력이 필요합니다. 우리의 입맛도 훈련하기에 따라서 길들여지고 변할 수 있습니다.

　히브리 민족의 어머니는 밥상 위에 네 가지 반찬만 올린다고 합니다. 그런데 자녀들이 이것을 먹지 않으면 치우고 굶긴다고 합니다. 자녀들이 이런 훈련을 받으며 성장기 때문에 이스라엘 어린이들은 식단에 대한 불평이 없습니다. 어머니가 만든 음식이 상대적으로 맛은 좀 떨어질지라도 영양이 풍부하기 때문에 이것을 먹으면 건강하게 성장할 수 있습니다. 그런데 우리나라의 대부분의 어머니들은 자녀들이 잘 먹지 않으면 즉시 자녀가 좋아하는 것을 만들어 먹게 해 줍니다. 어머니들이 사랑과 정이 많아서 그렇습니다. 그러나 이것은 잘못된 교육 방법입니다.

　저도 어릴 때는 편식을 했습니다. 그런데 청년이 되어 군대에 갔다 온 후부터는 가리지 않습니다. 몸에 해롭거나 먹으면 부작용이 일어나는 것 외에는 다 잘 먹습니다. 원래 저희 집은 식사 때마다 국을 먹었지만 제 아내는 국을 먹지 않는 집안이었습니다. 그래서 결혼 후에는 저는 국이 없어도 잘 먹어야 했고, 아내는 나름대로 열심히 국을 준비해 왔습니다. 점차 저는 국을 적게 먹게 되었고, 아내는 나름대로 많이 먹게 되었습니다. 요즈음은 있으면 있는 대로 없으면 없는 대로 잘 먹습니다. 저는 원래 초콜릿을 잘 먹지 않았는데 요즈음은 잘 먹습니다. 유학 시절에 장거리 운전을 하게 될 때면 식사를 제대로 할 수 없어 초콜릿을 먹었는데, 그때마다 힘이 솟으며 눈이 밝아졌기 때문입니다. 커피는 잘 마시지 않고 주로 녹차와 물을 많이 마셨지만 이제는 커피도 종종 마십니다. 입맛도 훈련해야 합니다.

기뻐하는 것도 훈련이 필요합니다. 무조건 기뻐하는 생활을 해야 합니다. 우리가 주 안에 있기 때문입니다. 예수 그리스도와 우리는 생명과 사랑의 관계라는 단 한 가지 이유 때문에 기뻐할 수 있습니다. 우리는 그리스도 안에서 구원받은 하나님의 자녀들입니다. 우리는 주 안에서 십자가의 구속으로 말미암아 하나님 나라의 소망과 약속을 간직한 사람들입니다. 뿐만 아니라 우리는 주 안에서 그리스도를 위해 수고할 수 있는 특권도 받았습니다. 그러므로 우리는 주 안에서 항상 기뻐해야 합니다.

3. 사도 바울은 빌립보교회 성도들에게 진리를 반복해서 가르칩니다

"끝으로 나의 형제들아 주 안에서 기뻐하라 너희에게 같은 말을 쓰

는 것이 내게는 수고로움이 없고 너희에게는 안전하니라"(3:1)

사도 바울이 '너희에게 같은 말을 쓰는 것'이라고 말한 이유는 그 당시에는 같은 것을 여러 번 반복하지 않았기 때문입니다. 아테네 철학자들은 새것만을 좋아하고 탐구했습니다. 그러나 사도 바울은 성경의 진리를 계속 반복해서 가르쳤습니다. 진리는 반복되어야 합니다.

히브리인들의 교훈은 첫째 암기, 둘째 실천, 셋째 깨달음입니다. 우리 예수님께서도 제자들에게 여러 번 반복해서 가르치셨습니다. 반복은 아주 엄청난 효과가 있습니다. TV나 라디오 광고는 그 파급효과가 어마어마합니다. 어릴 때 들었던 광고가 아직 생각나는 분들이 많을 것입니다. 연세 드신 분들이라면, 조미료 하면 제일 먼저 시판된 '미원'을 생각하게 됩니다. 라면 하면 '삼양라면', 비누는 '당신의 비누 다이알', 기침 감기에는 '에취 판피린', 피로회복에는 '박카스-D'입니다.

사도 바울은 그의 서신서에서 진리를 반복해서 가르쳤습니다. 로마서에서는 '의인은 믿음으로 의롭게 된다'는 것을, 요한복음에서는 '예수님을 믿으면 영생을 얻고 구원받는다'는 것을, 요한서신에서는 '그리스도께서 우리를 사랑하신 것 같이 우리도 서로 사랑하라'고 반복해서 가르칩니다. 십계명이나 다른 규례들도 반복해서 강조합니다. 우리가 자녀들에게 열심히 공부하고, 신앙생활을 잘 하라고 반복해서 강조합니다. 여러 번 반복하여 강조하면 듣기 싫어 짜증을 냅니다. 그래도 가르쳐서 마음에 사기도록 해야 합니다. 그래야 늘 묵상하게 되고, 상고하게 되고, 행하게 됩니다. 하나님의 말씀은 배우는 것으로 끝나지 않고 우리의 삶 속에서 계속 반복되어 나타나야 합니다.

연세가 많은 어느 목사님이 '사랑하라' 는 설교를 세 번이나 반복해서 하셨습니다. 성도들은 똑 같은 설교가 반복되자 목사님이 깜박 잊은 것으로 생각했습니다. 그런데 세 번째 역시 같은 설교를 하자 목사님께 지적을 해드렸습니다. 그러자 목사님은 이렇게 말씀하셨습니다. "설교의 목적은 듣는데 있는 것이 아니라 실천하는 데 있습니다. 실천하라고 설교하는데 듣는 것으로 끝나니 무슨 소용이 있습니까? 내가 사랑하라고 설교했지만 우리 성도들 가운데 사랑해야 할 일이 있어도 사랑하지 않아서 세 번이나 반복했습니다."

해 아래 새 것이 없습니다. 아무리 선을 추구해도 이 세상에는 새 것이 없습니다. 우리는 이미 들어 알고 있는 똑같은 하나님의 말씀이라도 그 말씀대로 행할 때 우리 마음에서 새 것을 찾게 됩니다. 전도폭발훈련을 할 때 계속 반복해서 복음제시를 하지만 싫증이 나지 않습니다. 아무리 설교해도 지겹지 않고, 매일 여러 번 기도해도 그때마다 은혜가 새롭습니다. 가장 좋은 교육은 반복훈련입니다. 진리를 반복해서 듣고, 들었으면 들은 대로 순종해야 합니다. 우리는 주 안에서 계속적으로 기뻐하고 기뻐하라는 말씀을 들었으면 실행해야 합니다. 사도 바울은 반복해서 '주 안에서 기뻐하고 기뻐하라' 고 가르칩니다.

미국 세인트루이스에 있는 한 변호사가 여행을 하다가 주일을 맞게 되었습니다. 그 변호사가 주일예배를 드리려고 호텔을 나왔는데 어느 교회로 가야 할지 몰라 교통경찰에게 물었습니다. 그 변호사는 교통경찰이 소개한 교회를 찾아 갔는데, 그 교회에 도착할 때까지는 여러 개의 교회를 지나야 했습니다. 예배를 마치고 돌아오는 길에 그 교통경찰을 만나서 다른 교회들도 많은데 왜 그 교회를 추천했느냐고 물었습니다. 그러자 그 경찰은 이렇게 대답했습니다. "어느 교회가 좋은 교회인지 제가 알 수는 없습니다. 그러나 주일 아침마다 교통정리를 하다 보면 그 교회에서 나오는 성도들의 표정이 가장 밝아 보였습니다. 그래서 제가 그 교회를 소개했습니다."

우리 교회의 성도들도 예배를 마치고 기쁜 얼굴로 교회를 나설 때 그것이 곧 교회 부흥의 원동력이 된다는 것을 기억합시다. 그리고 우리 성도들이 생활 속에서 항상 기뻐하는 모습을 보일 때 그것이 곧 교회 부흥의 원동력이 될 것입니다. 교회 부흥의 비결은 모든 성도들이 주 안에서 기뻐하는 것입니다. 사도 바울은 주 안에서 기뻐하라고 반복해서 가르치고 있습니다.

우리 모두 주 안에 있음을 기뻐합시다. 주님이 주 안에 있는 우리와 늘 동행해 주시므로 기뻐해야 합니다. 주 안에서 천국의 소망이 약속되어 있고, 그리스도를 위해 수고하는 기쁨이 있기 때문에 기뻐해야 합니다. 주 안에 있는 우리는 어떤 환경에서도 기뻐할 수 있어야 합니다. 모든 성도들이 항상 주 안에서 기뻐하고 기뻐함으로 교회의 부흥을 일으키는 축복을 누려야 합니다. 아멘.

> ¹끝으로 나의 형제들아 주 안에서 기뻐하라 너희에게 같은 말을 쓰는 것이 내게는 수고로움이 없고 너희에게는 안전하니라 ²개들을 삼가고 행악하는 자들을 삼가고 몸을 상해하는 일을 삼가라 ³하나님의 성령으로 봉사하며 그리스도 예수로 자랑하고 육체를 신뢰하지 아니하는 우리가 곧 할례파라
>
> (빌립보서 3:1-3)

17

주 안에서 기쁨을 유지하기 위해

우리는 주 안에서 기뻐하며 살아가는 주님의 백성들입니다. 주님이 주 안에 있는 우리와 동행해 주시므로 우리는 기뻐할 수 있습니다. 주 안에서 천국의 소망이 약속되어 있고 그리스도를 위해 수고하는 기쁨이 있으므로 기뻐할 수 있습니다. 주 안에 있는 우리는 어떤 환경에서도 기뻐할 수 있습니다.

그런데 우리가 주 안에서 기쁨을 유지하기 위해서는 할 일이 있습니다. 사도 바울은 빌립보교회 성도들에게 주 안에서 기쁨을 유지하기 위해 힘써야 할 것을 가르쳐 주고 있습니다.

1. 세 가지를 경계해야 합니다

이것은 부정적인 것입니다. "개들을 삼가고 행악하는 자들을 삼가고 몸을 상해하는 일을 삼가라"(3:2)

여기서 '삼가라'는 말이 세 번이나 반복해서 나옵니다. 이 말은 '경계하라', '조심하라'는 뜻입니다.

1) 개들을 삼가라고 합니다

"개들을 삼가고"(3:2)

'개들'이란 말은 상징적인 의미가 있습니다. 여기서는 '하나님의 뜻을 대적하던 무리'를 말합니다. 우리 예수님도 헤롯을 향하여 '여우'라고 했습니다. 그런데 동양인들은 개를 식용하지만, 서양에서는 개를 위한 전용 음식과 전용 비누가 있고, 전용 세제로 목욕을 시킵니다. 개에게 옷을 입히고, 미용실에도 데리고 가고, 개를 위해 보험도 들고, 죽으면 비석도 세워주며, 개들을 위한 전용 호텔도 있습니다. 심지어 주인의 유산을 받은 개가 있는가 하면, 더러는 피임수술도 한다고 합니다.

그런데 여기에서 말하는 이스라엘의 개는 들개를 말합니다. 거리를 배회하며 쓰레기통을 뒤져 찌꺼기를 물고 으르렁거리는 개를 말합니다. 이 개들은 떼를 지어 배회하면서 싸우며 짖어대기 때문에 귀찮아 합니다. 이스라엘 사람들은 개를 먹지 않기 때문에 이런 성가신 개들을 물리치기 위해 막대기를 들고 다닌다고 합니다. 부자와 나사로의 비유에서는 개들이 나사로의 헌데를 핥았다고 했습니다.

그 당시의 개를 연상하면서 본문의 개를 생각해야 합니다. ①떠들고 싸우는 개가 있습니다. 으르렁거리며 물어뜯는 개입니다(사 56:11). 예수님은 거룩한 것을 개에게 주지 말라고 말씀하셨습니다(마 7:6). 개의 특징은 싸우는 것입니다. ②개는 더럽습니다. 썩은 고기와 시체를 먹는 이 개들은 음란합니다. 그래서 종교적으로 음란한 것을 말할 때 '개'로 표현했습니다. 성경은 이러한 개를 항상 최하의 동물로 취급하고 있습니다.

다윗은 사울이 자신의 생명을 노릴 때 이렇게 표현했습니다. "이스라엘 왕이 누구를 따라 나왔으며 누구의 뒤를 쫓나이까 죽은 개나 벼룩을 쫓음이니이다"(삼상 24:14) 신명기는 개를 창부와 같이 취급하고 있습니다. "창기가 번 돈과 개 같은 자의 소득은 어떤 서원하는 일로든지 네 하나님 여호와의 전에 가져오지 말라 이 둘은 다 네 하나님 여호와께 가증한 것임이니라"(신 23:18) 개는 너무 더러워서 거룩한 성 밖으로 쫓겨난 자를 말합니다. 헬라 사상에도 개는 수치를 모르며 불결하고 더러워진 것을 대표합니다. 그래서 한 마디로 유대주의자들은 이방인을 개로 취급했습니다. 유대 랍비들의 격언에는 다른 나라 국민을 '개 같은 것'이라고 표현했습니다.

그러나 사도 바울은 여기서 오히려 유대주의자들을 향하여 '개'라고 책망합니다. 사도 바울이 유대인들을 개라고 한 것은, 그들은 우리가 구원받은 것이 오직 주 예수님을 믿음으로써 주의 은혜로 된다는 것을 부인하기 때문입니다. 또한 그들은 우리의 구원을 하나님의 은혜와 인간의 공로를 혼합합니다. 유대주의자들은 개처럼 바울의 발꿈치를 물고, 그가 가는 곳마다 졸졸 따라다니면서 거짓 교리를 짖어댔습니다.

우리가 주 안에서 기쁨을 유지하는 것은, 우리의 구원이 나를 위해 십자가를 지시고 피를 흘려주신 예수 그리스도를 믿음으로 되기 때문입니다. 우리의 구원이 결코 우리의 행위로 되는 것이 아님을 확실히 믿어야 합니다.

2) 행악하는 자를 경계하라고 합니다

"행악하는 자들을 삼가고"(3:2)

'행악하는 자'는 악한 동기로 행하는 자들을 말합니다. 사도 바울은 자신도 과거에는 행악자였다고 고백합니다. 그는 스데반이 순교할 때 가담했을 뿐 아니라 성도들을 잡으려고 멀리 다메섹까지 갔던 경력이 있습니다. 그러나 그가 예수 그리스도를 만난 후에는 그리스도의 복음을 위해 억척스럽게 일했습니다. 바울의 삶이 완전히 바뀌었습니다. 예수를 핍박하던 자가 이제는 예수를 위해 고난받는 사람이 되었습니다. 사도 바울은 자신을 이렇게 표현하고 있습니다. "내가 전에는 비방자요 박해자요 폭행자였으나 도리어 긍휼을 입은 것은 내가 믿지 아니할 때에 알지 못하고 행하였음이라"(딤전 1:13)

후에 바울을 죽이기로 결심한 40명의 결사대가 있었습니다. 이들은 바울을 죽이기 전에는 먹지도 마시지도 않겠다고 맹세를 했는데(행 23:12-13), 이들이 바로 행악자들입니다. 행악자들은 무서운 사람들입니다. 그들은 일단 자신들이 믿는 사상이 옳다고 판단이 되면 그 사상을 파수하기 위해서는 사람을 죽이는 일도 선이라고 생각합니다. 이것이 바로 행악하는 자들의 사상입니다. 공산주의자들도 자기들의 사상이 옳다고 믿기 때문에 그것을 지키기 위해서 많은 사람을 죽였습니다. 이들이 행악자들입니다. 요즈음도 테러를 행하는 사람들은 자기들의 종교적 신념을 지키기 위해서 수단과 방법을 가리지 않고 사람을 죽입니다. 이단들도 수단과 방법을 가리지 않고 사람들을 포섭하고, 일단 교회에 발을 디디면 나가지 못하도록 위협을 하는 등 모든 방법을 동원한다고 합니다. 이단은 진리를 왜곡하며 현혹시키는 행악자들입니다.

그러므로 우리가 주 안에서 기쁨을 유지하기 위해서는 주 예수 그리스도를 믿음으로 구원받는 은혜의 복음을 항상 깨어서 지켜야 합니다. 그리고 참된 진리를 바로 알아 거짓교리를 분별하여 경계해야 합니다.

3) 몸을 상해하는 일을 삼가라고 합니다

"몸을 상해하는 일을 삼가라"(3:2)

'몸을 상해하는 자'를 이전 성경에는 '손 할례당'을 삼가라고 했습니다. '손 할례당'(텐 카타토멘, τὴν κατατομήν)은 문자적으로 '절단한 자'를 의미합니다. 이들은 하나님의 은혜를 버리고 인간적인 노력의 산물인 의식적인 행위만을 중요시 했습니다. 이들은 율법을 고수하며 할례를 강조했습니다. 할례의 기원은 아브라함과 하나님과의 약속에서부터 시작되었습니다. 하나님의 자녀인 증표로 받은 이 할례는 이스라엘이 선택받은 하나님의 백성이라는 선민의 표시였습니다. 유대인들은 양피의 일부를 베는 이 할례를 자랑하면서 하나님을 믿되 할례를 받지 않으면 구원이 없다고 주장했습니다. 그러나 형식적으로

만 하나님을 믿는 것은 외식주의요, 형식주의입니다. 육체의 표가 마음의 표보다 더 중요하다는 생각은 옳지 않습니다. 외적 의식만 강조하고 마음의 중요성을 잃으면 은혜를 무시하는 것이 됩니다. 우리의 구원은 믿음으로 받습니다. 주님이 원하시는 것은 우리의 마음과 믿음이지 외적 의식이 아닙니다.

참 할례당은 마음의 할례를 받은 자들입니다. 진정 주님을 사랑하며 따르는 성도들입니다. 마음이 없으면서 겉으로만 믿는 체하는 것은 외식입니다. 마음이 없는데 겉으로만 사랑하는 체하는 것은 거짓입니다. 마음이 없는데도 억지로 선물을 한다면 그것은 형식이요, 악한 행위입니다. 우리는 마음으로 먼저 주님을 믿고 사랑해야 합니다. 그리고 그것이 바깥으로 나타나야 합니다. 우리도 이 형식주의와 외식주의를 경계해야 합니다.

교회에 출석하여 예배드리는 것도 의례적으로 하고, 헌금도 으레 하는 것이니까 드리고, 기도도 으레적으로 마지못해 하고, 찬양대와 주일학교 교사나 교회 봉사도 마지못해 한다면 다 형식주의요, 외식주의에 지나지 않습니다. 중요한 것은 주님의 사랑에 감사해서 기쁜 마음으로 하느냐, 아니면 체면 때문에 억지로 하느냐가 문제입니다.

어떤 여 성도가 목사님께 전화를 해서 이렇게 말했습니다. "저는 천국에 가는 것이 배를 젓는 것과 같다고 생각합니다. 두 개의 노를 저으면 천국에 이르지만 하나만 저으면 그 자리를 맴돌 뿐이지요." 목사님이 대답했습니다. "그 설명엔 한 가지 잘못된 것이 있습니다. 배를 저어서 천국에 가는 사람은 아무도 없다는 사실입니다." 다시 말하면 우리의 노력이나 선행으로는 천국에 갈 수 없다는 말입니다. 죄인을 하늘나라로 인도하는 길은 오직 하나 밖에 없습니다. 그것은 예수 그리스도께서 갈보리산 십자가에서 우리를 위해서 자기의 생명을 주신 것을 믿는 것입니다.

주 안에서 기쁨을 유지하기 위해서는 형식주의와 외식주의가 되어 겉만 치장하는 사람이 되어서는 안 됩니다. 주 예수 그리스도를 믿음으로 구원받은 우리는 마음과 인격의 변화를 받아야 합니다.

2. 적극적으로 해야 할 일이 있습니다

1) 먼저 성령으로 봉사해야 합니다

"하나님의 성령으로 봉사하며"(3:3)

이 말은 성령 안에서 예배하라는 말입니다. 참된 예배는 성령으로 드려야 합니다. 참된 예배는 의식이나 율법의 세부원칙을 준수하는 것이 아닙니다. 성경은 말씀합니다. "하나님은 영이시니 예배하는 자가 영과 진리로 예배할지니라"(요 4:24)

의식, 즉 제사를 지내는 것은 흉내 낼 수 있습니다. 그러나 중요한 것은 마음입니다. 우리가 예배에 잘 참석하지만 마음이 어디에 있느냐가 문제입니다. 마음이 하나님에게서 떠나 있으면 외식입니다. 그러므로 진실한 성도는 성령 안에서 예배드려야 합니다. 진실한 성도의 예배 정신은 하나님을 사랑하고, 형제를 사랑하고, 겸손하고, 봉사하며, 죄를 고백하는 것입니다. 하나님 앞에서 중요한 것은 내가 입은 옷, 지위, 재산, 건강, 단장이 아니라 오직 마음입니다. 하나님을 사랑하는 마음입니다.

　주 안에서 기쁨을 유지하기 위해서는 영과 진리로 예배드려야 합니다. 예배시간에 귀로는 하나님의 말씀을 듣고, 영의 눈으로는 하나님을 바라보며 성령으로 예배해야 합니다.

2) 예수 그리스도를 자랑해야 합니다

"그리스도 예수로 자랑하고"(3:3)

　우리가 주 안에서 기쁨을 유지하기 위해서는 그리스도 예수를 자랑해야 합니다. '그리스도 예수로 자랑하고'란 말은 유대주의자들이 율법을 지키는 행위를 자랑하는 것에 대해 반박하는 표현입니다. 참 할례당은 그리스도 예수를 자랑하는 자들입니다. 이들은 우리의 모든 만족과 소망이 그리스도를 통해 온다는 것을 알고 있습니다(갈 6:14). 진정으로 주님을 믿어 구원받은 성도는 예수 그리스도를 자랑합니다. 바울 서신에는 예수님을 자랑하고 기뻐한다는 말이 35회 나옵니다. 마음의 할례를 받은 참 할례당은 입술과 귀로 할례를 받았으므로 입술로도 주님을 자랑합니다. 진실한 성도의 자랑은 단 한 가지입니다 진실한 성도는 자신이 무엇을 했다는 것을 자랑하지 않고, 그리스도께서 우리를 위해서 무엇을 해 주셨는가를 고백하며 오직 예수님만을 자랑합니다. 예수님은 우리를 위하여 십자가에서 죽어주셨습니다. 십자가는 영광입니다. 십자가의 보혈은 죄인의 수치를 덮어줍니다. 그러므로 우리는 모든 영광을 주님께 돌려드려야 합니다. 이것이 그리스도를 높이는 길입니다.

　우리가 주 안에서 기쁨을 유지할 수 있는 길은 그리스도 예수를 자랑하는 것입니다. 끝까지 예수님만을 자랑해야 합니다. 우리가 주 예수님을 높이고 자랑할 때 주 안에서 참된 기쁨을 누릴 수 있습니다.

우리도 사도 바울처럼 고백합시다. "그러나 내게는 우리 주 예수 그리스도의 십자가 외에 결코 자랑할 것이 없으니 그리스도로 말미암아 세상이 나를 대하여 십자가에 못 박히고 내가 또한 세상을 대하여 그러하니라"(갈 6:14), "내가 그리스도와 함께 십자가에 못 박혔나니 그런즉 이제는 내가 사는 것이 아니요 오직 내 안에 그리스도께서 사시는 것이라 이제 내가 육체 가운데 사는 것은 나를 사랑하사 나를 위하여 자기 자신을 버리신 하나님의 아들을 믿는 믿음 안에서 사는 것이라"(갈 2:20)

우리 모두 우리의 유일한 구원의 기초인 십자가와 그리스도의 구속을 자랑하며 평생 주 안에서 기뻐하며 살아야 합니다.

3) 육체를 신뢰하지 말아야 합니다

"육체를 신뢰하지 아니하는 우리가 곧 할례파라"(3:3)

'육체를 신뢰하지 아니하는'에서 '육'(사르키, $\sigma\alpha\rho\kappa\grave{\iota}$)은 일반적으로 몸(눅 24:39), 인간의 성품(요 1:14), 타락한 본성(롬 7:5), 거듭나지 않은 인간성 등을 가리키는데 사용되었습니다. 본 절의 '사르키'는 그리스도 밖에 있는 모든 것, 즉 인간의 의식(儀式)이나 공적 등을 가리킵니다. 이 말은 한 마디로 자신이나 세상의 그 어떤 것도 신뢰하지 말고 오직 주님만 의지해야 한다는 말입니다. 어리석은 사람들은 자신의 인간적인 장점을 자랑합니다. 그들은 자신들의 재능, 지위, 물질, 가정, 육체 등을 자랑합니다.

누가복음 16장에 나오는 어리석은 부자는 물질을 자랑했습니다. 하나님은 그 부자에게 경고하셨습니다. 그 부자는 쌓아 두고 자랑했던 모든 것들을 하나도 사용하지 못하고 그날 밤에 죽고 말았습니다. 이것은 그 부자가 자랑했던 모든 것들이 다 헛되다는 것을 보여 줍니다.

우리는 주 예수 그리스도의 십자가의 공로로 구원받았습니다. 그러므로 우리의 자랑은 오직 주 예수 그리스도뿐입니다. 우리가 주 안에서 기쁨을 유지하는 길은 오직 주 예수 그리스도만을 자랑하는 것입니다.

우리는 오직 예수 그리스도를 믿음으로 구원받았습니다. 우리는 육체의 할례나 행위가 아닌 믿음으로 구원받았습니다. 그러므로 우리는 성령 안에서 봉사하며, 오직 주 예수 그리스도만을 높이고 의지하여 주 안에서 기쁨으로 살아야 합니다. 아멘.

> ⁴그러나 나도 육체를 신뢰할 만하며 만일 누구든지 다른 이가 육체를 신뢰할 것이 있는 줄로 생각하면 나는 더욱 그러하리니 ⁵나는 팔일 만에 할례를 받고 이스라엘 족속이요 베냐민 지파요 히브리인 중의 히브리인이요 율법으로는 바리새인이요 ⁶열심으로는 교회를 박해하고 율법의 의로는 흠이 없는 자라 ⁷그러나 무엇이든지 내게 유익하던 것을 내가 그리스도를 위하여 다 해로 여길뿐더러
>
> (빌립보서 3:4-7)

18

그리스도를 위해 모든 것을 버림

우리는 주 안에서 기뻐할 수 있습니다. 주 안에서 구원도 받았고 사죄의 기쁨도 있기 때문입니다. 그리고 주 안에 있는 우리에게는 천국의 소망도 있습니다. 그런데 우리가 주 안에서 기뻐하는 데 장애물이 있습니다. 그래서 주 안에서 기뻐하기 위해서는 피할 것은 피하고 취할 것은 적극적으로 취해야 합니다. 진정한 크리스천이 되기 위해서는 버릴 것은 버리고 꼭 필요한 것은 취할 줄 알아야 합니다. 그래야 주 안에서 기뻐할 수 있습니다.

사도 바울은 오늘 본문에서 우리에게 권면합니다. 그는 주 안에서 진정으로 기뻐하는 삶을 살기 위해 버릴 것은 과감하게 버리고, 꼭 필

요한 것은 없다고 말합니다. 다시 말하면 진정으로 내게 가장 소중한 것을 얻기 위해서는 그다지 소중하지 않은 것들은 과감하게 버릴 수 있어야 참된 기쁨을 얻게 된다는 말입니다. 사도 바울은 그리스도를 얻기 위해서 자신의 모든 것을 버렸다고 말했습니다.

1. 가치관이 변했습니다

우리가 예수님을 믿게 되면 가치관이 달라집니다. 다시 말하면 예수님을 믿기 전에 귀중하게 여기던 것들을 덜 귀하게 여기게 되고, 이제 예수 그리스도가 신앙과 생활의 중심이 된다는 말입니다. 예전에는 술을 좋아해서 오직 술만이 나의 구세주라고 하던 사람이 예수를 믿고 난 후에는 술을 멀리 하게 되고, 보석을 좋아해서 늘 보석상 앞을 서성이던 사람도 보석을 멀리하게 되고, 옷을 좋아해서 마음에 드는 신상품은 빚을 내어서라도 마련하던 사람이 이제는 그런 것도 멀리하게 됩니다. 운동을 너무 좋아해서 밤을 꼬박 새워가며 TV를 시청하는가 하면 휴가를 내어서라도 경기를 관람하던 사람이 이제는 예전에 좋아하던 취미생활도 다 버리게 됩니다. 예수님을 사랑하게 되면 옛날에 좋아하던 모든 것들을 다 버리게 됩니다. 사도 바울도 모든 것을 포기했다고 말합니다. 그런데 여기서 중요한 것은 모든 것을 포기한 이유입니다.

영국의 윈즈 공은 사랑을 위해 왕위를 포기했습니다. 당시에는 이혼녀와 결혼을 하면 왕위에 오를 수 없다는 규정이 있었기 때문에 고민을 했지만, 그는 왕위보다 사랑하는 여인을 선택했습니다. 그는 사랑을 위해 왕좌를 버렸습니다. 그런데 사도 바울은 그리스도를 선택했습니다. 사도 바울은 본문 3장 7절에서 그 이유를 밝힙니다. 바울은 "무엇이든지 내게 유익하던 것을 내가 그리스도를 위하여 다 해로 여길 뿐더러"(3:7) 바울은 그리스도를 위해 모든 것을 포기했다는 말입니다. 사도 바울이 그리스도를 발견한 후에는 세상의 좋은 모든 것들을 포기할 수 있었습니다. 예수 그리스도는 세상의 모든 것과도 바꿀 수 없는 너무도 소중한 보물임을 알았기 때문입니다.

마태복음 13장 44절에는 감추인 보화 비유가 나옵니다. 어떤 사람이 뜻밖에 밭에 파묻혀 있는 보화를 발견했습니다. —예전에는 전쟁이 발생하면 보화를 항아리에 담아 밭에 묻어두고 피난했습니다. 그런데 그 보화의 주인이 돌아오지 않으면 그 보화는 영원히 땅속에 파묻혀 있게 됩니다.— 보화를 발견한 사람이 집에 돌아가 자기가 가진 모든 소유를 팔아서 그 밭을 삽니다. 그 사람은 밭을 본 것이 아니라 그 밭에 감추어진 보화를 보았기 때문입니다. 그 사람이 보화의 가치를 알았기 때문입니다. 만약 보화의 가치를 몰랐다면 결코 자기의 전 재산을 팔아서 밭을 사지 않았을 것입니다. 보화의 가치를 아는 사람은 모든 것을 팔아서라도 그 밭을 살 수밖에 없습니다.

사도 바울은 예수 그리스도라는 놀라운 보화를 발견했습니다. 그래서 그는 자신의 모든 인생을 그분께 다 걸었습니다. 바울은 자신이 소중히 여기던 모든 것을 버리고 예수님을 선택했습니다. 그리고 그분을 위해 살 것을 결심하고 그분께 모든 것을 바쳤습니다.

우리가 진정 예수님이 얼마나 소중한 분이며 얼마나 놀라운 가치가 있는 분인가를 알게 되면 우리도 예수님을 위해 모든 것을 바칠 수 있을 것입니다. 예수님의 가치를 알고 그분을 진정으로 사랑한다면 예수님과 복음을 위하여 우리도 기쁨으로 순교할 수 있습니다. 사도 바울은 그의 자랑과 명예 등 그의 모든 것을 버리고 예수님을 따랐습니다.

2. 무엇을 버렸습니까

사도 바울은 자신에게 있어 육체적으로 신뢰할 만한 모든 것을 버렸습니다. "나도 육체를 신뢰할 만하며 만일 누구든지 다른 이가 육체를 신뢰할 것이 있는 줄로 생각하면 나는 더욱 그러하리니"(3:4)

본문에서 보듯, 사도 바울은 육체적으로 신뢰할 만한 모든 것을 가지고 있었습니다. 사도 바울은 육체적으로 자랑할 만한 사람이었으나 그는 육체적인 것들을 자랑하지 않았습니다. 인간적인 것들을 자랑하지 않았습니다. 세상적인 것들을 자랑하지 않기로 했습니다. 바울이 육체를 자랑하지 않은 것은 자신이 육체로 신뢰할 만한 조건을 갖추지 못했기 때문이 아닙니다. 그는 육체보다 더 놀라운 보화, 엄청난 가치가 있는 예수 그리스도를 발견했기 때문입니다. 바울은 예수 그리스도의 죽으심과 부활만이 우리를 구원으로 인도한다는 확실한 진리를 발견했습니다. 예수 그리스도 외에는 그 어떤 것도 구원에 이르게 하지 못한다는 사실을 확신했기 때문에, 그는 더 이상 자신의 육체적인 것들을 신뢰하지 않기로 했습니다. 사도 바울은 자신의 육체적으로 신뢰할 만한 것들을 다 버렸습니다. 바울이 그리스도를 위해 해로 여기고 버렸던 육체적으로 신뢰할 만한 것들은 많습니다.

1) 난 지 팔일 만에 할례받은 것을 버렸습니다

"나는 팔일 만에 할례를 받고"(3:5)

할례는 하나님께서 아브라함에게 명령하신 선민이란 언약의 표시입니다(창 17:12). 할례는 하나님과 이스라엘과의 영원한 언약의 표시입니다. 이것은 바울 자신이 이삭의 족속임을 강조하는 것입니다. 이스마엘 자손은 삼일 만에 할례를 받지만, 이삭의 자손은 팔일 만에 받습니다. 그리고 이방인들은 개종할 때에 받습니다. 그러므로 이삭의 자손은 정통 아브라함의 언약의 자손이라는 우월감을 가지고 있었습니다. 사도 바울은 이삭의 후손이며, 나면서부터 유대인으로 하나님의 사람이었습니다. 순수한 이스라엘인이었습니다. 그러므로 사도 바울은 할례를 주장하는 그들 율법주의자들보다 결코 자신이 뒤떨어질 것이 없다고 말합니다. 그러나 바울은 구원은 율법이나 칼로 행하는 할례라는 '의식'에 있지 않다고 말합니다. 따라서 바울은 자신이 받은 할례가 결코 구원에 이르게 하지 못한다고 주장합니다. 결국 그들 율법주의자들의 주장은 옳지 않다는 말입니다.

오직 우리의 구원은 예수 그리스도를 믿음으로만 가능합니다. 육신의 할례보다 마음의 할례가 더 중요합니다. 우리는 예수 그리스도의 십자가의 보혈의 능력을 믿고 모든 육체의 자랑을 버려야 합니다. 그리고 오직 예수 그리스도만 자랑해야 합니다.

2) 이스라엘 족속임을 버렸습니다

"이스라엘 족속이요"(3:5)

유대인들은 하나님과의 특별한 관계를 강조할 때에 '이스라엘'이란 말을 사용합니다. 바울은 순수한 이삭의 자손이요, 야곱의 자손입니다. 그 당시에는 많은 사람들의 피가 섞여 있었습니다. 그러나 그의 부모는 혼혈이 아닐뿐 아니라 이방으로 귀화하지도 않았습니다. 그는 순수한 아브라함의 자손이요, 이스마엘과 구별되는 적자 이삭의 자손이요, 에서와 구별되는 야곱의 자손이었습니다. '이스라엘'이라는 이름은 하나님께서 믿음의 족장 야곱에게 복을 주시겠다는 언약의 표시로 주신 이름입니다. 야곱이 얍복강 나루에서 밤새도록 천사와 씨름을 해서 이겼습니다. 하나님과 씨름한 야곱에게 하나님은 '이스라엘'이라는 이름을 주셨습니다. 이것은 언약의 자손에게 주어진 축복이요, 하나님의 소유된 백성에게 주어진 특권입니다. 유대주의자들은 자신들이 아브라함의 자손이라고 자랑했습니다. 그러나 그들은 하나님을 배반하고 그리스도를 십자가에 못 박았습니다. 사도 바울 역시 누구보다도 정통적인 순수한 이스라엘인이었습니다. 바울 자신이 순수한 혈통임을 말하고 있으나 그는 이스라엘이라는 육체적인 자랑을 다 버렸습니다.

우리는 영적으로 아브라함의 후손입니다. 믿음의 조상 아브라함은 믿음으로 의롭다함을 받아 구원을 받았습니다. 그렇다면 참 이스라엘은 아브라함처럼 믿음으로 의롭다함을 받은 우리가 됩니다. 믿음으로 순종한 아브라함과 같은 사람이 '참 이스라엘'입니다. '참 이스라엘'은 주 예수 그리스도를 믿음으로 구원받은 하나님의 백성들입니다.

3) 베냐민 족속임을 버렸습니다

"베냐민 지파요"(3:5)

베냐민 족속은 이스라엘의 엘리트요, 최고위층의 귀족들입니다. '베냐민'의 뜻은 '사랑받은 자'입니다. 베냐민은 야곱이 가장 사랑했던 아내 라헬의 아들로 야곱의 열두 아들 중 막내입니다. 이스라엘이 분단될 때 베냐민 지파만 유다, 즉 다윗 왕가에 속하여 유다 지파가 되었습니다. 메시야의 혈통이 되는 유다 지파에 속했다는 것은 큰 의미가 있습니다. 북 이스라엘에 속한 열 지파는 다 사라졌으나 유다에 속한 베냐민 지파는 살아남았습니다. 우리가 어느 신앙의 노선에 속했느냐 하는 것은 아주 중요합니다. 우리는 정통 지파, 정통 교회에 소속되어야 합니다.

이스라엘 백성들이 포로에서 해방되어 돌아올 수 있도록 기초를 놓는 결정적인 역할을 한 사람이 베냐민 지파의 모르드개입니다. 그는 왕후 에스더에게 용기를 주었고, 에스더는 3일을 금식한 후에 왕에게 나아가서 자기 민족을 살려달라고 부탁했습니다. 마침내 유다 민족을 대적한 하만을 비롯한 모든 원수들을 물리치고 자유를 얻었습니다. 이것이 부림절의 기원입니다. 한 마디로 이스라엘 지파 중에서 가장 이스라엘적인 지파가 바로 베냐민 지파입니다. 그러므로 사도 바울은 자신이 베냐민 지파라는 것을 자랑할 만했습니다. 그러나 그는 그리스도를 위하여 이 모든 것들을 다 버렸습니다.

우리는 구원받은 하나님의 백성들입니다. 그러므로 우리는 더욱 더 사랑받으며 열심이 있고 의의 편에 서는 백성이 되어야 합니다. 하나님의 나라를 세우며, 하나님의 영광을 위해 선을 행하는데 앞장 서는 하나님의 친 백성들이 되어야 합니다.

4) 히브리인 중의 히브리인임을 버렸습니다

"히브리인 중의 히브리인이요"(3:5)

이 말은 '순수한 이스라엘 중에서도 가장 순수한 자' 라는 뜻입니다. 유대인들은 전 세계에 흩어져 살고 있습니다. 없는 곳이 없을 정도입니다. 유대인들은 가는 곳마다 회당을 지어 예배를 드리며 자기의식을 지킵니다. 히브리인들은 이방인으로 귀화하지 않습니다. 유대인들은 다른 민족에게 동화되지도 않습니다. 자기 종교의 습관과 율법을 지키며, 모국어인 히브리어를 반드시 가르칩니다. 사도 바울 당시에는 유대인 중에 히브리어를 잊고 헬라어를 사용하는 사람들이 있었습니다. 그러나 바울은 히브리어를 잘 했습니다. 당시 이스라엘 사람들은 여러 나라의 말을 사용했지만 그들은 모국어인 히브리어를 철저히 가르쳤습니다. 바울은 자랑할 만한 것이 많았습니다.

이처럼 사도 바울은 순수한 유대인 혈통을 가진 정통 유대인이요, 히브리인 중의 히브리인이었습니다. 이방 도시 다소에서 태어난 바울은 예루살렘에 와서 가말리엘의 문하에서 히브리어로 엄격한 정통 율법을 배웠습니다. 그러나 히브리어나 혈통으로는 구원을 받을 수 없습니다. 하나님의 나라는 언어에 있지 않습니다. 구원과 영생은 오직 믿음으로만 가능합니다.

구원받은 우리에게는 새로운 언어가 있습니다. 그것은 천국의 언어입니다. 성령께서 주신 하나님의 말씀, 즉 영감으로 기록된 성경이 우리의 최고의 언어입니다. 이 언어는 사람을 살리며 변화시키는 언어입니다. 구원은 언어에 있지 않고 하나님의 말씀을 믿고 사랑하고 순종하는데 있습니다.

5) 율법으로는 바리새인임을 버렸습니다

"율법으로는 바리새인이요"(3:5)

'바리새' 란 말은 '구별하다', '분리하다' 라는 뜻입니다. 즉 '세속인들과 분리한다' 는 의미입니다. 바리새인들은 존경의 대상이었습니다. 그들의 출발은 건전했습니다. 세속적인 정치를 하지 않았고, 모세의 율법을 지켰으며, 육신의 부활과 영혼 불멸을 믿었으며, 천사의 존재도 인정했습니다. 바리새인들은 처음에는 오직 하나님의 말씀에 관해 고상한 관심을 가지고 열심이었습니다. 그들 바리새인은 약 6천명으로 영적 투사들이었습니다. 그들은 영적 지도자들로서 권세와 영향력이 있었습니다. 또한 그들은 율법을 지키기 위해 모든 일상적인 생활이나 사업 전반에 걸쳐 세속인들과 분리시켰습니다. 이것이 바리새인입니다. 그러므로 사도 바울은 자신이 가말리엘의 문하에서 정통 율법을 배운 열심이 있는 바리새인임을 자랑할 만했습니다.

그런데 이 바리새인들이 변질되었습니다. 그들은 하나님의 율법보다 서기관들이 만든 유전에 더 큰 가치를 두게 되어 인간이 만든 유전이 하나님의 율법을 폐해 버리는 과오를 범하기에 이르렀습니다. 결국 하나님의 율법보다 사람이 만든 전통 해석이나 습관과 유전을 우위에 두는 잘못을 범하고 말았습니다. 그러다보니 신앙이 변질되고, 자기들이 만든 많은 규례들을 자신들마저 지키기가 어렵게 되었습니다. 결국 그들은 외식과 위선으로 흐를 수밖에 없었습니다.

예를 들면 "안식일에는 5리 까지만 걸어야 한다. 물을 길어서도 안 되지만 두레박 줄을 만들면 길을 수 있다." 등으로 변질시켰습니다. 오래 전에 이스라엘에 갔을 때 겪은 일입니다. 저는 안식일에 유대인들과 호텔 엘리베이터를 함께 탈 기회가 있었습니다. 그런데 그들은 누군가가 엘리베이터 버튼을 눌러주기를 기다리는 것을 보았습니다. 또 전기 스위치를 눌러달라고 부탁하는 것도 볼 수 있었습니다.

아무리 열심이 있는 바리새인이라도 인본주의와 외식주의가 되면 구원이 없다는 것이 사도 바울의 주장입니다. 그래서 사도 바울은 율법적인 바리새인을 버렸습니다.

우리는 오직 믿음으로 구원받았습니다. 우리는 하나님의 말씀의 근본 정신을 따르며 순종하는 말씀 중심의 성도들이 되어야 합니다.

6) 교회를 박해하는 열심도 버렸습니다

"열심으로는 교회를 박해하고"(3:6)

유대인들은 종교생활에서 열심을 내는 것을 최대의 자질 내지는 은사로 생각했습니다. 바로 사도 바울 자신이 유대교를 위하여 굉장한 열심을 가진 사람이었습니다. 그래서 그는 초대교회 성도들을 박해하는데 앞장섰던 대표적인 인물이 되었습니다. 그러나 문제는 이 열심을 바르게 잘 사용해야 한다는 것입니다. 바울이 예수님을 알기 전에는 유대교의 잘못된 가르침을 최고의 것으로 알고 열심히 충성했습니다. 그는 제자들을 붙잡아 교회를 박해하는 데 앞장을 섰습니다. 그 박해의 공로는 단연 일등이었습니다. 바울은 유대교의 열심에 있어서는 누구에게도 뒤떨어지지 않았습니다. 그러나 그의 열심은 잘못된 것이었습니다. 우리는 올바른 열심을 바르게 사용할 줄 알아야 합니다. 우리는 하나님을 위한 열심과 복음과 교회를 위한 열심이 있어야 합니다.

민수기 25장에 보면, 이스라엘 백성들이 광야에서 모압의 유혹을 받았습니다. 그래서 그들이 섬기는 제사에 참석하여 그들의 우상에게 절하며 음행을 하기 시작했습니다. 이때 한 사람이 회중이 보는 앞에서 모압 여인을 끌고 장막으로 들어가는 것을 아론 대제사장의 손자 비느하스가 보았습니다. 이때 분노한 비느하스가 창을 들고 따라가 남녀를 다 죽였습니다. 그러자 하나님의 진노로 백성 중에 염병이 발하여 이스라엘 사람 2만 4천 명이 죽게 되자 그때부터 염병이 그쳤습니다. 이때 여호와께서 모세에게 말씀하셨습니다. "제사장 아론의 손자 엘르아살의 아들 비느하스가 내 질투심으로 질투하여 이스라엘 자손 중에서 내 노를 돌이켜서 내 질투심으로 그들을 소멸하지 않게 하였도다 그러므로 말하라 내가 그에게 내 평화의 언약을 주리니 그와 그의 후손에게 영원한 제사장 직분의 언약이라 그가 그의 하나님을 위하여 질투하여 이스라엘 자손을 속죄하였음이니라"(민 25:10-13) 이때 하나님께서 여호와 하나님을 위한 열심을 가진 비느하스에게 영원한 제사장 직분을 언약하셨습니다.

이스라엘 백성들이 광야에서 성막을 지을 때 모두가 열심을 내었습니다. 너무 많은 헌물을 가지고 와서 모세가 더 이상 가져오지 말라고 금지령을 내렸습니다. 이렇게 하여 세워진 것이 거룩한 하나님의 성막입니다.

사도 바울은 예전에는 예수 그리스도를 대항하는 일에 열심이었지만, 이제는 누구보다도 예수님을 사랑하고 섬기는데 열심인 사람이 되었습니다. 우리가 무엇을 위해 열심을 내느냐가 인생의 성공을 좌우합니다. "주의 집을 위하는 열성이 나를 삼키고 주를 비방하는 비방이 내게 미쳤나이다"(시 69:9)

우리 모두 하나님과 주의 교회를 향한 뜨거운 열심을 가져야 합니다.

7) 율법의 의로는 흠이 없는 자임을 버렸습니다

"율법의 의로는 흠이 없는 자라"(3:6)

이 말은 의식적으로 보았을 때 흠이 없다는 말입니다. 바리새인들은 율법을 엄격하게 준수했으므로 율법의 의로는 흠이 없다고 생각했습니다. 사도 바울 역시 율법의 의로는 흠이 없는 깨끗한 사람이라고 생각했습니다. 그러나 이것은 인간의 판단으로 보았을 때 의롭다고 여길 뿐이며, 실제 바리새인들은 의롭지 못했습니다. 그들은 사람들에게 보이려고 외식을 행하였습니다.

부자 청년이 바로 그 대표적인 예입니다. 그 청년은 자신은 모든 율법을 다 지켰다고 말했습니다. 즉 율법의 잣대로 보았을 때 자신은 의롭다고 생각했던 것입니다. 그 청년은 자신은 사랑했지만 이웃을 무시했습니다. 율법의 참 정신을 위배한 것입니다. 그는 사람이 만든 규례를 지킨 것으로써 하나님의 율법을 다 지켰다고 착각을 한 것입니다.

오늘날에도 이런 위험이 있습니다. 그리스도를 자랑하기보다는 자신의 의를 자랑하는 것입니다. 자신은 죄가 없으며, 스스로 완벽한 신앙생활을 하고 있다고 믿는 것입니다. 자신의 지위와 직분과 명예와 가문과 믿음의 조상을 자랑합니다. 이것은 잘못된 신앙입니다.

우리에게 가장 중요한 것은 우리의 중심으로 하나님을 사랑하는 것입니다. 우리는 하나님을 중심으로 사랑하고, 그 하나님을 자랑해야 합니다. 우리는 이렇게 고백해야 합니다. "주님, 나는 연약한 죄인입니다. 그러나 주님은 위대하십니다."

3. 바울은 모든 것을 버렸습니다

"그러나 무엇이든지 내게 유익하던 것을 내가 그리스도를 위하여 다 해로 여길뿐더러"(3:7)

사도 바울은 지금까지 자랑스럽게 생각해 오던 것들과 자신에게 유익하다고 생각했던 모든 것들을 그리스도를 위하여 해로운 것으로 여긴다고 말했습니다. 바울은 다메섹 도상에서 극적으로 예수 그리스도를 만난 후부터 그의 모든 것이 단번에 변했습니다. 예수 그리스도께서 그의 삶 속에 찾아오셔서 그의 인생의 목표와 가치관을 바꾸어 놓으셨습니다. 사실 우리가 예수님을 믿고 난 후에는 옛날에 좋아하고 자랑스럽게 생각하던 것들이 다 무익하게 보입니다. 주일에는 등산이나 낚시나 골프도 하지 않습니다. 예수를 믿게 되면서부터 손해가 많다고 생각할 수도 있습니다. 그러나 그리스도를 자랑스럽게 생각하는 성도들은 이런 것을 결코 손해라고 생각하지 않습니다. 우리가 예전의 것을 다 버린다고 해도 예수님을 믿고 난 후에 얻은 것이 훨씬 더 많습니다.

우리 인생이 온 천하를 얻고도 자기의 목숨을 잃으면 아무 유익이 없습니다. 우리가 가진 재산이 아무리 많아도 세상을 떠나고 나면 나와는 아무런 상관이 없습니다. 세상에서 아무리 많은 부귀영화와 명예를 누린다고 해도 우리 영혼이 구원받지 못하면 아무 소용이 없습니다.

우리는 주 예수 그리스도 안에서 구원과 영생, 그리고 은혜와 사랑을 받았습니다. 그러므로 주 예수보다 더 좋은 것은 없습니다. 예수 그리스도 안에 모든 좋은 보화가 다 들어 있습니다. 그래서 사도 바울은 이렇게 고백합니다. "내가 너희 중에서 예수 그리스도와 그가 십자가에 못 박히신 것 외에는 아무것도 알지 아니하기로 작정하였음이라" (고전 2:2)

예수 그리스도 안에 구원과 천국, 그리고 모든 보화와 행복이 있습니다. 예수 그리스도를 얻으면 우리는 모든 것을 소유하게 됩니다. 따라서 우리는 이 위대하신 분을 얻기 위해 세상의 것들을 버릴 수 있어야 합니다. 우리 모두 가장 존귀하신 예수 그리스도를 위해 모든 세상적인 것들을 다 포기하고 버릴 줄 아는 지혜롭고 복된 믿음의 성도들이 다 되어야 합니다. 아멘.

> ⁷그러나 무엇이든지 내게 유익하던 것을 내가 그리스도를 위하여 다 해로 여 길뿐더러 ⁸또한 모든 것을 해로 여김은 내 주 그리스도 예수를 아는 지식이 가장 고상하기 때문이라 내가 그를 위하여 모든 것을 잃어버리고 배설물로 여김은 그리스도를 얻고 ⁹그 안에서 발견되려 함이니 내가 가진 의는 율법 에서 난 것이 아니요 오직 그리스도를 믿음으로 말미암은 것이니 곧 믿음으 로 하나님께로부터 난 의라
>
> (빌립보서 3:7-9)

19
가장 고상한 것

　사람은 누구나 좋은 것을 소유하고 싶은 본능이 있습니다. 누구나 아름다운 것을 좋아하고, 특히 가치가 있고 고상한 것을 좋아합니다. 아름답고 가치 있고 고상한 것을 발견하면 그것을 가지려고 노력합니다. 뿐만 아니라 그 좋은 것을 얻기 위해서 다른 것을 버릴 줄도 압니다. 더 아름답고 좋은 것을 발견하면 지금 가지고 있는 것은 가치가 없어 보이기 때문입니다. 밤하늘의 별들을 보면 매우 아름답지만 요즈음 대도시에 사는 사람들은 선명하게 별을 본다는 것이 쉽지 않습니다. 그러나 시골이나 산속 깊은 곳에 가면 선명하게 볼 수 있습니다. 남부 아프리카에 있는 우리 선교지의 밤하늘에는 별들이 보석처럼 아

름답습니다. 그런데 밤에는 화려하고 찬란하게 반짝이던 별들도 새벽에 동녘 하늘이 밝아오면 다 무가치해 보입니다.

사도 바울은 오늘 본문에서, 예수님을 알고 난 후에는 이전에 좋아했던 모든 것들을 해로 여기고 버릴 수 있었다고 고백합니다. 바울은 그 이유를 이렇게 말합니다. "내 주 그리스도 예수를 아는 지식이 가장 고상하기 때문이라"(3:8) '가장 고상함'(휘페레콘, ὑπερέχον)은 '탁월함'이라는 문자적인 의미가 있는데, 이 말은 바울 자신이 가장 뛰어난 것을 위해서 모든 것을 버렸음을 의미합니다. 사도 바울은 빌립보교회 성도들에게 예수 그리스도를 아는 지식이 가장 고상한 것임을 알았기 때문에 이제까지 자랑하며 소중히 여겼던 세상의 모든 것이 부끄러울 뿐 아니라 오히려 해로 여긴다고 고백합니다. 그래서 사도 바울은 자기의 육신적인 모든 자랑, 즉 지식과 혈통과 지위와 율법과 정통 히브리인이라는 자랑을 다 해로 여긴다는 고백입니다.

우리도 예수 그리스도를 바로 알고 진실로 믿게 되면 우리의 가치관이 바뀌게 됩니다. 존귀하신 예수 그리스도를 발견한 후에는 우리의 모든 중심이 예수 그리스도가 됩니다.

1. 그리스도를 위하여 바울에게 유익하던 모든 것을 해로 여겼습니다

"무엇이든지 내게 유익하던 것을 내가 그리스도를 위하여 다 해로 여길뿐더러"(3:7)

사도 바울은 이전에 자신에게 유익하던 것들을 예수를 믿고 난 후에는 다 버렸습니다. 예수를 믿기 전의 그의 신분은 굉장했습니다. 그는 순수한 이스라엘의 혈통이요, 훌륭한 가문의 출신이요, 정통 신앙인이었습니다. 유대교에서 기독교인들과 교회를 핍박하는 일에도 앞장섰습니다. 그러던 그가 다메섹 도상에서 부활하신 예수 그리스도를 만난 후에는 완전히 바뀌었습니다. 예전에 자기가 자랑스럽게 여기던 모든 것을 버렸습니다. 예수님을 발견한 후에 그에게 지적 혁명이 일어나 가치관이 바뀌고, 영적 혁명이 일어나 삶의 목표가 바뀌었습니다. 그리고 예수 그리스도를 아는 순간 과거의 모든 것이 무익한 것임을 판단하고 예수 그리스도를 위해 모든 것을 해로 여겼습니다.

바울이 그리스도를 위해 과거에 자랑하던 모든 것을 버린 이유는 과거의 것과는 비교할 수 없는 더 고상한 것을 발견했기 때문입니다. 그것은 바로 예수 그리스도를 아는 지식입니다. 그가 예수 그리스도를 알았기 때문입니다. 바울은 예수 그리스도를 믿는 사람들을 박해하러 가는 길에서 극적으로 예수 그리스도를 만났습니다. 그때부터 바울은 예수 그리스도를 아는 믿음과 지식이 성장하기 시작했습니다. 머리와 가슴으로 믿음과 지식과 기쁨이 끊임없이 성장했습니다. 그래서 그는 예수 그리스도를 아는 것이 이 세상의 어떤 지식보다도 아름답고 고상하며, 세상의 그 무엇보다도 뛰어난 가치가 있음을 알았습니다. 그래서 바울은 그 이유를 이렇게 말합니다. "내 주 그리스도 예수를 아는 지식이 가장 고상하기 때문이라"(3:8) 솟아오르는 태양 앞에서는 다른 모든 빛들이 사라지듯, 바울은 의의 태양이신 주 예수 그리스도를 알게 되자 지금까지 자랑하며 유익하다고 여겨 오던 모든 것들을 해로 여겼습니다.

우리도 진지하게 생각해 봅시다. 지금까지 우리가 소중히 여기며 자랑하고 유익하게 여기던 모든 것들과 예수 그리스도를 비교할 수 있겠습니까? 예수님은 말씀하셨습니다. "사람이 만일 온 천하를 얻고도 제 목숨을 잃으면 무엇이 유익하리요 사람이 무엇을 주고 제 목숨과 바꾸겠느냐"(마 16:26) 생명보다 더 소중한 것은 없습니다. 세상의 물질과 명예와 자랑은 잠깐입니다. 그러나 예수 그리스도는 영원합니다.

우리 주 예수 그리스도는 우리에게 구원과 영원한 생명을 주셨습니다. 항상 우리와 동행하시며, 우리의 위로가 되어 주시며, 우리의 기도에 응답해 주십니다. 그러므로 예수 그리스도는 이 세상의 그 어떤 것과도 비교할 수 없는 가장 고상한 분이십니다. 예수 그리스도 안에 모든 보화가 있습니다. 그러므로 주 예수 그리스도를 아는 것이 가장 고상합니다. 그래서 바울은 예수 그리스도를 알기 위해 세상의 모든 것을 해로 여길 수 있었습니다.

우리는 예수 그리스도를 아는 지식이 가장 고상한 것임을 깊이 체휼해야 합니다. 그리고 그분을 알고 그분을 더 체험하기 위해 세상의 자랑하던 모든 것을 해로 여기고 버릴 수 있어야 합니다.

2. 바울은 고상한 지식을 알고 난 후 그 외의 모든 것을 버렸습니다

"또한 모든 것을 해로 여김은 내 주 그리스도 예수를 아는 지식이 가

장 고상하기 때문이라"(3:8)

바울은 예전에 자랑할 만한 것들과 옛 생활에 속했던 모든 것들을 다 버리기로 결심했습니다. 이제 모든 것은 사도 바울의 관심 밖에 있습니다. 예수님을 알고 난 후에는 버려야 할 것을 과감하게 버렸습니다. 왜냐하면 가장 고상한 것을 알았기 때문입니다. 예수님을 영접한 후에는 예전에 좋아하던 나쁜 습관들을 다 버리게 됩니다. 도박하던 버릇도 버리고, 스포츠도 절제하게 됩니다. 그 대신 성경을 가까이 하며 기도하는 데 시간을 투자하게 됩니다.

1) 모든 것을 배설물로 여겼습니다

"내가 그를 위하여 모든 것을 잃어버리고 배설물로 여김은 그리스도를 얻고"(3:8)

'배설물'(스퀴발라, σκύβαλα)은 개에게 던지는 것으로 '대변', '음식 찌꺼기', '쓰레기' 등을 말합니다. 한 마디로 '더러운 것', '다시 뒤를 돌아보지 않을 만큼 아주 더럽게 여기는 것'을 의미합니다. 이것은 바울이 그리스도를 만난 후에 그 이전의 삶 전체에 대해서 얼마나 철저하게 버렸는가를 말해 줍니다. 바울이 옛날에 자랑하던 것들을 다시는 뒤돌아보지 않고 아주 더럽게 여기려고 결심했다는 말입니다. 다시 말하면 바울이 예수 그리스도를 따르기로 결정했기 때문에 옛날에 좋아하던 것이나 자랑하던 것들을 다시 가까이 하면 오히려 자기 몸을 더럽힐 수 있었습니다. 그래서 앞으로는 가까이 가서 본다거나 생각하지도 않으려고 멀리 내버렸다는 말입니다. 예수 그리스도를 아는 지식이 가장 고상한 것을 알았기 때문입니다. 그에게 있어 예수 그리스도는 가장 큰 궁극적인 가치이자 지고의 가치이기 때문입니다.

2) 모든 것을 해로 여겼습니다

"또한 모든 것을 해로 여김은"(3:8)

바울은 예수님을 믿고 난 후에 모든 것을 해로 여겼다고 했는데, 예수님을 알고 난 후에는 반드시 모든 것을 해로 여기는 것이 옳은가 하는 의문이 들 수도 있습니다. 물론 모든 것이 절대적으로 해로운 것은 아닙니다. 좋은 혈통, 좋은 집안, 좋은 지위, 많은 학문과 학위, 재산 등이 무조건 다 나쁜 것도 아니며 다 버릴 필요도 없습니다. 그런데 문제는 이것들 때문에 교만하게 된다거나 예수님을 섬기는 데 방해가 된다면 과감하게 버릴 수 있어야 합니다. 바울은 정통 유대인, 좋은 가문, 높은 학문 등으로 교만할 수 있는 모든 조건을 갖추었기 때문에 이것들이 구원받는데 방해가 될 수도 있었습니다. 엘리트의식을 가지고 있으면 교만해지기 쉽고 신앙도 자라기 어렵습니다. 온전히 주님을 따르고 섬기기 위해서는 그런 것을 과감히 버릴 수 있어야 합니다. 사도 바울은 자신의 과거의 자랑과 육체적인 조건이나 엘리트의식 등이 가장 고상한 예수 그리스도를 알게 되는 데 방해가 된다는 것을 알았습니다.

옛날 서울에 교회가 들어설 초창기에 연동교회가 개척되었는데 이 교회에는 양반들이 많이 모였다고 합니다. 이 교회에서 장로 피택을 위한 투표를 했는데 신앙생활을 가장 열심히 하는 사람이 장로로 피택되었습니다. 그런데 그의 전직이 백정인 것이 문제가 되었습니다. 그래서 양반들은 상놈 중의 상놈이 장로가 된 교회에 더 이상 나갈 수 없다 하여 양반들끼리 따로 모여서 교회를 설립했습니다. 이 교회가 안국동에 세워진 '안국동교회' 입니다. 양반, 상놈을 찾다가 교회가 나누어진 것입니다.

예수 그리스도는 위대한 인권 해방자이십니다. 예수 그리스도의 복음 때문에 양반과 상놈이 사라졌습니다. 우리는 하나님 앞에 모두 죄인들입니다. 상놈도 예수를 믿으면 목사, 장로, 집사, 권사가 되는 것이 교회입니다. 양반과 상놈이 다 함께 예수 그리스도를 섬기는 곳이 교회입니다. 양반이나 귀족이라는 신분 자체가 잘못된 것은 아닙니다. 그러나 그 양반이란 우월의식이 예수님을 따르는데 걸림돌이 되고, 교회가 교회되게 하는데 방해가 될 수 있습니다. 과거의 자신이나 자신의 가정에 대한 우월의식과 엘리트의식이 있다면 과감히 버려야 합니다. 교만은 선교에 지장을 줄 뿐입니다. 주님을 따르는데 방해가 될 뿐더러 교회 성장에 거림돌이 됩니다. 우리 집안은 만석군, 증조할아버지는 판서, 아버지는 장로, 어머니는 권사, 나는 일류대학을 나왔고, 예전에 열심히 교회를 섬겼고, 인물도 탈랜트보다 더 낫다고 자부하는 사람이 있다면 이런 것들을 다 버려야 합니다. 버리지 않으면 주님을 따르는데 심각한 장애물이 될 수 있습니다. 그렇게 되면 결국 항상 시원찮은 성도로 살아갈 수밖에 없습니다.

사도 바울처럼 우리도 주 예수 그리스도를 아는 지식이 가장 고상한 것임을 알아야 합니다. 그분을 사랑하고 섬기고 따르는데 방해되는 모든 것들을 다 해로 여기고 과감하게 버릴 줄 알아야 합니다.

3. 예수 그리스도를 아는 지식이 가장 고상함을 알았습니다

"또한 모든 것을 해로 여김은 내 주 그리스도 예수를 아는 지식이 가장 고상하기 때문이라"(3:8)

1) 그리스도 예수를 안다는 것은 그리스도의 인격과의 만남을 의미합니다

인격적인 관계를 가진다는 것은 상대방을 모르면 이루어질 수 없습니다. 사랑하는 사람들끼리는 서로 함께 하는 시간이 많습니다. 그런데도 서로에 대해서 잘 모른다면 사랑한다고 할 수 없습니다. 인격적인 관계가 없이는 서로를 잘 안다고 말할 수 없습니다. 부모와 자녀와의 관계도 마찬가지입니다. 부모는 자녀를 압니다. 그런데 자녀가 부모의 마음을 모르면 인격적인 관계가 이루어지지 않습니다. 후에 인격적인 관계를 갖게 되면, 부모님이 자기를 얼마나 아끼고 사랑하셨나를 깨닫게 되어 감사하며 순종하게 됩니다.

우리가 예수님을 모르면 예수님의 사랑을 깨달을 수 없습니다. 그러나 예수님을 알고 나면 그분의 사랑을 깨닫게 되어 기쁨으로 순종하게 됩니다. 예수님을 알면 우리가 영생을 알게 되어 천국의 소망을 가지게 되고, 기도의 응답도 체험하게 됩니다. 그리고 주께서 나와 항상 함께 하신다는 것도 알게 됩니다. 그래서 우리는 기뻐하며 감사할 수 있습니다. 항상 예수님과의 인격적인 관계를 갖는 사람의 입술에서는 '나의 기쁨 나의 소망 되신 주'라는 찬송이 끊이지 않게 됩니다.

우리가 예수님의 사랑을 알기 위해서는 그리스도 안에 있어야 합니다. 부모의 사랑도 부모 안에 있어야 알 수 있습니다. 탕자가 아버지로부터 받은 재산을 가지고 다른 나라에 가서 허랑방탕하게 지내다가 거지가 되었습니다. 나중에는 돼지가 먹는 쥐엄열매도 제대로 먹지 못해 죽을 지경에 이르게 되자 아버지 집으로 돌아왔습니다. 아버지는 집에 돌아온 아들을 위해 잔치를 배설하고, 좋은 옷을 입히고, 가락지를 끼웠습니다. 아들이 아버지 집으로 돌아왔기 때문에 배부름을 얻고, 아들의 권세를 회복하고, 자유를 누릴 수 있었습니다. 아들은 아버지의 집 안에 있을 때 비로소 아버지의 사랑을 알게 되었습니다.

우리는 주 예수님을 사랑합니다. 예수 그리스도는 우리를 구원하시려고 자신의 생명까지 주셨습니다. 십자가에서 구속의 사랑을 주셨습니다. 그러므로 우리가 예수 그리스도를 안다는 것은 바로 그분을 믿는다는 것입니다. 그리고 내가 얼마나 주님 앞에 중요한 존재인가를 아는 것입니다.

우리는 예수 그리스도 안에서 구원받은 너무도 소중한 존재들입니다. 우리가 예수 그리스도를 알고 그분과 인격적인 관계를 가짐으로써 예수 그리스도 안에 있는 우리가 얼마나 소중하고 가치 있는 존재인가를 알아야 합니다.

2) 예수 그리스도를 아는 지식이 가장 고상함을 알 때 우리가 그리스도를 얻게 됩니다

"내가 그를 위하여 모든 것을 잃어버리고 배설물로 여김은 그리스도를 얻고"(3:8)

그리스도를 '얻고'란 말은 '소유한다'는 의미입니다. 이것은 상업적인 용어입니다. 저울의 한 쪽은 부와 권력과 명예와 지위와 건강 등 세상의 모든 좋은 것들을 올리고, 다른 쪽에는 예수 그리스도를 올립니다. 이때 예수 그리스도를 선택하면 그리스도를 소유하는 것이 됩니다.

어느 신앙이 좋은 장군이 군인교회에서 많은 사병들 앞에서 이런 말을 했습니다. "나는 한 쪽에 별 셋과 모든 인간적인 좋은 조건들을 올리고, 다른 쪽에는 그리스도를 올린다면 나는 기꺼이 그리스도를 택하겠습니다." 이것이 예수 그리스도를 소유하는 것입니다. 우리가 예수 그리스도 그분이 가장 고상한 분이라는 것과, 그리스도를 아는 것이 가장 고상하고 아름답고 중요하다는 사실을 알면 존귀하신 예수 그리스도를 소유하기 위해 힘쓰고 애써야 합니다.

중세기의 유명한 신학자 토마스 아퀴나스가 간절히 하나님께 기도했습니다. 그때 "토마스야, 내가 네게 무엇을 줄까"라는 음성을 들었다고 합니다. 그의 소원은 간단했습니다. "I want nothing, but Christ."(저는 아무것도 원하는 것이 없습니다. 오직 그리스도만 원합니다.) 그는 가장 고상한 지식을 얻었습니다. 그는 그리스도를 얻고 소유한 사람이었습니다.

우리도 가장 고상한 지식을 얻어야 합니다. 그것은 예수 그리스도 한 분만을 소유하는 것입니다.

3) 주 안에서 발견되기를 원합니다

"그 안에서 발견되려 함이니"(3:9)

이 말은 '내가 그리스도 안에 들어가서 나는 없어지고 그리스도가 나타나는 것'을 말합니다. 그리스도께서 나의 완전한 주인이 되시고 예수 그리스도만 나타나길 바라는 것을 말합니다. 우리의 명함에 예수 그리스도가 나타나는 것입니다.

우리가 그리스도 안에서 발견되어야 할 이유는 예수 그리스도를 믿음으로 의롭게 되어 구원받기 때문입니다. "내가 가진 의는 율법에서 난 것이 아니요 오직 그리스도를 믿음으로 말미암은 것이니 곧 믿음으로 하나님께로부터 난 의라"(3:9) 우리는 의가 없습니다. 우리는 모두 죄인입니다. "복음에는 하나님의 의가 나타나서 믿음으로 믿음에 이르게 하나니 기록된 바 오직 의인은 믿음으로 말미암아 살리라 함과 같으니라"(롬 1:17) 그러나 그리스도 안에 있을 때 우리는 죽어지고 하나님의 의가 나타납니다. 주님의 의로 우리가 구원받아 천국에 가게 됩니다. 그러므로 죄인인 우리 인생이 의롭다함을 받아 생명의 길로 들어가는 길은 오직 하나 예수 그리스도를 아는 지식 안에 있습니다. 우리가 예수 그리스도를 알고 인격적인 만남으로 인하여 하나님의 의를 힘입어 하나님의 자녀가 되었습니다. 이 지식과 만남으로 인하여 우리가 구원을 받았습니다. 이것은 그리스도 안에서 발견됩니다. 그리스도께서 내 안에 살아서 역사하신다는 이 놀라운 사실을 알게 된 바울은 이렇게 고백합니다. "내가 그리스도와 함께 십자가에 못 박혔나니 그런즉 이제는 내가 사는 것이 아니요 오직 내 안에 그리스도께서 사시는 것이라 이제 내가 육체 가운데 사는 것은 나를 사랑하사 나를 위하여 자기 자신을 버리신 하나님의 아들을 믿는 믿음 안에서 사는 것이라"(갈 2:20) 바울이 자기 안에 그리스도가 살아 역사하신다는 놀라운 사실을 깨닫게 되자, 이제 그리스도만을 존귀하게 하며 생사를 초월하여 그분을 섬기겠다고 결심을 하게 되었습니다.

유대인 한 남자가 예수 그리스도를 만났는데 그의 아내가 반대했습니다. 남편은 인내하면서 아내에게 말했습니다. "당신이 나의 주님을 안다면 모든 것이 달라질 것이오." 그러자 아내가 몇 개월 동안 남편을 유심히 지켜보았는데 남편이 완전히 변화된 듯했습니다. 아내는 자기 방으로 올라가서 간절히 기도했습니다. "하나님, 만일 나사렛 예수가 참으로 메시야라면 그분으로 하여금 저에게 자신을 소개하도록 해 주십시오." 그때 닫힌 문으로 부활하신 예수 그리스도께서 이 여인을 찾아오셨습니다. "나는 네가 박해하는 예수다." 이 여인은 머리를 숙이고 "나의 주, 나의 하나님이십니다." 하고 고백했습니다.

예수 그리스도를 아는 지식이 가장 고상합니다. 우리는 이 위대하신 예수 그리스도와 인격적인 만남을 가져야 합니다. 가장 고상한 그리스도를 아는 지식을 방해하는 모든 것들을 버릴 수 있어야 합니다. 우리는 그리스도 안에서 영생과 구원과 참 기쁨과 평화를 누려야 합니다. 그리고 그리스도를 자랑하고, 그리스도 안에서, 항상 그리스도와 함께 살아야 합니다. 아멘.

¹⁰내가 그리스도와 그 부활의 권능과 그 고난에 참여함을 알고자 하여 그의 죽으심을 본받아 ¹¹어떻게 해서든지 죽은 자 가운데서 부활에 이르려 하노니

(빌립보서 3:10-11)

20

그리스도를 알기 원함

세상의 많은 사람들은 지식을 탐구합니다. 알고자 하는 욕망이 있기 때문에 더 많은 지식을 얻고자 노력합니다. 지식욕은 끝이 없습니다. 그러나 많은 지식보다 어떤 지식을 가졌느냐가 더 중요합니다. 어떤 지식은 우리에게 유익이 되는 것도 있지만, 어떤 지식은 오히려 화가 되고 손해를 끼치는 것도 있습니다.

사도 바울은 세상에서 가장 고상한 지식을 추구하고 그것을 얻었습니다. 그것은 예수 그리스도를 바로 아는 것이었습니다. 예수 그리스도에 대한 지식이 얼마나 고상하고 귀중한지를 알게 된 후부터는 세상의 모든 것을 해로 여겼습니다. 그리고 그의 가장 큰 소망은 예수 그리스도를 아는 일에 열심을 내는 것이었습니다.

1. 그리스도를 안다는 것이 무엇입니까

"내가 그리스도와 그 부활의 권능과 그 고난에 참여함을 알고자 하여"(3:10)

'안다' (야다, יָדַע, 기노스코, γινωσκω)는 몸으로 아는 지식을 말합니다. 머리와 이론으로 아는 것이 아니라 가슴으로 아는 지식을 말합니다.

구약 성경에서 '안다' 는 성적 교제에 사용되었습니다. "아담이 그의 아내 하와와 동침하매 하와가 임신하여 가인을 낳고"(창 4:1)에서 '동침하다' 는 말이 '안다' 는 말 '야다' 로 사용되었습니다. 그러므로 이 '안다' 는 말은 가장 가깝고 친한 개인적인 지식을 말합니다. 그저 아는 것이 아니라 인격적으로 잘 안다는 말입니다. 남편과 아내, 그리고 가족은 다른 사람들보다 서로를 더 잘 압니다. 사랑하는 사람들이나 늘 가까이 지내는 사람들은 서로를 잘 압니다. 이것은 배움을 통해 아는 지식이 아닙니다. 동거하거나 가까이 하는 경험을 통해서 알게 된 지식을 말합니다. 어린 아이들은 신기하게도 엄마를 잘 알아봅니다. 처음으로 보는 사람들에게는 잘 가려고 하지 않지만 엄마를 보면 좋아 합니다. 이 아이가 자기 엄마를 잘 알아보는 것은 체험으로 아는 것입니다. 엄마가 자기를 사랑한다는 것도 체험적으로 압니다. 우리가 그리스도를 아는 것도 머리로만 아는 것이 아니라 마음과 믿음과 사랑으로 압니다. 즉 예수 그리스도를 체험적으로 아는 것입니다.

"내가 그리스도와 그 부활의 권능과 그 고난에 참여함을 알고자 하여 그의 죽으심을 본받아 어떻게 해서든지 죽은 자 가운데서 부활에 이르려 하노니"(3:10-11) 그리스도와 동거하면서 그리스도를 배워야 합니다. 그러므로 우리가 예수 그리스도를 안다는 것은 예수 그리스도와 내가 하나가 되는 체험입니다. 그분의 뜻과 마음과 기쁨이 내 가슴과 몸에 전달되어 일체감을 느끼게 되는 것입니다.

사도 바울은 다메섹 도상에서 예수 그리스도를 만나는 체험을 했습니다. 그는 강한 빛 앞에서 쓰러져 소경이 되었습니다. 주님의 음성을 들은 바울은 다른 사람의 손에 이끌려 다메섹으로 가서 회개하고 있을 때 아나니아 선지자의 기도로 눈이 뜨였습니다. 그는 세례를 받고 성령을 체험하게 되었습니다. 그 후 주의 복음을 전하며 주를 섬기는 가운데 수많은 경험을 통해 그리스도를 체험적으로 알아갔습니다. 예수님과 내가 하나가 되어 예수님의 뜻을 바로 알게 되면 예수님의 마음이 우리 속에서 역사합니다. 예수님의 성품과 마음을 체험하게 되어 예수님을 닮아가게 됩니다. 죄를 싫어하게 되고, 하나님께 경배하는 것을 기뻐하게 됩니다. 주의 교회를 섬기며 봉사하고 싶고, 불쌍한 사람을 도와주고 싶어 합니다.

그러나 세상의 인본주의 과학자와 철학자들은 예수님을 하나의 학문 연구의 대상으로 알고 있습니다. '예수님은 결혼을 하셨을까? 결혼을 하셨다면 자녀는 몇 명이나 있었을까? 예수님은 정말 죽었을까? 과연 부활을 하셨을까? 제자들이 그의 시체를 훔쳐 간 것은 아닐까?' 또 중세기 신학자들 중에는 '바늘 위에 천사가 몇 명이나 앉을 수 있을까?' 등으로 논쟁을 벌였다고 합니다. 이것은 예수님을 아는 것이 아닙니다. 우리는 예수님을 마음으로 알고 체험으로 믿습니다. 그러기 위해서 우리는 날마다 예수님과 교제하며 동거하는 삶을 살아야 합니다. 가장 가까이에서 친근하게 알아야 합니다.

우리는 예수님을 인격적으로 바로 알고 그분을 체험해야 합니다. 살아 계신 주님을 머리가 아닌 마음으로 알고, 사랑으로 알고, 믿음으로 체험함으로써 예수님과 늘 동거하는 삶을 살아야 합니다.

예수 그리스도를 알아가며 체험하려면

예배생활에 힘써야 합니다. 공적예배에 적극 참여하면 예수님을 알아가는 데 큰 도움이 됩니다. 기도생활도 도움이 됩니다. 새벽기도와 중보기도 시간을 정해 놓고 매일 해 보십시오. 규칙적으로 기도시간을 정해 놓고 기도하면 예수님을 알아가고 체험하는데 도움이 됩니다. 그리스도의 살과 피를 먹고 마시는 성찬이나, 시와 찬미와 신령한 노래로 하나님께 영광을 돌릴 때나, 예수님처럼 모든 사람들에게 사랑을 베풀거나 용서할 때에도 예수님을 더 잘 알아가게 되며 체험할 수 있습니다. 모든 시간과 기회를 이용하여 그리스도를 다른 사람에게 전할 때에도 예수님을 더 잘 알아가며 체험할 수 있게 됩니다. 전도는 예수님의 은혜와 능력을 받아야 할 수 있습니다. 우리는 전도생활을 통하여 예수 그리스도와 살아 있는 체험적 지식을 얻을 수 있습니다.

2. 그리스도를 어떻게 알 수 있습니까

1) 부활의 능력을 통해서 알 수 있습니다

"내가 그리스도와 그 부활의 권능과 그 고난에 참여함을 알고자 하여"(3:10)

사도 바울은 부활하신 예수 그리스도께서 계속 능력을 주시기를 열망하고 있습니다. 예수 그리스도는 부활 후 영원히 승천하신 분이 아닙니다. 지금도 주님을 믿는 성도들의 생활 속에서 직접 역사하시며 영향력을 끼치시는 생동력이 있으신 분입니다. 그러므로 그리스도를 안다는 것은 예수님의 중심을 아는 것을 말합니다. 그 중심은 바로 예수 그리스도의 부활입니다. 부활의 권능이 예수 그리스도의 핵심입니다. 부활이 없는 예수님은 그리스도가 될 수 없습니다. 부활은 한 마디로 보증을 의미합니다.

① 우리의 육체적 부활을 보증합니다. 예수 그리스도는 부활의 첫 열매가 되십니다. 이것은 우리도 예수님처럼 부활할 것을 보증하는 것입니다.

② 내세의 불멸의 영생을 보증합니다. 예수님의 부활을 믿는 백성은 영원한 생명을 얻었습니다. 천국을 보증받았습니다.

③ 죽음에 대한 승리를 보증합니다. 사망을 이기시고 부활하신 예수님을 믿는 자에게는 사망을 이길 것을 보증해 주십니다.

④ 우리 자신이 의롭다함을 받습니다. 주 예수님의 부활을 믿는 우리는 죄를 용서받아 의인이 되었다는 보증입니다.

⑤ 성도의 영화를 보증합니다. 예수님의 부활을 믿는 성도는 영혼뿐 아니라 육신도 영화롭게 될 것입니다. 주 예수님을 믿는 모든 성도는 부활하신 예수님의 몸처럼 장차 우리도 영화로운 몸으로 변화될 것을 보증합니다.

⑥ 보혜사 성령을 보내 주신다는 보증입니다. 승천하신 예수님은 부활을 믿는 그의 백성들에게 지금도 보혜사 성령을 보내 주십니다.

⑦ 항상 임마누엘로 함께 하시겠다는 보증입니다. 부활하신 예수님은 구원받은 그의 백성들과 언제 어디서나 함께 하십니다. 살아 계셨을 때뿐 아니라 죽으신 후에도 함께 하십니다. 부활하신 예수님께서 승천하실 때 제자들에게 약속하셨습니다. "내가 너희에게 분부한 모든 것을 가르쳐 지키게 하라 볼지어다 내가 세상 끝 날까지 너희와 항상 함께 있으리라"(마 28:20) 사도 바울은 이 부활의 능력에 참여하기를 소망했습니다. 이 부활의 능력을 알고자 몸으로 직접 체험하기를 원했습니다. 그것은 사망의 권세를 이기는 능력입니다.

부활하시어 지금도 살아 계신 주님의 능력이 성도들 안에서 역사합니다. 우리가 부활의 능력을 체험하면 승리할 수 있습니다. 우리가 이 세상에서 승리할 수 있는 길은 그리스도의 부활의 능력을 얻는 것입니다. 그리스도와 연합하는 것입니다. 그리스도의 부활의 생명이 우리 속에 역사할 때 승리할 수 있습니다. 우리는 연약하고 부족하지만 그리스도의 부활의 생명이 우리 속에 들어와 역사하시면 우리가 강해져서 승리할 수 있습니다. 그리스도와 연합하면 부활의 권능으로 승리할 수 있습니다.

사도 바울은 부활의 능력을 알고 경험함으로써 많은 승리를 체험했습니다. 그는 왕과 총독 앞에서도, 원수들과 폭풍 속에서도, 감옥 안에서도, 황제 앞에서도 담대하게 그리스도를 전하며 변호했습니다. 그것은 그가 부활의 능력을 알았고, 믿었고, 소유했기 때문입니다. 신앙을 지키다가 순교한 사람들이 두려워하지 않고 담대하게 승리할 수 있었던 비결은 그들이 부활의 능력을 소유했기 때문입니다.

우리도 부활의 능력을 소유하기 위하여 날마다 주님께 기도하여 그리스도와 연합해야 합니다. 그리해서 예수 그리스도의 부활의 생명과 권능을 소유하여 승리하는 삶을 살아야 합니다.

2) 고난에도 참여해야 바로 알 수 있습니다

"내가 그리스도와 그 부활의 권능과 그 고난에 참여함을 알고자 하여 그의 죽으심을 본받아"(3:10)

그리스도를 아는 지식은 부활의 능력뿐만 아니라 고난에도 참여해야 바로 알 수 있습니다. 바울이 '고난에 참여한다' 고 했지만 우리는 그리스도의 대속 사역에 참여할 수 없습니다. 우리는 결코 예수 그리스도의 십자가의 고난에는 참여할 수 없습니다. 여기서 고난에 참여한다는 것은 그리스도를 위해서 고난을 당하면서도 견디는 것을 말합니다. 믿음 때문에 오는 고난을 참는 것입니다.

우리 예수님도 핍박을 받으셨습니다. 그리스도와 연합한 우리도 그리스도를 위해 박해를 받으며 고난을 맛보지 않으면 진정한 기쁨을 알 수 없습니다. 그리스도의 고난에 참여하지 않고는 예수님으로 인해 오는 기쁨을 맛볼 수가 없습니다. 우리는 그리스도를 믿고 그분을 따르기 위해 고난도 받을 수 있어야 합니다. 예수님을 믿는 성도가 하고 싶은 말 다 하고, 싸울 것 다 싸우고, 욕할 것 다 하고, 예수님 때문에 손해 보는 것이 하나도 없다면 예수님 때문에 얻는 기쁨도 없을 것입니다. 주일을 거룩하게 지키기 위해서 운동도 포기하고, 여행이나 등산도 못하고, 사업에 손해를 볼 때도 있을 것입니다. 우리는 그리스도 때문에 비웃음을 당할 수도 있고, 우상숭배를 반대한다고 박해를 받을 수도 있습니다. 그런데 이런 고난이 싫다고 해서 그리스도를 위해 고난을 받지 않는다면 진정 그리스도 안에 있는 삶이라 할 수 없을 것입니다.

그런데 우리가 예수님을 믿고 예수님을 사랑한다 하면서도 그분 때문에 한 번도 고난을 받지 못했다고 하면 참으로 안타까운 일이 아닐 수 없습니다. 진정 사랑하는 사람이라면 그 사람을 위해서 고난도 기쁨으로 받을 수 있어야 합니다. 마찬가지로 정말 그리스도를 사랑한다면 그리스도를 위해서 고난을 받을 수 있어야 합니다. 만약 사랑하는 사람을 위하여 고난 받기를 싫어한다면 진정으로 그 사람을 사랑한다고 할 수 없습니다. 사랑하는 예수 그리스도 때문에 고난 받기를 싫어한다면 그분을 사랑하지 않는다고 말할 수 있습니다. 우리는 사랑하는 주님을 위하여 고난받는 가운데 기쁨을 맛보는 삶을 살아야 합니다.

3) 죽음을 통과하지 않고는 부활의 기쁨에 도달할 수 없습니다

"어떻게 해서든지 죽은 자 가운데서 부활에 이르려 하노니"(3:11)

사도 바울은 죽음이라는 터널을 통해서 부활에 이르려 한다고 고백합니다. 십자가 없이는 부활에 이를 수 없습니다. 부활은 죽음을 전제로 존재합니다. 완전히 죽지 않은 상태에서 다시 사는 것은 부활이 아니라 깨어나는 것입니다. 부활은 완전히 죽은 후에 있습니다. 완전히 죽지 않으면 부활이 있을 수 없습니다. 우리 예수님은 완전히 죽으셨습니다. 십자가에 달리신 예수님의 옆구리를 창으로 찔렀을 때 물과 피가 쏟아졌습니다. 사형 집행관인 로마의 백부장이 예수님이 죽으신 것을 확인한 후 무덤에 장사지내고 돌로 그 입구를 막았습니다. 그리고 예수님이 완전히 죽으신 후 삼일 만에 다시 살아나셨습니다. 완전한 죽음 후에 완전한 부활이 있습니다.

우리도 부활을 체험하고 싶다면 완전히 죽어야 합니다. 죽은 사람은 움직이지 않습니다. 감각이 없습니다. 세상의 명예나 욕심도 없습니다. 물론 싸움도 하지 않고, 누가 뭐라고 해도 말이 없습니다. 그런데 우리는 시기하고, 질투하고, 조금도 참지를 못하고, 원망하고, 불평하고, 싸우고, 분쟁하고, 의심합니다. 그것은 아직 죽지 못했기 때문입니다. 우리는 그리스도를 위해서 완전히 죽어야 합니다. 완전히 죽지 못하면 부활의 권능을 맛볼 수 없습니다. 사도 바울은 오직 죽은 자 가운데서 부활에 이르기를 소망했습니다.

'어떻게 해서든지'란 말은 어떤 환경에서라도 죽은 자 가운데서 부활의 능력에 이르겠다는 말입니다. 그의 최고의 목표와 소망은 예수 그리스도를 아는 것이었습니다. 부활의 능력을 바로 알고 그리스도의 능력을 체험하는 것이었습니다. 그러기 위해 그는 고난에도 참여하며 죽은 자의 자리에도 내려가서 부활의 능력과 십자가의 능력을 알고 감격했습니다. 그리고 그 능력으로 살고자 소망했습니다. 사도 바울은 그 소망을 평생토록 추구했습니다. 그리고 그는 승리의 삶을 살았습니다. 그래서 그는 감옥에서도 감사하며 찬송했고, 핍박 속에서도 주님을 증거했습니다. 그는 복음을 전 세계에 전하는 일꾼이 되어 세계 역사를 바꾸어 놓았습니다. 그래서 그의 소원은 오직 하나 그리스도를 존귀하게 하는 것이었습니다. "나의 간절한 기대와 소망을 따라 아무 일에든지 부끄러워하지 아니하고 지금도 전과 같이 온전히 담대하여 살든지 죽든지 내 몸에서 그리스도가 존귀하게 되게 하려 하나니 이는 내게 사는 것이 그리스도니 죽는 것도 유익함이라"(1:20-21) 바울의 최고의 소망은 그리스도만 존귀하게 하는 것이었습니다. 그는 예수 그리스도를 바로 알았습니다.

우리도 예수 그리스도를 바로 아는 것을 최고의 소망으로 삼아야 합니다. 예수 그리스도는 우리의 생명이요, 구원자이시며, 부활의 주님이십니다. 예수 그리스도 안에 있는 우리는 죄를 용서받아 구원을 받았으며, 영생을 약속받아 천국의 소망을 갖게 되었습니다. 우리는 예수 그리스도를 바로 알아야 합니다. 매일의 삶 속에서 인격적으로 만나고, 체험을 통해서 부활의 능력을 받아야 합니다. 우리는 그리스도를 위해 고난도 받을 줄 알고, 어떤 환경에서라도 그리스도의 부활의 권능과 십자가의 능력을 체험해야 합니다. 우리는 어떤 환경에서도 그리스도를 증거하며, 감사하며, 찬송하며 살아야 합니다. 아멘.

¹²내가 이미 얻었다 함도 아니요 온전히 이루었다 함도 아니라 오직 내가 그리스도 예수께 잡힌 바 된 그것을 잡으려고 달려가노라 ¹³형제들아 나는 아직 내가 잡은 줄로 여기지 아니하고 오직 한 일 즉 뒤에 있는 것은 잊어버리고 앞에 있는 것을 잡으려고 ¹⁴푯대를 향하여 그리스도 예수 안에서 하나님이 위에서 부르신 부름의 상을 위하여 달려가노라 ¹⁵그러므로 누구든지 우리 온전히 이룬 자들은 이렇게 생각할지니 만일 어떤 일에 너희가 달리 생각하면 하나님이 이것도 너희에게 나타내시리라 ¹⁶오직 우리가 어디까지 이르렀든지 그대로 행할 것이라

(빌립보서 3:12-16)

21

푯대를 향하여 1

구원받은 하나님의 자녀들은 모두 경주자입니다. 모두 푯대를 향하여 달려가는 사람들입니다. 사도 바울 역시 푯대를 향하여 달려갑니다. 그 푯대는 예수 그리스도입니다. 그 푯대는 바울 스스로 세운 것이 아니라 예수 그리스도께서 세워주신 것입니다. 사도 바울은 바로 앞부분 3장 1-11절에서 율법주의자들을 경계하라고 했습니다. 바울은 이제 예수 그리스도를 닮아가기 위해 푯대를 향하여 달려가려고 합니다.

우리도 지금 달려가고 있습니다. 푯대를 향하여, 예수 그리스도를 향하여 앞으로 달려가고 있습니다. 그러기 위해서는 우리가 예수 그리스도를 온전히 알아야 합니다.

1. 사도 바울은 예수 그리스도께 잡힌 바 된 그것을 잡으려고 달려갔습니다

"내가 이미 얻었다 함도 아니요 온전히 이루었다 함도 아니라 오직 내가 그리스도 예수께 잡힌 바 된 그것을 잡으려고 달려가노라"(3:12) 잡힌 바 된 그것이 무엇입니까? 사도 바울이 추구하는 것은 추상적인 이론이나 철학적인 이야기가 아닙니다. 구체적으로 생활 속에서 경험하는 것입니다. 사도 바울은 원래 학문을 추구한 사람입니다. 그는 헬라어와 히브리 율법에 능통했습니다. 또한 가말리엘 문하에서 최고의 공부를 했습니다. 그래서 그는 종교적으로나 학문적으로 훌륭한 인물이 되길 바랐기 때문에 그 목표를 이루기 위해 최선을 다했습니다. 히브리 종교에 반대하는 그리스도인들을 잡아 가두고 박해하는 일에도 최선을 다했습니다. 드디어 기독교인들을 잡아 가두도록 결정하고 다메섹으로 가는 도중에 부활하신 그리스도를 만나게 되었습니다. 바울이 그리스도를 만나는 순간부터 그의 인생은 완전히 변했습니다. 그는 다메섹에서 회개하며 기도하다가 아나니아 선지자를 만나 다시 눈을 뜨게 되었습니다. 아나니아로부터 세례를 받고 새 사람이 된 그는 새 사명을 받게 되었습니다. 그때부터 바울은 모든 것을 포기하고 새로운 세계로 들어서게 되었습니다. 한 마디로 예수 그리스도께 잡힌 것입니다. 예수 그리스도의 포로가 된 것입니다. 바울이 아라비아에서 3년간 머물며 기도로 준비하는 동안에 바울의 신앙과 철학이 완전히 바뀌었습니다. 그의 푯대가 바뀐 것입니다. 바로 그리스도의 포로가 된 것입니다. 그의 생각과 신앙, 그리고 이상과 목적까지 완전히 바뀌어 예수 그리스도를 온전히 알게 되었습니다. 이제 그의 목표는 예수 그리스도가 되었습니다.

사도 바울은 예수 그리스도께 사로잡혔기 때문에 적극적으로 주님을 좇아가기로 결심했습니다. 이것은 가장 가치 있고 고상한 일입니다. 영생을 얻는 길이기 때문입니다. 그래서 그는 많은 핍박과 고난을 받으면서도 주님을 좇아갔습니다. 사도 바울과 실라가 빌립보에서 복음을 전하다가 매를 맞고 발은 착고에 채워져 감옥에 갇혔습니다(행 16). 그러나 그런 고난 속에서도 그들은 하나님께 감사하며 기도하고 찬양했습니다. 그것은 그들이 예수 그리스도께 사로잡혔기 때문입니다. 그것은 예수 그리스도가 그들의 목표이자 푯대가 되었기 때문입니다.

진실한 성도의 목표는 예수 그리스도입니다. 예수 그리스도를 온전히 아는 것입니다. 우리의 목표는 예수 그리스도에게 있습니다. 사도 바울처럼 우리도 예수 그리스도께 사로잡혀야 합니다. 예수님에게 사로잡힌 사람은 아무리 예수님을 피해 다른 곳으로 도망가려고 해도 갈 수 없습니다. 아무리 주의 일을 피해 세상으로 가려고 해도 갈 수 없습니다. 갔다가도 결국 돌아오게 됩니다. 그것은 예수 그리스도께 사로잡혔기 때문입니다. 예수 그리스도께 사로잡힌 사람은 주일에 교회가 아닌 다른 곳으로 가려고 해도 마음대로 되지 않습니다. 수요일에도 마음대로 쉬지 못하고 교회에 나올 수밖에 없습니다. 사 벽기도도 마찬가지입니다. 제자반이나 전도폭발 등 성경공부에도 빠질 수 없습니다. 그것은 예수 그리스도께 사로잡혔기 때문입니다. 예수님에게 사로잡힌 성도들은 신앙생활을 하기가 아무리 힘들어도 결국 주님을 따를 수밖에 없습니다. 사업이나 직장생활이 힘들고, 공부하는 것이 힘들어도, 예수님에게 사로잡힌 성도는 그리스도를 목표로 달려갈 수밖에 없습니다.

우리의 목표는 예수 그리스도입니다. 그러므로 우리는 예수 그리스도께 사로잡혀야 합니다. 신앙생활이 아무리 힘들고 어렵더라도 예수 그리스도께 사로잡혀서 오직 주님만을 푯대로 삼고 가야 합니다.

2. 바울은 아직 자신이 완전해지지 않았기 때문에 계속 달려가야 한다고 고백합니다

"내가 이미 얻었다 함도 아니요 온전히 이루었다 함도 아니라 오직 내가 그리스도 예수께 잡힌 바 된 그것을 잡으려고 달려가노라"(3:12)

여기에서 '이루었다'(테텔레이오마이, τετελείωμαι)는 말은 철학적인 용어입니다. '충분히 성숙하다', '내가 완전해져 있다'는 뜻입니다. 그러므로 바울 자신은 아직 완전히 성숙한 제자가 아니며 아직도 예수 그리스도를 완전히 모른다는 말입니다. 다른 말로 하면, 예수 그리스도는 너무나 위대하신 분이므로 계속 알기 위해 추구해야 된다는 뜻이기도 합니다. 그래서 그리스도를 더 알기 위하여 예수 그리스도를 향하여 달려간다고 말하는 것입니다.

사도 바울이 예수 그리스도를 온전히 안다는 것은 순교의 자리까지 나아가는 것이라고 생각하는 듯합니다. 바울은 스데반이 순교하던 장면을 생생하게 기억하고 있습니다. 그는 스데반의 순교 현장의 증인으로 스데반의 옷을 지키며 선동한 사람입니다. 그는 그 고난의 자리에서 스데반이 천사의 얼굴로 주님을 바라보면서 순교하던 모습을 기억하고 있었습니다. 그래서 자신은 아직도 예수 그리스도를 온전히 모른다는 생각을 하게 되었습니다. 그래서 그는 계속 주님을 향해서 달려가겠다는 각오로 추구하고 있습니다.

사실 우리는 자신이 신앙생활을 아주 잘 하고 있다고 생각할 때가 종종 있습니다. -물론 신앙생활을 잘 하는 분도 있습니다. 자신도 순교할 수 있다고 생각하는 사람도 있을 것입니다.- 기도생활에 자신 있다고 생각하는 사람도 있을 것이며, 봉사를 잘 한다고 생각하는 사람도 있을 것이며, 잘 인내한다고 생각하는 사람도 있을 것이며, 성경을 많이 알고 있다고 생각하는 사람도 있을 것입니다. 그러나 문제는 가장 중요할 때 그 믿음을 증거하지 못하는 사람들이 많다는 사실입니다.

우리는 기도생활도 잘 할 뿐더러 어떠한 경우에도 끝까지 잘 인내할 수 있어야 합니다. 우리가 성경을 안다고 하나 매우 부족합니다. 그렇다면 우리는 겸손히 자신을 살펴보아야 합니다. 우리는 아직 부족하고 성숙하지 못했습니다. 그러므로 우리는 주 예수 그리스도를 더 알기 위해서 예수 그리스도를 목표로 삼고 온전을 향하여 계속 전진해야 합니다.

3. 푯대를 향하여 달려가려면 한 가지 일에 집중해야 합니다

"형제들아 나는 아직 내가 잡은 줄로 여기지 아니하고 오직 한 일 즉 뒤에 있는 것은 잊어버리고 앞에 있는 것을 잡으려고"(3:13)

여기서 '한 일'은 예수 그리스도를 실제 인격적으로 아는 것, 즉 예수 그리스도의 부활의 능력을 아는 것을 말합니다. 예수 그리스도를 목적으로 삼는 것을 말합니다. 이 한 가지 일은 성도들의 삶에서 아주 중요합니다.

예수 그리스도께서도 한 가지 일에 대해 교훈을 하셨습니다(막 10:17-22). 한 부자 청년이 예수님을 찾아와 질문을 했습니다. "선한 선생님이여 내가 무엇을 하여야 영생을 얻으리이까"(막 10:17) 그때 예수님은 이렇게 말씀하셨습니다. "네가 어찌하여 나를 선하다 일컫느냐 하나님 한 분 외에는 선한 이가 없느니라 네가 계명을 아나니 살인하지 말라 간음하지 말라 도둑질하지 말라 거짓 증언하지 말라 속여 빼앗지 말라 네 부모를 공경하라 하였느니라"(막 10:18-19) 그러자 청년이 대답했습니다. "선생님이여 이것은 내가 어려서부터 다 지켰나이다"(막 10:20) 이 말을 들은 예수님은 청년에게 "네게 아직도 한 가지 부족한 것이 있으니 가서 네게 있는 것을 다 팔아 가난한 자들에게 주라 그리하면 하늘에서 보화가 네게 있으리라 그리고 와서 나를 따르라"(막 10:21)고 말씀하셨습니다. 예수님의 말씀을 들은 청년의 반응에 대해 성경은 이렇게 기록하고 있습니다. "그 사람은 재물이 많은 고로 이 말씀으로 인하여 슬픈 기색을 띠고 근심하며 가니라"(막 10:22) 예수님은 영생과 재물 중에서 한 가지를 선택하라고 하셨습니다. 그런데 이 청년은 물질을 선택했습니다. 이 청년은 영생보다 물질을 더 소중하게 생각했던 것입니다. 영생의 중요성을 몰랐기 때문입니다. 이 청년은 재물이 많았기 때문에 예수님의 말씀을 듣고 고민하면서 슬픈 기색을 띠고 돌아갔다고 성경은 말씀합니다.

우리는 우선순위를 잘 알아야 합니다. 항상 모든 일에 우리의 우선순위를 잘 세워야 합니다.

누가복음 10장 38-42절에서 예수님은 마르다에게 우선순위에 대해 말씀하셨습니다. 예수님께서 마르다의 집을 방문하셨을 때 마르다가 예수님을 영접했습니다. 이때 그의 동생 마리아와 마르다의 자세가 대조가 됩니다. 마리아는 주님의 말씀을 듣고 있는데 마르다는 예수님을 대접하는 일 때문에 바빴다고 성경은 기록하고 있습니다. "그에게 마리아라 하는 동생이 있어 주의 발치에 앉아 그의 말씀을 듣더니 마르다는 준비하는 일이 많아 마음이 분주한지라"(눅 10:39-40) 이때 마르다가 마리아의 태도에 대한 불만을 예수님에게 말씀드렸습니다. "주여 내 동생이 나 혼자 일하게 두는 것을 생각하지 아니하시나이까 그를 명하사 나를 도와주라 하소서"(눅 10:40) 그러자 예수님은 이렇게 말씀하셨습니다. "마르다야 마르다야 네가 많은 일로 염려하고 근심하나 몇 가지만 하든지 혹은 한 가지만이라도 족하니라 마리아는 이 좋은 편을 택하였으니 빼앗기지 아니하리라"(눅 10:41-42)

여기서의 중요한 말씀은 '한 가지만이라도 족하니라'는 말씀입니다. 한 가지 일에 몰두하는 것이 중요합니다. 주님은 말씀을 듣는 일에 집중한 마리아를 칭찬하셨습니다. 사도 바울 역시 오직 한 가지 일에 집중했습니다. 그 한 가지 일은 예수 그리스도를 온전히 아는 것입니다. 그는 그의 우선순위를 예수 그리스도께 두었습니다.

우리는 너무 많은 것을 가지려고 지나치게 몰두하지는 않는지 생각해 보아야 합니다. 아무리 뛰어난 운동선수라도 모든 운동을 다 잘 할 수는 없습니다. 축구면 축구로, 야구면 야구로, 배구면 배구로, 골프면 골프로 승부를 걸어야 합니다. 피겨 스케이트의 여왕 김연아 선수가 매우 감동적인 연기를 합니다. 그녀는 드디어 세계 피겨 스케이트계의 챔피언이 되었습니다. 김연아 선수는 오직 한 가지 피겨 스케이트에 모든 것을 걸었기 때문에 성공할 수 있었습니다. 육상을 하면서 피겨 스케이트에서 챔피언이 될 수 없습니다. 피겨 스케이트에서 최고의 실력을 발휘하려면 피겨 스케이트 한 가지에만 집중해야 합니다.

우리도 많은 일에 얽매이지 말고 한 가지 일에만 집중해야 합니다.

유명한 전도자 디엘 무디(D.L. Moody)는 결단력이 있는 사람이었습니다. 그가 처음에는 구두 판매업에 종사하다가 은혜를 받은 후부터는 전도에 투신하게 되었습니다. 그는 많은 일에 관여했습니다. 그는 North Market Sabbath School을 설립했습니다(1558). 두 차례에 걸쳐 영국으로 전도여행을 갔으며(1870), 미국의 여러 도시에서 부흥집회를 인도(1881-1983)했습니다. 그 외에도 North Field 여자 신학교 설립(1879), Mount Herman 남자 신학교 설립(1881), 시카고 성서연구원 설립(1889) 등 많은 일을 했습니다. 이 학교는 오늘날 Moody Bible Institute로 바뀌었습니다. 그는 실로 많은 일을 했습니다. 그런데 1871년에 큰 재난을 당하게 되었습니다. 큰 화재로 교회당이 완소되어 많은 것을 잃었습니다. 그때 무디는 한 가지 일에만 집중하기로 결단했습니다. 그때부터 무디는 오직 한 가지 하나님의 복음을 전파하는 일에만 집중하게 되었습니다. 그 결과 무디는 수백만 명에게 복음을 전파할 수 있었습니다.

믿음의 사람 느헤미야 역시 한 가지 일에 집중한 사람입니다. 포로 귀환에서 돌아와 하나님의 성전을 짓기 위해 그는 최선을 다했습니다. 그런데 이때 방해자가 나타났습니다. 산발랏 도비야 아라비아 게셈과 나머지 대적들이 성전 건축을 방해했습니다. 그들은 사람을 보내어 "오라 우리가 오노 평지에 한 촌에서 서로 만나자"(느 6:2)고 했습니다. 성전 공사를 중지시키기 위해서였습니다. 그때 느헤미야는 네 번이나 반복해서 대답했습니다. "내가 이제 큰 역사를 하니 내려가지 못하겠노라 어찌하여 역사를 중지하게 하고 너희에게로 내려가겠느냐"(느 6:3)

야고보 사도는 말합니다. "오직 믿음으로 구하고 조금도 의심하지 말라 의심하는 자는 마치 바람에 밀려 요동하는 바다 물결 같으니 이런 사람은 무엇이든지 주께 얻기를 생각하지 말라 두 마음을 품어 모든 일에 정함이 없는 자로다"(약 1:6-8)

우리는 한 가지 일에 집중하고 그것을 추구해야 합니다. 사도 바울은 오직 예수 그리스도를 푯대로 삼고 달려갔습니다. 하나님의 백성인 우리의 목표도 오직 예수 그리스도여야 합니다. 우리도 그리스도께 사로잡혀야 합니다. 오직 한 가지 일, 즉 예수 그리스도를 알고 섬기는 일에 최고의 가치를 두어야 합니다.

우리도 오직 예수 그리스도를 알고 추구하는 일에 우선권을 두어야 합니다. 그리고 그 한 가지 일에만 집중하여 목적을 성취해야 합니다. 아멘.

¹²내가 이미 얻었다 함도 아니요 온전히 이루었다 함도 아니라 오직 내가 그리스도 예수께 잡힌 바 된 그것을 잡으려고 달려가노라 ¹³형제들아 나는 아직 내가 잡은 줄로 여기지 아니하고 오직 한 일 즉 뒤에 있는 것은 잊어버리고 앞에 있는 것을 잡으려고 ¹⁴푯대를 향하여 그리스도 예수 안에서 하나님이 위에서 부르신 부름의 상을 위하여 달려가노라 ¹⁵그러므로 누구든지 우리 온전히 이룬 자들은 이렇게 생각할지니 만일 어떤 일에 너희가 달리 생각하면 하나님이 이것도 너희에게 나타내시리라 ¹⁶오직 우리가 어디까지 이르렀든지 그대로 행할 것이라

(빌립보서 3:12-16)

22

푯대를 향하여 2

우리는 한 가지 일에 집중하고 그것을 추구해야 합니다. 사도 바울은 오직 예수 그리스도를 푯대로 삼고 달려갔습니다. 하나님의 백성인 우리의 목표도 오직 예수 그리스도여야 합니다. 우리도 그리스도께 사로잡혀야 합니다. 오직 한 가지 일, 즉 예수 그리스도를 알고 섬기는 일에 최고의 가치를 두어야 합니다. 우리도 오직 예수 그리스도를 알고 추구하는 일에 우선권을 두어야 합니다. 그리고 그 한 가지 일에만 집중하여 추구하는 삶을 살아야 합니다.

푯대를 향하여 달리려면

4. 뒤에 있는 것은 잊어버리고 앞에 있는 것을 잡으려고 달려가야 합니다

"오직 한 일 즉 뒤에 있는 것은 잊어버리고 앞에 있는 것을 잡으려고 푯대를 향하여 그리스도 예수 안에서 하나님이 위에서 부르신 부름의 상을 위하여 달려가노라"(3:13-14)

1) 뒤에 있는 것은 잊어버려야 합니다

"오직 한 일 즉 뒤에 있는 것은 잊어버리고"(3:13)

'뒤에 있는 것' 은 바울의 과거를 말합니다. '뒤에 있는 것' 은 자신이 잘못한 것과 잘한 것을 다 포함합니다. 율법으로 의로워지려고 했던 것이나 교회를 핍박한 것 등은 잘못한 과거입니다. 그리스도를 위해서 봉사하며 섬긴 것들은 잘한 과거입니다. '잊어버린다' 는 것은 지워버린다거나 사라진다는 뜻이 아닙니다. 우리가 노쇠하거나 최면 상태가 아니면 과거의 것을 완전히 잊을 수는 없습니다. 과거의 많은 것들을 기억하게 됩니다. 그러므로 '잊어버린다' 는 것은 '과거의 것으로부터 더 이상 감동을 받거나 영향을 받지 않는다' 는 의미입니다. 즉 과거의 일들이 자신의 관심을 끌게 하거나 진보를 방해하지 못하도록 한다는 의미입니다.

우리는 과거에 잘못한 것이 많습니다. 수치스런 것이나 부끄러운 것도 많습니다. 그렇다고 우리의 과거를 바꾸어 놓을 수는 없습니다. 그러나 과거의 의미는 바꿀 수 있습니다. 그것은 미래를 바라봄으로써 과거의 영향력을 끊는 것입니다. 과거의 실패에만 사로잡힌 사람은 주저앉게 되고, 과거의 성공에만 사로잡힌 사람은 전진이 없습니다. 우리의 자세는 과거에 잘했던 것은 주님이 축복하신 에벤에셀의 기념비로 기억하여 감사해야 합니다. 그리고 우리가 잘하고 축복받은 모든 것이 내가 잘 해서가 아니라 하나님께서 도와주신 결과라는 것을 잊으면 안 됩니다.

이스라엘이 블레셋의 침략을 받았을 때 지도자 사무엘은 백성들을 미스바로 불러서 하나님께 기도한 후에 전쟁터로 나갔습니다. 그때 하나님께서 우레를 발하여 블레셋 군대를 어지럽게 하셨습니다. 그러자 블레셋 군대는 두려움에 모두 뿔뿔이 흩어져 이스라엘이 대승하게 되었습니다. 그들은 미스바와 센 사이에 기념비를 세우고 그 이름을 '에벤에셀'이라고 불렀습니다. '도움의 돌'이라는 뜻입니다. 하나님의 도우심으로 대승한 것을 잊지 않겠다는 다짐의 표시입니다.

우리도 과거에 잘한 것, 성공한 것, 축복받은 것, 그리고 지금 누리고 있는 모든 것이 하나님의 은혜임을 알고 항상 감사의 기념비를 가슴에 새기고 살아야 합니다. 그리고 과거에 잘못한 것은 십자가의 사랑으로 용서받았다는 것을 믿고 감사함으로 더욱 적극적인 부활의 증인들이 되어야 합니다.

창세기 45장에 나오는 요셉과 그의 형제들의 경우를 봅시다. 요셉과 그의 형제들은 서로 원수와 다름이 없는 관계였습니다. 동생 요셉이 하나님께서 주신 꿈을 꾸자 이것을 시기한 형들이 동생을 웅덩이에 빠트려 죽이려고 했지만 여의치 않자 애굽에 노예로 팔아버렸습니다. 요셉은 애굽으로 팔려와서 많은 고생을 하며 억울한 일들을 당했지만 하나님의 도우심으로 애굽의 총리가 되었습니다. 요셉은 기근이 닥치자 그의 아버지 야곱과 형제들을 모두 불러 애굽에서 편히 살도록 해 주었습니다. 그러나 아버지 야곱이 세상을 떠나자 형들이 찾아와 용서를 구했습니다. 그때 요셉은 과거의 모든 것을 다 잊었으며 이미 형들의 모든 잘못을 용서했으므로 염려하지 말라고 당부했습니다. 그러면서 이 모든 일은 하나님께서 백성들을 구원하시기 위해서 하신 일임도 덧붙였습니다. 요셉은 뒤엣 것은 잊고 앞만 바라보고 달려갈 길을 달렸습니다. 그는 하나님께서 자신을 향한 계획을 가지고 있으심을 믿었기 때문에 과거의 모든 사슬을 다 끊고 앞만 바라보았습니다. 반면 그의 형들은 과거의 족쇄에 채여 살았기 때문에 날마다의 삶이 불안할 수밖에 없었습니다.

오늘날에도 과거에 얽매여 살아가는 사람들이 많습니다. 성도들 가운데도 있습니다. 과거를 돌아보며 경주하는 사람입니다. 과거의 실수나 잘못에 얽매이면 잘 달릴 수 없습니다.

출애굽하여 광야로 나온 이스라엘 백성들은 늘 과거를 돌아보았습니다. 늘 애굽에서 종살이하던 그때를 회상했습니다. 그러니 항상 불평과 원망이 나올 수밖에 없었습니다. 그들은 "우리가 애굽에 있을 때에는 값없이 생선과 오이와 참외와 부추와 파와 마늘을 먹은 것이 생각나거늘 이제는 우리의 기력이 다하여 이 만나 외에는 보이는 것이 아무것도 없도다"(민 11:5-6)라고 불평했습니다. 이들은 미래를 바라보지 못하고 과거만 돌아보았습니다. 지금 피곤하고 힘들다고 해서 뒤에 있는 것만 생각하며 앞을 바라보지 못하는 것은 잘못된 삶의 자세입니다.

우리는 뒤에 있는 것을 잊어버리고 앞을 향해 달려가야 합니다. 우리가 과거에 잘못한 모든 것들은 이미 십자가의 피로 용서받았습니다. 그러므로 더 이상 죄의식의 포로가 되면 안 됩니다. 과거에 잘못한 것에 얽매여서 계속 뒤를 돌아보지 말고 앞을 향하여 달려가야 합니다. 우리는 과거의 실패를 잊어야 합니다. 과거의 성공과 형통하던 것과 모든 자랑할 만한 것들을 다 잊어야 합니다. 우리는 푯대를 바라보면서 앞을 향해 달려가야 합니다. 우리가 주님을 향해 달려가는 데 방해되는 과거의 취미생활이나 오락 등을 뒤돌아보지 말아야 합니다. 우리는 오직 앞을 향하여 달려가야 합니다.

2) 앞에 있는 것을 잡으려고 달려가야 합니다

"앞에 있는 것을 잡으려고"(3:13)

여기에서 '잡는다'는 말은 '몸을 앞으로 굽힌 채 손을 앞으로 내밀고 달리는 것'을 말합니다. 단거리 육상 선수들이 경주를 할 때 뒤돌아보지 않고, 오직 목표만 바라보고 혼신의 힘을 다하여 달려가는 것을 말합니다. 우리도 앞을 향하여 열심히 달려가야 합니다. 결승점에 다달아서 상급을 받겠다는 한 가지 목적을 세우고, 목표를 향해 앞만 보고 달려가야 합니다.

믿음의 영웅들은 앞을 향하여 달린 사람들입니다. 그리고 그들은 붙잡았습니다. 아브라함은 하나님께서 "너의 고향과 친척과 아버지의 집을 떠나 내가 네게 보여 줄 땅으로 가라"고 말씀하실 때, 고향 갈대아 우르를 떠나 뒤돌아보지 않고 새로운 목표를 향해 달려갔습니다.

그리고 그는 붙잡았습니다. 그의 자손이 하늘의 별과 바닷가의 모래와 같이 번성하여 세상을 점령했습니다. 애굽의 왕자로 살아가던 모세는 애굽의 모든 부귀영화와 권세를 다 버리고, 그의 백성들과 함께 고난을 받기 위해 광야로 나갔습니다. 그는 과거의 영광을 되돌아보지 않았습니다. 오직 하나님께서 주신 새로운 목표, 새로운 땅을 향해서 달려갔습니다. 결과 그는 하나님과 동행하며 놀라운 영광과 축복을 붙잡았습니다.

사도 바울 역시 뒤를 돌아보지 않고 앞만 바라보고 달려간 사람입니다. 과거에 그가 가진 학문, 지위, 로마 시민권, 부유함 등을 돌아보지 않았습니다. 오직 주 예수님만 바라보며 오직 푯대를 향하여 앞만 바라보고 달려가서 마침내 목표를 붙잡았습니다.

우리도 실패하고 실수했던 과거를 다 잊어야 합니다. 과거에 얽매이다가는 아무것도 할 수 없습니다. 우리 모두 오직 우리의 목표이신 예수 그리스도를 향하여 앞만 바라보고 달려가서 목표지점에 도달해야 합니다.

5. 푯대를 향하여 달리는 성도는 상을 얻기 위해서 달려 갑니다

"푯대를 향하여 그리스도 예수 안에서 하나님이 위에서 부르신 부름의 상을 위하여 달려가노라"(3:14)

우리가 예수 그리스도를 푯대로 향하여 달려갈 때 상급을 바라보아야 합니다. 여기서 '위에서 부르신 부름'은 당시 헬라시대에 경주에서 승리한 사람에게 시상할 때, 한 사람씩 이름을 불러 심판관 앞에 있는 높은 단으로 오르도록 명령한 데서 나온 표현입니다. 높은 단 위에 오른 시상대에서 우승자의 머리에 월계관을 씌워주었습니다. 아테네 솔론(solon) 시대 이후부터는 올림픽 승리자에게 월계관과 500드라크마의 상금을 주었습니다. 그리고 관비로 식사를 제공했으며, 극장의 맨 앞좌석에 앉을 수 있는 특권이 주어졌습니다. 이 '부름의 상'을 영적으로 적용시켜 볼 수 있습니다. '부르심'은 인간을 구원하시는 하나님의 실제적인 부르심을 의미하며(고전 1:26; 7:20; 엡 1:18; 4:1,4; 살후 1:11), '상'은 경주 뒤에 있을 영광을 나타내는 표현입니다. 따라서 '부름의 상'은 한 마디로 그리스도 안에서 이루어질 구원의 완성을 의미합니다.

여기서 세상의 경주와 영적 경주는 부르심의 차이가 있습니다. 세상의 경주는 경기가 끝나면 성적에 따라 호명을 하고 상도 각각 금·은·동메달로 구분이 됩니다. 그러나 신앙의 경주는 시작할 때부터 부르심을 받았으며, 모두가 상을 받게 되어 있습니다. 사도 바울은 다메섹 도상에서 주님으로부터 부르심을 받았습니다. 그는 그때부터 푯대를 향하여 달려갔습니다. 우리도 이미 거룩한 삶을 향한 부르심을 받았습니다. 그러므로 상을 받기 위해 푯대를 향하여 달려가야 합니다. 이 세상에서 신앙의 경주를 다 마치고 주님 앞에 설 때 우리 주 예수님이 주실 것입니다. 이미 우리에게 주실 상이 마련되어 있습니다. 우리의 할 일은 푯대를 향하여, 예수 그리스도를 향하여 달려가는 것입니다. 그리스도 안에서 믿음으로 순종하면서 열심히 충성의 경주를 하는 것입니다.

대이빗 리빙스톤이 아프리카에서 여러 해 동안 수고하다가 조국 영국에 일시적으로 귀국하게 되었습니다. 그때 많은 사람들이 물었습니다. "박사님, 이제 어디로 가실 겁니까?" 그러자 그는 이렇게 대답했습니다. "앞으로 나아가는 곳이면 어디든 갈 준비가 되어 있습니다."

우리도 주님께서 원하시는 일이라면 어디든지 앞만 바라보고 전진하여 상급을 받아야 합니다.

6. 푯대와 상급의 차이

푯대는 인간의 노력의 대상입니다. 상급은 하나님의 주권적인 은혜의 선물입니다. 영생은 하나님을 믿는 자에게 은혜로 주시는 선물입니다. 하나님께서 우리에게 선물로 주시는 구원은 전적으로 하나님의 은혜입니다. 상급도 주님이 예비해 두셨습니다. 이제 우리가 할 일은 예수 그리스도를 향해서 열심히 달려가는 것입니다. 우리는 믿음으로 선물을 받지만 경주하는 노력은 우리가 해야 합니다. 그러므로 믿음과 노력이 하나로 일치해야 합니다.

우리는 푯대를 향하여 현재 달리고 있는 경주에 집중해야 합니다. 상급은 새 하늘과 새 땅에서 시작될 영광입니다. 사도 바울은 그의 신앙의 경주를 이렇게 고백했습니다. "나는 선한 싸움을 싸우고 나의 달려갈 길을 마치고 믿음을 지켰으니 이제 후로는 나를 위하여 의의 면류관이 예비되었으므로 주 곧 의로우신 재판장이 그날에 내게 주실 것이며"(딤후 3:7-8) 이 말씀은 푯대를 향하여 선한 믿음의 경주를 다 달린 성도들에게 주님이 주실 미래의 상을 말합니다. 경주를 마친 성도들에게 줄 의의 면류관이 예비되어 있으므로, 우리가 이 상급을 바라보고 푯대를 향하여 열심히 달리면 주께서 상을 주실 것입니다. 영혼을 구원한 전도자와 충성을 다한 자와 섬기는 자에게 주실 것입니다.

최봉석 목사님은 쫓기면서도 전도했던 열심히 특심인 전도자였습니다. 의주 산골지방에 전도여행을 떠났을 때였습니다. 추수철이라 한 농부가 연자매에 곡식을 찧고 있었습니다. 그런데 그의 얼굴에는 수심이 가득해 있었습니다 이것을 본 최 목사님이 크게 외쳤습니다. "예수 천당" 이 소리를 듣자 연자매를 끌고 있던 말이 놀라서 달아났습니다. 화가 난 농부가 달아나는 최 목사님을 잡으려고 막대기를 들고 따라갔습니다. 목사님은 달아나다가 다시 뒤돌아보며 "예수 천당"을 외쳤습니다. 그로부터 10년 후에 최 목사님이 의주읍 대부흥회를 인도하게 되었습니다. 그때 최 목사님을 잡으려고 막대기를 들고 쫓아갔던 농부를 만나게 되었는데 교회의 집사가 되어 있었습니다. 놀라운 복음의 능력이 나타난 것입니다. 최봉석 목사님은 푯대를 향하여 부르심의 상급을 바라보고 달려갔습니다. 많은 영혼을 하나님께로 인도한 최 목사님은 하늘나라에서 상이 클 것입니다.

미국의 부잣집 아들 윌리엄 보든(William Bothen)이 예일대를 졸업하고 중국 선교사로 지원했습니다. 예수님을 사랑하며 섬기기로 결단한 것입니다. 친구들은 모두 어리석은 일이라며 만류했지만 그의 결심은 단호했습니다. 그로부터 얼마 후 그가 선교지에 도착하기도 전에 그는 치명적인 병에 걸려 세상을 떠나고 말았습니다. 그는 예수님을 따르기 위해, 그리고 푯대를 향하여 달리기 위해 모든 것을 버리고 희생하며 달려갈 길을 열심히 달렸습니다. 그의 친구들이 달려가 보니 이미 그는 하늘나라로 간 뒤였습니다. 그는 이런 글을 남기고 떠났습니다. "아무 여한도 패배도 후회도 없다." 이 말은 그가 비록 많은 것을 성취하지는 못했지만 위에서 부르신 상을 위해서 오직 푯대를 향해 달려갔다는 뜻입니다. 그는 숨지는 순간까지 주 예수 그리스도만 따랐습니다.

우리는 푯대를 향하여, 예수 그리스도를 향하여 달려가야 합니다. 우리 모두 여한이나 후회도 없이 힘을 다하여 달려야 합니다. 우리 모두 주님께 귀하게 사용되고, 주님으로부터 인정과 칭찬과, 상급을 받는 삶을 살아야 합니다. 아멘.

¹⁵그러므로 누구든지 우리 온전히 이룬 자들은 이렇게 생각할지니 만일 어떤 일에 너희가 달리 생각하면 하나님이 이것도 너희에게 나타내시리라 ¹⁶오직 우리가 어디까지 이르렀든지 그대로 행할 것이라

(빌립보서 3:15-16)

23

하나님의 뜻을 아는 길

우리는 천국을 향해서 경주하는 사람들입니다. 이 믿음의 경주자는 푯대이신 예수 그리스도를 바라보고 달려가야 합니다. 이 경주는 장거리 경기입니다. 빨리 끝나는 단거리가 아니라 마라톤처럼 아주 먼 장거리 경기입니다. 시간이 많이 걸립니다. 그러다 보니 여러 가지 일들을 만나게 됩니다. 좋은 일도 만나고 나쁜 일도 만납니다. 힘들 때도 있고 편할 때도 있습니다. 오르막도 있고 내리막도 있습니다. 천국을 향해 믿음의 경주를 하는 과정에서 어떤 일을 만나게 될 때 하나님의 뜻이 무엇인가를 생각해 보아야 할 때가 종종 있습니다. 어느 것이 하나님의 뜻인가를 알아야 할 필요가 있습니다. 하나님은 우리 한 사람 한 사람에 대한 모든 계획을 가지고 있으십니다. 그리고 하나씩 하나님의 계획표대로 이루어 가십니다. 그러므로 우리가 한번에 주의 뜻

을 다 알기는 어렵습니다. 그러나 우리는 하나님의 뜻을 알 수 있는 길이 있습니다.

비행기 조종사들이 기후나 항로를 다 알 수 없습니다. 그러나 레이더를 통해서 기후, 온도, 방향, 위치, 장애물 등을 알 수 있습니다. 우리도 하나님의 뜻을 알 수 있는 방법이 있습니다.

1. 하나님은 인간들에게 자신을 계시하십니다

"누구든지 우리 온전히 이룬 자들은 이렇게 생각할지니 만일 어떤 일에 너희가 달리 생각하면 하나님이 이것도 너희에게 나타내시리라" (3:15)

1) 하나님께서 세상을 창조하신 목적은 모든 사람에게 자신을 계시하시기 위해서입니다

"창세로부터 그의 보이지 아니하는 것들 곧 그의 영원하신 능력과 신성이 그가 만드신 만물에 분명히 보여 알려졌나니 그러므로 그들이 핑계하지 못할지니라"(롬 1:20)

하나님께서 창조하신 이 세상 가운데서 하나님의 뜻을 알 수 있는 방법이 있습니다.

2) 계시 방법은 두 가지입니다

① 자연계시가 있습니다. 하나님을 믿는 사람이나 믿지 않는 사람이

나 누구나 알 수 있도록 하나님은 자연에 속한 것들을 통해 하나님의 뜻을 알리십니다. 자연을 통해 알린다고 해서 '자연계시'라고 하며 모든 사람에게 일반적으로 알린다고 해서 '일반계시'라고도 합니다. 하나님이 만드신 자연과 피조물 안에 하나님의 뜻이 있습니다. 그런데 자연과 하나님과의 섭리 속에서 하나님의 뜻을 아는 사람도 있지만 모르는 사람도 있습니다. 그러므로 이 계시는 완전하지 않습니다.

② 특별계시가 있습니다. 특별계시는 믿는 사람에게만 특별히 보여주시는 계시입니다. 특별계시는 인간의 지식을 초월한 것이기 때문에 인간이 알려고 해도 알 수 없고, 또 알아질 수도 없습니다. 특별계시는 두 가지로 나눕니다. 성경으로 기록하여 주신 '문서계시'와 신앙양심을 통해 성령의 감화와 감동으로 은밀하게 알려주시는 '은밀계시', 또는 '영감계시'가 있습니다. 이 특별계시는 신·구약 성경과 예수 그리스도이십니다. "예수께서 이르시되 빌립아 내가 이렇게 오래 너희와 함께 있으되 네가 나를 알지 못하느냐 나를 본 자는 아버지를 보았거늘 어찌하여 아버지를 보이라 하느냐"(요 14:9) 하나님은 자신의 뜻을 사람들에게 나타내시려고 오셨습니다. 그러므로 우리도 하나님의 뜻을 알 수가 있습니다.

하나님의 뜻을 알려고 하면

2. 하나님의 뜻을 기꺼이 행하려고 해야 합니다

우리의 자세가 중요합니다. "만일 어떤 일에 너희가 달리 생각하면

하나님이 이것도 너희에게 나타내시리라"(3:15)

  이 말은 바울 자신이 생각하는 '온전'에 대해, 혹 빌립보교회 성도들 중에 반대자나 다른 생각을 가진 사람이 있다면 하나님께서 인도해 주실 것을 확신한다는 말입니다. 바울은 빌립보교회 성도들이 정확한 하나님의 뜻을 알기를 원했습니다. 우리는 하나님의 뜻을 바로 알려고 노력해야 합니다. 그리고 하나님의 뜻을 알았으면 실천하려고 노력해야 합니다. 그러므로 먼저 "하나님 아버지의 뜻을 알려 주십시오. 순종하겠습니다." 하고 기도할 수 있어야 합니다. "주님의 뜻을 알려 주십시오. 일단 알아본 후에 가능하면 하고, 어려울 것 같으면 그만두겠습니다." 이런 자세는 옳은 자세가 아닙니다. 하나님은 하나님의 뜻을 알면 그대로 순종하겠다는 자세를 가진 사람들에게 하나님의 뜻을 보여주십니다.

  이스라엘 민족이 하나님의 은혜로 노예생활을 하던 애굽에서 해방되어 광야에서 생활하게 되었습니다. 이때 하나님은 낮에는 구름기둥으로, 밤에는 불기둥으로 이스라엘을 인도하셨습니다. 하루 이틀도 아닌 무려 40년간이었습니다. 어떤 곳에서는 1주일 만에, 다른 곳에서는 10일, 또는 한 달, 어떤 때는 여러 달 머물다가 떠나야 했습니다. 이런 생활에 싫증을 느껴 불평하는 사람도 있었을 것입니다. 짐을 풀려고 하다가도 갑자기 구름이 움직이면 다시 일어나 떠나야 했습니다. 낮의 열기와 밤의 추위에 고생하며 쓰러지는 사람도 있었을 것입니다. 그런데도 하나님께서 이스라엘 백성들이 40년간이나 광야에서 생활하도록 하신 이유는 그의 백성들을 향한 놀라운 계획이 있으셨기 때문입니다. 그 하나님의 계획은 이스라엘을 향하신 하나님의 뜻을 이루기 위해 훈련시키는 일이었습니다. 즉 그들에게 영적훈련이 필요했던 것입니다. 약속의 땅에 들어가서 살기 위해 광야생활 중에서 하나님의 뜻에 전적으로 순종하는 훈련을 받아야 할 필요가 있었기 때문입니다. 이스라엘은 때때로 불평과 원망을 하면서 하나님의 말씀에 불순종하여 매도 맞고 징계도 받았습니다. 그러나 그들이 하나님의 뜻을 바로 알고 준비되었을 때 가나안으로 들어가게 하셨습니다. 그러므로 우리는 하나님의 뜻을 바로 알아야 하고, 주의 뜻에 순종하는 삶을 살도록 힘써야 합니다.

사무엘이 하나님의 회막에서 잠을 자고 있을 때 하나님의 부르심을 받았습니다. "사무엘아 사무엘아" 사무엘은 노 제사장 엘리가 부르는 줄 알고 세 번이나 갔습니다. 사무엘은 그때까지는 하나님의 뜻을 받아들일 준비가 되어 있지 않았습니다. 엘리 제사장은 이것이 하나님의 소명임을 알고 다시 하나님께서 부르시면 "주여, 말씀하소서. 주의 종이 듣겠나이다." 하라고 가르쳐 주었습니다. 드디어 세 번째 하나님께서 사무엘을 부르실 때 엘리 제사장이 가르쳐 준대로 "주여, 말씀하소서. 주의 종이 듣겠나이다." 하고 대답했습니다. 사무엘은 주의 뜻을 알기를 원했으며, 하나님의 뜻을 받아들일 준비가 되어 있었습니다. 하나님은 말씀을 들을 준비가 된 사무엘에게 앞으로 이스라엘에 일어날 놀라운 계획을 말씀해 주셨습니다.

우리도 항상 하나님의 뜻에 순종할 자세가 되어 있어야 합니다. 할 수 있는 것은 하고, 할 수 없는 것은 못한다는 자세가 되어서는 안 됩니다. 우리의 매일의 생활 속에서 주님의 뜻을 발견하는 즉시 순종할 수 있어야 합니다.

3. 하나님의 말씀을 따라 행해야 합니다

　다른 말로 하면 하나님의 말씀과 어긋나는 것은 하나님의 뜻이 아니란 말입니다. 우리는 성경을 통해서 하나님의 뜻을 알 수 있습니다. 성경은 하나님의 감동으로 기록된 하나님의 말씀으로 우리의 신앙과 생활에 유일한 법칙이요, 표준입니다. 성경은 기본적인 원리를 말씀하고 있습니다. 하나님은 우리에게 어느 직장에 취직하라, 또는 누구와 결혼하라고 말씀하시지 않습니다. 어느 도시에서 살면서 어느 교회에 출석하라는 말씀도 없습니다. 그러나 성경은 우리에게 기본적인 원리를 가르쳐 주고 있습니다.

　"그러므로 형제들아 내가 하나님의 모든 자비하심으로 너희를 권하노니 너희 몸을 하나님이 기뻐하시는 거룩한 산 제물로 드리라 이는 너희가 드릴 영적 예배니라 너희는 이 세대를 본받지 말고 오직 마음을 새롭게 함으로 변화를 받아 하나님의 선하시고 기뻐하시고 온전하신 뜻이 무엇인지 분별하도록 하라"(롬 12:1-2) 이 말씀 속에서 하나님의 뜻을 발견할 수 있습니다. 하나님의 뜻은 선한 것이며, 하나님이 기뻐하시는 것이며, 온전한 것입니다. 악한 것은 하나님의 뜻이 아닙니다. 하나님의 뜻은 선합니다. 하나님께서 기뻐하시는 일을 하는 것이 하나님의 뜻입니다. 하나님이 싫어하시는 일을 하는 것은 하나님의 뜻에서 어긋납니다. 불완전한 것은 하나님의 뜻이 아닙니다. 하나님의 뜻은 완전합니다.

　"복 있는 사람은 악인들의 꾀를 따르지 아니하며 죄인들의 길에 서지 아니하며 오만한 자들의 자리에 앉지 아니하고 오직 여호와의 율법을 즐거워하여 그의 율법을 주야로 묵상하는도다"(시 1:1-2) 하나님의 뜻은 악인의 꾀를 따르지 않고, 죄인들의 길에 서지 않고, 오만한 자의 자리에 앉지 않는 것입니다. 오직 여호와의 율법을 즐거워하며 그것을 주야로 묵상하는 것이 주의 뜻입니다. 성경은 하나님의 뜻이 무엇인가를 기본적으로 가르쳐 줍니다. 가정생활, 사회생활, 직장생활, 학교생활, 사업, 교회생활을 할 때 성경이 말씀하시는 원리대로 따라야 합니다.

"끝으로 형제들아 무엇에든지 참되며 무엇에든지 경건하며 무엇이든지 옳으며 무엇에든지 정결하며 무엇에든지 사랑받을 만하며 무엇에든지 칭찬받을 만하며 무슨 덕이 있든지 무슨 기림이 있든지 이것들을 생각하라"(4:8) 여기에서도 주의 뜻이 무엇인가를 가르쳐주고 있습니다. 성경은 하나님의 뜻이 무엇인가를 근본적으로 잘 말씀해 줍니다. 그러므로 우리는 성경을 가까이 하고 잘 배워서 바로 알아야 합니다. 성경을 통해서 우리는 하나님의 뜻을 분명히 알 수 있습니다.

4. 날마다 주님과 교제하는 시간을 가져야 합니다

우리 인간 사이에도 마찬가지입니다. 늘 가까이 하는 사람들은 그 사람의 뜻을 알 수가 있습니다. 부부 사이, 부모와 자녀 사이, 함께 일하는 동료들은 늘 가까이 하는 관계입니다. 그래서 성격이나 생각, 또는 그 사람의 취미 등을 잘 알기 때문에 그 사람의 뜻을 파악하기가 쉽습니다. 늘 교제가 있기 때문입니다. 주님과 우리 사이도 마찬가지입니다. 늘 주님과 친교를 나누어야 주님의 뜻을 발견할 수 있습니다.

"내가 네 갈 길을 가르쳐 보이고 너를 주목하여 훈계하리로다"(시 32:8) 우리 주님은 우리를 주목하시며 훈계하신다고 하셨습니다. 주님께서 우리를 주목하여 바라보신다면 우리도 항상 주님을 주목하여 바라보아야 합니다. 늘 주님을 가까이 해야 합니다.

남편이 음악가인 부부가 있었습니다. 아내는 미인이지만 한 가지 문제가 있었습니다. 그것은 아내가 종종 매우 날카로운 목소리를 내는 것이었습니다. 바리톤 성악가인 남편에게는 매우 거슬리는 소리였습니다. 결국 이것이 결혼생활에 심각한 문제가 되었습니다. 그러나 남편은 지혜로운 사람이었습니다. 그래서 어느 날 아내에게 물었습니다. "영화감독이 여자 배우를 훈련시킬 때 맨 먼저 가르치는 것이 무엇인지 압니까?" 아내가 "아니요." 하고 대답하자 남편이 말했습니다. "목소리를 낮추는 법을 가르친다오. 한 옥타브 정도 낮추면 따뜻하고 유쾌한 소리가 되므로 한 구절의 말을 하게 해서 여덟 음조를 내려서 그것을 다시 반복하는 연습을 되풀이 한다오. 당신도 그렇게 하면 훨씬 좋아지리라 생각하오." 아내가 남편의 말에 동의하고 두 사람이 신호를 정했습니다. 남편이 턱을 안으로 잡아당기면 목소리를 낮추자는 뜻이었습니다. 어느 날 식당에서 식사를 하는데 아내의 목소리가 점점 높아지자 남편이 턱을 안으로 당겼습니다. 이것을 본 아내가 남편의 의도를 알아차리고 한 옥타브를 내렸습니다. 아내가 남편을 바라보았기 때문에 그 신호를 볼 수 있었고, 그 신호를 보았기 때문에 목소리를 낮출 수 있었습니다.

우리도 매일의 삶 속에서 날마다 주님을 바라보아야 합니다. 주님은 우리가 본성적으로 빗나가려는 것을 아시고 우리를 주목하시며 훈계하십니다. 그러므로 우리는 날마다, 순간마다, 주님의 눈을 바라보아야 합니다.

우리는 교회나 일터에서나 하루 중 어느 시간이라도 주님을 바라보는 습관을 가져야 합니다. 우리를 지켜보고 계시는 주님을 발견할 때 주님의 뜻을 알게 될 것입니다.

5. 기도하는 시간을 가져야 합니다

기도를 통해 하나님의 뜻을 알 수 있습니다. "아무것도 염려하지 말고 다만 모든 일에 기도와 간구로 너희 구할 것을 감사함으로 하나님께 아뢰라 그리하면 모든 지각에 뛰어난 하나님의 평강이 그리스도 예수 안에서 너희 마음과 생각을 지키시리라"(4:6-7)

우리가 기도하면 모든 지각에 뛰어난 하나님께서 우리에게 하나님의 뜻을 보여 주실 것입니다.

사도 베드로가 욥바에서 기도하는 중에 환상을 보았습니다. "하늘이 열리며 한 그릇이 내려오는 것을 보니 큰 보자기 같고 네 귀를 매어 땅에 드리웠더라 그 안에는 땅에 있는 각종 네 발 가진 짐승과 기는 것과 공중에 나는 것들이 있더라 또 소리가 있으되 베드로야 일어나 잡아먹어라 하거늘 베드로가 이르되 주여 그럴 수 없나이다 속되고 깨끗하지 아니한 것을 내가 결코 먹지 아니하였나이다 한대 또 두 번째 소리가 있으되 하나님께서 깨끗하게 하신 것을 네가 속되다 하지 말라 하더라 이런 일이 세 번 있은 후 그 그릇이 곧 하늘로 올려져 가니라"(행 10:11-16) 베드로가 이 환상이 무슨 뜻인지 알고자 기도할 때 이달리야 백부장인 고넬료가 보낸 사람들이 찾아 왔습니다. 이방인들에게 복음을 전하라는 것이 주의 뜻이었습니다. 그래서 그는 하나님의 뜻에 순종하여 모든 유대인들이 거리끼는 이방인의 집에 가서 복음을 전했습니다. 그때 고넬료의 온 가족이 예수님을 영접하는 놀라운 역사가 나타났습니다. 베드로가 기도할 때 하나님의 뜻을 알게 되었습니다.

사도 바울이 아시아에서 복음을 전하려고 할 때 성령께서 막으셨습니다. 그래서 바울은 주의 뜻이 무엇인지 알기 위해 드로아에서 기도하기 시작했습니다. 그러자 하나님은 밤중에 마게도냐에서 한 사람이 건너와 도와달라는 환상을 보여주셨습니다. 바울이 하나님의 뜻에 순종하여 마게도냐로 건너가 복음을 전하자 유럽에 하나님의 교회가 세워졌습니다. 바울의 기도 속에 하나님의 뜻이 있었습니다.

고아의 아버지 조지 밀러도 기도하는 중에 하나님의 뜻을 깨닫고 고아들을 돌보는 일에 수종들어 많은 역사를 이루었습니다. 허드슨 테일러도 기도하는 중에 중국에 가서 복음을 전하는 것이 하나님의 뜻임을 알고 중국에서 평생을 바쳐 복음을 전했습니다.

우리도 기도할 때 하나님의 뜻을 발견할 수 있습니다. 우리의 진로, 직장, 사업, 가정을 향한 하나님의 뜻이 무엇인가를 알기 위해 기도해야 합니다. 교회를 위하여 어떻게 봉사하는 것이 주의 뜻인지 기도하면 가르쳐 주십니다. 우리는 하나님의 뜻을 알기 위해서 기도하는 시간을 가져야 합니다. 새벽을 깨워서 기도로 하루를 시작해야 합니다.

24시간 중보기도와 골방에서의 기도시간을 가져야 합니다. 가정예배 시간을 통해서 온 가족이 주의 뜻을 찾도록 기도해야 합니다.

우리 주님은 우리가 주님과 기도로 교제하는 그 시간에 그곳에서 만나 주시고, 그의 뜻을 보여 주신다는 것을 믿어야 합니다.

6. 사도 바울은 "오직 우리가 어디까지 이르렀든지 그대로 행할 것이라"고 했습니다

"오직 우리가 어디까지 이르렀든지 그대로 행할 것이라"(3:16)

이 말은 우리가 푯대를 향하여 달려가지만 온전케 되기까지는 아직 부족하다는 말입니다. 그러므로 우리는 그리스도 안에서 온전케 되도록 계속 노력해야 합니다. 우리가 어느 위치에 있든지 아직 부족하므로 계속 달려가야 합니다.

우리는 가장 근본적인 원리를 생각해야 합니다. 우리의 모든 생활과 사건에서 하나님의 뜻이 무엇인지 다 알 수 없습니다. 그러므로 그 근본정신과 근본원리가 무엇인가를 알아 풀어나가야 합니다. 즉 하나님의 뜻을 따르려는 자세가 되어 있어야 한다는 말입니다. 그러기 위해 하나님의 말씀인 성경에 순종해야 합니다. 날마다 주님과 교제하는 삶을 가져야 합니다. 기도의 시간을 통해서 주님을 만날 수 있습니다.

우리는 모두 아직 부족합니다. 그러므로 날마다 예수 그리스도를 바라보면서, 말씀과 기도 손에서 하나님의 뜻을 발견하기 위해 온전을 향하여 달려가는 우리 모두가 되어야 합니다. 아멘.

[17]형제들아 너희는 함께 나를 본받으라 그리고 너희가 우리를 본받은 것처럼 그와 같이 행하는 자들을 눈여겨보라 [18]내가 여러 번 너희에게 말하였거니와 이제도 눈물을 흘리며 말하노니 여러 사람들이 그리스도의 십자가의 원수로 행하느니라 [19]그들의 마침은 멸망이요 그들의 신은 배요 그 영광은 그들의 부끄러움에 있고 땅의 일을 생각하는 자라 [20]그러나 우리의 시민권은 하늘에 있는지라 거기로부터 구원하는 자 곧 주 예수 그리스도를 기다리노니 [21]그는 만물을 자기에게 복종하게 하실 수 있는 자의 역사로 우리의 낮은 몸을 자기 영광의 몸의 형체와 같이 변하게 하시리라

(빌립보서 3:17-21)

24

하늘의 시민권 1

지금 우리는 우주시대를 살아가고 있습니다. 인공위성, 로켓, 그리고 우주여행을 계획하고 있습니다. 머잖아 많은 사람들이 우주여행을 하게 될 날이 다가옵니다. 과학의 관심은 어떻게 하면 인간이 먼 우주까지 도달할 수 있을까 하는 데 있습니다. 그런데 우리 하나님의 백성인 성도들의 관심은 하늘나라에 있습니다. 우리의 관심은 자연과학자들이 가지는 것과는 차원이 다릅니다. 과학자들은 어떻게 하면 사람들을 우주로 보낼까 하는 데 있지만 성도들의 관심은 우리가 장차 영

원히 살게 될 천국에 있습니다. 하늘나라는 우리가 영원히 주님과 함께 살게 될 우리의 본향입니다.

사도 바울은 빌립보교회 성도들에게 우리의 시민권은 하늘에 있다고 말합니다. 우리는 하늘의 시민권을 가진 사람들입니다. 그러므로 우리는 하나님 나라에 들어가기 전에 해야 할 일이 있습니다. 사도 바울은 푯대를 향하여 달려가는 성도들에게 권면합니다.

하늘나라의 시민권을 가진 성도는

1. 이 땅에서 경계할 것이 있습니다

1) 십자가의 원수로 행하지 말아야 합니다

"여러 사람들이 그리스도의 십자가의 원수로 행하느니라"(3:18)

여기서 말하는 십자가의 원수는 ①십자가의 공로를 무시한 채 율법의 규범을 따라야 한다고 주장하는 유대주의자들과(3:2) ②그리스도의 구속의 은혜와 그리스도인의 자유를 왜곡하여 율법의 모든 금지 조항을 부정하는 자들을 가리킨다고 봅니다. 이 중에 후자가 타당합니다. 다음에 나오는 성경 구절에서 죄를 사하시는 그리스도의 속죄 사역을 왜곡(歪曲)하여 참 자유가 아닌 방종을 일삼는 자들에 대해 언급하고 있기 때문입니다. 한 마디로 십자가의 원수로 행하지 말라는 것은 십자가의 정신을 부인하지 말라는 뜻입니다. 십자가의 원수는 자기를 부인하지 않습니다. 사도 바울은 사랑하는 빌립보교회 성도들에게 하늘의 시민권을 가진 자들로서 교회 안에 들어와 유혹하는 거짓 교사들을 경계하며 조심하라고 권고합니다.

십자가를 부인하는 것은 아주 무서운 것입니다. 마태복음 16장에 보면, 가이사랴 빌립보에서 예수님께서 제자들에게 "너희는 나를 누구라 하느냐"고 물으셨습니다. 그때 베드로가 "주는 그리스도시요 살아계신 하나님의 아들이시니이다" 하고 대답했습니다. 베드로의 말을 들은 예수님께서 말씀하셨습니다. "바요나 시몬아 네가 복이 있도다 이를 네게 알게 한 이는 혈육이 아니요 하늘에 계신 내 아버지시니라 또 내가 네게 이르노니 너는 베드로라 내가 이 반석 위에 내 교회를 세우리니 음부의 권세가 이기지 못하리라 내가 천국 열쇠를 네게 주리니 네가 땅에서 무엇이든지 매면 하늘에서도 매일 것이요 네가 땅에서 무엇이든지 풀면 하늘에서도 풀리리라"(마 16:17-19) 이때로부터 예수 그리스도께서 예루살렘에 올라가 장로들과 대제사장들과 서기관들에게 많은 고난을 받아 죽임을 당하고 제 삼일에 살아나야 할 것을 제자들에게 말씀하시니 베드로가 예수님을 붙들고 항변하여 말했습니다. "주여 그리 마옵소서 이 일이 결코 주께 미치지 아니하리이다"(마 16:21-22) 이 말을 들은 예수님이 베드로에게 말씀하셨습니다. "사탄아 내 뒤로 물러가라 너는 나를 넘어지게 하는 자로다 네가 하나님의 일을 생각하지 아니하고 도리어 사람의 일을 생각하는도다"(마 16:23) 그리고 이어서 제자들에게 말씀하셨습니다. "누구든지 나를 따라오려거든 자기를 부인하고 자기 십자가를 지고 나를 따를 것이니라"(마 6:24) 예수님은 십자가를 부인하는 자들이 바로 사탄이라고 하셨습니다. 예수님은 사랑하는 제자 베드로가 십자가를 부인했을 때에도 사탄이라고 지적하셨습니다.

십자가가 없으면 교회가 아닙니다. 십자가를 부인하면 그리스도의 교회가 아닙니다. 십자가를 부인하는 자들이 교회 안에 있으면 그 교회는 타락하게 됩니다. 많은 사람들의 신앙이 혼탁하게 됩니다. 십자가가 없는 예수님을 전하거나, 십자가의 능력을 부인하는 자들은 모두 십자가의 원수들입니다. 사도 바울은 십자가를 부인하는 자들은 하나님의 일을 생각하지 않고 자기 일만 생각하는 자들이라고 했습니다.

예수 그리스도는 우리를 위하여 십자가의 고난을 받으셨습니다. 십자가의 공로로 우리는 천국 백성이 되었습니다. 우리는 하나님 나라의 시민권을 가진 자들로서 십자가를 부인하지는 않는지, 아니면 자신을 부인하는지, 아니면 자기의 일만 생각하는 육욕에 빠진 사람은 아닌지 생각해 보아야 합니다. 우리는 천국 백성임을 항상 감사해야 합니다. 그리고 날마다 자신을 부인하며 자기의 십자가를 지고 하늘에 소망을 두고 살아야 합니다.

2) 십자가의 원수는 특징이 있습니다

"그들의 마침은 멸망이요 그들의 신은 배요 그 영광은 그들의 부끄러움에 있고 땅의 일을 생각하는 자라"(3:19)

십자가의 원수들의 결국는 멸망입니다.

① "그들의 마침은 멸망이요" '멸망' (아폴레이아, $ἀπώλεια$)은 '구원' (소테리아, $σωθηλια$)과 반대되는 말입니다. 이 '멸망' 이란 단어는 특별히 사악한 자들에 대한 형벌로서 영원한 파멸을 가리킬 때 사용되었습니다(마 7:13; 벧후 3:7; 계 17:8). '십자가의 원수' 들은 그리스도와 연합될 수 없으며, 육신의 욕망에 빠져 있으므로 영원한 형벌을

받게 됩니다. 십자가를 부인하는 사람들은 구원받지 못합니다. 그들의 결과는 멸망입니다.

② "그들의 신은 배요" 본문에서 말하는 '신(하나님)은 배' 라는 말은 쾌락주의자들을 가리키는 표현으로, 육체의 정욕대로 사는 것을 의미합니다(롬 16:18; 고전 6:13; 유 1:11). 저들의 목적은 배, 곧 먹고 마시는 물질적인 것과 더러운 것을 섬긴다는 뜻입니다. 저들의 하나님은 자기의 배와 향락입니다. "쾌락을 사랑하기를 하나님 사랑하는 것보다 더하며"(딤후 3:4) 이들은 육체의 쾌락과 욕심을 채우는 자들입니다.

당시 로마 제국의 상류층들은 만찬을 자주 했습니다. 오후 4시부터 시작하여 자정이 지나도록 계속되었습니다. 이들은 비스듬히 누워서 먹고 마셨는데, 배가 차면 새의 깃털을 목구멍에 넣어서 토해 내고 또다시 먹곤 했습니다. 7시간 정도 계속되는 식사에서 열 차례의 식사복을 갈아입었습니다. 식사를 하는 동안 첩들은 부채질을 하고, 어린 노예는 서서 나뭇가지로 파리를 쫓았다고 합니다. 이 한 끼 식사에 들어가는 돈은 무려 노예 한 명을 판 값과 맞먹었습니다. 어느 정도의 호화판인지 짐작할 수 있습니다.

사도 바울은 사랑하는 빌립보교회 성도들에게 십자가의 원수들을 경계하라고 말합니다. 십자가의 원수들은 결국 육체의 쾌락과 욕심을 채우는 자들입니다. 이들의 잘못된 사상의 뿌리는 바로 노스틱주의자들(Gnosticism), 영지주의자들입니다. 영지주의는 이원론주의자들로, 그들은 사람의 영혼은 선하지만 육체는 추하다고 주장하는 자들입니다. 즉 영혼은 언제나 깨끗하고 선하지만, 육체는 본래 악한 것이므로 죄를 지어도 영혼과 무관하기 때문에 더 나빠질 것이 없다고 주장합니다. 그래서 어떤 사람들은 육체의 욕망을 충족시켜 주는 삶이라야 사람답게 사는 것이라고 주장합니다. 그래서 이들은 예수를 믿게 되면, 영혼으로는 하나님을 섬기는 동시에 육체로는 욕망을 따라 쾌락을 추구하면서 사는 것이 자연스럽다고 주장합니다. 이것은 십자가의 정신과 위배됩니다.

예수님은 우리를 구원하시되 우리의 영혼뿐 아니라 육체까지도 속량하셨습니다. 살을 찢고 피를 흘려주심으로 우리의 육체를 구원하셨습니다. 그러므로 주 예수님을 믿는 성도들은 영혼과 육체를 다 주님을 섬기는데 사용해야 합니다. 성경은 말씀합니다. "그러므로 형제들아 내가 하나님의 모든 자비하심으로 너희를 권하노니 너희 몸을 하나님이 기뻐하시는 거룩한 산 제물로 드리라 이는 너희가 드릴 영적 예배니라"(롬 12:1), "너희는 너희가 하나님의 성전인 것과 하나님의 성령이 너희 안에 계시는 것을 알지 못하느냐"(고전 3:16) 우리는 하늘의 시민권을 가진 자들로서 주님께 의의 도구로 바쳐야 합니다.

우리는 십자가의 사랑과 예수 그리스도의 보혈의 은혜를 항상 감사해야 합니다. 동시에 우리의 몸을 세상의 쾌락과 향락 추구에 사용하지 말고, 오직 하늘나라의 시민권을 가진 사람으로서 그리스도를 위하여 거룩하게 사용해야 합니다.

③ "그 영광은 그들의 부끄러움에 있고" '부끄러움' (아이스퀴네 αἰσχύνη)은 '벌거벗음', 또는 '사람의 은밀한 부분'을 가리킬 때 사용되는 단어입니다. 따라서 이 말씀은 마땅히 부끄러워해야 할 일을 오히려 영광스럽게 생각한다는 뜻입니다. 그들은 땅의 일을 생각하는

자로 살아갑니다.

하나님의 백성인 그리스도인들은 '하늘의 일'에 관심을 두는 반면(3:20, 요 3:12), 십자가의 원수로 살아가는 자들은 '땅의 일'을 생각합니다. 즉 본능적이고 물질적인 것만을 생각하면서 세상적인 가치 기준을 따라 행동합니다. 요즈음 많은 사람들의 가치관이 땅의 일에 있습니다. 어떤 방법을 동원해서라도 권세를 잡고, 많은 돈을 벌고, 호화스런 생활을 하는 것을 부끄러운 것으로 여기지 않습니다. 그들은 오히려 이런 생활을 성공의 척도로 알고 자랑스럽게 생각합니다.

결혼 중매를 할 때 "이 집은 일제시대에 큰 벼슬을 한 집안으로, 그때 엄청난 재산을 모아 전답이 많고…"라며 자랑스럽게 말하면, 상대방에서는 그것이 아주 대단한 것인 양 좋아합니다. 물론 다른 사람들이 모르는 사정이 있을 수도 있고, 아무나 그런 자리에 올라갈 수 있는 것도 아닙니다. 그렇지만 조금이라도 부끄러움을 느낀다거나 겸양할 줄 모르고 오히려 자랑스럽게 여긴다면, 그것이 바로 부끄러움을 영광으로 아는 것입니다. 안타까운 것은 많은 사람들이 부끄러운 것을 오히려 영광스럽게 생각하며 자랑스럽게 살아간다는 사실입니다. 그런데 이 거대한 조류가 교회 안에도 들어와 있다는 것이 문제입니다. 예수님을 믿고 교회에 소속된 사람들도 가치관이나 말과 생각하는 것이 세상의 자랑과 부끄러움으로 가득합니다. 오히려 이런 것들을 자랑스럽게 생각합니다.

독일의 신학자 본 회퍼는 "오늘날의 성도들은 싸구려 예수를 믿으려고 한다. 십자가 없는 예수, 편한 예수, 고통 없는 예수를 믿으려고 한다"고 말했습니다. 적당하게 세상 문화와 놀이를 즐기며 편하게 살려고 한다는 말입니다.

　1886년 영국의 작가 로버트 루이스 스티븐슨이 발표한 단편소설 '지킬 박사와 하이드 씨'에서는 인간의 이중성을 잘 묘사하고 있습니다. 자선사업과 도덕적인 생활로 칭송받는 지킬 박사가 인간이 가진 선과 악을 분리하는 실험을 하다가, 악의 본성인 하이드 씨의 통제할 수 없는 만행으로 인하여 결국 죽음을 맞게 됩니다. 이 소설에서 하이드 씨는 낮에는 선한 사람이었다가 밤에는 악한 인간이 되어 선과 악을 교묘히 넘나듭니다. 이 소설에서는 인간의 양면성과 위선적인 모습을 잘 보여 줍니다.

　소돔과 고모라가 멸망할 때, 롯의 가족은 하나님의 특별한 은혜로 유황불로 멸망당하는 도시에서 빠져나와 구원을 받았습니다. 하나님은 뒤를 돌아보지 말라고 말씀하셨지만 롯의 아내는 뒤를 돌아보다가 소금기둥이 되고 말았습니다. 롯의 아내가 뒤를 돌아본 이유는 그녀의 몸은 피해 나왔지만 마음은 아직 소돔과 고모라에 있었기 때문입니다. 즉 그녀는 그때까지도 쾌락과 육체의 즐거움, 그리고 재물에 깊이 젖어 있었던 것입니다.

　우리가 비록 날마다 세상과 접촉하며 살더라도, 하늘나라의 시민권을 가진 성도로서 이 세상의 거대한 죄악의 물속에 빠지지 않도록 노력해야 합니다.

　한때 남침례교 신학대학의 학장으로 계셨던 엘리스 풀러 박사가 두 리를 이끌고 성지순례를 한 적이 있습니다. 토요일이 되자 함께 한 사람들이 풀러 박사에게 "주일 아침에 갈보리로 가게 될 텐데 예수님께서 십자가에 못 박히신 바로 그 지점에서 박사님이 우리에게 설교해 주십시오." 하고 말했습니다. 풀러 박사님은 설교를 해야 할 책임감 때문에 그날 밤을 꼬박 뜬눈으로 보냈습니다. 무슨 말을 해야 할지 곰곰이 생각했지만 도무지 합당한 말이 떠오르지 않았습니다. 예수님께서 돌아가신 장소에서 도저히 설교할 자격이 없는 듯했습니다. 그래서 풀러 박사는 잠도 자지 않고 밤새 마태복음의 십자가의 고난 기사를 그대로 암송하였습니다. 다음날 아침에 일행은 갈보리로 걸어갔습니다. 어느 누구도 입을 여는 사람이 없었으며 모든 것이 죽음처럼 고요했습니다. 풀러 박사님이 설교할 시간이 되었습니다. 그는 얼굴을 하늘로 향하고서 십자가의 고난을 묘사한 성경 말씀을 그대로 낭송하기 시작했습니다. 사람들의 눈에서는 눈물이 뺨을 타고 흘러내렸고, 여기저기서 흐느끼는 소리가 들렸습니다. 낭송을 마친 박사님이 말했습니다. "저곳이 예수님께서 여러분과 나를 위해 돌아가셨던 곳입니다." 그리고는 아이작 왓트의 찬송가를 불렀습니다. "주 달려 죽은 십자가 우리가 생각할 때에 죽으신 구주 밖에는 자랑을 말게 합소서 머리와 수족 보오니 큰 자비 나타나셨네 온 세상 만물 가져도 주 은혜 못 다 갚겠네" 갈보리에서 발길을 돌릴 때의 그들의 마음은 한결 같았습니다. "만약 목숨이 천 개가 있다면 예수님을 위해 천 개의 목숨을 다 드리기를 원한다."

우리도 주를 위해 우리의 모든 것을 바칠 수 있는 믿음을 가져야 합니다. 이것이 십자가의 정신입니다. 우리는 하늘나라의 시민권을 가진 사람들입니다. 천국은 주 예수 그리스도의 십자가를 믿는 성도들이 가는 곳입니다.

감리교의 창설자인 존 웨슬레(John Wesley) 선생님의 유명한 일화입니다. 존 웨슬레가 주님과 교통하며 기도하다가 잠이 들어 천국에 들어서게 되었습니다. 그가 천국에 들어서기 전에 천국 문을 지키고 있던 천사에게 물었습니다. "나와 함께 영광스런 복음 운동인 '메소디스트(Methodist) 운동'을 하던 친구들이 얼마나 왔습니까?" 그 천사는 잠깐 기다리라고 한 후 명부를 한참 뒤져보더니, "미안하지만 감리교 성도는 한 사람도 없습니다." 하고 말했습니다. 깜짝 놀란 웨슬리가 다시 물었습니다. "나의 신앙은 잘못된 모양이군요. 그렇다면 영광스런 '칼빈의 5대 교리'를 강조하던 장로교 성도들이 왔나 보죠? 그들 중에서는 몇 명이나 왔습니까?" 천사는 한참을 뒤져보더니 말했습니다. "미안하지만 장로교 성도는 한 사람도 오지 않았습니다." "아무리도 우리의 종교개혁은 대단한 실수였나 보군요. 그러면 천주교 성도들만 왔습니까? 그들은 얼마나 왔습니까?" 이번에도 천사의 대답은 똑같았습니다. 웨슬레는 천사의 대답에 큰소리로 되물었습니다. "그렇다면 누가 왔단 말이오?" 천사는 방긋 미소를 지으며 대답했습니다. "이 천국에는 예수 그리스도를 참으로 개인의 구주와 주님으로 영접하여 성령으로 거듭난 그리스도인들만 왔습니다."

천국은 주 예수님을 믿어야 갈 수 있습니다. 십자가에 달려 죽으신 주 예수 그리스도를 믿는 사람만 갈 수 있습니다. 성경은 말씀합니다. "다른 이로써는 구원을 받을 수 없나니 천하 사람 중에 구원을 받을 만한 다른 이름을 우리에게 주신 일이 없음이라"(행 4:12) 비록 우리가 이 세상에 살고 있어도, 우리는 세상에 속한 자가 아니라 하늘의 시민권을 가진 자임을 기억해야 합니다. 우리는 육체의 쾌락을 일삼는 자들을 경계하고, 부끄러움을 영광으로 아는 자들을 조심하며, 땅의 일을 생각하는 자들을 멀리해야 합니다.

우리는 하늘나라의 시민권을 가진 하나님의 자녀들임을 자랑스럽게 생각합시다. 그리고 십자가의 정신을 부인하는 자들을 경계하고, 십자가의 사랑에 감사하며 십자가의 정신으로 살아가는 특권과 축복을 누려야 합니다. 아멘.

¹⁷형제들아 너희는 함께 나를 본받으라 그리고 너희가 우리를 본받은 것처럼 그와 같이 행하는 자들을 눈여겨보라 ¹⁸내가 여러 번 너희에게 말하였거니와 이제도 눈물을 흘리며 말하노니 여러 사람들이 그리스도의 십자가의 원수로 행하느니라 ¹⁹그들의 마침은 멸망이요 그들의 신은 배요 그 영광은 그들의 부끄러움에 있고 땅의 일을 생각하는 자라 ²⁰그러나 우리의 시민권은 하늘에 있는지라 거기로부터 구원하는 자 곧 주 예수 그리스도를 기다리노니 ²¹그는 만물을 자기에게 복종하게 하실 수 있는 자의 역사로 우리의 낮은 몸을 자기 영광의 몸의 형체와 같이 변하게 하시리라

(빌립보서 3:17-21)

25

하늘의 시민권 2

우리는 하늘나라의 시민권을 가진 성도들입니다. 하늘나라의 시민권을 가진 성도는 십자가의 정신을 부인하는 자들과 육체의 쾌락을 일삼는 자들을 경계해야 합니다. 부끄러움을 영광으로 아는 자들을 조심하며 땅의 일을 생각하는 자들을 멀리해야 합니다.

그리고 하늘나라의 시민권을 가진 성도는

2. 지도자를 본받는 삶을 살아야 합니다

믿음의 사람 사도 바울은 사랑하는 빌립보교회 성도들에게 "형제들

아 너희는 함께 나를 본받으라"(3:17)고 권면합니다.

사도 바울은 십자가를 부인하는 자들을 경계하라고 했습니다. 그리고 '나를 본받으라' 고 합니다. 이 말은 누구나 할 수 있는 말이 아닙니다. 그런데도 사람들은 '나를 본받으라' 고 자신 있게 말합니다.

어느 초등학교 선생님이 40년간의 교직을 마치고 정년퇴임을 할 때 송별인사에서 눈물을 흘리며 말했습니다. "내가 40년 동안을 교사로 봉직했으나 단 한 번도 학생들에게 나를 닮으라는 말을 해보지 못한 채 교단을 떠납니다." 이 분이야말로 참으로 훌륭하신 분입니다.

우리도 마찬가지일 것입니다. 우리 중에 "여러분, 저를 본받고 저만 닮으십시오. 틀림없이 여러분은 잘 될 것입니다." 하고 자신 있게 말할 수 있는 사람이 몇 명이나 되겠습니까? 그런데 사도 바울은 자신을 본받으라고 말합니다. 어떤 사람은 "항상 겸손하라고 가르친 바울이 어떻게 '나를 본받으라' 고 말할 수 있느냐? 그의 가르침이 모순이 아닌가? 교만해진 것이 아닌가?" 하고 오해할 수도 있을 것입니다. 그러나 사도 바울의 중심은 자신을 앞세우기 전에 먼저 우리의 최고의 모범이신 예수님을 상기시키고 있습니다.

1) 예수 그리스도를 본받아야 합니다

사도 바울은 앞서 빌립보교회 성도들에게 가르치고 있습니다. "너희 안에 이 마음을 품으라 곧 그리스도 예수의 마음이니 그는 근본 하나님의 본체시나 하나님과 동등 됨을 취할 것으로 여기지 아니하시고 오히려 자기를 비워 종의 형체를 가지사 사람들과 같이 되셨고 사람의 모양으로 나타나사 자기를 낮추시고 죽기까지 복종하셨으니 곧 십

자가에 죽으심이라"(2:5-8)

예수 그리스도는 우리가 본받아야 할 최고의 본보기입니다. 이 말은 한 마디로 예수 그리스도의 마음을 품으라는 뜻입니다. 하늘나라의 시민권을 가진 우리는 예수 그리스도의 성품을 본받아야 합니다. 사도 바울은 고린도전서 11장 1절에서 말합니다. "내가 그리스도를 본받는 자가 된 것 같이 너희는 나를 본받는 자가 되라"

빌립보교회 성도들은 누구보다 사도 바울을 잘 알았습니다. 특별한 친분과 사랑으로 뭉쳐진 관계였기 때문입니다. 빌립보교회 성도들은 바울이 빌립보교회를 설립하여 수고하며 말씀을 가르쳤을 뿐 아니라 교회를 위하여 많은 기도를 한 종이기 때문에 그를 잘 알았습니다. 그래서 빌립보교회 성도들은 정성으로 헌금을 모아 로마 감옥에서 고생하는 바울에게 에바브로디도를 파송해서, 그를 위로하며 수종 들게 하는 등 특별한 관계를 유지해 왔습니다. 사도 바울 또한 빌립보교회 성도들에게 "형제들아" 하고 다정스럽게 부르는 사이가 되었습니다. "형제들아" 하고 부른 것은 빌립보교회 성도들이 예수 그리스도 안에서 천국의 시민권을 가진 하나님의 자녀인 것을 확인해 주는 말입니다.

그리고 "형제들아 나를 본받으라"고 말합니다. 이 말은 바울을 본받기 전에 예수 그리스도를 본받으라는 말입니다. 빌립보교회 성도들은 바울이 자신을 본받으라고 하는 말은 먼저 바울이 따르며 본받고 있는 예수 그리스도를 본받으라는 말이라는 것을 알고 있었습니다.

하늘나라의 시민권을 가진 성도들, 주 안에 있는 형제들은 먼저 예수 그리스도를 본받아야 합니다. 우리의 목표는 예수 그리스도입니다. 하늘나라를 바라보고 살아가는 우리 성도들은 항상 우리의 최고의 모범이신 예수 그리스도를 본받아야 합니다.

2) '나를 본받으라' 는 말은 바울 자신이 결코 완전한 사람이란 말이 아니라 자신이 부족하여 날마다 푯대를 향하여 달려간다는 고백입니다

사도 바울은 자신처럼 빌립보교회 성도들도 아직 완전에 도달하려면 부족하다는 것을 바로 알았기에 완전한 푯대를 향하여 목표에 도달하기 위해 힘써 노력하라는 말입니다. 사도 바울은 푯대를 향하여 날마다 달려가는 자신처럼 빌립보교회 성도들도 달려가라는 말입니다.

우리도 하늘나라의 시민권을 가진 백성들이지만 아직 부족한 점이 많다는 것을 알아야 합니다. 우리는 아직 다 이루지 못하고 완전해지지 못했기 때문에 계속 완전을 향해서 달려가야 합니다. 날마다 자신의 부족함을 알고 주 예수 그리스도를 본받기 위해 달려가야 합니다.

3) 빌립보교회 성도들에게 사도 바울은 본받을 수 있는 모델이었습니다

빌립보교회 성도들에게는 이방신을 섬기며 우상 앞에 절하던 과거의 이교도 생활이 아직 몸에 배어 있었습니다. 그래서 교회 안으로 들어온 그들이 모든 구습을 벗어버리고 오직 주 예수 그리스도만을 온전히 잘 섬기기 위해서는 실물교훈을 통해 믿음의 본을 보여줄 모델이 필요했습니다. 그 모델로 가장 적합한 인물은 역시 사도 바울이었습니다.

사도 바울은 그들에게 처음으로 복음을 전해 준 사람이요, 교회를

설립하여 수고하며 헌신적으로 하나님의 말씀을 가르쳐 준 하나님의 종이요, 지금까지 오직 예수 그리스도만을 위해 수많은 고난과 핍박을 당하면서도 포기하지 않고 달려온 믿음의 지도자였습니다. 그래서 바울이 '나를 본받으라'고 할 때, 그 말은 충분히 설득력이 있어 빌립보교회 성도들이 공감하며 감사함으로 따를 수 있었습니다. 성경은 말씀합니다. "그리고 너희가 우리를 본받은 것처럼 그와 같이 행하는 자들을 눈여겨보라"(3:17)

우리는 하늘나라의 시민권을 가진 성도들입니다. 그러므로 우리 앞에서 모범적으로 신앙의 본을 보이며 예수 그리스도를 위해 헌신적으로 섬기는 믿음의 사람들을 본받아야 합니다. 그리고 우리 자신도 사도 바울처럼 '나를 본받으라'고 말할 수 있을 만큼 믿음의 본을 보이도록 힘써야 합니다.

4) '나를 본받으라'는 말은 바울 자신뿐만 아니라 믿음의 지도자를 본받으란 말입니다

사도 바울이 '나를 본받으라'고 말하면서 자신의 믿음의 동역자인 디모데와 에바브로디도를 포함한 믿음의 지도자들을 본받으라고 가르치고 있습니다. '나를 본받으라'는 말은 자신의 특권이나 업적을 본받으라는 것이 아니라, 자신을 부인하며 자신을 주는 희생정신과 다른 사람들을 위해 기꺼이 고난 받는 자세를 본받으라는 말입니다. 이 말은 그리스도를 위해 모든 것을 잃어버리고, 그리스도를 알기 위해 부단히 노력하는 모습을 본받으라는 말입니다.

사도 바울은 십자가의 원수로 잘못 인도하는 사람이 아닌 예수 그리스도에게로 바로 인도하는 지도자들에게 집중하며, 그들을 본받으라고 가르치고 있습니다. 천국 시민권을 가진 성도들은 신실한 지도자를 본받는 것이 매우 중요합니다. 사도 바울은 신실한 지도자를 따르라고 가르치고 있습니다. 빌립보교회 성도들은 사도 바울 외에도 그들이 본받을 만한 훌륭한 지도자들을 알고 있었습니다. 바로 디모데와 에바브로디도입니다.

디모데는 하나님을 경외하며, 주의 뜻을 같이 하며, 복음을 위하여 수고하며, 자기의 유익을 구하지 않고 주님의 일을 추구하는 사람이었습니다. 그는 신실한 복음의 동역자였으며, 연단과 훈련을 통해 준비된 사람이었습니다. 주님이 인정하고 교회가 인정하는 사람이었습니다. 영혼을 사랑하며, 동역자를 사랑하는 마음을 가진 사람이었습니다. 사도 바울은 이런 디모데와 같은 사람을 본받으라고 권면하고 있습니다. 그리고 에바브로디도 역시 신실한 복음의 동역자였습니다. 그는 그리스도와 바울, 그리고 교회에 필요한 사람이었습니다. 그는 형제요, 함께 수고하는 동역자요, 그리스도의 군사였습니다. 그는 복음을 위하여 수고하는 바울의 쓸 것을 돕는 자였습니다. 자기의 생명을 돌보지 않으면서까지 사랑을 주는 사람이었습니다. 그는 주의 종과 교회로부터 인정받고, 환영을 받는 복된 사람이었습니다.

우리도 이런 에바브로디도를 본받아야 합니다. 하늘나라의 시민권을 가진 성도들은 사도 바울과 디모데와 에바브로디도와 같은 훌륭한 믿음의 지도자들을 본받아야 합니다. 동시에 우리는 믿음이 약한 성도들과 새가족들에게 경건생활의 모범을 보여야 합니다. 먼저 예배생활의 모범을 보여야 합니다. 주일 낮예배 외에도 저녁예배와 수요예배 등 모든 공적예배를 비롯하여 가정예배까지 잘 드리는 모범을 보여야 합니다. 기도생활에도 모범을 보여야 합니다. 새벽기도와 중보기도에 참여하여 열심히 기도하는 모범을 보여야 합니다.

어느 집사님이 새신자를 전도해서 교회에 등록시켰습니다. 이 새신자가 보기에 자기를 교회로 인도한 집사님은 아주 신앙이 좋은 분으로 보였습니다. 그런데 새신자가 주일 저녁예배에 참석해서 보니 그 집사님이 보이지 않았습니다. 수요일에도 물론 보이지 않았습니다. 신앙이 아주 좋은 분으로 알았는데 주일 낮예배만 참석하는 것을 보고 실망하게 되었습니다. 이렇게 되면 본이 되지 않습니다.

말씨도 본이 되어야 합니다. 말을 함부로 하면 안 됩니다. 해야 될 말과 해서는 안 되는 말을 구분할 줄 아는 모범을 보여야 합니다. 쓸데없는 말이나 다른 사람의 흉을 보거나 비방하는 말, 또는 확실하지 않은 말을 가볍게 옮기는 말 등을 삼가야 합니다. 그리고 품위 있고 고운 말을 하도록 노력해야 합니다. 가장 중요한 것은 진실하고 정직한 말을 하는 것입니다. 그리고 우리는 죽이는 말을 하면 안 됩니다. 사람을 살리고 힘을 실어주는 말을 해야 합니다. 같에도 모범을 보여야 합니다. 또한 성결한 생활로 본을 보여야 합니다. 우리 몸에 해로운 것을 금해야 합니다. 술, 담배, 도박 등을 좋아하면 본이 되지 않습니다.

우리의 신앙이 빨리 성장하는 방법이 있습니다. 그것은 우리 스스로 모든 것을 다 경험해 보고, 시행착오를 거치려면 너무 많은 시간이 걸릴 뿐 아니라 그만큼 힘이 듭니다. 그러므로 신앙의 본이 되는 사람을 보고 배우면 빨리 성장할 수 있습니다. 그래서 사도 바울은 빌립보교회 성도들에게 자신을 믿고 따르며 본받으라고 가르치고 있습니다.

왜냐하면 바울 자신이 전적으로 예수 그리스도를 따르며 그분께 헌신하는 삶을 살아왔기 때문입니다. 우리가 신앙생활을 할 때 이것저것 따지고, 모든 것을 다 이해하고, 모든 지식을 다 습득하면서 할 수는 없습니다. 그러므로 우리의 신앙이 성장할 수 있는 가장 좋은 방법은 하나님을 바로 섬기며 신실하게 믿음으로 살아가는 지도자들을 보면서 그대로 본받는 것입니다. 그분들의 좋은 점을 본받는 것은 신앙생활에 많은 도움이 됩니다.

1960년대의 한국 교회는 박태선 장로라는 분이 '전도관'이란 이단을 만들어 전국에 있는 교회들을 혼란스럽게 만들었습니다. 이때 많은 사람들이 여기에 빠지게 되었습니다. 1957년 9월 1일에는 말세에 심판을 피하고 구원을 얻으려면 신앙촌으로 들어와야 한다며 '신앙촌 건설'을 서둘렀습니다. 동년 10월 23일에는 자신이 '동방의 의인'이라고 선포하고, 10월 25일에는 "기성교회는 마귀의 전당이니 구원이 없고 '전도관'에만 구원이 있다"고 외쳤습니다. 이때 인천제일교회의 성도들 중 일부가 따라갔는데, 이들이 성도들을 유혹하기 위해 심방을 시작했습니다. "신앙촌에 들어가야 구원을 받는다. 세상은 곧 망한다"고 하면서 성경을 들먹거리며 이단 교리를 선전했습니다. 그런데 인천제일교회 성도들은 전혀 요동하지 않았습니다. 성도들의 대답은 한결 같았습니다. "우리는 우리 교회 목사님을 믿어요." 성도들이 목사님을 믿고 따르면서 본받는다는 말입니다. 이단들은 "그러면 그 목사님이 지옥 간다면 당신도 지옥 갈거요?" 하며 궤변을 토하면 성도들은 이렇게 대답했습니다. "우리 목사님이 지옥에 가신다면 나도 가지요. 내가 모든 것을 다 해석할 수 없고, 지금 싸우고 변론해서 이길 수도 없고, 다 가볼 수도 없고, 다 체험할 수도 없습니다. 그러나 우리 목사님께서 많이 생각하고 경험하고 기도해서 내리신 결론이니 나도 그분을 따를 것입니다." 이처럼 흔들리지 않고 확실하게 신앙을 고백하자 어쩔 수 없이 모두 물러가게 되었습니다. 그러자 교회가 평안해지고 말씀 위에 굳게 서게 되었습니다. 그 교회의 목사님은 이기영 목사님이었습니다. 목사님은 믿음의 본을 보이고, 성도들은 목사님을 본받아 따랐던 것입니다.

우리 자신이 모든 것을 다 이해하면서 신앙생활을 한다는 것은 어렵습니다. 우리가 성경을 알면 얼마나 알며, 연구를 하면 얼마나 할 수 있겠습니까? 내가 다 경험해서 알고 난 후에 주님을 따르겠다는 생각은 아주 위험합니다. 이것은 교만이며, 마귀의 밥이 되는 길입니다. 성경은 분명히 말씀합니다 "누구든지 이 교훈을 가지지 않고 너희에게 나아가거든 그를 집에 들이지도 말고 인사도 하지 말라 그에게 인사하는 자는 그 악한 일에 참여하는 자임이라"(요이 1:10-11) 이단은 문간에 들이지도 말고 인사도 하지 말라는 경고입니다. 자칫 틈을 보이면 잡히기 때문입니다. 성경에 이단을 사랑하라는 말씀은 없습니다. 사도 바울은 빌립보교회 성도들에게 말합니다. "나는 예수 그리스도를 만났고, 경험했고, 계시를 받았고, 복음을 위해 고난도 받았다. 그러므로 나를 본받으라. 나를 따르라."

미국의 초대 대통령인 조지 워싱턴에게는 훌륭한 믿음의 어머니가 있었습니다. 어머니 마티 여사는 신앙심과 생각이 깊고, 근면하고 검소했으며, 의지 또한 강했습니다. 어머니는 늙을 때까지 아들의 정신적인 지주가 되었습니다. 아들을 키울 때 격려와 충고를 해 주었고, 성경 이야기도 들려주었습니다. 시와 교훈적 이야기, 그리고 정직이 제일이라는 가르침을 주었습니다. 12세에 아버지를 잃은 워싱턴은 집안일과 자주정신을 배웠습니다. 그는 모든 일에 모범을 보였습니다. 미국 독립전쟁에서 승리하자 어머니는 "우리는 큰 승리를 얻게 해 주신 하나님을 잊어선 안 된다"는 말과 함께 축하해 주었습니다. 어머니는 시골에 살면서 늘 예배를 드렸습니다. 대통령이 된 후에도 워싱턴은 의회 연설문을 작성하면 언제나 어머니의 승인을 받았다고 합니다. 의원들이 반대해도 어머니가 옳다고 인정하는 일은 끝까지 추진했습니다. 그의 어머니는 훌륭한 믿음의 모델이었습니다. 워싱턴은 그의 어머니를 본받았습니다.

우리는 하늘나라의 시민권을 가진 성도들로서 복잡하게 생각할 필요가 없습니다. 우리는 믿음의 주요, 온전케 하시는 주 예수 그리스도만 바라보고 달려가면 됩니다. 성경에 나타난 믿음의 사람들의 신앙을 본받으면 됩니다. 우리는 사도 바울과 같은 믿음의 사람들을 본받아야 합니다. 그리고 우리 자신이 본을 보여야 합니다. 그러기 위해 날마다 예수 그리스도와 함께 교제함으로 예수님을 만나야 합니다.

우리는 하늘나라의 시민권을 가진 성도들입니다. 우리는 영원한 모범이 되시는 예수 그리스도를 본받아야 합니다. 신실한 믿음의 종들을 본받아야 합니다. 그리고 우리도 믿음의 본을 보이는 믿음의 경주자들이 되어야 합니다. 아멘.

> ²⁰그러나 우리의 시민권은 하늘에 있는지라 거기로부터 구원하는 자 곧 주 예수 그리스도를 기다리노니 ²¹그는 만물을 자기에게 복종하게 하실 수 있는 자의 역사로 우리의 낮은 몸을 자기 영광의 몸의 형체와 같이 변하게 하시리라
>
> (빌립보서 3:20-21)

26

하늘의 시민권 3

1899년에 미국에서 유명한 두 사람이 죽었습니다. 그 중에 한 사람은 성경을 헐뜯으며 기독교 교리를 반대했던 잉거솔(Ingersol) 육군 대령입니다. 불신자인 그는 하버드 대학에서 유명한 불멸설에 관한 강연을 했던 사람입니다. 그가 갑자기 세상을 떠나자 가족들에게 큰 충격이 되었습니다. 그의 아내가 시신에서 떨어지지 않으려고 해서 시신을 며칠 동안 집안에 안치하게 되었습니다. 그러자 곧 시신이 부패되어 결국 가족들이 옮겨서 화장을 하게 되었습니다. 화장터에서의 광경이 너무도 쓸쓸하여 그 중 일부가 신문에까지 실리게 되어 전국적으로 알려졌습니다. 그는 훌륭한 지성인으로 알려졌으나 아무런 소망이 없이 죽고 말았습니다. 그의 죽음으로 모든 것이 끝났습니다. 가족과 친구들에게도 아무런 보상도 받을 수 없는 비극으로 끝나고 만

것입니다.

다른 한 사람은 복음 전도자 디엘 무디(D.L. Moody)였습니다. 그의 죽음은 비참한 것이 아니라 자신과 온 가족의 승리였습니다. 무디는 임종 전에 기력이 떨어졌으나 옆에서 돌아가며 간호하던 가족들이 지켜보는 가운데 세상을 떠났습니다. 그날 아침 무디는 그의 아들에게 이런 말을 했습니다. "이 땅이 멀어지고 있어. 하늘나라가 열린다. 하나님이 부르신다." 아들이 "아버지, 꿈을 꾸신 거예요?" 하고 묻자 이렇게 대답했습니다. "아니야. 이것은 꿈이 아니다. 나는 여러 문들 안에 있었어. 나는 어린 아이들의 얼굴도 보았지." 잠시 후 기운이 떨어지자 무디가 다시 말했습니다. "이것이 죽음인가? 이것은 그리 나쁘지 않아. 골짜기가 아니라 축복이요, 영광이로구나!" 곁에 있던 딸이 기운을 차리게 해 달라고 기도하자 이렇게 말했습니다. "아냐, 아냐, 엄마. 그렇게 기도하지 말아라. 하나님께서 부르신다. 오늘이 나의 대관식 날이야. 나는 이날을 고대해 왔단다." 그리고 나서 무디는 하늘나라로 영접되었습니다. 장례식 때 그의 가족과 친구들은 기쁨에 넘치는 예배를 드렸습니다. 그리고 그들에게 말씀이 선포되었습니다. "사망아 너의 승리가 어디 있느냐 사망아 네가 쏘는 것이 어디 있느냐 사망이 쏘는 것은 죄요 죄의 권능은 율법이라 우리 주 예수 그리스도로 말미암아 우리에게 승리를 주시는 하나님께 감사하노니"(고전 15:55-57) 무디의 죽음은 비극이 아니라 승리였습니다.

우리는 하늘나라의 시민권을 가진 백성들이지만 나그네와 같은 인생길을 살아가고 있습니다. 그러나 우리에게는 이 땅에서의 모든 일이 끝나면 돌아갈 본향이 있습니다. 우리는 하늘나라의 시민권을 가진 백성들이므로 늘 하늘나라를 소망하며 살아갑니다. 그러므로 비록 이 세상에서의 생활이 흔들고 어렵더라도 능히 참을 수가 있습니다. 사도 바울이 이 빌립보서를 기록할 당시에는 많은 사람들이 어려움과 박해를 당할 때였습니다. 사도 바울 자신도 로마 감옥에 갇혀 있었습니다. 많은 성도들도 예수님을 믿는다는 이유로 감옥에 갇히고, 매를 맞고, 화형을 당하고, 맹수의 밥이 되고, 십자가에 달리는 등 많은 박해를 받았습니다. 그러나 그런 환난 중에서도 그들이 능히 이겨낼 수 있었던 것은 천국의 시민권을 가진 백성이라는 확신이 그들에게 있었기 때문입니다. 앞으로 그들이 가게 될 천국을 바라보았기 때문입니다.

3. 우리의 시민권은 하늘나라에 있습니다

"우리의 시민권은 하늘나라에 있는지라"(3:20)

빌립보교회 성도들은 시민권에 대해서 잘 알고 있었습니다. 그 당시 로마의 상류급 인사들이 빌립보에 와서 살았기 때문에 로마 시민권을 가진 사람들의 위력과 특권에 대해 잘 알고 있었습니다. 당시 로마 제국의 절반 이상이 노예였습니다. 나머지의 절반이 로마 시민권을 가지고 있었으며, 그 나머지는 자유인들이었습니다. 전체 인구의 1/4에 해당되는 로마 시민들이 그들보다 배나 많은 노예들을 다스릴 수 있었던 것은 역시 1/4의 자유인들이 스파이 노릇을 해서 노예들을 잘 감시했기 때문이라고 봅니다. 로마 시민권을 가진 사람들에게는 한두 명씩의 노예가 배당이 되었는데, 주인은 가만히 앉아서 놀고먹었으며 일은 노예들이 전담했다고 합니다. 당시 호민관 선거에 출마한 사람들이 유권자들에게 뇌물로 노예를 주었다고 합니다. 그러므로 할 일이 없는 로마 시민들은 놀고먹으며 원형극장에서 맹수와 사람들이 싸우는 것을 보며 즐겼다고 합니다. 그리고 로마 시민권은 로마 군인으로 21년 이상 근무한 사람에게 주어졌고, 세금을 많이 내며 여러 해 동안 충성한 사람들이 시민권을 살 수도 있었습니다.

사도 바울의 아버지는 상당한 재력가였으므로 돈으로 로마 시민권을 산 것으로 보이는데, 바울은 날 때부터 로마 시민권을 가졌다고 말합니다. 로마 시민권을 가진 사람은 큰 권리를 행사할 수 있었습니다. 설사 범죄자라 해도 함부로 대하지 못했습니다. 사도 바울이 빌립보에서 복음을 전하다가 체포되어 감옥에 들어갔을 때 그에게 매를 쳤습니다. 그때 바울이 로마 시민권을 내놓자 감옥이 벌컥 뒤집혔습니다. 감히 로마 시민권을 가진 사람에게 재판도 하지 않은 상태에서 매를 쳤으니 큰일이었습니다. 그래서 관리들이 바울에게 사정을 해서 출옥한 적이 있습니다. 또 로마 시민권을 가진 사람은 어떤 죄를 지었더라도 십자가에 못 박히는 일이 없었습니다. 사도 베드로는 로마 시민권이 없어 십자가에 못 박혀 순교했지만, 사도 바울은 로마 시민권이 있었으므로 목 베임을 당했습니다. 이것이 그 당시 로마 시민권의 위력입니다. 빌립보교회 성도들은 이런 사실을 잘 알고 있었습니다. 사도 바울은 이런 엄청난 로마 시민권의 위력과 권세를 잘 알고 있는 빌립보교회 성도들에게 말합니다. "우리의 시민권은 하늘나라에 있습니다. 우리는 하늘나라의 백성들입니다. 하나님 나라의 시민권은 이 세상의 로마 시민권과는 비교할 수 없을 정도로 영광스럽고 귀한 것입니다."

오늘날도 어느 나라의 시민권을 가졌느냐에 따라 차별이 심합니다. 유럽에 가면 EC 유럽연합에 속한 나라들은 공항에서 조사도 받지 않고 통과합니다. 그러나 다른 나라들, 특히 제3세계에서 온 사람들은 철저히 조사를 받아야 합니다. 미국의 시민권을 가진 사람들은 어디를 가도 당당할 뿐 아니라 대우를 받습니다. 미국이라는 강대국이 받쳐주기 때문입니다. 우리나라도 예전에는 대접을 받지 못했습니다. 나라가 가난하고 힘이 없었기 때문입니다. 그러나 요즈음은 미국에도 무비자로 들어갈 수 있습니다. 어디로 가도 부당한 대우는 받지 않습니다. 그 만큼 우리나라의 국력이 강해졌다는 증거입니다.

우리는 이 세상 그 어떤 나라의 시민권과도 바꿀 수 없는 하늘나라의 시민권을 가진 백성들입니다. 이 땅은 우리가 잠시 머물다 가는 곳입니다. 우리는 나그네 인생이므로 잠시 후 우리의 인생여정을 다 마치고 죽음의 날을 맞이할 때에는 정말 중대한 사건이 전개될 것입니다. 그때 하늘나라의 시민권을 가진 사람과 가지지 못한 사람과의 차이가 드러날 것입니다. 이 세상에서 소위 강대국, 선진국, 일류국가의 시민권을 가지고 기세등등하게 살아도 세상을 떠날 때 하늘나라의 시민권을 받지 못하면 천국에 들어갈 수 없습니다. 그들은 영원한 심판을 받게 될 것입니다. 반면 비록 이 땅에서는 선진 국민이나 일류국가의 시민권을 가지지 못했다 하더라도, 주 예수 그리스도를 구주로 믿어 천국의 시민권이 있는 우리는 주님이 계신 하늘나라로 들어가게 됩니다.

우리의 나그네 인생길이 비록 힘들고 어려워도, 우리는 우리 주 예수 그리스도를 믿어 하늘나라의 시민권을 가진 백성이라는 자부심을 가져야 합니다. 그리고 이 천국의 시민권을 주신 주의 은혜에 항상 감사하면서 천국 본향을 향해 믿음으로 살아야 합니다.

하늘나라의 시민권을 가진 성도는

4. 예수 그리스도의 재림을 기다립니다

"거기로부터 구원하는 자 곧 주 예수 그리스도를 기다리노니"(3:20)

1) 예수님의 재림은 분명히 있습니다

초대교회 성도들은 예수님의 재림을 확실히 믿었습니다. 이 믿음이 있었기 때문에 그 무서운 박해와 고통 속에서도 기쁨이 있고 힘을 얻을 수 있었습니다. 그들은 하늘나라의 시민권에 대한 확실한 믿음이 있었기 때문에 투기장에서 사자들과 대면하게 되었을 때나 사형장에 올라갔을 때에도 기뻐할 수 있었습니다. 이 기쁨 때문에 그들은 예수님의 재림을 기대하며 순교할 수 있었습니다.

한편으로는 예수 그리스도의 재림에 대한 의심이 생기게 되었습니다. 어떤 이들은 예수님의 재림은 하나의 유토피아 철학에 지나지 않는다고 말했습니다. 예수님의 재림은 실제가 아니라 하나의 이상향이라고 생각한 것입니다. 그러나 예수님의 재림은 분명히 있습니다. 하나님의 말씀인 성경이 분명히 증거하고 있으며, 예수님도 분명히 말씀하셨기 때문입니다. "그 때에 인자가 구름을 타고 큰 권능과 영광으로 오는 것을 사람들이 보리라 또 그 때에 그가 천사들을 보내어 자기가 택하신 자들을 땅 끝으로부터 하늘나라 끝까지 사방에서 모으리라"(막 13:26-27), "내 아버지 집에 거할 곳이 많도다 그렇지 않으면 너희에게 일렀으리라 내가 너희를 위하여 거처를 예비하러 가노니 가서 너희를 위하여 거처를 예비하면 내가 다시 와서 너희를 내게로 영접하여 나 있는 곳에 너희도 있게 하리라"(요 14:2-3), "주께서 호령과 천사장의 소리와 하나님의 나팔 소리로 친히 하늘로부터 강림하시리니 그리스도 안에서 죽은 자들이 먼저 일어나고 그 후에 우리 살아남은 자들도 그들과 함께 구름 속으로 끌어 올려 공중에서 주를 영접하게 하시리니 그리하여 우리가 항상 주와 함께 있으리라"(살전 4:16-17), "볼지어다 그가 구름을 타고 오시리라 각 사람의 눈이 그를 보겠고 그를 찌른 자들도 볼 것이요 땅에 있는 모든 족속이 그로 말미암아 애곡하리니 그러하리라 아멘"(계 1:7)

우리 주 예수 그리스도는 분명히 이 세상에 다시 오십니다. 이 세상의 모든 역사는 주 예수 그리스도의 재림을 향하여 흘러가고 있습니다. 우리가 살고 있는 이 세상에는 우리가 이해하기 어렵고 예측할 수 없는 어려운 문제들이 종종 발생합니다. 정치, 경제, 노사·이념간의 갈등, 북한의 핵무기, 테러, 인권 문제 등 어려운 문제들이 많습니다. 어제의 원수가 오늘의 친구가 되고, 어제의 친구가 오늘의 원수가 되기도 합니다. 그러나 한 가지 분명한 것은 우리 주 예수 그리스도는 분명히 다시 오신다는 사실입니다. 하늘나라의 시민권을 가진 우리 성도들은 이 세상 마지막에 있을 예수 그리스도의 재림을 믿습니다. 우리는 그것을 바라보고 항상 의식하면서 준비하며 살아가는 사람들입니다.

우리 주님은 반드시 이 약속을 지키십니다. 그러므로 우리는 예수님께서 성경대로 반드시 이 땅에 다시 오실 것이라는 믿음을 가지고, 그 날을 바라보면서 하늘나라의 시민권자다운 삶을 살아가야 합니다.

2) 주님의 재림을 기다리며 살아야 합니다

'기다린다'는 말은 꾸준하고 간절한 소망에 찬 갈망을 말합니다. 예수 그리스도께서 이 땅에 다시 오신다는 사실이 천국의 시민권을 가진 우리의 삶과 행동에 깊은 영향을 미쳐야 합니다. 다시 말하면 우리의 모든 삶의 중심이 예수 그리스도의 재림이어야 한다는 말입니다. 영국의 위대한 사회 개혁가인 샤프트베리 경(Lord Shaftesbury)은 그의 말년에 이런 말을 했습니다. "나는 지난 40년 동안, 주님의 재림을 생각함으로 그 영향을 받지 않았던 때가 단 한 시간도 없었다고 생각한다."

우리도 주 예수 그리스도의 재림을 믿고 기다리며 살아간다면 우리의 삶에 변화가 있어야 합니다. 주 예수님의 재림 사상이 하나님의 백성들의 전 생애에 거룩한 고민이 되어 영향을 미쳐야 합니다.

성경을 번역하는 한 젊은 선교사가 있었습니다. 그는 믿음이 좋은 마리아라는 성도와 약혼 후 결혼할 날을 기다리고 있었습니다. 결혼 날짜가 다가오자 마리아는 그의 약혼자 빅 벤트리가 사역하는 선교 현장을 찾아갔습니다. 그런데 마리아가 선교지에 도착했을 때는 이미 벤트리 선교사가 풍토병으로 세상을 떠난 며칠 뒤였습니다. 참으로 안타까운 일이 아닐 수 없었습니다. 그녀는 그때의 심정을 "결혼식 날은 내 생애에 가장 슬픈 날이었다"고 고백했습니다. 그러나 마리아는 천국의 시민권을 가진 신앙인으로서 주님의 재림을 믿었기 때문에 그런 슬픔과 역경도 이겨낼 수 있었습니다. 그래서 사랑하는 약혼자가 사역하던 선교지에서 혼자의 몸으로라도 성경번역 사역을 계속하기로 결심하고, 다른 한 여 성도와 함께 인디오 부족으로 들어갔습니다. 그 부족의 이름은 젤탈부족입니다. 먼저 저지대의 젤탈부족 마을로 들어갔지만 박대를 받아 고지대 젤탈부족 마을로 들어가게 되었습니다. 거기에서 그들과 함께 살며 그들의 언어를 문자로 만들고, 그들이 읽을 수 있도록 성경을 번역했습니다. 그로부터 15년 후 저지대 젤탈부족이 옛날에 자기들이 쫓았던 마리아 선교사가 고지대 사람들과 잘 지내는 것을 보고 도와달라고 부탁을 했습니다. 그래서 다시 저지대로 가서 12년 동안 그들과 생활하면서 성경을 번역했습니다. 얼마 지나지 않아 젤탈 언어계보와 비슷한 콜롬비아 부족이 마리아 선교사를 초빙했습니다. 그러자 고지대와 저지대 부족에서는 마리아 선교사를 빼앗기지 않으려고 했습니다. 그러자 위클리프 성경번역 선교단체를 창설한 선교사가 직접 원주민들을 찾아가서 설득했습니다. "여러분, 마리아 선교사가 여러분들을 찾아오기 전까지는 여러분도 어두움 가운데 있었습니다. 그러나 그녀가 이곳에 온 후부터는 이곳에 빛이 비취었습니다. 그런데 이전의 당신들처럼 어두움 속에서 살아가는 형제들이 또 있습니다. 여러분이 만약 마리아 선교사를 보내주지 않는다면 그곳 사람들은 계속 문맹의 상태에 있을 수밖에 없습니다." 이렇게 설득하여 젤탈부족의 촌장은 마리아를 보내주게 되었습니다. 그 후 12년 동안 콜롬비아에서 성경을 번역한 마리아는 성경을 가장 많이 번역한 선교사라는 칭송을 듣게 되었습니다. 그 뒤 마리아가 전에 있었던 젤탈로 돌아올 때에는 온 젤탈인들이 큰 기쁨으로 환영해 주었습니다. 그녀를 위하여 부족 고유의 전통의상을 입고 마을 어귀에서부터 찬양대원들이 찬양으로 맞이해 주었습니다.

그녀는 인간적으로 볼 때 이 세상의 여인들 중에서 가장 큰 슬픈 결혼식을 맞은 여인이었습니다. 그러나 그녀에게는 부활하신 예수님이 계셨고, 하늘나라의 시민권이 있었으며, 다시 오실 예수님의 재림에 대한 신앙이 있었습니다. 그리고 부활의 주님과 늘 동행하는 삶을 살았습니다. 그래서 그녀는 모든 슬픔과 환경을 극복하고 누구보다도 아름답고 보람 있는 성공적인 삶을 살 수가 있었습니다. 그리고 우리를 구원하신 예수님, 우리에게 천국의 소망을 주신 예수님, 장차 이 세상에 다시 오실 재림의 예수님을 모르는 사람들에게 복음을 전파하기 위해 오지를 찾아가 평생 그 예수님을 전하며 살았습니다.

우리는 천국의 시민권을 가진 성도들로서 아직 예수님을 모르는 사람들에게 복음을 전해야 합니다. 우리의 이웃들과 먼 곳에 있는 사람들에게도 전해야 합니다. 그래서 우리 교회는 저 멀리 아프리카에도 복음을 전하기 위해 선교사를 파송하여 매년 방문하고 있습니다. 가서 선교사를 격려하고, 현지인들에게는 그리스도의 복음을 전하며, 의료인들을 통해 의료봉사도 합니다. 이 일은 주 예수님의 재림을 믿는 하늘나라의 시민권을 가진 성도로서 마땅히 해야 할 일임을 알기 때문입니다.

우리의 시민권은 하늘나라에 있습니다. 우리 주님은 반드시 재림하십니다. 하늘나라의 시민권을 가진 성도는 주님의 재림을 기다리며 살아야 합니다. 그리고 예수님을 모르는 모든 사람들에게는 이 복음을 전해야 합니다. 아멘.

¹⁷형제들아 너희는 함께 나를 본받으라 그리고 너희가 우리를 본받은 것처럼 그와 같이 행하는 자들을 눈여겨보라 ¹⁸내가 여러 번 너희에게 말하였거니와 이제도 눈물을 흘리며 말하노니 여러 사람들이 그리스도의 십자가의 원수로 행하느니라 ¹⁹그들의 마침은 멸망이요 그들의 신은 배요 그 영광은 그들의 부끄러움에 있고 땅의 일을 생각하는 자라 ²⁰그러나 우리의 시민권은 하늘에 있는지라 거기로부터 구원하는 자 곧 주 예수 그리스도를 기다리느니 ²¹그는 만물을 자기에게 복종하게 하실 수 있는 자의 역사로 우리의 낮은 몸을 자기 영광의 몸의 형체와 같이 변하게 하시리라

(빌립보서 3:17-21)

27

하늘의 시민권 4

우리는 이 세상에서 살아가지만 하늘나라의 시민권이 있습니다. 하늘나라의 시민권이 있는 사람은 기독교의 가장 중요한 교리인 예수 그리스도의 부활을 믿는 사람입니다. 예수 그리스도께서 우리를 죄에서 구원하시기 위해 십자가에 달려 돌아가셨다가 사흘 만에 부활하셨습니다. 복음 전도자 R.A. Torrey는 "부활은 기독교 증거들을 지켜주는 가장 견고한 요새요, 불신은 패배"라고 말했습니다. 예수 그리스도의 부활은 모든 기독교 교리를 지켜주는 바탕이며, 기초가 됩니다.

주 예수 그리스도께서 우리 죄를 위하여 죽으셨다가 사흘 만에 부활하셨다는 사실을 확실히 믿는다면 그 신앙은 확실합니다. 만약 예수 그리스도의 부활을 믿지 못한다면 모든 신앙은 헛것이며 흔들릴 수밖에 없습니다. 성경은 말씀합니다. "그리스도께서 만일 다시 살아나지 못하셨으면 우리가 전파하는 것도 헛것이요 또 너희 믿음도 헛것이며 또 우리가 하나님의 거짓 증인으로 발견되리니 우리가 하나님이 그리스도를 다시 살리셨다고 증언하였음이라 만일 죽은 자가 다시 살아나는 일이 없으면 하나님이 그리스도를 다시 살리지 아니하셨으리라"(고전 15:14-15)

하늘나라의 시민권을 가진 우리 성도들은 예수 그리스도의 부활과 장차 승천하신 예수 그리스도께서 이 세상에 다시 오실 것을 믿습니다. 그때 우리의 몸이 변화될 것도 믿습니다.

5. 예수 그리스도의 부활이 증거해 주는 것이 있습니다

1) 예수 그리스도께서 하나님이심을 증거합니다

예수님은 여러 차례에 걸쳐서 자신이 십자가에 달려 죽으셨다가 사흘 만에 다시 살아나실 것을 예언하셨습니다. 만약 예수님이 부활하지 않으셨다면 예수 그리스도는 거짓말쟁이요, 하나님에 대하여 참람한 죄를 범한 결과가 됩니다. 그러나 예수 그리스도는 정확히 삼일 만에 부활하셨습니다. 이것은 예수님이 바로 하나님이심을 증거하는 사건입니다.

2) 우리의 칭의를 증거합니다

"의로 여기심을 받을 우리도 위함이니 곧 예수 우리 주를 죽은 자 가운데서 살리신 이를 믿는 자니라 예수는 우리가 범죄한 것 때문에 내줌이 되고 또한 우리를 의롭다 하시기 위하여 살아나셨느니라"(롬 4:24-25)

예수 그리스도는 우리의 죄를 위하여 십자가에 달려 돌아가셨습니다. 그러므로 예수 그리스도의 부활 사건은 우리의 모든 죄를 용서해 주셨다는 증거가 됩니다. 따라서 예수 그리스도를 믿는 모든 사람은 의롭다 하는 증거를 받았습니다.

3) 우리의 영생을 증거합니다

예수 그리스도의 부활은 인생이 죽음으로 끝나지 않고 영원한 세계가 있음을 가르쳐 줍니다. 죽음에서 부활하신 예수님은 그를 믿는 모든 자에게 영생을 주신다고 말씀하십니다. "내가 진실로 진실로 너희에게 이르노니 내 말을 듣고 또 나 보내신 이를 믿는 자는 영생을 얻었고 심판에 이르지 아니하나니 사망에서 생명으로 옮겼느니라"(요 5:24)

4) 살아 계신 그리스도의 보호하심과 인도하심을 증거합니다

예수 그리스도께서 다시 살아나신 사건은 그를 믿는 우리를 늘 보호하시고, 함께 하시며, 인도하신다는 증거입니다. "그러므로 너희는 가서 모든 민족을 제자로 삼아 아버지와 아들과 성령의 이름으로 세례를 베풀고 내가 너희에게 분부한 모든 것을 가르쳐 지키게 하라 볼지

어다 내가 세상 끝 날까지 너희와 항상 함께 있으리라"(마 28:19-20)

5) 우리의 부활을 증거합니다

예수 그리스도는 부활의 첫 열매가 되십니다. "그리스도께서 죽은 자 가운데서 다시 살아나셨다 전파되었거늘 너희 중에서 어떤 사람들은 어찌하여 죽은 자 가운데서 부활이 없다 하느냐 만일 죽은 자의 부활이 없으면 그리스도도 다시 살아나지 못하셨으리라"(고전 15:12-13), "아담 안에서 모든 사람이 죽은 것 같이 그리스도 안에서 모든 사람이 삶을 얻으리라 그러나 각각 자기 차례대로 되리니 먼저는 첫 열매인 그리스도요 다음에는 그가 강림하실 때에 그리스도에게 속한 자요"(고전 15:22-23)

6. 하늘나라의 시민권을 가진 하나님의 백성들은 영화롭게 변화될 것입니다

"그는 만물을 자기에게 복종하게 하실 수 있는 자의 역사로 우리의 낮은 몸을 자기 영광의 몸의 형체와 같이 변하게 하시리라"(3:21)

예수님은 살아 계시기 때문에 마지막 날에는 그를 믿는 모든 성도들을 영화스럽게 변화시키실 것입니다. 예수님은 우리의 영혼뿐만 아니라 우리의 몸까지 변화시키는 구원자이십니다. 그러나 헬라인들은 영을 중요시 하는 반면에 육은 무시했습니다. 육신은 영혼을 가두어 두는 감옥으로 알고 사람이 죽으면 이 지긋지긋한 감옥에서 해방된다고 믿었습니다. 그래서 몸은 거추장스러운 방해물이라고만 생각했습니다. 이것은 성경의 가르침과 전혀 다릅니다. 성경은 우리의 몸은 하나님의 성령이 거하시는 '성전'(고전 3:16)이라고 말씀합니다.

하나님께서 아담과 하와를 창조하셨을 당시 에덴동산에서의 그들은 아름답고, 순결하고, 깨끗하고, 흠이 없었습니다. 그런데 죄가 들어오자 인간의 몸이 불완전해지고, 연약해지고, 고통과 질병과 추함과 무익함이 들어오게 되었습니다. 결국 나중에는 죽음을 초래하고 말았습니다. 죄가 들어오기 전의 인간의 몸은 참으로 아름답고 튼튼하여 병도 없었습니다. 건강하고 가장 완벽한 아름다움을 지녔던 아브라함과 하와의 몸은 죄가 들어오면서부터 모든 것이 변했습니다.

하늘나라의 시민권을 가진 성도는 우리의 몸은 하나님이 주신 것으로 믿고 소중하게 여깁니다. 우리 몸은 아주 소중합니다. 우리 주 예수 그리스도께서 이 땅에 다시 오시면 우리의 몸이 영광스런 몸으로 변화될 것이기 때문입니다. 이 말은 우리에게 큰 위로가 됩니다. 우리의 사랑하는 사람들이 이 세상을 떠나면 상심되고 슬퍼할 수밖에 없습니다. 그리고 오랫동안 질병으로 고생하거나, 난치병으로 고생을 하다가 세상을 떠나는 성도들을 볼 때에도 마음이 아픕니다. 갑작스런 사고로 세상을 떠나는 성도들도 우리의 마음을 아프게 합니다. 그러나 주 예수 그리스도를 영접하여 하늘나라의 시민권을 가진 우리 성도들에게는 아직 영광스러운 장면이 남아 있습니다. 그것은 주 예수 그리스도께서 재림하실 때 우리의 연약한 몸이 영광스러운 상태로 변하는 것입니다. 성도가 죽어 땅에 매장되어 썩어서 흙으로 돌아갔더라도 영광스러운 몸으로 변합니다. 화장하여 한줌의 재로 변해도 주님이 오실 때에는 모두 영화로운 몸으로 다시 살아납니다. 늙은 몸이든 병든 몸이든 재림 때에는 모두 영광스러운 상태로 바뀝니다. 전쟁터에서 죽어 묻히거나 바다에서 사고로 죽어도 우리 주님이 이 땅에 다시 오실 때에는 모두 영광스런 몸으로 변합니다. 주 예수 그리스도를 구주로 영접한 성도는 시·공간을 초월해서 예수 그리스도처럼 영광스러운 몸으로 변합니다. 그때는 우리 몸이 병들거나 썩지 않는 몸으로, 강하고 튼튼한 몸으로, 신령하고 거룩한 몸으로 변할 것입니다. 다시는 죽지 않는 영광스러운 몸으로 변할 것입니다.

부활은 참으로 영광스럽고 복된 진리입니다. 예수님께서 장차 우리가 다시 살아날 것을 예표로 보여주신 사건들이 있습니다. 성경에는 죽은 자를 살리신 사건이 세 번이나 기록되어 있습니다. 첫 번째는 회당장 야이로의 딸을 살려주신 사건입니다. 사람들이 애곡하는 것을 보고 예수님께서 '아이가 죽지 않고 잔다' 고 말씀하시자 사람들이 비웃었습니다. 그러나 주님이 '달리다굼' (내가 네게 말하노니 소녀야 일어나라) 하시자 소녀가 살아났습니다. 두 번째는 나인성 과부의 아들을 살리셨습니다. 예수님께서 과부의 아들의 장례행렬을 멈추게 하시고 죽은 청년을 향하여 '일어나라' 고 말씀하셨습니다. 그때 죽은 청년이 다시 살아나 어머니의 품에 안겼습니다. 세 번째는 나사로가 죽어 장사 지낸 지 나흘이나 지났을 때 예수님께서 그의 무덤 앞에 서서 '나사로야 나오라' 고 말씀하셨습니다. 그때 죽은 나사로가 다시 살아서 나왔습니다. 이것은 장차 우리도 주 안에서 다시 살아날 것을 미리 보여준 사건입니다.

우리는 주 예수 그리스도를 믿음으로 하늘나라의 시민권을 갖게 되었습니다. 우리의 생활이 힘들고 육신이 피곤한 이 땅에 살고 있지만, 머잖아 주 예수 그리스도께서 이 땅에 다시 오실 때에는 우리의 연약한 몸들은 예수 그리스도처럼 영광스러운 몸으로 변할 것입니다. 우리는 이 사실을 믿고 미리 내다보며 살아야 합니다.

7. 이 일은 만물을 자기에게 복종하게 하신 우리 주님의 역사로 될 것입니다

"그는 만물을 자기에게 복종하게 하실 수 있는 자의 역사로 우리의 낮은 몸을 자기 영광의 몸의 형체와 같이 변하게 하시리라"(3:21)

여기서 '복종하게 한다'는 말은 '순서대로 정돈한다'는 말입니다 즉 '모든 것을 주님께 예속시킨다'는 뜻입니다. 예수 그리스도는 온 우주를 다스리시는 왕이십니다. 온 우주를 자기의 발아래 굴복시키시며 다스리시는 하늘나라와 땅의 모든 권세를 가지신 하나님이십니다. 그분께서 우리의 낮은 몸을 영광스러운 몸으로 변화시키지 못 하실 리 없습니다. 주 예수님을 믿어 구원을 받은 우리는 장차 우리의 몸도 영광스러운 몸으로 변할 것입니다. 우리를 영광스러운 몸으로 변화시킬 분은 바로 만물을 자기에게 복종시키시며 온 우주를 통치하시는 능력의 예수 그리스도이시기 때문입니다.

우리가 믿는 주님은 우리에게 영생과 미래의 약속을 주신 주님이시며, 만물을 통치하시는 우주의 왕이십니다. 이 세상의 통치자들도 엄청난 권세를 부립니다. 절대 권력을 가진 왕의 명령이 떨어지면 모두 복종해야 합니다. 오늘날에도 대통령이 명령하면 모든 군대가 동원되어 전쟁을 할 수도 있습니다. 그러나 우리 주님이 재림하시면 세상의 모든 왕들과 통치자들과 지배자들을 우리 주님이 심판하시고 다스리실 것입니다. 이 세상의 역사는 주 예수 그리스도께서 그의 계획표대로 이끌어 가십니다. 앞으로 이 세상이 어떻게 될지 우리는 아무도 모릅니다. 어떤 정권이 들어설 것이며, 어떤 나라가 강대국이 될지도 우리는 예측할 수 없습니다. 그러나 한 가지 분명한 것은 모든 역사는 주 예수 그리스도의 재림을 향하여 흘러가고 있다는 사실입니다. 모든 것이 하나님의 계획표대로, 하나님의 시간표대로, 하나님의 코스대로 가고 있습니다. 이 세상 마지막 날에 예수님이 이 땅에 오실 때에는 그리스도를 영접한 우리는 영원한 생명의 나라로 갈 것입니다. 그러나 주님을 영접하지 않은 불신자들은 지위고하를 막론하고 영원한 심판을 받게 될 것입니다.

이 세상에서도 늘 우리가 보고 있습니다. 권좌에 있을 때에는 온 세상이 자기 것인 양 큰 소리를 치던 사람들도, 정권이 바뀌게 되면 어김없이 부정부패와 대형 스캔들에 연루되어 모든 비리가 드러나 추풍낙엽처럼 비참하게 되는 것을 보게 됩니다. 하물며 마지막 날 심판 때에 드러나지 않을 것이 있겠습니까? 모든 것이 숨김없이 다 드러나게 될 것입니다.

전도서 11장 9절은 이렇게 경고합니다. "청년들이여 네 어린 때를 즐거워하며 네 청년의 날들을 마음에 기뻐하며 마음에 원하는 길들과 네 눈에 보는 대로 행하라 그러나 하나님이 이 모든 일로 말미암아 너를 심판하실 줄 알라" 우리는 하나님 앞에서 심판받을 날이 반드시 온다는 것을 기억해야 합니다. 물론 인간에게는 자유가 있습니다. 상인은 상점에서, 직공은 공장에서, 공무원은 관청에서, 국회의원은 국회에서 마음대로 할 수 있습니다. 그러나 반드시 기억할 것은 하나님이 이 모든 일을 심판하신다는 사실입니다.

미국에 다니엘 웹스터라고 하는 유명한 정치가가 있었습니다. 어떤 분이 웹스터를 찾아가서 이런 질문을 했습니다. "당신의 마음속에 들어왔던 모든 생각들 가운데 가장 엄숙한 것은 무엇입니까?" 그러자 그가 즉시 대답했다고 합니다. "내가 지금 하고 있는 모든 일에 대해 하나님의 심판을 받을 것이란 사실입니다."

우리는 모두 하나님 앞에 서게 될 것입니다. 그러므로 하나님 앞에서 결산할 때가 있음을 늘 기억하고 살아야 합니다.

하늘나라의 시민권을 가진 우리에게는 소망이 있습니다. 우리가 비록 나그네 인생길을 가지만 하늘나라의 시민권을 가진 우리는 이 세상 마지막 날에 예수 그리스도와 함께 영광스러운 모습으로 변할 것입니다. 그때는 모든 것이 완전한 영광의 상태로 변할 것입니다. 하늘나라의 시민권을 가진 우리는 눈을 들어 주님의 나라를 바라보고, 영의 눈을 떠서 주의 재림의 시간을 바라보아야 합니다. 주 예수 그리스도를 믿어 하늘나라의 시민권을 가진 우리는 주님의 나라에 들어가게 될 것입니다. 그러므로 우리의 몸이 완전하고, 거룩하며, 강하고, 영광스런 몸으로 변할 것을 믿음으로 바라봅시다. 그리고 그날을 소망삼고 살아가는 지혜로운 자들이 다 되어야 합니다.

예수 그리스도의 부활은 예수 그리스도께서 하나님이심을 증거합니다. 뿐만 아니라 우리의 칭의와 영생을 증거합니다. 또한 예수 그리스도의 부활은 살아 계신 그리스도의 보호하심과 인도하심을 증거합니다. 그리고 예수 그리스도의 부활은 우리도 다시 부활할 것을 증거합니다. 하늘나라의 시민권을 가진 하나님의 백성들은 영화롭게 변할 것입니다. 우리는 부활의 소망을 가지고, 영화롭게 변할 것을 소망삼고 살아가는 하늘나라의 시민권자들입니다. 아멘.

> ¹그러므로 나의 사랑하고 사모하는 형제들 나의 기쁨이요 면류관인 사랑하는 자들아 이와 같이 주 안에 서라
>
> (빌립보서 4:1)

28

주 안에 서십시오

사도 바울은 사랑하는 빌립보교회 성도들에게 보내는 서신의 마지막 부분에서 '주 안에 서라'고 권면합니다. 여기서 '서라'(스테케테, στήκετε)는 '스테코'(στήκο)의 현재 능동태 명령법으로 '진실하게 서다', '굳게 서다'라는 의미가 있습니다. 이 말은 원래 병사가 전쟁 중에 적의 공격을 받으면서도 초소에 굳게 서 있는 모습을 표현할 때 사용되었습니다. 초소를 지키는 군인은 적으로부터 어떤 공격을 받아도 그 진지를 떠나면 안 됩니다. 이 말은 특별히 로마시대에 검투사들이 맹수와 싸울 때 뒤로 물러서지 않고 자리를 굳게 지켰던 데서 온 말입니다. 이 말씀은 빌립보교회 성도들이 신앙의 도전을 받아 어려움을 당하는 것을 잘 알고 주 안에 서라고 권면하는 내용입니다. '서라'는 말은 영어로 stand firm입니다. '굳게 서라'는 stand fast로 '견고히 서라'는 의미가 있습니다. 이 말씀은 도전하고 위협하는 대적들 앞에서 고난을 각오하고 제자리를 지키는 것을 말합니다.

성도들은 문제가 발생하면 대개 흔들리게 됩니다. 이단의 유혹이 있거나 교회 안에 여러 가지 문제가 발생할 때도 흔들릴 수 있습니다. 집안에 어려운 문제가 있거나 성도들과의 교제에 문제가 있어도 흔들리고 약해질 수 있습니다. 이때 뒤로 물러서게 되면 넘어지고 맙니다. 특별히 영적인 문제나 신앙적인 문제로 도전을 받을 때에는 더욱 조심해야 합니다. 이때 물러서거나 양보하고 포기해 버리면 모든 것이 물거품이 됩니다. 그러므로 우리가 영적인 싸움을 할 때는 절대 뒤로 물러서지 말고 굳게 서서 용감하게 싸워야 합니다. 주 안에 굳게 서는 것은 진리 안에 서는 것입니다. 주 안에 서는 것은 문제 해결의 첫걸음입니다. 주님은 그의 백성인 신자들이 흔들리거나 유혹당하는 것을 기뻐하지 않으십니다. 우리는 주 안에 굳게 서야 합니다.

1. 왜 주 안에 서야 합니까

1) 많은 사람들이 십자가의 원수로 행하기 때문입니다

'그러므로'는 3장과 연결됩니다. "여러 사람들이 그리스도의 십자가의 원수로 행하느니라"(3:18)

빌립보교회 안에 십자가의 원수로 행하는 자들이 들어왔습니다. 이들은 교회를 어지럽히면서 문제를 일으켜 연약한 성도들을 유혹했습니다. 그래서 빌립보교회 성도들이 주 안에 굳게 서야 했습니다. 역사적으로 교회 안에는 진리를 거부하며 왜곡하는 사람들이 들어오고, 세상과 타협하는 무리들이 나타났습니다.

우리 한국교회도 이런 비극적인 역사가 있었습니다. 1938년 9월 9일에는 목사 86명, 장로 85명, 선교사 22명, 모두 193명이 평양 '서문밖교회'에 모여 제27회 '대한 예수교 장로회 총회'가 총회장 홍택희 목사의 사회로 개최되었습니다. 이날의 가장 중요한 의제는 '신사참배 결의'였습니다. 193명의 총대들 옆에는 일경이 한 사람씩 앉아 있고, 무술경관 100명이 지켜보는 가운데 회의가 진행되었습니다. 1천 명의 성도들이 방청하려고 했지만 경찰들에 의해 제지를 당했습니다. 중요한 것은 '신사참배는 종교의식이 아니라 국가의식'이라는 것입니다. 다시 말하면 신사참배는 죄가 아니라는 말입니다. 이것은 분명히 십계명에 위배됩니다. 제1계명은 "너는 나 외에는 다른 신들을 네게 두지 말라"입니다. 두 번째 계명은 "너를 위하여 새긴 우상을 만들지 말고… 그것들에게 절하지 말며 그것들을 섬기지 말라"입니다. 총회장은 일본 경찰에 이미 매수되었기 때문에 "이 안건(신사참배를 하는 것)이 가하면 '예' 하시오." 하자, 10여 명이 작은 목소리로 "예"라고 대답했습니다. 이때 총회장은 부를 묻지 않고 가결되었다고 선포해 버렸습니다. 총회에서 신사참배는 죄가 아니라고 가결된 것입니다. 여기저기서 불법이라고 소리쳤으나 어쩔 수 없었습니다. 총회를 개회하기 전에 신사참배를 반대할 종들은 미리 다 연금하거나 구금해 버렸습니다. 일본 경찰의 사주대로 신사참배는 일사천리로 가결되고 말았습니다. 교회 안에 들어온 십자가의 원수들에 의해 진리가 무너지고, 한국교회는 비극적인 역사를 만들고 말았습니다. 이때 주기철 목사님은 "아, 내 주 예수의 이름이 땅에 떨어지는구나! 평양아 평양아 한국의 예루살렘이여, 너에게서 떠났도다! 우뚝 솟은 모란봉아 통곡하여라. 대동강아 대동강아 나와 같이 울자." 하며 통곡하였습니다.

　1945년 8월 15일, 드디어 우리나라는 해방을 맞았습니다. 감옥에 갇혀 있던 주의 종들도 모두 석방되었습니다. 그분들을 우리는 '출옥성도'라고 합니다. 그해 11월 16일에는 6개 노회가 연합하여 200명의 교역자들이 모인 가운데 교역자 수양회가 개최되었습니다. 장소는 신사참배를 결의했을 당시 총회장이었던 홍택희 목사가 시무하는 평안북도 선천에 있는 월곡동교회였습니다. 그때 '출옥성도'였던 이기선 목사님이 간증을 하면서 "신앙을 지키는 것이 귀하다"고 말했습니다. 신사참배를 한 목사들과 지도자들은 2개월간 근신하도록 했으나, 그들은 이미 다 회개했다며 끝까지 불복했습니다. 한국교회가 분리된 이유가 바로 여기에 있습니다.

　오늘날에도 십자가를 부인하며 진리를 왜곡하는 사람들이 교회 안으로 들어옵니다. 십자가의 원수는 십자가의 정신과 십자가의 희생을 부인하면서 끝까지 예수님을 따르지 않는 사람입니다. 그러므로 이들은 교회 안에서 문제를 일으켜 교회를 어지럽히며 성도들을 유혹합니다. 그러므로 하나님의 백성은 주 안에 굳게 서서 진리를 위해 싸워야 합니다. 끝까지 진리를 지키기 위해 주 안에, 그리고 말씀 안에 굳게 서야 합니다.

2) 우리의 시민권은 하늘나라에 있고, 우리는 주의 재림을 기다리고 있기 때문입니다

　"우리의 시민권은 하늘나라에 있는지라 거기로부터 구원하는 자 곧 주 예수 그리스도를 기다리노니"(3:20)

우리는 천국의 백성들입니다. 그러므로 진리와 믿음 안에 굳게 서야 합니다. 우리는 예수님의 재림을 믿고 기다리는 사람들입니다. 그러나 십자가의 원수들은 예수님의 재림을 부인합니다. 우리는 이들의 주장에 흔들리면 안 됩니다. 우리는 주님의 재림을 소망하며 굳게 서야 합니다. 예수 그리스도의 재림은 우리의 부활을 약속하는 사건이므로 아주 중요한 교리입니다. 천국의 시민권을 가진 하나님의 백성들은 부활의 소망으로 위로를 받습니다. 그러므로 우리는 장례식을 할 때도 복잡하게 하거나 절차에 크게 구애받지 않고 자유롭게 합니다. 우리에게는 부활의 소망이기 때문입니다. 우리는 부활을 믿기 때문에 매장이나 화장이나 자유롭게 할 수 있습니다. 3일장도 할 수 있고, 형편에 따라 4일장이나 5일장도 할 수 있습니다. 다만 주일에는 장례를 피합니다. 그 외에는 장례일을 앞당기거나 늦출 수 있습니다. 우리가 죽으면 매장이나 화장이나 수장이나 모든 육신은 다 흙으로 돌아갑니다.

우리는 죽은 자의 부활을 믿습니다. 주 예수님의 재림 때에는 모든 육체가 부활합니다. 주 예수 안에 있는 성도, 천국의 시민권을 가진 우리의 육체도 영광스러운 몸으로 부활할 것입니다. 주 예수 그리스도의 부활처럼 영광스런 몸으로 부활할 것입니다. 그러므로 우리는 영광스럽게 변화될 천국의 시민으로서, 재림의 소망을 가진 자로서 주 안에 굳게 서야 합니다.

3) 빌립보교회는 사도 바울의 기쁨이자 면류관인 사랑하는 자들이기 때문입니다

"그러므로 나의 사랑하고 사모하는 형제들 나의 기쁨이요 면류관인 사랑하는 자들아"(4:1)

① 사도 바울은 지금 감옥에서 편지를 쓰면서 빌립보교회는 '나의 기쁨' 이라고 말합니다. 빌립보교회는 바로 그의 기쁨이었습니다. 사도 바울은 빌립보교회 성도들의 자기를 향한 사랑과 봉사와 기도, 그리고 믿음을 기억하고 있었습니다. 한 마디로 사도 바울은 빌립보교회 성도들을 향한 사랑이 있었습니다. 이 사랑은 아가페 사랑입니다. 어떤 대가를 바라는 사랑이 아니라 사랑하는 그 자체를 기뻐하는 사랑입니다. 우리가 누군가를 사랑하게 되면 그 사람을 생각할 때마다 마음에 기쁨이 있습니다. 그러나 우리가 어떤 대가를 바라고 사랑한다면, 사랑을 받지 못할 때에는 억울하거나 섭섭하여 잠을 이루지 못하게 됩니다. 이것은 아가페 사랑이 아닙니다. 그런 사랑은 주고받는 사랑이기 때문에 참 사랑이라 할 수 없습니다. 사도 바울은 빌립보교회를 향한 진실한 사랑이 있었습니다. "내가 너희를 생각할 때마다 나의 하나님께 감사하며 간구할 때마다 너희 무리를 위하여 기쁨으로 항상 간구함은"(1:3-4) 이 말씀에서 그는 진정으로 빌립보교회를 사랑했음을 알 수 있습니다. 사도 바울은 빌립보교회 성도들을 진심으로 사랑했습니다.

창세기에 보면 가인과 아벨이 하나님께 제사를 드리는 내용이 나옵니다. 그런데 하나님은 동생 아벨의 제사는 받으셨지만 형 가인의 제사는 거부하셨습니다. 그러면 형 가인은 동생을 축하하며 기뻐해야 함에도 불구하고 동생을 시기하고 질투한 나머지 오히려 동생 아벨을 미워하며 죽이려고 했습니다. 결국 가인은 그의 동생을 죽인 최초의 살인자가 되고 말았습니다. 섭섭하고 억울하고 원망하는 마음이 있다면 그것은 진실한 사랑이라 할 수 없습니다. 참된 사랑은 사랑하는 것만으로 만족하며 기뻐할 수 있어야 합니다. 사랑은 주는 것만으로 만족할 수 있어야 합니다. 사도 바울에게는 바로 이런 사랑이 있었습니다.

② 바울은 빌립보교회 성도들을 향하여 '나의 면류관' 이라고 했습니다. 이 말씀은 올림픽 경기를 배경으로 한 말입니다. 올림픽 경기에서 승리한 사람의 머리에 씌워주는 월계관을 말합니다. 사도 바울이 빌립보교회 성도들을 '나의 면류관' 이라고 한 이 고백은 "나는 승리한 사람입니다. 그래서 하나님께서 내게 그 승리의 표로 월계관을 주셨습니다. 바로 그 월계관은 빌립보교회 성도들 여러분입니다. 여러분은 나의 승리의 면류관입니다. 여러분은 나의 승리의 상패입니다"라는 의미입니다.

우리가 장차 주님 앞에 설 때 주님은 그의 종들에게 물으실 것입니다. "너의 열매와 면류관은 어디 있느냐?" 그때 "저의 열매는 바로 저 성도들입니다." 하고 고백할 수 있어야 합니다. 그리고 성도들은 주님 앞에 설 때 주의 종들의 기쁨과 면류관이 되어야 합니다.

우리는 여기서 교역자와 성도들 모두에게 책임이 있다는 것을 알아야 합니다. 주의 종은 하나님 앞에 설 때 그동안 섬겨온 교회가 기쁨이 되고 면류관이 될 수 있도록 해야 합니다. 그러기 위해 날마다 교회가 영적으로 성장하여 새로 구원받는 자들이 많아지고, 하나님의 교회가 은혜가운데 잘 성장하도록 최선을 다해야 합니다. 성도들도 아낌없는 봉사와 순종과 헌신으로 하나님과 주의 종들의 기쁨이 되고, 상급이 있는 삶을 살아야 합니다.

성도들이 주 안에 굳게 서야 할 이유는 우리가 주의 기쁨이자 면류관이기 때문입니다. 그리고 빌립보교회 성도들은 바울의 기쁨이자 면류관이 되기 위해 주 안에 굳게 서는 삶을 살아야 합니다. 만약 우리가 주 안에 굳게 서지 못하면 우리가 주의 종들의 기쁨이 될 수 없고, 면류관이 될 수 없기 때문입니다. 우리는 주 안에 굳게 서서 주의 종들과 주님의 기쁨이 되고 면류관이 되어야 합니다.

2. 어떻게 주 안에 서야 합니까

"이와 같이 주 안에 서라"(4:1)

'서라'는 말은 전투적 용어입니다. 로마의 원형 경기장에서 맹수와 싸우는 검투사가 끝까지 물러서지 않고 자리를 굳게 지키는 것처럼, 영적 싸움에서도 굳게 서라는 말입니다. 진리와 말씀 안에 굳게 서라는 말입니다.

전투에는 두 가지가 있습니다. 공격적 전투와 방어적 전투입니다. 공격적 전투는 이미 예수님께서 우리를 위해서 싸워주셨습니다. 예수님은 우리를 위해서 십자가에서 죽어주셨습니다. 우리를 죄에서 구원하시기 위해서 십자가에서 싸워 승리하셨습니다. "통치자들과 권세들을 무력화하여 드러내어 구경거리로 삼으시고 십자가로 그들을 이기셨느니라"(골 2:15) 이것은 예수님의 공격적 전투입니다. 우리가 싸우는 전투는 방어적 전투입니다. 이미 주님이 확보해 놓으신 놀라운 구원과 기쁨과 평화, 그리고 자유 안에서 이것을 지키기 위한 전투입니다. 즉 방어를 위한 전투입니다. 그러기 위해 우리는 주 안에 굳게 서야 합니다. 이미 그리스도께서 공격적 전투에서 승리를 쟁취하셨으므로 우리는 그리스도 안에서 이미 승리하여 구원받아 천국시민이 되었습니다. 그러므로 우리는 구원받은 자로서 얻은 것을 지키기 위한 방어적 전투를 해야 합니다. 이 방어적 전투는 그만큼 쉽습니다. 그러나 잘못하면 넘어질 수 있으므로 우리의 신앙의 초소를 잘 지켜야 합니다. 마귀와의 싸움에서 이겨야 합니다. 이 방어적 전투를 잘못하여 믿음 위에 굳게 서지 못하는 경우가 많습니다. 신앙생활을 잘 하다가도 시험에 들어 넘어지는 경우가 종종 있습니다.

믿음의 사람 엘리야는 능력의 종이었습니다. 그는 갈멜산에서 바알선지자 450명과 대결을 했습니다. 참 신을 가리기 위해, 제단을 쌓고 기도할 때 하늘에서 불이 내려 그 제물을 태우게 하는 기도의 대결을 했습니다. 생명을 건 대결이었습니다. 그런데 백성들은 중간에서 머뭇거렸습니다. 하나님이 참 신인지 바알이 참 신인지를 몰라 방황했습니다. 그러나 엘리야는 하늘에서 불이 내려 제물을 다 태워 하나님이 참 신인 것을 온 천하에 증거했습니다. 그들은 하나님이 참 신임을 고백하고 엘리야와 함께 거짓 선지자들을 모두 죽였습니다. 하나님은 엘리야가 간절히 일곱 번 기도하자 3년 6개월 동안 내리지 않았던 비를 내려주셨습니다. 그들은 하나님의 능력을 체험했습니다. 그런데 얼마 가지 못하여 그들은 다시 넘어져 우상을 섬기는 죄를 범하고 말았습니다. 방어적 전투를 잘 하지 못했기 때문입니다.

그러므로 우리는 방어적 전투를 잘 해야 합니다. 그래서 사도 바울이 빌립보교회 성도들에게 주 안에 굳게 서라고 권면하는 것입니다. 믿음 안에 굳게 서야 하고, 하나님 편에 서야 합니다. 우리에게도 여러 가지 신앙의 도전이 옵니다. 시련의 때도 옵니다. 그때마다 우리는 굳게 서야 합니다.

우리는 주 안에 굳게 서야 합니다. 어떤 환경에서도 하나님의 약속을 믿고 주 안에 굳게 서야 합니다. 우리는 하늘나라의 시민권을 가지고 주 예수님의 재림을 믿고 살아가는 성도들입니다. 예수님은 이미 우리를 위해 공격적 전투에서 승리하셨습니다. 그러므로 우리도 우리가 받은 구원과 은혜와 축복을 방어하기 위한 전투를 계속해야 합니다. 그리해서 우리 모두 주 안에 굳게 서서 믿음의 승리자들이 다 되어야 합니다. 아멘.

²내가 유오디아를 권하고 순두게를 권하노니 주 안에서 같은 마음을 품으라 ³또 참으로 나와 멍에를 같이 한 네게 구하노니 복음에 나와 함께 힘쓰던 저 여인들을 돕고 또한 글레멘드와 그 외에 나의 동역자들을 도우라 그 이름들이 생명책에 있느니라

(빌립보서 4:2-3)

29

주 안에서 같은 마음을 품으십시오

하나님의 교회는 여러 종류의 사람들로 구성되어 있습니다. 따라서 성격, 개성, 달란트, 취미 등이 다양하기 때문에 무엇보다 하나가 되는 것이 중요합니다. 하나가 되는 것이 중요한 만큼 어려운 일이기도 합니다. 사도 바울은 사랑하는 빌립보교회 성도들에게 '주 안에서 같은 마음을 품으라' 고 권면합니다. 다시 말하면 '하나가 되라' 는 말입니다.

사도 바울은 교회 안에서 거짓 교리, 이단, 그리스도의 원수들을 과감하게 잘라버리라고 합니다. 동시에 같은 예수님을 믿는 성도들이 서로 마찰을 일으키거나 마음이 상하여 교회 공동체를 분열시키는 일을 막고, 연합하여 하나가 되라고 가르치고 있습니다.

우리 성도들은 주 예수 그리스도 안에서 모두 하나입니다. 우리는 예수님을 머리로 한 지체이므로 하나가 되어야 합니다.

1. 두 여인의 불화가 빌립보교회의 문제였습니다

"내가 유오디아를 권하고 순두게를 권하노니 주 안에서 같은 마음을 품으라"(4:2)

유오디아와 순두게 두 여 성도 간의 불화가 빌립보교회의 문제가 되었습니다. '유오디아'란 이름은 '좋은 여행', '순조로운 여행'이라는 뜻이 있으며, '순두게'는 '행운의 기회'라는 뜻이 있습니다. 이 두 여인은 빌립보교회 안의 여성 지도자들로 보입니다. 빌립보교회가 설립될 때에 처음으로 예수님을 믿은 두아디라의 자주장사인 루디아가 큰 역할을 했습니다. 그런 이유 때문인지 빌립보교회에는 여 성도들이 상당한 세력을 가진 듯 보입니다. 그 중에 유오디아와 순두게가 지도적인 인물이었는데 이 두 사람의 마음이 서로 맞지 않았습니다.

우리는 이 두 사람 사이에 어떤 문제가 있었는지 정확하게 알 수는 없지만 아마 이들의 인간성 문제로 보입니다. 두 사람은 모두 신앙도 좋고 열심히 있어 활동적이었습니다. 그러다보니 질투와 시기, 분쟁, 허영 등이 나타나게 된 듯합니다. 특별히 빌립보교회는 여성들이 주도적인 역할을 많이 하다보니 여성 특유의 사랑이 넘쳐서 상부상조와 봉사가 잘 되었습니다. 그래서 옥중에 있는 사도 바울에게도 위문금을 보내는 등 많은 활동을 한 것으로 보입니다. 그런 반면에 유오디아와 순두게 사이에는 시기와 질투가 나타나 파벌이 생기게 되어 서로 주도권 싸움을 하게 된 것으로 보입니다.

여기서 우리가 기억할 것은 대부분의 문제는 믿음이 좋은 사람들 사이에서 발생한다는 것입니다. 교회 안에서의 문제는 비교적 모범적인 성도들 사이에서 발생하는 경우가 많습니다. 빌립보교회 역시 믿음이 좋고 봉사를 잘 하는 사람들 사이에서 문제가 발생했습니다. 유오디아와 순두게는 교회 안에서 인정받는 신앙인들이요, 봉사자들이었지만 이들은 서로 하나가 되지 못했습니다. 이것은 마귀의 역사입니다. 교회를 어지럽히기 위한 사탄의 분열작전입니다. 마귀가 성도들을 시험하여 교회를 소란스럽게 하려는 차원 높은 작전입니다. 시기와 질투심은 남녀노소와 빈부를 초월하여 누구에게나 있습니다. 시기와 질투는 어디까지나 따라다니므로 늘 조심해야 합니다. 우리는 다른 사람이 열심히 봉사하는 것을 시기하거나 비판하면 안 됩니다.

다윗이 나라를 구하자 사울이 다윗을 시기하여 죽이려고 했습니다. 사울은 수금을 타는 다윗을 향해 창을 던졌으며, 멀리 도망간 다윗을 추적하기 위해 집요하게도 군사를 파견하여 죽이려고 했습니다. 결국 사울은 자신의 시기와 질투심 때문에 비참한 최후를 맞고 말았습니다. 다윗이 생명을 걸고 싸워 나라와 민족을 구했다면 감사해야 할 일입니다. 교회 안에서도 내가 하지 못하는 일을 다른 사람이 하면 감사하며 기뻐해야 합니다. 자신보다 더 주님을 사랑하며 하나님의 영광을 나타내는 성도가 있으면 기뻐하고 감사해야 합니다. 그 사람에게 좋은 믿음을 주신 것과 하나님께서 봉사할 수 있는 기회를 주신 것에 대해서 감사하며 협력해야 합니다.

그런데 우리가 교회 일을 할 때에 지나치게 자신을 부각시키려고 한다거나 과시하면 안 됩니다. 나중에는 '내가 아니면 안 된다'는 생각이 무의식중에 나타나게 됩니다. 그러다보면 다른 사람의 수고와 섬김은 '인기 때문'이라고 판단하게 됩니다. 이것은 잘못된 태도입니다. 우리는 우리가 볼 수 없는 그 사람의 마음 깊은 곳에 감추어져 있는 깊은 동기와 사랑과 믿음을 판단할 자격이 없습니다. 판단해서도 안 됩니다. 그러므로 그 사람이 진정 주님과 교회를 사랑하는 동기에서 열심히 하려고 하는데 사기를 떨어뜨리면 안 됩니다. 이것은 마귀의 작전임을 알아야 합니다. 우리는 열심히 잘 섬기는 성도가 있으면 감사하면서 격려하고 기뻐해야 합니다. 그리고 도와야 합니다. 주님은 이런 마음을 축복하실 것입니다. 유오디아와 순두게는 교회의 일을 하면서 상대방이 하는 일에 시기와 질투를 함으로써 분쟁이 발생한 것으로 보입니다.

우리의 목표는 오직 하나님의 영광입니다. 우리의 소망은 하나님의 교회가 바로 세워지고 부흥하는 것입니다. 그러므로 어떤 모양으로든 하나님께서 영광을 받으셔야 합니다. 따라서 하나님의 교회는 내가 못하면 다른 사람이라도 그 일을 해야 합니다. 누군가 봉사하며 희생할 때 하나님의 역사가 나타납니다.

우리는 하나님의 영광을 위해 더욱 열심 있는 봉사자들이 되도록 힘써야 합니다. 동시에 진정으로 하나님의 교회를 위해 섬기며 봉사하는 성도들을 보면 축하하며 기뻐해야 합니다. 그리고 열심히 봉사하며 섬기는 성도들을 격려하며, 그들을 위하여 기도하는 성숙한 성도들이 되어야 합니다.

2. 사도 바울은 불화를 해결하기 위해서 '주 안에서 같은 마음을 품으라'고 권면합니다

"내가 유오디아를 권하고 순두게를 권하노니 주 안에서 같은 마음을 품으라"(4:2)

1) 권면을 합니다

사도 바울은 어느 한편을 들지 않고 두 사람 모두에게 권면합니다. 빌립보서는 사도 바울이 성도들에게 감사의 마음을 편지로 써서 보내는 서신서입니다. 사도 바울은 두 여인의 불화를 듣고 책망하는 방법으로 '내가 권하노니'라고 기록했습니다. '권한다'(plead)는 말은 '간청하다', '탄원하다'는 뜻입니다. 바울은 어느 한편을 들어 편파적인 심판을 하지 않고 두 사람의 지성에 호소하고 있습니다. 두 사람은 모두 신앙의 경력이 있는 주님을 사랑하는 성도들입니다. 그러므로 사도 바울이 "내가 너희를 권하노니 주 안에서 같은 마음을 품으라"고 해도 그 뜻을 충분히 이해하고 문제를 해결하리라 기대했기 때문입니다.

우리도 가정이나 공동체 내에 문제가 발생했을 때 어느 한쪽만 책망하면 안 됩니다. 한쪽 말만 듣고 판단하거나 몰아붙이면 실수하게 됩니다. 양쪽에게 기회를 주고 모두를 다 이해할 수 있어야 합니다. 형제들 사이에도 불화가 있을 수 있고, 부부 사이에도 갈등이 있을 수 있습니다. 부모와 자녀, 시어머니와 며느리 사이에도 그들 나름대로 이유가 있습니다. 어느 한쪽에만 문제가 있는 것이 아니므로 양쪽의 말을 다 들어보아야 합니다. 시누이와 올케 사이도 마찬가지입니다. 아들과 며느리, 사위와 딸 사이에 문제가 발생하면 무조건 아들과 딸 편을 들면 안 됩니다. 양쪽의 말을 다 들어봐야 합니다. 문제는 모두에게 있습니다. 교회 안의 성도들 사이에도 마찬가지입니다. 문제가 발생하면 가깝고 친한 사람들의 말만 듣고 상대방을 나쁜 사람으로 몰아붙이면 큰 실수를 하게 됩니다. 상대방의 말도 들어보아야 올바른 판단을 내릴 수 있습니다. 사람들은 모두 자기의 입장에서만 말하기 때문에 한쪽 말만 듣고는 올바른 판단을 하기가 어렵습니다.

우리가 '이해한다'는 말은 understand로, 'under'(아래에)와 'stand'(서다)라는 뜻입니다. 즉 '상대방의 아래에 서다', '상대방의 입장에 서다'라는 말입니다. 상대방을 인정하고 이해하는 것이 아주 중요합니다. 이때 화해가 이루어지고 하나가 될 수 있는 기초가 마련됩니다. 사도 바울은 한쪽 편을 들지 않았습니다. 두 사람 모두를 인정하는 동시에 간청을 했습니다. 이것은 두 사람 모두에게 문제가 있음을 뜻합니다. 그래서 먼저 사랑의 말로써 권면하면서 신앙과 인격에 호소하는 것입니다. 우리도 문제가 있으면 먼저 권면하는 자세를 가져야 합니다. 사랑하는 마음으로 그들의 신앙과 인격에 간청해야 합니다.

2) 주 안에서 같은 마음을 품어야 합니다

'같은 마음'(토 아우토 프로네인, τό αὐτό φρονεῖν)이란 '주 안에서 사랑으로 하나가 된 마음'을 가리킵니다. 사도 바울은 마음이 하나가 되라고 권면합니다. 이것은 무엇보다 중요합니다. 결국 마음과 신앙의 문제이기 때문입니다. 마음이 떠나고 멀어지면 하나가 될 수 없습니다. 마음이 하나가 되려면 주 안에 있어야 합니다. 하나가 되려면 하나의 구심점이 있어야 하는데 그것은 바로 주 안에 있는 것입니다. 서로 시기하고 질투하거나, 원망하고 불평하면 하나가 될 수 없습니다. '같은 마음'은 주님과 교회를 먼저 생각하는 마음이며, 상대방을 위하여 화목하며 사랑하는 마음입니다. 이런 마음은 '주님의 마음'을 가질 때 가능합니다.

사도 바울은 빌립보서 2장 5절에서 이미 언급한 바 있습니다. "너희 안에 이 마음을 품으라 곧 그리스도 예수의 마음이니" 예수님의 마음을 성경은 이렇게 표현합니다. "마음을 같이 하여 같은 사랑을 가지고 뜻을 합하며 한 마음을 품어 아무 일에든지 다툼이나 허영으로 하지 말고 오직 겸손한 마음으로 각각 자기보다 남을 낫게 여기고 각각 자기 일을 돌볼 뿐더러 또한 각각 다른 사람들의 일을 돌보아 나의 기쁨을 충만하게 하라 너희 안에 이 마음을 품으라 곧 그리스도 예수의 마음이니 그는 근본 하나님의 본체시나 하나님과 동등 됨을 취할 것으로 여기지 아니하시고 오히려 자기를 비워 종의 형체를 가지사 사람들과 같이 되셨고 사람의 모양으로 나타나사 자기를 낮추시고 죽기까지 복종하셨으니 곧 십자가에 죽으심이라"(2:2-8)

우리는 주 안에서 한 마음, 같은 마음을 품어야 합니다. 이 마음은 자신은 죽어지고 그리스도만을 높이는 마음입니다. 자신의 영광을 버리고 주님의 영광을 위해 낮아지는 마음입니다. 이 마음을 가질 때 비로소 하나가 되고 화목이 이루어질 수 있습니다. 이 주님의 마음을 가질 때 하나님의 역사가 나타납니다. 하나님의 영광과 하나님의 역사를 위하여 우리는 하나가 되어야 합니다. 우리 주님은 우리를 주 안에서 하나가 되게 하시려고 십자가에서 피를 흘려주셨습니다. 그러므로 우리는 주 안에서 한 형제자매입니다. 우리는 주 안에서 같은 천국의 시민권을 가진 성도들입니다. 그러므로 우리는 주 안에서 하나가 되어야 하고, 같은 마음을 품어야 합니다.

　우리는 모두 하나가 되어야 합니다. 나는 낮아지고 상대방을 높이는 마음을 가져야 합니다. 하나님의 영광과 하나님의 교회를 위하여 주 안에서 같은 마음을 품어야 합니다. 주 예수님의 마음을 가져야 합니다. 우리 모두 주 안에서 같은 마음을 품고 하나가 되어 함께 섬기며 살아가야 합니다. 아멘.

> ²내가 유오디아를 권하고 순두게를 권하노니 주 안에서 같은 마음을 품으라 ³또 참으로 나와 멍에를 같이 한 네게 구하노니 복음에 나와 함께 힘쓰던 저 여인들을 돕고 또한 글레멘드와 그 외에 나의 동역자들을 도우라 그 이름들이 생명책에 있느니라
>
> (빌립보서 4:2-3)

30

돕는 성도가 되십시오

사도 바울은 사랑하는 빌립보교회 성도들 사이에 불화가 있음을 알고 '주 안에서 같은 마음을 품고 서로 도우라'고 권면합니다. 빌립보교회 안의 유력한 여성 지도자들로 보이는 유오디아와 순두게 사이에 불화가 있다는 것을 알고 당사자들에게 '주 안에서 같은 마음을 품으라'고 간청을 합니다. 이어서 교회를 향해서도 저 부녀자들을 도우라고 권면합니다. "또 참으로 나와 멍에를 같이 한 네게 구하노니 복음에 나와 함께 힘쓰던 저 여인들을 돕고 또한 글레멘드와 그 외에 나의 동역자들을 도우라"(4:3)

사도 바울은 문제를 일으킨 당사자들은 겸손히 주 안에서 같은 마음을 품어야 하며, 성도들 역시 그들이 하나가 되도록 도와야 한다고 말합니다. 여기서 '도우라'는 말은 적극적인 봉사의 자세, 즉 언제나 협

력하는 자세를 가져야 한다는 말입니다. 돕는 성도가 많은 교회는 은혜롭고 화평합니다. 교회의 유익을 위해서 어떻게 도울 것인가를 생각하면 문제가 훨씬 수월하고 은혜롭게 해결됩니다. 우리는 서로 돕는 성도들이 되어야 합니다.

1. 중재자가 필요합니다

사도 바울은 유오디아와 순두게의 불화를 조정하기 위해서 중재자를 세웠습니다. "또 참으로 나와 멍에를 같이 한 네게 구하노니"(4:3) '멍에'(수주게, σύξυγε)는 두 마리의 소가 같이 밭을 갈 때 멍에를 함께 하는 것을 말합니다. '멍에를 같이 한 자'는 밭에서 쟁기를 끌 때 두 마리의 소가 발을 맞추어 행동하는 것을 비유했는데, 여기서는 사도 바울과 함께 멍에를 멘 동역자를 말합니다. 사도 바울이 두 여인의 중재자로 지명한 이 사람이 어떤 인물인지에 대해 여러 가지 추측이 있습니다. ①바울의 아내라고 합니다. 바울이 결혼했다면 그의 아내일 것이라고 하지만 그는 독신으로 지냈다는 설이 우세합니다. ②유오디아와 순두게의 남편 ③루디아 ④디모데 ⑤실라 ⑥빌립보교회의 목사 ⑦글레멘드 ⑧에바브로디도가 유력합니다. 그러나 정확하게는 알 수 없습니다. 그렇지만 분명한 것은 빌립보교회에서 탁월한 사람이거나 높이 평가를 받는 영향력이 있는 사람이며, 탁월한 재치가 있고, 사도 바울처럼 주도면밀한 사람으로서 두 부녀를 충분히 화해시킬 수 있는 사람임에는 틀림이 없습니다.

화해시키는 것은 쉬운 일이 아닙니다. 두 마리의 소가 같은 멍에를 메고 발을 맞추어서 골을 가는 것이 쉽지 않습니다. 그래서 조정자가 필요합니다. 교회이기 때문에, 그리스도의 지체이기 때문에 화해시켜야 합니다. 빌립보교회는 분쟁이 발생했을 때 온 교회가 동원해서 해결하려고 힘썼습니다. 교회의 평화를 위해서 어떤 큰 노력도 수고라고 생각하지 않았습니다. 싸우는 교회는 교회라 할 수 없습니다. 싸우는 것은 주님을 쫓아버리는 것이기 때문입니다. 그러나 어떤 사람이라도 하나님과 화해하는 사람은 다른 사람, 또는 동료와 불화할 수 없습니다.

우리는 분쟁을 해결하려고 힘써야 합니다. 언제나 교회의 은혜와 평화를 위해서 협력하며 돕는 자가 되어야 합니다. 분쟁이나 시기가 있거나 문제가 발생하면 협력이 될 수 없습니다. 소극적으로 될 대로 되라는 자세를 가지면 안 됩니다. 비판을 위한 비판이나 반대를 위한 반대 역시 아무런 유익이 없습니다. 우리는 문제 해결을 위해 어떻게 도울 것인가를 생각해야 합니다. 그런데 문제를 부추겨서 더 복잡하게 하여 더 큰 상처를 만드는 사람도 있습니다. 이것은 아무런 도움이 되지 못합니다.

우스운 이야기가 있습니다. 어느 가정의 남편은 화가 날 때마다 그릇을 던지는 버릇이 있었습니다. 하루는 그릇을 던지는 남편을 본 아내가 두 개를 던져버렸습니다. 그랬더니 그 후부터는 남편의 나쁜 버릇이 사라졌다고 합니다. 또 어느 시어머니는 화가 날 때마다 장독간에 있는 옹기를 마구 깨뜨렸습니다. 하루는 계속 옹기를 깨뜨리다가 지쳐 있는 시어머니를 큰 며느리가 "어머니, 힘드시지요? 제가 도와드리겠습니다." 하고는 남은 장독을 전부 깨뜨렸습니다. 그리고는 친정에 미리 준비해 두었던 새 장독으로 채워 놓았습니다. 그 후로는 시어머니의 이런 버릇이 사라졌다고 합니다. 그러나 이런 방법으로는 문제가 해결되지 않습니다.

우리는 문제를 확대시키면 안 됩니다. 우리는 주 안에서 같은 마음을 품고 불화나 분쟁을 해결하기 위해 서로 도와야 합니다. 유오디아와 순두게는 믿음이 좋은 여 성도들이지만 불화 때문에 그 이름이 성경에 기록되어 있습니다. 이것은 역사가 얼마나 무서웠나를 보여주는 일례입니다. 성경을 읽는 사람들은 두 여인의 불화를 통해 경계하게 되지만 본인들에게는 부끄러운 일이 아닐 수 없습니다. 그들이 비록 신앙이 좋은 성도들이지만 그들의 불화로 인하여 교회에 손해를 끼치게 되었고, 감옥에 있는 사도 바울과 여러 성도들까지 이 일을 위해 중재에 나서게 되었습니다. 그런데 안타깝게도 이런 불미스런 사건이 역사에 기록되었습니다. 우리는 이 사건을 통해 '우리의 역사는 어떻게 기록될 것인가? 역사는 우리를 어떤 사람으로 기록할 것인가? 하나님의 교회는 우리를 어떤 사람으로서 기억할 것인가?' 생각해 보아야 합니다.

성경을 보면 가인은 동생을 죽인 최초의 살인자로, 가룟 유다는 예수님을 배반한 사람으로, 아나니아와 삽비라는 재물의 유혹을 받아 성령님을 속여 심판을 받은 사람으로, 아브라함은 믿음의 조상으로, 사무엘과 다윗은 믿음의 영웅으로, 바울은 회개하여 하나님의 복음을 전하는 사람으로, 막달라 마리아는 값비싼 향유를 주님께 부어드린 여인으로, 루디아는 사도 바울이 빌립보에서 전도할 때 자기 집을 내주고 복음의 센터로 삼았다고 기록하고 있습니다. 에베소교회는 첫 사랑을 상실한 교회로, 라오디게아교회는 뜨겁지도 차지도 아니한 미지근한 교회로 기록되어 있습니다. 반면 서머나교회와 빌립보교회는 끝까지 믿음을 지킨 칭찬받는 교회로 기록되어 있습니다.

역사는 우리의 인생에 대해, 그리고 우리 교회와 나의 신앙생활을 어떻게 기록할 것인가를 생각해 보아야 합니다. '나의 신앙생활은 평화주의자로 기록될 것인가 아니면 분쟁자로 기록될 것인가, 헌신하고 협력하는 자로 기록될 것인가 아니면 반대하며 방해하는 자로 기록될 것인가를 우리는 곰곰이 생각해 보아야 합니다.

우리는 하나님의 교회의 평화를 위해 협력하며 불화를 해결하기 위해 돕는 사람이 되어야 합니다. 우리의 인생이 하나님 앞에서 믿음의 사람으로, 교회에 헌신하는 사람으로, 화평의 사람으로 역사에 기록될 수 있는 삶을 살아야 합니다.

2. 왜 유오디아와 순두게를 도와야 합니까

그것은 복음에 함께 힘쓰던 자들이기 때문입니다. "또 참으로 나와 멍에를 같이 한 네게 구하노니 복음에 나와 함께 힘쓰던 저 여인들을 돕고"(4:3)

그들은 복음을 위해 수고하며 힘을 모았던 사람들입니다. 또한 빌립보교회를 설립할 때에도 희생하며 수고했습니다. 그리고 그들은 사도 바울의 복음 사역에도 동참했기 때문입니다. 같은 목적과 이념을 가지고 함께 섬기고 봉사한 사람들은 하나가 될 수 있습니다. 특히 군인들은 나라와 민족을 위하여 생명을 걸고 함께 힘을 모았던 전우들입니다. 그렇기 때문에 이들은 제대 후에도 재향군인회나 친목단체를 만들어서 좋은 교제를 합니다.

　우리나라 6·25전쟁 때 남아프리카 공화국에서는 공군부대가 유엔군으로 참여하여 우리나라를 위해 공산군과 싸웠습니다. 그 나라에는 '한국전 참여 재향군인회'가 있습니다. 우리나라와 외교관계가 수립되기 전에 수소문 끝에 회장과 총무를 만나 식사 대접을 하면서 감사를 표한 적이 있습니다. 6·25 당시 그들이 비행기를 타고 공중에서 서울을 내려다보았는데, 모든 건물들이 다 부서져 서울대 건물과 남산 외에는 보이지 않았다고 합니다. 재향군인회 총무는 중공군 포로가 되어 40일 동안 끌려 다녔다고 했습니다. 그때에는 쌀을 넣은 주머니를 가슴과 허리에 차고 다니면서 그것을 양식으로 먹었다면서 그때의 고생담을 털어 놓았습니다. 이 분들은 지금도 매년 한 번씩 '한국전쟁 참전 기념일'을 정하여 예배드린다고 합니다. 제가 감사를 표한 후, 요하네스버그 한인교회 1주년 기념예배에 그들을 초청했습니다. 이들은 당일 부부동반으로 40여 명이 가슴에 훈장을 달고 참석했습니다. 대부분 70세가 넘었는데 이들은 아주 단합이 잘 된다는 것을 알 수 있었습니다. 기념촬영을 할 때도 신속하게 움직였습니다. 우리 성도들은 사진 촬영을 하려고 하면 누군가가 앞에서 지도를 해야 하고, 그렇기 때문에 시간도 많이 걸립니다. 그런데 그들은 한 마디만 해도 신속하게 정리되었습니다. 그들은 군인정신으로 하나가 되어 있었습니다.

　우리 모두는 예수 그리스도의 복음 안에서 구원받은 한 형제들로 그리스도의 복음을 위해서 수고하는 사람들입니다. 그렇다면 우리도 그리스도의 복음 안에서 하나가 되어야 합니다. 우리 모두는 복음을 위해 함께 수고해 왔기 때문에 앞으로도 복음 안에서 하나가 될 수 있습니다. 물론 상대방이 복음에서 멀어지고, 복음을 부인하고, 하나님의 말씀에 순종하기를 거부한다면 어쩔 수 없습니다. 그러나 여전히 그리스도의 복음 안에 있고, 복음과 피로 값 주고 사신 교회를 위해 봉사하기를 원한다면 하나가 될 수 있습니다. 이것은 주님이 원하시는 일입니다. 복음을 위해 하나가 될 때 하나님은 개인과 교회를 축복하실 것입니다.

3. 사도 바울은 문제의 두 사람뿐만 아니라 복음의 사역자를 도우라고 했습니다

"또한 글레멘드와 그 외에 나의 동역자들을 도우라"(4:3)

사도 바울은 복음을 위해 힘쓰는 자들, 즉 복음을 위하여 수고하는 사역자들을 도우라고 합니다. 구체적으로 복음을 위해 수고하는 목사와 교역자를 도우라는 말입니다. 도우라는 것은 물질적으로 도우며 대접할 뿐 아니라 정신적으로도 협조하라는 말입니다. 목회에 협력자가 되어 도우라는 말입니다.

어떤 통계에 의하면 훌륭한 목사님들의 배후에는 그들의 어머니들이 교역자들을 잘 섬기고 도왔다는 기록이 있습니다. 어릴 때부터 어머니가 목사님을 가장 귀하게 여기며, 교역자들을 위해 기도로 잘 섬기고, 대접하고, 돕고, 협력하는 것을 보며 자랐기 때문에 그 영향을 받아 복음 전도자가 되었다는 말입니다. 반면 목회자에 대해서 늘 불평이나 나쁜 말을 하며 비협조적인 가정에서는 목사나 복음 전파를 위한 일꾼들이 나오지 않을 것입니다. 뿐만 아니라 교회를 섬기는 장로, 집사, 권사님들의 좋지 못한 이야기나 교회에 대한 불만을 들으며 자라는 자녀들은 신앙에 막대한 지장을 받게 된다는 것을 알아야 합니다. 그러므로 성도들은 복음 전파자들을 위해 말과 기도로 도울 뿐 아니라 능력이 되면 물질로도 도와야 합니다. 정신적으로 힘이 되고 목회에 도움이 되어야 합니다. 목회자들도 인간인지라 연약하여 낙심할 때도 있고 피곤하여 실수할 수도 있습니다. 그러나 하나님의 교회에서 복음을 위하여, 하나님의 양떼들의 영혼을 위하여 세운 종이기 때문에 도와야 합니다. 하나님의 말씀을 진리대로 담대하게 전할 수 있도록 도와야 합니다. 무엇보다 하나님의 말씀을 잘 받아들이고, 그 말씀을 그대로 믿고 순종하는 신앙생활이 최고의 협력입니다.

우리가 복음을 위하여 수고하는 사역자들을 돕는 것은 결국 하나님의 나라와 주의 교회를 위하여 협력하는 일입니다. 우리는 복음을 위하여 사역하는 종들을 도와야 합니다. 하나님의 나라와 주의 교회를 위하여 복음을 위해 수고하는 종들을 도우며 협력해야 합니다.

4. 우리가 도와야 할 이유는 그 이름들이 생명책에 있기 때문입니다

"또 참으로 나와 멍에를 같이 한 네게 구하노니 복음에 나와 함께 힘쓰던 저 여인들을 돕고 또한 글레멘드와 그 외에 나의 동역자들을 도우라 그 이름들이 생명책에 있느니라"(4:3)

성도가 하나가 되어야 할 이유는 그 이름들이 생명책에 기록되어 있기 때문입니다. 서로가 협력하고 도와야 할 이유도 그 이름이 생명책에 기록되어 있기 때문입니다. 이것은 종말론적인 신앙입니다. 우리 모든 성도는 언젠가 세상을 떠나게 될 것입니다. 그때는 이 세상의 호적에서는 우리의 이름이 지워지게 될 것입니다. 그러나 우리의 이름이 하늘나라의 생명책에 기록이 되어 있기 때문에 모두 천국에 들어가게 될 것입니다. 비록 이 땅에서는 불화하여 사이가 좋지 못하더라도 예수 그리스도를 구주로 믿는 성도들은 모두 천국에 들어가게 될 것입니다. 거기서 우리 모두가 다시 만나게 될 것입니다. 거기서 우리는 하나님과 함께 동거하게 될 것입니다. 사도 바울은 디모데후서 4장 7-8절에서 이렇게 고백합니다. "나는 선한 싸움을 싸우고 나의 달려갈 길을 마치고 믿음을 지켰으니 이제 후로는 나를 위하여 의의 면류관이 예비되었으므로 주 곧 의로우신 재판장이 그날에 내게 주실 것이며 내게만 아니라 주의 나타나심을 사모하는 모든 자에게도니라"

그러므로 우리는 마음이 하나가 되어 서로 도와야 합니다. 우리가 만일 서로 원수처럼 불화한 상태로 지내다가 후에 천국에서 만나게 되면 입장이 곤란할 것입니다. 오늘 이 자리에서 함께 예배드리는 우리는 불과 수십 년이 지나면 이 세상을 떠나 천국에 들어가게 될 것입니다. 거기서 우리는 다시 만나서 영원히 살게 될 것입니다.

이 땅에서 아무리 좋은 관계를 가지더라도 예수님을 믿지 않는다면 이 땅에서 이별하는 순간부터 영원히 볼 수 없습니다. 반면 비록 이 땅에서는 사이가 좋지 않더라도 예수님을 믿는 성도라면 누구나 천국에서 영원히 함께 살게 될 것입니다. 그러므로 우리는 서로 화해하고 하나가 되어 도와야 합니다.

우리는 서로 돕는 사람들이 되어야 합니다. 우리는 그리스도 안에서 복음을 위하여 하나가 되어야 합니다. 불화한 자들을 도와서 하나가 되도록 서로 협력해야 합니다. 복음을 위하여 수고하는 자들을 도와야 합니다. 우리의 이름이 천국의 생명책에 기록되었음을 알고 서로 하나가 되어 도와야 합니다. 우리 모두 하나님의 나라와 주의 교회를 위하여 주 안에서 같은 마음을 품고, 서로 돕는 아름다운 성도들이 되어야 합니다. 아멘.

> ⁴주 안에서 항상 기뻐하라 내가 다시 말하노니 기뻐하라 ⁵너희 관용을 모든 사람에게 알게 하라 주께서 가까우시니라 ⁶아무것도 염려하지 말고 다만 모든 일에 기도와 간구로 너희 구할 것을 감사함으로 하나님께 아뢰라 ⁷그리하면 모든 지각에 뛰어난 하나님의 평강이 그리스도 예수 안에서 너희 마음과 생각을 지키시리라
>
> (빌립보서 4:4-7)

31

주 안에서 항상 기뻐하십시오

사도 바울은 사랑하는 빌립보교회 성도들에게 서신 마지막 부분에서 특별히 세 가지를 부탁하고 있습니다. 그 내용은 '첫째 기뻐하라, 둘째 관용하라, 셋째 기도하라' 입니다. '기뻐하라' 는 것은 자신을 위해서 항상 기뻐하라는 것이며, '관용하라' 는 것은 다른 사람들에게 너그럽게 대하라는 말입니다. 그리고 '기도하라' 는 것은 하나님 앞에서 언제나 기도하라는 말입니다. 이 세 가지는 그리스도인의 '3대 덕목' 이라 할 수 있습니다.

사도 바울은 주 안에서 기뻐하라고 권면합니다. 사실 사도 바울 자신은 지금 세상적으로 볼 때 기뻐할 수 있는 처지가 아닙니다. 그는 지금

복음을 전하다가 체포되어 로마 감옥에 갇혀 있습니다. 뿐만 아니라 빌립보교회가 박해를 받고 있는데다 유오디아와 순두게의 불화까지 겹쳐 도저히 기뻐할 수 없는 형편입니다. 그런데도 바울은 기뻐하라고 합니다. 우리도 항상 기뻐할 일만 있는 것이 아닙니다. 계속해서 어려운 문제들이 나타나 우리를 힘들게 합니다. 우리의 가정, 직장, 건강, 자녀들, 인간관계에 있어서도 한 가지가 해결되면 또 다른 문제가 우리를 힘들게 합니다. 그런데 사도 바울은 지금 기뻐하라고 말합니다.

1. 주 안에서 가능합니다

"주 안에서 항상 기뻐하라 내가 다시 말하노니 기뻐하라"(4:4)

'기뻐하라'는 빌립보서의 주제입니다. 우리는 주 안에서 기뻐할 수 있습니다. '주 안에서'란 말은 바울 서신에 164회나 기록되어 있습니다. '주 안에서'란 말은 그리스도와의 연합을 의미합니다. 그리스도와 성도와의 특별한 관계, 즉 그리스도와 성도가 생명의 관계를 맺고 있음을 뜻합니다. 살아 있는 관계입니다. 우리 성도들은 혼자 사는 것이 아니라 그리스도와 함께 살고 있습니다. 이것이 그리스도 안에 있는 것입니다. 성경은 말씀합니다. "내가 그리스도와 함께 십자가에 못 박혔나니 그런즉 이제는 내가 사는 것이 아니요 오직 내 안에 그리스도께서 사시는 것이라 이제 내가 육체 가운데 사는 것은 나를 사랑하사 나를 위하여 자기 자신을 버리신 하나님의 아들을 믿는 믿음 안에서 사는 것이라"(갈 2:20), "나는 포도나무요 너희는 가지라 그가 내 안에 내가 그 안에 거하면 사람이 열매를 많이 맺나니 나를 떠나서는 너희가 아무것도 할 수 없음이라"(요 15:5)

그러므로 우리가 그리스도 안에 있으면 본질적으로 기뻐할 수 있습니다. 아직 날씨가 덥습니다. 그렇지만 냉방시설이 잘 되어 있는 실내에 있으면 바깥이 아무리 무더워도 시원하게 지낼 수 있습니다. 지난 주에 '일본 중회 50주년 기념대회'에 참석했을 때 날씨가 매우 더웠습니다. 밤에도 에어컨 없이는 잠을 이룰 수가 없었습니다. 마찬가지로 우리가 주 안에 있으면 기뻐할 수 있습니다.

그 이유는

1) 죄 사함의 기쁨이 있기 때문입니다

우리는 모두 죄인입니다. 사람은 누구나 죄를 지으며 죄와 함께 살아갑니다. 그런데 이 죄가 있으면 참된 기쁨을 느낄 수가 없습니다. 그런 우리를 위해 주 예수 그리스도께서 갈보리산 십자가 위에서 피를 흘려 죽어주심으로 우리의 모든 죄 값을 지불하셨습니다. 그러므로 우리가 예수님을 영접하여 주 안에 있으면 모든 죄를 용서받아 구원의 기쁨을 누릴 수 있습니다. 어떤 죄인이라도 예수님을 믿으면 모든 죄를 용서받습니다. 예수님 안에 있으면 이 세상에서도 천국을 체험하면서 기뻐하며 살아갈 수 있습니다.

우리가 즐겨 부르는 찬송가 438장 '내 영혼이 은총 입어' 입니다.

1. 내 영혼이 은총 입어 중한 죄짐 벗고 보니
슬픔 많은 이 세상도 천국으로 화하도다
2. 주의 얼굴 뵙기 전에 멀리 뵈던 하늘나라

　　　　　내 맘속에 이뤄지니 날로날로 가깝도다
　　　3. 높은 산이 거친 들이 초막이나 궁궐이나
　　　　　내 주 예수 모신 곳이 그 어디나 하늘나라
　　후렴: 할렐루야 찬양하세 내 모든 죄 사함 받고
　　　　　주 예수와 동행하니 그 어디나 하늘나라

우리는 주 안에서 기뻐할 수 있습니다.

2) 하나님의 자녀이기 때문입니다

"영접하는 자 곧 그 이름을 믿는 자들에게는 하나님의 자녀가 되는 권세를 주셨으니"(요 1:12)

우리가 주 안에서 하나님의 자녀가 되었다는 것은 하나님께서 우리의 아버지가 되시어 우리의 모든 것을 책임져 주신다는 것을 의미합니다. 하나님 아버지는 자녀인 우리의 모든 필요를 아시고 해결해 주십니다. 그러므로 우리가 주 안에서 하나님의 자녀임을 늘 기억하고 있으면 항상 기뻐할 수 있습니다.

3) 주님과 교회를 위해 봉사할 수 있기 때문입니다

주 안에 있는 성도들은 주님을 위해 섬길 수 있는 기쁨이 있습니다. 교회의 여러 분야에서 하나님이 주신 달란트로 감사하며 섬길 수 있어 기쁜 것입니다. 우리는 주 안에서 교회의 직분자로 섬길 수 있음을 기뻐해야 합니다. 교사와 찬양대로 섬길 수 있음을 감사하며 기뻐해야 합니다. 섬기되 감사함으로 섬겨야 기쁨이 있습니다. 우리가 주 안에서 주님과 교회를 섬기고 봉사할 수 있다는 것은 축복이요, 기쁨입니다. 하나님의 교회에는 섬기고 봉사할 일이 많습니다. 봉사한다는 것은 자신의 희생이 없이는 불가능합니다. 내가 가진 모든 것이 주의 것이므로 주를 위해 사용하고 바치는 것은 당연한 일일 뿐 아니라 감사하며 기뻐할 일입니다.

하나님의 교회를 건축하게 되면 모든 성도들이 힘을 다하여 기도와 헌금으로 참여합니다. 그런데 여기에 기쁨과 감사가 있습니다. 교회 안에도 여러 가지 시설들이 필요합니다. 내부 장식도 필요하고, 오르간, 피아노, 방송시설, 주방시설 등 여러 기구들이 필요합니다. 이런 것들을 갖추기 위해 헌금도 하고 기증을 하면서도 감사하고 기뻐할 수 있는 것은 주님의 거룩한 사역에 참여하는 것이기 때문입니다. 이것은 주 안에서 기뻐할 수 있는 원천적인 기쁨입니다.

우리는 주 안에서 구원받은 성도들입니다. 그러므로 예수님의 십자가의 보혈로 죄를 용서받아 하나님의 자녀가 되어 주님을 위해 봉사할 수 있는 은혜 주신 것을 기뻐해야 합니다.

2. 항상 기뻐해야 합니다

"주 안에서 항상 기뻐하라 내가 다시 말하노니 기뻐하라"(4:4)

'항상 기뻐하라'는 것은 기독교인의 생활은 끊임없는 기쁨의 생활이 되어야 한다는 말입니다. 계속적으로 어떤 환경에서든지 기뻐하라는 말입니다. 지금 사도 바울은 신앙의 핍박을 받고 있는 빌립보교회 성도들에게 기뻐하라고 권면합니다. 바울은 지금 감옥 안에서 자신의 죽음을 기다리면서 기뻐하라고 권면하고 있습니다. 그것도 항상 기뻐하라고 합니다. 항상 기뻐한다는 것은 어려운 일입니다. 그런데 바울은 '항상 기뻐하라' 고 명령합니다.

그리스도인의 기쁨은 일시적인 기쁨이 아닙니다. 고통 중에도 기뻐하고, 언제 어디서나 기뻐할 수 있는 기쁨입니다. 우리는 어려움이 오면 다른 곳으로 숨거나 도피하려고 합니다. 산속이나 조용한 장소로 가서 잊어버리려고 합니다. 그러나 본문은 그리스도인은 고난을 피할 것이 아니라 고난을 이기고 끊임없이 기뻐하라고 가르칩니다.

예수님께서 베드로와 요한과 야고보와 함께 높은 산에 올라가셨을 때 예수님의 모습이 변형되자 베드로가 흥분하여 말했습니다. "주여 우리가 여기 있는 것이 좋사오니 만일 주께서 원하시면 내가 여기서 초막 셋을 짓되"(마 17:4) 그러자 예수님께서 산 아래로 내려가자고 말씀하셨습니다. 산 아래는 아직 할 일이 많기 때문입니다. 산 아래에는 많은 병자들이 예수님을 기다리고 있었으며, 아직 복음을 들어야 할 사람들도 많았고, 무엇보다 십자가가 기다리고 있었기 때문입니다. 예수님은 인류를 죄악에서 구원하시기 위해 십자가를 지셔야 할 가장 중요한 일이 산 아래에서 기다리고 있다는 것을 아셨습니다. 십자가를 피하면 안 됩니다. 우리는 어려운 현실을 피하려고 하지 말고 그 속에서도 기뻐할 수 있어야 합니다.

위대한 음악가인 하이든(Haydn)이 유명한 오라토리오 '천지창조'를 작곡했습니다. 이 노래는 웃음과 행복으로 가득한 노래입니다. 한번은 하이든이 이런 질문을 받았습니다. "왜 당신의 음악은 항상 경쾌

하기만 합니까?" 그때 하이든은 이렇게 대답했습니다. "나는 달리 작곡할 수 없습니다. 제가 느끼는 사상에 따라서만 작곡하니까요. 하나님을 생각할 때 나의 심정은 기쁨으로 충만하기 때문에 내가 쓰는 음악의 선율은 춤을 추고 내가 든 펜이 뜀을 뜁니다. 하나님은 저에게 참으로 기쁜 마음을 주셨기 때문에 기쁜 마음으로 하나님을 섬기는 것입니다."

이것이 참된 행복의 비결입니다. 이 기쁨의 근원은 바로 '주 안'입니다. 주 안에서 참된 기쁨을 얻을 수 있습니다. 그리스도와 우리가 하나가 될 때 진정한 기쁨을 얻을 수 있습니다.

찬송가 작시자인 화니 크로스비(Fanny Crossby, 1820. 3. 24, 뉴욕)는 태어난 지 6주 만에 안과의사의 실수로 평상 소경으로 살게 되었습니다. 그는 여러 차례 자살을 시도하기도 했지만 주 예수 그리스도를 영접하여 은혜를 받게 되자 주 안에서 기쁨이 넘치며 감사가 나오기 시작했습니다. 그때부터 크로스비는 찬송가 작시를 시작했습니다. 그는 38세에 맹인학교 음악교사와 결혼하여 95세까지 살면서 6천 편의 찬송가를 작시했습니다. 그녀는 만년에 이런 고백을 했습니다. "지금 그 의사를 만날 수 있다면 나를 실명케 한 데 대해서 몇 번이고 감사할 것입니다. 비록 신체적으로는 잘못되었지만 하나님 편에서는 결코 잘못된 것이 아닙니다. 나로 하여금 신체적으로 어두운 가운데 살더라도 하나님을 찬양하는 노래를 잘 지어 다른 사람들에게 하나님을 찬양하게 하시려는 것이 하나님의 목적이라고 믿습니다." 참으로 귀한 신앙의 고백입니다. 그녀가 소경이 되어 육신적으로 고통스런 세월을 보냈지만 그녀는 기뻐할 수 있었습니다. 그 기쁨의 근원이 주 안에 있었기 때문입니다.

　우리를 짜증나게 하고, 실망하게 하고, 고통스럽게 하는 일들이 끊임없이 일어납니다. 그러나 우리는 주 안에서 기뻐할 수 있습니다. 이 기쁨은 상대적인 기쁨이 아니라 절대적인 기쁨입니다. 아무도 빼앗을 수 없는 주님이 주신 기쁨입니다. 주 안에서 주님과 연합할 때 오는 기쁨입니다.

　우리는 주 안에서 기뻐해야 합니다. 죄 사함을 받아 하나님의 자녀가 되어 주님의 교회를 섬길 수 있기 때문에 기뻐해야 합니다. 아니 어떤 환경에서도 주 안에서 항상 기뻐해야 합니다. 아멘.

> ⁴주 안에서 항상 기뻐하라 내가 다시 말하노니 기뻐하라 ⁵너희 관용을 모든 사람에게 알게 하라 주께서 가까우시니라 ⁶아무것도 염려하지 말고 다만 모든 일에 기도와 간구로 너희 구할 것을 감사함으로 하나님께 아뢰라 ⁷그리하면 모든 지각에 뛰어난 하나님의 평강이 그리스도 예수 안에서 너희 마음과 생각을 지키시리라
>
> (빌립보서 4:4-7)

32

여러분의 관용을 모든 사람에게 알게 하십시오

우리가 진정한 기쁨과 행복을 소유하려면 먼저 내 영혼이 만족하며 기뻐해야 합니다. "주 안에서 항상 기뻐하라 내가 다시 말하노니 기뻐하라"(4:4)

이 말은 내 영혼의 태도에 따라서 기쁨이 될 수 있다는 말입니다. 이것은 내부적인 문제입니다. 절대적인 기쁨이요, 아무도 빼앗아 갈 수 없는 기쁨입니다. 그러나 이것만으로는 부족합니다. 기도와 말씀으로 무장하면 자신은 평안할 수 있으나 주위의 환경이 따라주지 못하면 효과가 반감됩니다. 즉 다른 사람과의 관계가 좋아야 기쁨과 평안을 누릴 수 있다는 말입니다. 다른 사람을 어떻게 대하느냐에 따라 기쁨

의 효과가 달라집니다. 한 마디로 다른 사람들에게 잘 대하는 것이 관용입니다.

성경은 말씀합니다. "너희 관용을 모든 사람에게 알게 하라 주께서 가까우시니라"(4:5) 우리가 다른 사람들이 축복받기를 바라면서도 그것을 위해 노력하지 않는다면 진정한 기쁨이 있을 수 없습니다. 다른 사람들을 용서하고, 이해하고, 너그럽게 생각하지 않는다면 진정 행복할 수 없습니다. 그러면서도 다른 사람들에게 관용을 베푼다는 것이 쉽지 않습니다. 다른 사람을 이겨야 행복하다고 생각하기 때문입니다. 따라서 관용을 베푸는 것을 다른 사람에게 승리를 헌납하는 것으로 생각합니다.

어느 고등학교의 3학년 입시생들은 복도에서 만나도 인사는 물론 서로 말도 하지 않는다고 합니다. 뿐만 아니라 반 친구가 결석을 하면 좋아한다고 합니다. 그 학생의 성적이 떨어지면 상대적으로 자신이 유리하다고 생각하기 때문입니다. 인간미라고는 전혀 찾아볼 수 없습니다. 그러나 하나님의 백성인 우리 그리스도인들은 관용을 베풀 수 있어야 합니다.

우리는 주 예수 그리스도 안에서 어떤 형편에서든지 기뻐하며 관용을 베풀 수 있습니다. 우리가 관용을 베풀 때 참된 기쁨과 감사가 있습니다.

1. 관용이란 무엇입니까

'관용'(토 이피에이케스, τὸ ἐπιεικές)은 '아량', '인내', '덕', '부드러움' 등을 의미합니다. 잘못한 사람들을 너그럽게 봐주는 것으로 옳은 일보다 더 큰 것입니다. 사도 바울이 관용을 베풀라고 한 빌립보교회 성도들은 지금 핍박을 받고 있는 작은 자들로, 그들에게는 세력도 없습니다. 그들은 세상에서 불이익을 당하며 불신자들로부터 괴로움을 받으며 살아갑니다. '관용을 베풀라'는 말은 불의와 타협하거나 진리를 양보하라는 말이 아닙니다. 자기의 권리를 끝까지 주장하지 말고 양보하라는 말입니다. 불의한 일을 당하더라도 인내하라는 말입니다. 이 관용은 옳은 일보다 더 큰 일이며 법을 초월한 것입니다. 옳고 그른 것을 분명하게 판단할 수 있으나 그것을 뛰어넘는 것이 관용입니다.

두 학생이 시험을 쳤는데 각각 80점과 50점을 받았습니다. 이것은 객관적인 평가입니다. 그런데 80점을 받은 학생은 부유한 가정에서 좋은 음식을 먹으며 좋은 환경에서 공부를 합니다. 반면 50점을 받은 학생은 몸이 병들었을 뿐 아니라 집안이 가난하여 독학을 하면서 등록금까지 마련해야 했습니다. 이때 세상의 법을 뛰어 넘어 50점을 받은 학생이 잘 했다고 이해할 줄 아는 것이 바로 관용입니다. 우리의 생각의 폭을 좀 더 넓혀서 사는 것이 관용을 베푸는 삶입니다.

우리가 자녀들을 키울 때도 마찬가지입니다. 일일이 간섭하고, 책망하고, 꾸중하고, 잔소리를 하면 자녀들보다 자신이 먼저 지치게 됩니다. 웬만한 것은 모르는 척 넘어가야 합니다. '때가 되면 언젠가는 잘 할 것으로 기대하면서 기다려 주는 것이 관용입니다.

부부 사이도 마찬가지입니다. 서로에게 일일이 다 간섭할 수 없습니다. 아무리 말해도 고쳐지지 않는 것이 있을 것입니다. 짜증이 나고 화가 날 때 좋은 방법은 철이 들면 잘 할 것으로 믿는 것입니다. 나이가 몇인데 언제 철이 들까 싶어도 아직 철이 덜 들어 그런 것일 뿐 머잖아 철이 들면 나아지리라 믿고 기다리는 것입니다. 이것이 관용입니다. 관용은 차원 높은 사랑입니다. 좀 더 멀리, 그리고 좀 더 높이 바라보는 것입니다. 우리는 모든 사람에게 '관용의 사람'으로 알게 해야 합니다.

요한복음 8장에 보면, 사두개인들과 바리새인들이 간음하다가 현장에서 들킨 여인을 예수님에게로 끌고 왔습니다. 바리새인들과 사두개인들, 그리고 많은 무리가 이 여인을 "돌로 쳐서 죽일까요?" 하고 물었습니다. 이때 예수님은 "너희 중에 죄가 없는 자가 먼저 돌로 치라" (요 8:7)고 말씀하셨습니다. '죄를 지은 자는 돌에 맞아야 한다. 누구든 죄가 없는 자가 돌로 치라'는 말씀입니다. 예수님은 법도 세우고 관용도 베푸셨습니다. 예수님은 법을 초월하여 너그럽게 용서해 주셨습니다. 이것이 관용입니다.

최대한 양보하고, 불의를 당하며 손해를 보면서도 기뻐할 수 있는 사람이 진정 행복한 사람입니다. 우리를 핍박하는 자를 위해서도 축복하고 기도하며 친절하게 대해야 합니다. 관용을 베풀어야 합니다. 이것이 천국의 시민이 가져야 할 자세라고 주님은 말씀하십니다. 우리는 우리를 괴롭히거나 미워하고 배반하는 사람들을 대할 때 주님의 가르침대로 너그럽게 용서해야 합니다. 이것이 관용입니다.

일제시대에 서양에서 온 여 선교사가 중국으로 피난을 가게 되었습니다. 일본인들이 강제로 추방시킨 것입니다. 여 선교사는 어린 아이 둘을 데리고 길을 떠났습니다. 도중에 일본 군인들이 세워서 몇 가지 질문을 하는데 매우 사납고 퉁명스럽게 대했습니다. 뿐만 아니라 그들은 여자의 뺨을 여지없이 쳤습니다. 여인은 그 자리에 힘없이 쓰러졌으나 끝까지 침묵하며 참았습니다. 결국 이 선교사는 석방되어 인력거를 타고 떠나게 되었습니다. 그런데 작은 산길에 접어들어 보는 사람이 없자 감정을 이기지 못하고 소리를 내어 울었습니다. 너무도 참기 어려웠던 것입니다. 이때 울음소리를 들은 인력거꾼이 뒤를 돌아보며 말했습니다. "여자여, 울지 마시오. 의를 위하여 핍박을 받는 자는 복이 있나니…" 이 말씀은 겸손하고 이름 없는 종을 통해 주시는 주님의 위로의 메시지였습니다.

핍박을 고대하며 기다리는 사람은 아무도 없습니다. 그러나 우리 성도들은 핍박이나 고난이 올 때 원망하거나 불쾌한 마음을 가지면 안 됩니다. 친절하고 기쁜 마음으로, 그리고 관용하는 마음으로 처리해야 합니다.

우리는 주 안에서 관용을 베풀 수 있어야 합니다. 우리 모두 좀 더 넓고, 높고, 멀리 바라보며 주님의 백성답게 관용을 베풀어야 합니다.

2. 관용을 베풀어야 할 이유가 있습니다

우리가 관용을 베풀어야 할 이유는 주께서 가까우시기 때문입니다. 즉 주님의 재림이 가까웠기 때문입니다.

1) 주님이 먼저 관용을 베푸셨습니다

"너희 관용을 모든 사람에게 알게 하라 주께서 가까우시니라"(4:5)

예수님은 우리에게 일흔 번의 일곱 번이라도 용서하라고 가르쳐 주셨습니다.

베드로는 예수님을 세 번이나 부인했습니다. 그러나 예수님은 베드로를 찾아오셔서 용서해 주시고 다시 회복시켜 주셨습니다. 부활하신 예수님이 제자들에게 나타나셨을 때 도마는 그 자리에 없었습니다. 예수님을 보지 못했기 때문에 주님을 보았다는 동료들의 말을 믿지 못하는 도마에게 다시 나타나신 예수님은 옆구리와 손에 박힌 창 자국을 보여주시며 확신시켜 주셨습니다. 이것이 예수님의 관용입니다.

예수님의 관용의 절정은 바로 십자가에서 나타났습니다. "너희 안에 이 마음을 품으라 곧 그리스도 예수의 마음이니 그는 근본 하나님의 본체시나 하나님과 동등 됨을 취할 것으로 여기지 아니하시고 오히려 자기를 비워 종의 형체를 가지사 사람들과 같이 되셨고 사람의 모양으로 나타나사 자기를 낮추시고 죽기까지 복종하셨으니 곧 십자가에 죽으심이라"(2:5-8) 예수님은 죽기까지 자신을 주심으로 위대한 관용을 베푸셨습니다. 그러므로 주님을 따르는 우리도 당연히 예수님을 본받아 관용을 베풀어야 합니다.

2) 주님의 재림이 점점 다가오기 때문입니다

"너희 관용을 모든 사람에게 알게 하라 주께서 가까우시니라"(4:5)

머잖아 주님이 오실 것입니다. 그러나 그 시기와 날짜와 장소는 정확히 알 수 없습니다. 다만 우리가 알 수 있는 것은 그분은 반드시 다시 오신다는 것과, 그 시기가 점점 더 가까워지고 있다는 사실입니다. 그러므로 우리는 인내하며 관용할 수 있습니다. 지금 우리가 당하는 억울함과 시련과 고난은 잠깐입니다. 우리가 당하는 환난은 가볍고 짧은 반면 우리가 받을 영광은 크고 영원합니다. 성경은 말씀합니다. "사람이 감당할 시험밖에는 너희가 당한 것이 없나니 오직 하나님은 미쁘사 너희가 감당하지 못할 시험 당함을 허락하지 아니하시고 시험 당할 즈음에 또한 피할 길을 내사 너희로 능히 감당하게 하시느니라"(고전 10:13) 주님은 우리가 감당할 만한 시험만 주십니다. 그리고 힘들고 어려울 때는 피할 길도 주십니다. 우리가 잘 인내하면서 손해를 보고 억울한 일을 당해도 용서하며 관용을 베풀면 주께서 상을 주실 것입니다. 의를 위하여 핍박을 받은 자에게도 상을 주실 것입니다.

일제시대에 신사참배를 반대하다가 감옥에서 순교하신 분들도 많지만 생존하신 분들도 있습니다. 그런데 그들이 그 두서운 고문과 고독과 추위와 배고픔 속에서도 끝까지 인내할 수 있었건 것은 주님의 자림이 멀지 않았다는 믿음이 그들에게 있었기 때문입니다. 가장 안타까운 것은 그렇게 소망하며 기도하며 기다렸던 광복을 불과 몇 달 앞두고 일제에 항복하여 신앙을 파수하는 데 실패한 사람들이 있다는 사실입니다. 그들은 신사에 절을 했기 때문에 살아서 나올 수 있었습니다. 그러나 그들이 조금만 더 참았더라면 해방을 맞이할 수 있었고, 출옥하여 하나님께 영광을 돌릴 수 있었을 텐데 참으로 안타까운 일이 아닐 수 없습니다. 그러나 주님의 재림을 믿고 하나님의 약속을 믿음으로 끝까지 인내한 분들은 모두 승리했습니다.

우리 주님의 재림은 반드시 있습니다. 점점 더 가까워지고 있습니다. 우리가 당하는 어려움과 고통은 길지 않습니다. 잠깐입니다. 끝까지 잘 인내한 자는 주님이 오실 때 영광과 상을 받을 것입니다. 그러므로 우리는 관용할 수 있습니다.

  우리는 참으로 행복한 삶을 살아야 합니다. 그리고 주 안에서 우리의 영혼이 항상 기뻐해야 합니다. 우리가 다른 사람들에게 관용을 베풀 때 비로소 진정한 승리자가 될 수 있습니다. 주님이 오실 때가 점점 가까워지고 있습니다. 주님은 관용을 베푸는 모든 성도들에게 상을 주실 것입니다. 아멘.

⁴주 안에서 항상 기뻐하라 내가 다시 말하노니 기뻐하라 ⁵너희 관용을 모든 사람에게 알게 하라 주께서 가까우시니라 ⁶아무것도 염려하지 말고 다만 모든 일에 기도와 간구로 너희 구할 것을 감사함으로 하나님께 아뢰라 ⁷그리하면 모든 지각에 뛰어난 하나님의 평강이 그리스도 예수 안에서 너희 마음과 생각을 지키시리라

(빌립보서 4:4-7)

33

염려하지 말고 기도하십시오

이 세상에 염려와 걱정이 없는 사람이 얼마나 있겠습니까? 지금 우리 중에 염려나 걱정이 전혀 없고, 날마다 평안하며 기쁨으로 충만하다고 생각하는 사람이 몇 명이나 있겠습니까? 간혹 세상의 모든 염려와 근심걱정을 다 짊어진 듯한 사람들을 보게 됩니다. 그런 분들을 보면 없던 염려와 근심걱정이 저절로 생기는 듯합니다. 한편으로는 얼마나 고통스러우면 저런 모습일까 생각하면 마음이 아프기도 합니다.

요즈음 사람들은 건강 때문에 많은 염려를 합니다. 자녀의 교육 문제로 걱정하는 부모도 많습니다. 직장 문제나 교회 문제로 염려하고 걱정하는 사람들도 많습니다. 그런데 사도 바울은 빌립보교회에 보내

는 서신에서 아무것도 염려하지 말라고 권면하고 있습니다. 사실 빌립보교회는 염려와 근심이 많았습니다. 외부로부터 오는 신앙의 박해뿐만 아니라 내부에서도 많은 문제가 있었습니다. 성도들끼리 의견이 맞지 않아 다툼도 있었습니다. 그 대표적인 예가 바로 유오디아와 순두게 사건입니다. 이 편지를 쓰는 사도 바울도 염려할 수밖에 없는 상황입니다. 그는 지금 죄수의 몸입니다. 복음과 그리스도를 위해서 전도하다가 감옥에 갇혀 재판 결과를 기다리고 있습니다. 사형이 될지, 아니면 다른 벌이 있을지 알 수 없는 형편입니다. 그러나 그는 염려하지 않았습니다.

본문을 통해 사도 바울은 하나님의 백성인 우리의 자세는 염려하지 말고, 하나님께 모든 것을 맡기고 살아야 한다고 가르쳐 주고 있습니다.

1. 염려하지 말아야 합니다

"아무것도 염려하지 말고"(4:6)

'염려'는 '여러 방향으로 이끌리다'(to be pulled in difference direction)란 뜻입니다. 소망은 한 쪽 방향을 향해서 나가는 것을 말하는 반면 두려움은 정반대 방향으로 이끌리는 것을 말합니다. 따라서 우리가 염려한다는 것은 어느 한 쪽으로 가지 않고 이곳저곳으로 이끌린다는 말입니다. '걱정하다'(worry)의 고대 영어 어원은 'to strangle'입니다. '목을 죄이다', '교살하다'라는 뜻입니다. 사실 염려와 걱정에 휩싸이다 보면 숨통이 죄이는 것을 느끼게 됩니다. 실제적으로 염려를 계속하면 내과적으로 증상이 나타납니다. 몸에 이상 반응이 나타나고 정신적으로도 문제가 발생하게 됩니다. 그래서 두통, 편도선염, 위궤양, 요통 등이 생깁니다. 또 걱정은 사고기능과 소화관을 자극할 뿐 아니라 근육운동의 조정기능까지 영향을 미친다고 합니다. 걱정은 기쁨을 훔쳐가는 가장 큰 도둑입니다. 걱정은 우리의 선한 의지를 빼앗아가 나쁜 죄를 범하게 합니다.

어느 외과의사가 환자들의 염려를 분석했습니다. 염려 중에는 결코 일어나지 않을 일들에 대한 염려가 40%, 처리할 수 없는 과거의 일들에 대해 염려하는 것이 30%, 건강에 관한 것으로 이것도 오직 상상만 하는 염려가 12%, 가족과 친구들이나 이웃에 관한 염려가 10%로 다 실제 일어날 가능성이 없는 것들을 염려한다고 분석했습니다. 환자들이 하는 염려 중에서 단지 8%만이 염려할 만한 어떤 근거가 있었다그 합니다. 걱정은 하나의 버릇이며, 습관이라고 합니다. 걱정하는 버릇이 생기면 걱정이 끊이지 않습니다. 걱정도 팔자라는 말이 있습니다. 어떤 사람은 늘 걱정만 하며 살아갑니다. 마치 걱정하기 위해 태어난 사람처럼 보입니다. 사랑을 받기 위해서 태어난 사람이 마치 걱정하기 위해 태어난 사람처럼 살면 안 됩니다.

걱정을 일곱 가지로 분석합니다.

① 이미 과거가 된 것입니다. 이것은 어떻게 해결할 도리가 없습니다.

② 불확실한 미래의 일입니다. 이것 역시 막연합니다. 장차 어떤 일이 일어날지 알 수 없습니다.

③ 자기 뜻대로 안 된다고 걱정합니다. 이것은 교만한 마음이며, 하

나님의 뜻에 맡기지 못하는 마음입니다.
④ 명예욕입니다. 이것은 자신을 내세우고자 걱정하는 것입니다.
⑤ 완전히 맡기지 못해서입니다. 자신이 해결하려고 하니 걱정이 될 수밖에 없습니다.
⑥ 자연 발생적인 것입니다. 비, 바람, 태풍, 지진 등 불가항력적인 것들로 인하여 걱정합니다.
⑦ 죽음을 걱정합니다. 이것은 하나님께 속한 것입니다.

대부분은 너무 사소한 것들을 가지고 전혀 염려할 필요가 없는데도 염려합니다. 이것이 연약한 인간의 모습입니다. 염려하면 안 된다는 것을 알면서도 염려합니다. 이것은 전적으로 부패하고 유약한 인간의 모습입니다. 염려하는 생활은 우리를 행복하게 하지 못할 뿐 아니라 우리에게서 활기를 빼앗아가 성공적인 삶을 살지 못하게 합니다.

그래서 사도 바울은 아무것도 염려하지 말라고 권면합니다. 염려해도 전혀 유익이 없기 때문입니다. 염려하지 말라는 말은 무사태평하게 아무런 생각조차 하지 말라는 말이 아닙니다. 성경은 우리가 매사에 열심히 일하고 준비하고 부지런하고 정신을 차리라고 가르칩니다. 또한 엿새 동안 힘써 일하고 일하기 싫은 자는 먹지도 말라고 합니다. 따라서 염려하지 말라는 말은 그 일 때문에 마음이 착잡하거나, 쓸데없는 걱정이나 근심이 생기게 하지 말라는 것입니다. 지나친 염려와 걱정은 우리의 신앙생활을 약화시키며 은혜생활을 빼앗는 파괴력을 가지고 있습니다. 염려는 우리의 기도를 방해할 뿐 아니라 온전한 예배와 성찬식을 방해합니다. 또한 하나님께 가까이 나아가는 것까지 방해합니다. 하나님으로부터의 축복을 발견하는 것도 방해합니다. 그러므로 우리는 염려하면 안 됩니다.

2. 어떻게 하면 염려하지 않을 수 있습니까

"다만 모든 일에 기도와 간구로 너희 구할 것을 감사함으로 하나님께 아뢰라"(4:6)

본문에서 사도 바울은 염려하지 않아도 될 방법을 가르쳐주고 있습니다. 한 마디로 기도하면 된다는 말입니다. 기도하면 염려가 사라지므로 기도해야 합니다. 그런데 염려하면 기도가 되지 않습니다. 그러나 우리는 무엇보다 먼저 기도를 선택해야 합니다. 염려를 이길 수 있는 유일한 방법은 기도와 믿음입니다. 기도를 통해서 염려를 이길 수 있습니다. 우리는 우리의 모든 것을 위해서 하나님께 기도해야 합니다. 걱정을 하는 대신에 기도해야 합니다. 우리가 믿음으로 기도하면 하나님께서 응답해 주시기 때문입니다. 교회와 가정과 자신의 영적 성장과 나라를 위해서, 그리고 유혹과 시련을 이길 수 있도록 기도해야 합니다. 우리는 염려거리를 제거해 달라고 기도해야 합니다.

하나님의 선지자 엘리야 시대에 악한 왕 아합과 그의 아내 이세벨이 바알신을 섬길 때 백성들도 따라서 우상을 섬겼습니다. 이에 진노하신 하나님께서 3년 6개월 동안 그 땅에 비를 내리지 않으시자 온 나라가 염려와 걱정으로 휩싸이게 되었습니다. 그때 엘리야가 갈멜산에서 간절히 기도하자 마침내 비가 내려 염려와 걱정이 말끔히 사라지게 되었습니다.

　히스기야 왕 때 앗수르의 산헤립 대군이 쳐들어와 예루살렘을 포위했습니다. 그가 하나님과 이스라엘 왕을 조롱하며 협박하는 편지를 써서 왕에게 보내자 온 나라가 불안해하며 염려와 걱정으로 휩싸였습니다. 그때 히스기야 왕은 편지를 들고 하나님의 전에 올라가서 간절히 기도했습니다. 하나님은 그의 기도에 응답하시어 그날 밤에 천사를 보내어 18만 5천 명을 다 죽였습니다. 모든 염려와 걱정이 기도할 때 말끔하게 사라졌습니다.

　우리는 모든 걱정과 염려를 하나님께 가지고 나와야 합니다. 하루 동안의 모든 문제를 하나님께 아뢰는 것이 기도입니다. 우리의 모든 문제를 하나님께 맡겨야 합니다. 우리의 죄 문제도 하나님께 맡기고 회개하여 용서받아야 합니다. 기도의 장애물은 바로 죄입니다. 성경은 말씀합니다. "아무것도 염려하지 말고 다만 모든 일에 기도와 간구로 너희 구할 것을 감사함으로 하나님께 아뢰라 그리하면 모든 지각에 뛰어난 하나님의 평강이 그리스도 예수 안에서 너희 마음과 생각을 지키시리라"(4:6-7), "여호와의 손이 짧아 구원하지 못하심도 아니요 귀가 둔하여 듣지 못하심도 아니라 오직 너희 죄악이 너희와 너희 하나님 사이를 갈라놓았고 너희 죄가 그의 얼굴을 가리어서 너희에게서 듣지 않으시게 함이니라"(사 59:1-2)

　우리의 모든 문제를 하나님께 아뢰어야 합니다. 우리의 은밀한 죄도 하나님께 고백해야 합니다. "만일 우리가 우리 죄를 자백하면 그는 미쁘시고 의로우사 우리 죄를 사하시며 우리를 모든 불의에서 깨끗하게 하실 것이요"(요일 1:9) 기도하면 하나님께서 우리의 모든 허물과 죄를 깨끗이 용서해 주실 뿐 아니라 기억도 하지 않으십니다. 하나님은 우리가 기도하는 모든 문제를 해결해 주십니다. 그러므로 더 이상 고민하거나 염려할 필요가 없습니다. 우리는 아무리 작은 문제라도 주님께 가지고 나와 기도해야 합니다. 사실 우리가 고민하고 염려하는 대부분의 문제들은 극히 작고 사소한 것들입니다. 우리는 이 모든 문제들을 하나님께 기도함으로 해결해야 합니다. 기도할 때 모든 염려와 걱정이 사라집니다. 가정생활과 의식주 문제, 대인관계, 성도들과의 갈등, 건강 문제, 진로 문제 등 모든 것을 기도로 해결해야 합니다.

우리의 모든 문제를 하나님께 아뢰어야 합니다. 우리 하나님은 공중의 새들도 기르시고 들판의 백합화도 입히십니다. 그리고 우리의 머리털까지도 다 헤아리실 만큼 우리에게 관심을 가지시는 사랑의 하나님이십니다.

어느 가정에 대학을 다니는 아들이 여름방학이 되자 친구와 함께 가까운 관광지에서 아르바이트를 했습니다. 날마다 자동차를 타고 나가자 걱정이 된 어머니가 염려와 걱정거리를 하나님께 가지고 나왔습니다. 매일 아들의 신앙과 진로와 사회생활을 위하여 기도했습니다. 그러던 어느 날도 아들을 지켜달라고 간절히 기도했는데 그날따라 왠지 눈물이 쏟아졌습니다. 얼마나 기도했는지 모릅니다. 정오가 되자 초인종이 울렸습니다. 문을 열어보니 간절히 기도했던 그 아들이 붉게 상기된 얼굴로 손과 팔목이 긁혀서 들어왔습니다. 이유를 물었더니 시골길 비포장도로에서 추월하는 차를 피하려다가 여러 번 굴러서 논두렁으로 떨어졌는데 기적적으로 살아났다고 했습니다. 그래서 차체에서 빠져나오느라 상처가 났다고 했습니다. 그 시간이 바로 어머니가 아들을 위해 눈물로 기도하던 시간입니다. 하나님께 모든 염려를 맡기고 기도할 때 즉각적인 응답이 나타났던 것입니다. 어머니가 아들의 신앙생활이 염려되어 하나님께 부르짖자 하나님께서 정확하게 응답하셨습니다.

우리는 염려와 걱정이 많은 세상에서 살고 있습니다. 그러나 염려와 걱정만으로는 문제가 해결되지 않습니다. 전능하신 하나님께 모든 것을 맡기고 기도해야 합니다. 우리 하나님은 아무리 작고 사소한 것이라도 기도하면 응답해 주십니다. 우리 모두 아무리 작은 일이라도 염려하거나 걱정하지 말고, 다만 전능하신 하나님께 모든 것을 맡기고 기도하여 기도의 응답을 체험하며 살아가야 합니다. 아멘.

> ⁴주 안에서 항상 기뻐하라 내가 다시 말하노니 기뻐하라 ⁵너희 관용을 모든 사람에게 알게 하라 주께서 가까우시니라 ⁶아무것도 염려하지 말고 다만 모든 일에 기도와 간구로 너희 구할 것을 감사함으로 하나님께 아뢰라 ⁷그리하면 모든 지각에 뛰어난 하나님의 평강이 그리스도 예수 안에서 너희 마음과 생각을 지키시리라
>
> (빌립보서 4:4-7)

34

아무것도 염려하지 마십시오

우리가 염려를 이길 수 있는 길은 오직 기도입니다. 사도 바울은 "아무것도 염려하지 말고 다만 모든 일에 기도와 간구로 너희 구할 것을 감사함으로 하나님께 아뢰라"(4:6)고 권면합니다. 여기서 '아무것도 염려하지 말고'란 말에는 염려를 중단하라는 뜻이 있습니다. 당면한 문제에 대하여 걱정하거나 초조해 하거나 불필요한 관심을 쏟지 말라는 말입니다. 우리가 염려를 해결할 수 있는 유일한 해결책은 기도와 간구입니다. 사도 바울은 본문에서 올바른 기도를 묘사하기 위해 세 가지 단어를 사용하고 있습니다. 그것은 기도와 간구와 감사입니다.

1. 기도해야 합니다

여기서 '기도'(프로슈케, προσευχῇ)는 마음의 자세가 하나님께로 향하는 것을 말합니다. 기도는 매우 중요합니다. 우리가 기도 없이 신앙생활을 한다는 것은 신앙생활 자체가 불가능합니다. 그래서 기도에 대한 올바른 이해가 필요합니다. 어떤 사람들은 우리가 하나님께 무엇을 요구하거나 우리를 위해 하나님에게 심부름을 시키는 정도로 생각합니다. 다른 말로 하면 하나님께서 우리의 요구대로 움직여 주시도록 설득시키는 것이 기도라고 생각합니다. 이것은 기도의 정의를 잘못 이해하고 있는 것입니다.

진정한 기도는 우리가 하나님을 찾는 것입니다. 우리의 영혼을 하나님께 바칠 때 하나님께서 우리에게 찾아오셔서 함께 하시는 것입니다. 하나님께 우리 자신을 맡기는 것입니다. 다시 말하면 하나님께서 처분하시도록 그분께 우리 자신을 맡기는 것이 기도입니다. 우리가 급하거나 위험한 일을 당하게 되면 하나님의 도우심을 구해야 합니다. 병들거나 경제적으로 어려움이 있을 때나, 직장에 어려운 일이 있거나 사업에 위기가 닥쳤을 때에도 하나님의 도우심을 구해야 합니다. 그러나 기도는 하나님의 도우심을 요청하는 것 이상입니다. 기도는 하나님을 만나는 것입니다. 기도는 하나님과의 대화이자 교제입니다. 그러므로 기도에서 가장 중요한 것은 하나님을 숭배하고 의지하고 그분을 높이는 마음입니다. 따라서 우리가 염려와 걱정이 될 때 제일 먼저 하나님을 만나야 합니다. 단독으로 하나님을 만나는 것이 기도입니다. 이 기도를 통해 하나님의 위대하심과 존귀하심을 보아야 합니다. 이때 진정한 기도가 됩니다.

세상의 많은 사람들은 나름대로 기도를 합니다. 다른 종교를 믿는 사람들이나 미신을 믿는 사람들도 나름대로 기도생활을 합니다. 냉수를 떠놓고 손을 비비기도 하고, 바다나 하늘의 별과 달에게 빌기도 하고, 큰 바위나 고목 앞에서 빌기도 합니다. 정글 속의 원주민들도 그들 나름대로의 기도를 합니다. 그러나 그들의 기도는 진정한 기도가 아닙니다. 그것은 기도의 대상이 잘못되었기 때문입니다. 기도의 참된 대상은 천지를 창조하시고 우리를 구원하신 하나님 아버지이십니다. 그들은 기도의 접근도 잘못되었습니다. 기도의 접근은 예수 그리스도를 통해야 됩니다. 십자가에서 대속해 주신 예수 그리스도의 피를 의지하여 기도해야 합니다. 우리는 예수님의 이름으로 하나님께 나아갈 수 있습니다. 하나님은 오직 예수 그리스도를 통한 기도에만 응답하십니다. "예수께서 이르시되 내가 곧 길이요 진리요 생명이니 나로 말미암지 않고는 아버지께로 올 자가 없느니라"(요 14:6) 우리 스스로는 하나님께 나아갈 자격이 전혀 없습니다.

우리의 모든 염려를 주님께 다 맡기고 그 문제의 해결책을 요구해야 합니다. 우리는 하나님을 바로 알아야 합니다. 그리고 하나님은 우리의 모든 문제를 능히 해결해 주실 수 있는 위대한 분이심을 믿어야 합니다. 주님은 말씀하십니다. "구하라 그리하면 너희에게 주실 것이요 찾으라 그리하면 찾아낼 것이요 문을 두드리라 그리하면 너희에게 열릴 것이니 구하는 이마다 받을 것이요 찾는 이는 찾아낼 것이요 두드리는 이에게는 열릴 것이니라"(마 7:7-8), "수고하고 무거운 짐 진 자들아 다 내게로 오라 내가 너희를 쉬게 하리라 나는 마음이 온유하고

겸손하니 나의 멍에를 메고 내게 배우라 그리하면 너희 마음이 쉼을 얻으리니"(마 11:28)

우리는 더 이상 염려하거나 고민하지 말아야 합니다. 우리의 모든 염려를 해결해 주실 수 있는 위대하신 하나님께 우리의 모든 문제를 맡기고 기도해야 합니다.

2. 간구해야 합니다

"다만 모든 일에 기도와 간구로 너희 구할 것을 감사함으로 하나님께 아뢰라"(4:6)

여기서 '간구'(데에세이, δεήσει)는 하나님께 아뢰는 것입니다. 우리에게 필요한 문제들을 진지하게 털어놓는 것입니다. 여기서 중요한 것은 진지하고 진실하게 구하는 것입니다. 간구는 중언부언하거나 말을 많이 하는 것이 아닙니다. 중요한 것은 진실성, 즉 간절히 구하는 마음입니다.

우리 주님께서 겟세마네 동산에서 간구의 본을 보여주셨습니다. "그는 육체에 계실 때에 자기를 죽음에서 능히 구원하실 이에게 심한 통곡과 눈물로 간구와 소원을 올렸고 그의 경건하심으로 말미암아 들으심을 얻었느니라"(히 5:7) 주님은 심한 통곡과 눈물로 간구하셨습니다. "내 아버지여 만일 할 만하시거든 이 잔을 내게서 지나가게 하옵소서 그러나 나의 원대로 마시옵고 아버지의 원대로 하옵소서"(마 26:39) 그리고 예수님은 영적 긴장감 속에서 간절한 마음으로 진실하게 하나님 아버지께 기도하셨습니다.

하나님의 사람들도 역시 간절함과 진지함이 있었습니다. 엘리야 선지자의 갈멜산에서의 기도는 너무나 간절하고도 진지했습니다. 제단에 불이 떨어지게 하여 하나님만이 참 신이신 것을 보여 달라고 간절히 기도하자 하나님은 그의 기도에 응답하시어 불이 하늘로부터 제단에 떨어졌습니다. 이어서 3년 6개월 동안 비가 오지 않아 메말라 있는 땅에 비를 달라고 간절하고도 진지하게 일곱 번 기도했을 때 하늘에서 은혜의 단비가 쏟아졌습니다.

사도 바울이 아시아에서 전도할 때 성령께서 막으셨습니다. 그래서 그는 드로아에서 하나님의 뜻이 무엇인지를 기다리면서 진지하고도 간절하게 기도했습니다. 그리고 그는 마게도니야로 건너가 복음을 전하라는 응답을 받고 유럽으로 건너가 복음을 전했습니다. 이것이 유럽 복음화의 시작이요, 서구 기독교 문화의 시작입니다.

우리 하나님은 간절하고도 진실한 기도에 응답하십니다. 그리고 자신뿐 아니라 다른 사람을 위해서도 간구해야 한다는 것을 기억해야 합니다. 이것이 중보기도입니다. 우리는 기도를 '하나님과의 대화'라고 말합니다. 부부가 대화할 때 항상 자신들의 이야기만 하는 것은 아닙니다. 부모와 자녀들, 친구, 이웃, 교회 이야기도 합니다. 우리가 하나님께 기도할 때도 마찬가지입니다. 다른 사람들에게 관심을 가지고 그들을 위해서 중보기도를 하지 않을 수 없습니다. 성경은 우리에게 중보기도를 하라고 말씀합니다. "그러므로 내가 첫째로 권하노니 모든 사람을 위하여 간구와 기도와 도고와 감사를 하되 임금들과 높은 지위에 있는 모든 사람을 위하여 하라 이는 우리가 모든 경건과 단정

함으로 고요하고 평안한 생활을 하려 함이라"(딤전 2:1-2)

우리는 중보기도를 해야 합니다. 하나님은 우리의 중보기도를 들으시고 역사하십니다. 하나님은 중보기도자에게 은혜와 축복을 베풀어 주십니다. 우리의 중보기도를 필요로 하는 사람들이 많습니다. 하나님은 우리가 기도하는 모든 것을 응답해 주십니다.

래리 리(Larry Lee) 목사님은 미국 텍사스주에서 큰 교회를 담임하는 능력 있는 사역자였습니다. 그가 젊은 시절에 텍사스주 지역교회가 연합해서 전도집회를 가졌을 때 강사로 섬기게 되었습니다. 그런데 첫째 날뿐 아니라 둘째 날에도 결신자가 한 사람도 없었습니다. 셋째 날이 되자 목사님은 지치고 실망이 되었습니다. 그때 두 명의 여 성도가 찾아와서 "너무 불안해하지 마십시오. 오늘 우리가 목사님을 위하여 8시간 동안 기도했습니다." 그리고는 "'다 이루었다'는 말이 목사님에게 어떤 의미가 있습니까?" 하고 물었습니다. 그때 목사님이 대답했습니다. "그것은 오늘 저녁에 설교할 본문과 관련이 있습니다." 그날 밤에 100명의 결신자가 나왔습니다. 목사님이 다음 날에는 다른 교회에서 집회를 인도했습니다. 그날도 그 두 여 성도가 찾아와 전날과 같이 기도하고는 "'피 흘림'이 목사님에게 어떤 의미가 있습니까?" 하고 물었습니다. 목사님은 이렇게 말했습니다. "그것은 오늘 밤 설교 본문과 관련이 있습니다." 그날 밤에는 500명이 결신을 했습니다. 목사님이 성공적인 집회를 마치고 돌아오는 비행기 안에서 하나님의 음성을 들었습니다. "내 아들아, 그 전도집회 결신자와 너와는 아무런 상관이 없단다. 너를 위해 기도한 두 여 성도의 기도에 내가 응답했을 뿐이다." 그 두 여 성도의 중보기도를 통해서 하나님의 놀라운 능력이 그 목사님에게 임하여 많은 영혼들이 구원받게 된 것입니다.

중보기도는 매우 중요합니다. 중보기도는 능력이 있습니다. 사역자들의 성공적인 목회를 위해서는 많은 중보기도 후원자들이 필요합니다.

미국의 폴 워커(Paul Walker) 목사님은 중보기도의 은사를 받은 성도 50명으로 중보기도팀을 구성했습니다. 목사님이 비서에게 연락하면 비서는 50명의 중보기도팀들에게 전화로 연락해서 목사님을 위해 기도제목을 따라 기도하게 했습니다. 그런데 한번은 중요한 문제가 발생했습니다. 교회에서 수백만 불을 주고 땅을 매입하려고 하는데 장로들 중에서 특별히 한 분이 심하게 반대했습니다. 그래서 이 문제를 결정하기 위해 당회를 소집하려고 했습니다. 그런데 가난하고 연세가 많은 한 할머니에게서 전화가 왔습니다. "목사님, 내일 회의가 있습니까?" "예. 중요한 회의가 있습니다. 그것을 어떻게 아셨습니까?" 목사님이 되물었습니다. 그 할머니는 "하나님이 말씀해 주셨습니다." 하면서 회의 때에 읽을 성경구절을 말해 주었습니다. 다음 날 당회에서 목사님은 그 할머니가 일러 준 성경을 읽는 것으로 시작했습니다. 그러자 반대하던 장로님들은 순한 양처럼 되었습니다. 그리고 모든 문제가 해결되었습니다. 폴 워커 목사님은 미국에서 둘째로 큰 교회인 조지아주 아틀란타에 있는 '파라산 하나님의 교회'(1만 2천명)를 담임하고 있습니다. 목사님이 시무하는 교회가 이렇게 부흥되고 성장하게 된 것은 배후에 목사님을 위한 중보기도팀이 있었기 때문입니다.

우리는 가족과 교회와 목사와 새가족들을 위하여 기도해야 합니다.

병든 성도들과 어려움을 당한 성도들을 위해서도 기도하고, 우리의 이웃과 대통령과 나라와 민족을 위해서도 기도해야 합니다.

우리는 자신뿐 아니라 이웃을 위해서도 기도할 줄 알아야 합니다. 우리는 서로를 위해 기도해 주어야 합니다. 우리가 하나님께 간구하면 하나님은 반드시 응답해 주십니다. 중보기도자를 만듭시다. 우리는 어떤 것도 염려하거나 걱정하지 말고 오직 하나님께 간구하여 응답받아야 합니다. 우리는 이웃을 위하여 기도하여 중보기도의 능력을 체험해야 합니다.

3. 감사함으로 아뢰어야 합니다

"다만 모든 일에 기도와 간구로 너희 구할 것을 감사함으로 하나님께 아뢰라"(4:6)

모든 기도에는 감사가 수반되어야 합니다. 감사함으로 기도하는 사람은 하나님께서 모든 것을 선하게 이루어 주실 것을 확신하고 하나님의 뜻에 전적으로 순종하는 사람입니다. 그러므로 하나님은 감사함으로 기도하는 자의 기도에 응답하시고 축복해 주십니다.

빌립보에서 복음을 전하던 바울과 실라가 감옥에 갇혔습니다. 두 사람이 밤중에 감사함으로 하나님께 기도하며 찬양할 때 옥터에 지진이 일어나 옥문이 열렸습니다. 간수는 죄수들이 다 도망간 줄 알고 책임 추궁을 당할까 해서 스스로 생명을 끊으려고 했습니다. 그때 바울이 "네 몸을 상하지 말라 우리가 다 여기 있노라"며 소리를 지르자, 등불을 들고 달려온 간수가 "선생들이여 내가 어떻게 하여야 구원을 받으리이까" 하며 물었습니다. 그때 바울은 이렇게 대답했습니다. "주 예수를 믿으라 그리하면 너와 네 집이 구원을 받으리라"(행 16:31) 간수는 바울 일행을 자기 집으로 모시어 말씀을 듣고 온 집안 식구가 예수님을 영접하여 구원받는 역사가 나타났습니다.

감사함으로 기도할 때 능력이 나타난 것입니다. 사실 우리가 여러 가지 염려와 걱정이 있을 때에는 감사하기가 어렵습니다. 그러나 아무리 어렵고 힘들어도 분명히 그 속에 하나님의 뜻이 있을 것으로 믿고 감사해야 합니다. 분명한 것은 어떤 어려움 속에도 하나님의 뜻이 있다는 사실입니다.

제가 포첵스트룸에서 공부하고 있을 때 아이들을 학교에서 싣고 오다가 교통사고를 당했습니다. 커브를 도는데 갑자기 자전거를 탄 여학생이 나타난 것입니다. 급히 핸들을 꺾었지만 핸들이 듣지 않아 쇠로 만든 전신주를 들이받게 되었습니다. 잠깐 정신을 잃었다가 아이들의 우는 소리에 정신을 차려 겨우 바깥으로 기어 나와서 길 옆 풀 위에 누웠습니다. 아이들 얼굴에는 유리 파편이 박혀 있었고, 저도 피를 흘리고 있었습니다. 몸을 움직일 수가 없었습니다. 자동차 핸들은 다 구겨지고 차는 엉망이었지만 감사기도가 나왔습니다. 아이들이 무사하고 저도 살았으니 감사했습니다. 누운 채로 푸른 하늘을 바라보며 감사의 눈물을 흘렸습니다. 우리는 경찰차를 타고 종합병원으로 가는 길에도 감사했습니다. 뼈가 부러진 곳도 없었습니다. 바로 퇴원하여 아이들은 다음 날 등교할 수 있었고, 저는 사흘 가량 집에서 휴식한 후에 다시 공부를 시작했습니다.

지금 힘들고 어려워도 하나님께 감사해야 합니다. 하나님께서 우리에게 주신 감사거리를 발견해야 합니다. 그리고 어떤 어려움 속에서도 하나님은 그의 뜻을 분명히 이루어 가신다는 사실을 믿고 감사해야 합니다. 사도 바울은 권면합니다. "나의 하나님이 그리스도 예수 안에서 영광 가운데 그 풍성한 대로 너희 모든 쓸 것을 채우시리라"(4:19)

하나님은 감사하는 성도의 기도에 응답하십니다.

우리는 모든 염려와 걱정을 주께 맡기고 오직 기도해야 합니다. 기도하고, 간구하고, 중보기도와 감사기도를 해야 합니다. 우리 모두 염려와 걱정 대신에 모든 일에 기도와 간구로 감사함으로 하나님께 아뢰어야 합니다. 그러면 모든 지각에 뛰어나신 하나님께서 평강으로 임하시고, 놀라운 응답으로 찾아오실 것입니다. 아멘.

> ⁴주 안에서 항상 기뻐하라 내가 다시 말하노니 기뻐하라 ⁵너희 관용을 모든 사람에게 알게 하라 주께서 가까우시니라 ⁶아무것도 염려하지 말고 다만 모든 일에 기도와 간구로 너희 구할 것을 감사함으로 하나님께 아뢰라 ⁷그리하면 모든 지각에 뛰어난 하나님의 평강이 그리스도 예수 안에서 너희 마음과 생각을 지키시리라
>
> (빌립보서 4:4-7)

35

하나님의 평강

세상의 많은 사람들은 걱정을 안고 살아갑니다. 기뻐하며 감사하기보다 늘 걱정과 염려 가운데 살아갑니다. 과거에 포로가 되어 염려하고, 미래의 불확실한 일에 대해서는 더 많은 염려를 합니다. 그래서 이 근심 걱정을 해결해 보려고 많은 노력들을 합니다. 어떤 사람들은 술을 마시고, 또 어떤 사람들은 도박에 깊이 빠져들거나 세상의 쾌락을 통해 극복하려고도 하지만 모두 실패하고 맙니다. 그러다가 급기야 염려와 걱정 때문에 스스로 목숨을 끊는 일도 점점 늘어나고 있습니다. 우리 마음에 기쁨과 즐거움이 없고 염려와 걱정을 하는 이유는 마음에 평강이 없기 때문입니다.

사도 바울은 오늘 성경 본문에서 참 행복을 찾는 비결을 가르쳐 주고 있습니다. "아무것도 염려하지 말고 다만 모든 일에 기도와 간구로 너희 구할 것을 감사함으로 하나님께 아뢰라 그리하면 모든 지각에 뛰어난 하나님의 평강이 그리스도 예수 안에서 너희 마음과 생각을 지키시리라"(4:6-7) 첫째는 주 안에서 기뻐하고, 둘째는 모든 사람에게 관용을 보이고, 셋째는 염려하지 말고 기도하라고 합니다. 그러면 하나님의 평강을 주실 것이라고 말합니다. 하나님의 평강이 우리에게 있으면 우리가 비록 염려가 많은 세상에 살아도 능히 승리할 수 있습니다.

1. 하나님의 평강입니다

"그리하면 모든 지각에 뛰어난 하나님의 평강이 그리스도 예수 안에서 너희 마음과 생각을 지키시리라"(4:7)

하나님의 평강은 세상의 평화와는 다릅니다. 세상의 평화는 순간적일 뿐 지속적이지 못합니다. 그러나 하나님의 평강은 참 기쁨이 있으며 영원합니다. '샬롬'(שלום)은 공식적인 인사로 사용됩니다. 헬라어로는 '에이레네'(εἰρήνη)로 전쟁과 다툼이 없는 것 그 이상을 말합니다.

평화는

1) 번영과 안녕을 비는 말입니다

'평안을 빈다'는 말은 하나님께 온갖 합당한 축복을 비는 것, 즉 그의 현재와 궁극적인 유익을 위해 필요한 모든 것을 받기 위해 비는 것을 말합니다.

2) 모든 관계의 조화를 의미합니다

사람과 사람(마 10:34), 하나님과 사람과의 관계의 조화가 바로 평화입니다. 친구들이 서로 만족을 이루며 삶을 완성시키는 관계가 평화입니다. 사람과의 관계가 불편하거나 하나님과의 관계가 좋지 않으면 평화가 있을 수 없습니다. 반면 사람과의 관계가 좋고 하나님과의 관계가 잘 조화되면 참된 평화를 맛볼 수 있습니다.

3) 하나님과의 화해를 확신하는 가운데서 생기는 마음의 평정을 말합니다

하나님의 평강은 바로 하나님께서 만드시고 하나님께서 주십니다. 평강의 기원과 근거가 바로 하나님이십니다. 그러므로 참된 평강은 하나님이 주십니다.

최초의 인류인 아담과 하와가 살던 에덴동산에는 완벽한 평화가 있었습니다. 그곳에는 하나님과 더불어 참된 평화를 누렸기 때문에 걱정과 근심이 없었습니다. 하나님과의 교제가 있었기 때문입니다. 그런데 이 평화가 깨어졌습니다. 그 원인은 그들이 하나님과의 약속을 잊고 선과 악을 알게 하는 과일을 따먹었기 때문입니다. 하나님께 범죄하는 순간 하나님의 평강이 사라졌습니다. 결과 인간 세상에 죄가 들어오고, 싸움과 전쟁과 죽음이 찾아 왔습니다. 하나님과 인간 사이에 화평이 사라지고 서로 원수 관계가 되고 말았습니다. 그러나 사랑의 하나님은 인간들과 화평을 원하셨기 때문에 우리에게 평강을 주실 계획을 세우셨습니다. 그 평강을 회복시키는 사건이 바로 예수 그리스도의 십자가 사건입니다. 성경은 말씀합니다. "이는 한 아기가 우리에게 났고 한 아들을 우리에게 주신 바 되었는데 그의 어깨에는 정사를 메었고 그의 이름은 기묘자라 모사라 전능하신 하나님이라 영존하시는 아버지라 평강의 왕이라 할 것임이라"(사 9:6) 이 땅에 오실 메시야는 기묘자, 모사, 전능하신 하나님, 영존하시는 아버지, 평강의 왕이십니다. 예수 그리스도께서 2천 년 전에 유대 땅 베들레헴에 있는 마구간에서 태어나실 때 천군천사들이 찬양했습니다. "지극히 높은 곳에서는 하나님께 영광이요 땅에서는 하나님이 기뻐하신 사람들 중에 평화로다"(눅 2:14) 천사들의 찬송 주제는 예수 그리스도께서 이 땅에 오신 것은 하나님께는 영광이 되고, 사람들에게는 평화를 준다는 내용입니다.

예수 그리스도는 평화를 가로 막고 있는 죄를 없애고 이 땅에 참 평화를 주시기 위해서 오셨습니다. 그래서 예수님은 십자가에 달려 피를 흘려주심으로 우리를 죄악에서 구원하셨습니다. 누구든지 주 예수 그리스도를 믿는 자마다 죄를 용서받아 구원받고 하나님의 평강을 얻게 하셨습니다. 예수님은 말씀하십니다. "평안을 너희에게 끼치노니 곧 나의 평안을 너희에게 주노라 내가 너희에게 주는 것은 세상이 주는 것과 같지 아니 하니라 너희는 마음에 근심하지도 말고 두려워하지도 말라"(요 14:27)

슬픔을 당한 사람들을 진정으로 위로할 수 있는 것은 하나님의 평강입니다. 하나님의 평강으로 슬픔을 딛고 다시 일어설 수 있습니다. 이 평화는 하나님과 나와의 관계가 회복될 때 주어집니다. 주님이 주시는 이 평안은 아무도 빼앗아 갈 수 없습니다.

하나님의 평강은 주님께 모든 것을 맡기고 엎드려 기도할 때 주어집니다. 우리는 하나님이 주시는 평안을 항상 소유하여 모든 염려와 걱정을 이길 수 있어야 합니다.

2. 하나님의 평강은 모든 지각에 뛰어납니다

"그리하면 모든 지각에 뛰어난 하나님의 평강이 그리스도 예수 안에서 너희 마음과 생각을 지키시리라"(4:7)

'모든 지각에 뛰어난 하나님의 평강'이란 인간 스스로 만들어 내거나 누릴 수 있는 것이 아니라 인간의 이해를 초월한다는 의미가 있습니다. 하나님의 평강은 인간이 주는 것과는 다릅니다. 하나님의 평강은 인간의 어떤 계획이나 능력으로 따라갈 수 없습니다. 하나님의 평강은 사고력에서도 뛰어납니다.

이스라엘 백성들이 광야생활을 할 때 하나님께서 주신 평강과 은혜는 사람의 생각과 지각을 초월하는 것이었습니다. 광야에서는 농사를 지을 수 없었으므로 매일 하늘에서 만나를 내려 주셨고, 반석에서는 물이 쏟아지게 하셨고, 동풍을 일으켜 메추라기를 날려 보내어 떨어지게 함으로 먹이셨습니다. 낮에는 구름기둥을 만들어 시원하게 해 주셨고, 밤에는 불기둥으로 환하게 밝혀 주셨습니다. 이 모든 것들은 인간의 지식과 이해력을 능가하는 것이었습니다. 모든 지각에 뛰어난 하나님의 평강입니다.

　다니엘이 모함을 받아 사자굴 속에 들어가게 되었습니다. 모든 적들은 이제 그가 사자의 밥이 되었다고 자축하며 기뻐했을 것입니다. 그러나 하루에 세 번씩 시간을 정해 놓고 기도해 온 다니엘은 모든 것을 하나님께 맡기고 평안한 마음을 가질 수 있었습니다. 하나님은 인간의 모든 지각을 뛰어넘는 평안을 다니엘에게 주셨습니다. 사자의 입을 막으시고 사자들 틈에서도 평안히 잠들게 하셨습니다. 그리고 날이 밝자마자 달려온 다리오 왕이 다니엘이 살아 있는 것을 확인하고 그를 급히 끌어 올려 가장 높은 지위에 올려 주었습니다. 그리고 그를 대적한 모든 원수들을 사자굴 속에 던졌습니다. 이것이 모든 지각에 뛰어난 하나님의 평강입니다.

　믿음의 세 청년 사드락과 메삭과 아벳느고 역시 모든 지각에 뛰어난 하나님의 평강을 체험했습니다. 모두들 느부갓네살 왕이 세운 금 신상에 절할 때에도 그들은 꿋꿋이 서 있었습니다. 하나님 한 분만이 참 신임을 믿는 그들은 결코 우상 앞에 절을 할 수 없었습니다. 결과 그들은 일곱 배나 뜨거운 풀무불 속에 던져졌습니다. 그때 우리 하나님은 그들에게 모든 지각에 뛰어난 평강을 주셨습니다. 하나님은 그 불속에 제2위인 성자 하나님을 보내주시어 그들과 함께 거하게 하시는 기적을 보여주셨으며, 그들이 건강하게 살아서 나오도록 축복하셨습니다. 모든 지각에 뛰어난 하나님의 평강이 이들의 마음을 덮은 것이 분명합니다. 하나님의 평강은 인간의 상상을 초월하여 모든 지각에서 뛰어납니다.

　어느 가난한 성도는 집도 좁고 수입도 적은데다 가족들이 돌아가면서 병치레를 하지만 염려나 걱정을 전혀 하지 않았습니다. 오히려 항상 기쁨과 감사로 충만했습니다. 원망이나 불평이 없는 것은 물론 다른 가정들보다 더 행복했습니다. 이것은 모든 지각에 뛰어난 하나님의 평강이 그 가정에 넘쳤기 때문입니다.

세상에는 지위가 높아도 만족이 없고, 돈이 많아도 기쁨이 없습니다. 하나님이 주시는 평강이 없는 사람에게는 참된 평화가 있을 수 없습니다.

우리는 주님을 믿는 주의 백성으로서 모든 염려와 걱정을 주께 맡겨야 합니다. 그리고 전적으로 기도하고 간구하여 위로부터 주시는 모든 지각에 뛰어난 하나님의 평강으로 충만한 삶을 살아야 합니다.

3. 하나님의 평강이 우리의 마음과 생각을 지킵니다

"그리하면 모든 지각에 뛰어난 하나님의 평강이 그리스도 예수 안에서 너희 마음과 생각을 지키시리라"(4:7)

우리가 하나님께 기도와 간구와 감사를 할 때 주시는 모든 지각에 뛰어난 하나님의 평강으로 모든 염려와 걱정을 물리쳐야 합니다. "너희 마음과 생각을 지키시리라"에서 '지키시리라'(프로우레이세이, φρουρήσει)는 '호위하리라'는 의미로 군대 용어입니다. 이것은 로마 군대의 수비대가 보초를 서는 광경을 묘사한 말입니다. 하나님의 평강은 성을 지키는 파수꾼처럼 모든 근심과 걱정으로부터 성도들을 지켜 보호해 준다는 뜻입니다. 다시 말하면 하나님의 평강이 '너희 마음에 보초를 서고 요새가 될 것'이라는 뜻입니다.

빌립보성은 로마의 식민지 도시였습니다. 그래서 로마 군인들이 빌립보성의 평화를 지켜 주기 위해 늘 보초를 서서 적군들을 막아 주었습니다. 사도 바울은 이 로마 군인들이 보초를 서서 빌립보성을 지켜 주는 것을 연상하면서, 하나님의 평강이 우리 마음속에 일어나는 모든 염려와 걱정과 위험들을 지켜 주실 것이라고 가르쳐 주고 있습니다.

옛날에는 적군이 쳐들어 오면 막을 수 있도록 성을 구축했습니다. 중국에는 만리장성을 구축했고, 유럽 곳곳에도 많은 성을 세웠습니다. 서울에는 북한산성과 남한산성을, 부산에는 동래산성을 세워서 적으로부터 지켰습니다.

이처럼 바울은 하나님의 평강이 요새가 되어 그리스도 예수 안에서 우리의 마음과 생각을 지킬 것이라고 말합니다. 그러므로 하나님의 평화가 우리 속에 있으면 모든 염려와 걱정과 유혹과 죄로부터 해방이 됩니다.

하나님의 평강은 예수 그리스도 안에서 보장됩니다. 예수 그리스도를 떠나서는 하나님의 평강이 있을 수 없습니다. 예수 그리스도가 없는 삶에는 참된 평화가 없습니다. 그러므로 우리는 예수 그리스도와 함께 동행해야 합니다. 우리가 예수 그리스도 안에 거하기 위해서는 주님을 믿어야 합니다. 예수님은 말씀하셨습니다. "너희는 마음에 근심하지 말라 하나님을 믿으니 또 나를 믿으라"(요 14:1) 주님을 믿고 그분께 모든 것을 맡길 때 평화가 임합니다. 하나님과 동행하는 삶이어야 참 마음의 평화를 얻을 수 있습니다. 그러므로 하나님과 늘 교제하며 교통하며 연합해야 합니다.

우리 하나님은 기도에 응답하시는 하나님이십니다. 물론 사도 바울의 모든 기도가 그의 뜻대로 다 이루어진 것은 아닙니다. 마찬가지로 우리가 기도할 때에도 무엇이든 우리의 마음대로 응답받을 수는 없습니다. 그러나 하나님은 우리의 기도에 정확하게 응답하십니다. 주님을 찾으며 간구하는 자에게 하나님의 평강으로 응답하십니다. 어떤 어려운 환경에서도 하나님의 평화를 체험하게 하십니다.

우리의 모든 염려와 걱정을 주님께 맡기고 기도합시다. 우리가 예수 그리스도 안에서 주님을 믿을 때 하나님의 평강이 임하게 됩니다. 그러므로 우리는 아무리 힘들고 어려워도 주님 안에 거하며 끊임없이 기도함으로써 모든 지각에 뛰어난 하나님의 평강을 체험해야 합니다. 아멘.

> ⁸끝으로 형제들아 무엇에든지 참되며 무엇에든지 경건하며 무엇에든지 옳으며 무엇에든지 정결하며 무엇에든지 사랑받을 만하며 무엇에든지 칭찬받을 만하며 무슨 덕이 있든지 무슨 기림이 있든지 이것들을 생각하라 ⁹너희는 내게 배우고 받고 듣고 본 바를 행하라 그리하면 평강의 하나님이 너희와 함께 계시리라
>
> (빌립보서 4:8-9)

36

생각하고 행하십시오 1

본문은 천국의 시민이 된 그리스도인의 삶에 대해 말씀합니다. 사도 바울은 여기서 빌립보교회 성도들에게 그리스도인이 무엇을 생각하며 어떻게 행할 것인가에 대해 권면합니다. '끝으로' 는 마지막 권면이라는 뜻으로 지금까지 한 말들을 요약해서 결론지을 것을 암시합니다. '끝으로' 라는 말은 그리스도인이 꼭 실천해야 할 사항을 강조하기 위해 사용한 말입니다. 즉 그리스도인의 윤리성을 강조하고자 사용한 말입니다. 사도 바울은 지금까지 교리적인 설명을 한 후, '끝으로' 란 말을 사용함으로써 이제 부터는 실천할 것에 대해 권면합니다.

1. 생각하라고 합니다

사도 바울은 그리스도인들이 생각해야 할 것을 말하고 있습니다. "끝으로 형제들아 무엇에든지 참되며 무엇에든지 경건하며 무엇에든지 옳으며 무엇에든지 정결하며 무엇에든지 사랑받을 만하며 무엇에든지 칭찬받을 만하며 무슨 덕이 있든지 무슨 기림이 있든지 이것들을 생각하라"(4:8)

이 내용은 그리스도인의 생활지침으로 그리스도인의 윤리강령과 같습니다. '그리스도인은 이렇게 살아야 된다'며 윤리적인 부분을 말하고 있습니다. '무엇에든지'란 말은 '어떤 일을 만나든지', '누구를 만나든지', '어떤 형편에 처하든지'란 뜻입니다. '무엇에든지'란 말을 되풀이 하면서 '이것들을 생각하라'고 합니다. "참된 것은 무엇이나, 경건한 것은 무엇이나, 옳은 것은 무엇이나, 정결한 것은 무엇이나, 사랑받을 만한 것은 무엇이나, 칭찬받을 만한 것은 무엇이나…"

그리고 "너희는 내게 배우고 받고 듣고 본 바를 행하라"고 합니다. '이것들을 행하라'는 말은 '내게서 배웠고, 받았고, 들었고, 보았던 것들을 행하라'는 말입니다. '그리하면 평강의 하나님이 너희와 함께 계실 것'이라고 합니다. 위 말씀은 우리 그리스도인이 지켜야 할 윤리는 절대적인 윤리임을 보여 줍니다. 기독교는 상대적인 윤리가 아닙니다. 시대가 아무리 변해도 기독교의 윤리는 변함이 없습니다. 대상이 아무리 변해도 기독교의 윤리기준은 바뀌지 않습니다. 절대적입니다. 사실 이것은 위대한 윤리요, 고상한 지식이기 때문에 지키기가 힘이 듭니다. 인간은 예수를 믿거나 믿지 않거나 똑같은 성품을 가지고 있기 때문에 상대방이 나에게 잘 대해 주면 나도 잘 하지만, 계속 괴롭히면 당하고만 있을 수 없습니다. 그래서 나도 언젠가는 골탕을 먹이든지 복수를 해야 한다고 생각하게 됩니다. 그러나 이런 생각은 상대적이며 상황에 따라 바뀌게 됩니다. 만약 이것이 허용된다면 싸우고 싶을 때 싸우고, 즐기고 싶을 때 즐기게 되면, 고난이 오면 타협할 수도 있습니다. 이것은 기독교 윤리가 아닙니다. 기독교의 진리는 절대적입니다. 따라서 우리의 윤리도 절대적입니다. 대상이 누구이거나 환경이 어떻든 흔들리거나 요동하지 않습니다.

이 빌립보서를 기록할 당시 많은 빌립보 시민들은 부도덕적인 인습에 젖어 있었습니다. 음란하고 부도덕적인 행위로 그들의 신에게 제사하며, 살인과 거짓말과 도둑질을 자행했습니다. 그들은 이렇게 죄를 지으면서도 거리낌이 없었습니다. 그런데 이런 이교도적인 철학과 종교적 분위기에 젖은 사람들이 예수님을 믿고 교회 안으로 들어와 그리스도인이 되었습니다. 그래서 사도 바울은 빌립보교회 성도들에게 이제 그리스도 안에서 새로운 피조물이 되었으므로 하나님의 자녀로서의 합당한 생활을 해야 한다고 가르칩니다. 그리스도인답게 생각하고 행동하라는 말입니다. "끝으로 형제들아 무엇에든지 참되며 무엇에든지 경건하며 무엇에든지 옳으며 무엇에든지 정결하며 무엇에든지 사랑받을 만하며 무엇에든지 칭찬받을 만하며 무슨 덕이 있든지 무슨 기림이 있든지 이것들을 생각하라"(4:8)

먼저 예수 그리스도께서 십자가를 통해 우리에게 보여주셨습니다. 예수 그리스도는 우리의 모든 죄를 대신 짊어지시고 십자가에서 자신을 주셨습니다. 우리의 모든 불의와 죄를 담당하시고 십자가에서 죽으심으로 우리를 깨끗하게 해 주셨습니다. 우리를 값으로 사셨으므로 이제 우리는 그의 소유가 되었습니다. 그의 백성이 되었습니다. 거룩한 하나님 아버지의 자녀가 되었습니다. 그러므로 우리가 예수님의 십자가의 사랑을 생각하면 어떤 환경에서라도 어떤 원수라도 사랑하고 용서할 수 있습니다. 십자가의 사랑을 생각하면 성도로서 마땅히 생각하고 지켜야 할 윤리적인 것들을 능히 행할 수 있습니다. 우리는 이미 하나님의 백성이 되었으므로 이 세상 사람들과는 신분이 다릅니다. 이것은 우리가 이 세상 사람들보다 더 훌륭하고 뛰어나다는 말이 아닙니다. 우리가 세상 사람들과 신분이 다르다는 것은 우리가 세상의 소금과 빛이 되었다는 것을 의미합니다. 소금은 다른 것과는 분명히 다릅니다. 짠 맛이 납니다. 빛도 어둠을 비추는 특별한 것입니다. 따라서 그리스도인은 세상이 아무리 썩었더라도 부패를 방지하는 소금이 되어야 하고, 아무리 맛을 내지 못하는 사회라 해도 맛을 내어야 합니다. 하나님의 백성은 세상이 아무리 죄악으로 어둡고 캄캄해져도 빛을 발해야 합니다. 세상이 어둡기 때문에 나도 어쩔 수 없다고 생각하면 안 됩니다. 아무리 세상이 부패하고 어두워도 기독교 진리는 부패를 방지하고 빛을 발해야 합니다. 우리 주위가 온통 죄악으로 물들어도 그리스도인의 삶은 깨끗해야 합니다. 이것이 기독교 윤리의 절대성입니다.

우리 눈에는 세상이 타락하고 악인들이 득세하는 것처럼 보여도 우리 하나님의 공의는 살아 있습니다. 진리는 존재합니다. 아합과 이세벨 시대에 엘리야 선지자는 모든 사람들이 권세에 눌려 하나님을 배반하고 바알신을 섬기는 줄 알았습니다. 그러나 하나님은 아직 바알에게 무릎을 꿇지 않고 신앙을 파수한 성도 7천 명이 남아 있다고 하셨습니다. 예수님께서 제자들을 세상에 보내실 때 말씀하셨습니다. "내가 너희를 보냄이 어린 양을 이리 가운데로 보냄과 같도다"(눅 10:3) 예수님은 우리를 '양'으로 비유하셨습니다. 그리스도인은 세상에서 영원히 양(羊)처럼 살아야 합니다. 그런데 이 '양'이 세상에서 살다가 고양이가 되고, 나중에는 여우가 되고, 결국 사자가 되어버리면 안 됩니다.

결혼하는 젊은 신부들은 대부분 순한 양과 같습니다. 깨끗할 뿐 아니라 각오도 야무집니다. 그런데 그것도 시간문제일 뿐 어느새 고양이가 되고, 좀 더 살다 보면 여우가 되고, 나중에는 사자가 되어 버립니다. 이것은 잘못된 것입니다. 기독교의 윤리는 대상과 상황에 따라서 바뀌는 것이 아닙니다. 상대가 어떻게 변하든 끝까지 변질되지 않는 것이 기독교 윤리입니다. 그러나 우리의 고민은 이 세상에는 너무도 거대한 죄악의 조류가 사람들의 마음을 지배하고 있으며, 또한 우리 인간은 원래 악하기 때문에 하나님의 백성으로서 마땅히 지켜야 할 기독교 윤리를 준수하기가 매우 어렵다는 것입니다.

오늘날은 신앙생활을 하기가 매우 어렵기 때문에 올바른 신앙생활을 위해 많은 노력과 투쟁을 합니다. 우리가 그리스도인답게 살아가기 위해 기억할 것이 있습니다.

1) 성도는 율법 아래에 있지 않고 은혜 아래에 있다는 것을 기억해야 합니다

"죄가 너희를 주장하지 못하리니 이는 너희가 법 아래에 있지 아니

하고 은혜 아래에 있음이라"(롬 6:14)

예를 들어서 영화관람, 담배를 피우거나 술을 마시는 것, 도박, 정치활동, 노조 운동, 전쟁 등이 옳은지에 대해 논란이 되고 있습니다. 이 문제의 해결을 위해 우리는 은혜 아래에 있다는 것을 기억해야 합니다. 하나님의 은혜가 풍성하기 때문에 죄를 지어도 된다고 말하거나 생각하고 행동하는 것은 방종입니다. 잘못된 생각입니다.

하나님의 은혜를 아는 성도는 거룩한 삶을 살아갈 수밖에 없습니다. 은혜를 아는 성도는 주께서 내게 주신 은혜를 어떻게 보답할 것인가를 생각하며 고민해야 합니다. 그리고 하나님의 은혜를 아는 성도는 어떻게 하면 우리 몸을 하나님과 주의 나라를 위하여 의의 병기로, 성령의 도구로 정결하게 바칠 수 있을 것인가를 고민해야 합니다.

2) 모든 것이 다 유익하지 않다는 것을 기억해야 합니다

"너희 중에 이와 같은 자들이 있더니 주 예수 그리스도의 이름과 우리 하나님의 성령 안에서 씻음과 거룩함과 의롭다 하심을 받았느니라"(고전 6:11)

우리가 건강을 위해서는 반드시 음식을 먹어야 합니다. 그러나 탐식과 과식은 병이 됩니다. 돈은 주의 일을 하거나 세상을 살아가는데 아주 중요한 수단이 됩니다. 그러나 돈을 너무 탐하거나 사랑하게 되면 해가 될 뿐더러 죄를 짓게 됩니다. 모든 것이 다 유약하지 않다는 것을 바로 알아야 바른 신앙관을 가질 수 있습니다. 그렇지 않으면 자칫 다른 사람의 신앙생활을 방해할 수도 있기 때문입니다. 먼저 믿은 성도가 신앙생활을 바르게 하려고 애쓰는 청년을 계속 술집으로 유인한다든지, 신앙생활에 도움이 되지 않는 곳으로 인도하는 것은 나의 자유로 다른 사람의 신앙을 방해하는 행위입니다. 우리는 이런 것을 경계해야 합니다. 신앙생활을 잘 하려고 노력하는 사람에게 신앙생활을 혼란케 하면서 부정적이며 좋지 못한 모습을 보여 주는 것은 그 영혼을 시험에 들게 하고 망치게 하는 행위입니다.

사도 바울은 고백합니다. "그러므로 만일 음식이 내 형제를 실족하게 한다면 나는 영원히 고기를 먹지 아니하여 내 형제를 실족하지 않게 하리라"(고전 8:13) 우리는 모든 것이 가하나 모든 것이 유익하지 않다는 것을 알아야 합니다.

3) 더 좋은 일이 있다는 것을 기억해야 합니다

"끝으로 형제들아 무엇에든지 참되며 무엇에든지 경건하며 무엇에든지 옳으며 무엇에든지 정결하며 무엇에든지 사랑받을 만하며 무엇에든지 칭찬받을 만하며 무슨 덕이 있든지 무슨 기림이 있든지 이것들을 생각하라"(4:8)

여기서 '생각하라' 는 것은 최상의 것을 생각하라는 말입니다. 우리는 무엇을 하든지 하나님과의 관계를 생각하고 하나님의 뜻을 추구해야 합니다. 우리는 먼저 그의 나라와 그의 의를 구해야 합니다. 우리가 최고의 것을 추구할 때 세상의 모든 어려움을 극복하고 믿음의 승리를 할 수 있습니다. 하나님의 백성인 우리 성도들의 궁극적인 목표는 하나님의 법이며 천국입니다.

우리는 하나님의 백성으로 부름을 받았지만 여전히 죄가 만연한 세상에 살고 있습니다. 그러나 우리는 예수 그리스도의 피로, 그의 은혜로 구원받은 천국의 시민으로 살아갑니다. 그러므로 우리는 이 세상을 본받으면 안 됩니다.

우리는 그리스도인답게 무엇을 하든지 하나님의 뜻에 맞는 생각을 해야 합니다. 아무리 세상이 바뀌어도 하나님의 백성으로서 마땅히 지켜야 할 참된 진리를 지켜야 합니다. 아무리 환경이 변해도 우리는 항상 하나님의 말씀을 추구해야 합니다. 그리고 하나님의 백성인 우리는 예수 그리스도를 닮아가기 위해 항상 진리를 생각하며 행하여야 합니다. 아멘.

⁸끝으로 형제들아 무엇에든지 참되며 무엇에든지 경건하며 무엇에든지 옳으며 무엇에든지 정결하며 무엇에든지 사랑받을 만하며 무엇에든지 칭찬받을 만하며 무슨 덕이 있든지 무슨 기림이 있든지 이것들을 생각하라 ⁹너희는 내게 배우고 받고 듣고 본 바를 행하라 그리하면 평강의 하나님이 너희와 함께 계시리라

(빌립보서 4:8-9)

37

생각하고 행하십시오 2

이 땅에서 살아가는 천국 백성들은 최고의 것을 생각하며 추구하는 사람들입니다.

사도 바울은 빌립보교회 성도들에게 보내는 편지를 통해 하나님 나라의 백성들이 생각해야 할 것을 말하고 있습니다. 천국 백성들은 누구를 만나든지 어떤 경우라도 참되고 경건하고 옳고 정결하고 사랑받을 만하고 칭찬받을 만해야 합니다. 이것은 상대적인 윤리가 아니라 절대적인 윤리입니다. 형편에 따라 해도 되고, 하지 않아도 되는 것이 아닙니다. 어떤 상황에서라도 꼭 해야만 합니다.

2. 무엇에든지 참되어야 합니다

그리스도인은 어떤 경우라도 참되어야 합니다. '참되다'(아레데이, ἀληθῆ)는 말은 생각이나 행동에서 진실한 것을 말합니다. 어떤 경우라도 거짓이 성립될 수 없는 것을 말합니다. 이것은 사실 어려운 일입니다. 그러나 추구해야 합니다. 사실 우리는 생활 속에서 진실하지 못한 말을 예사로 합니다. 거짓말을 해도 농담으로 이해할 것으로 믿그 넘어갑니다. 그렇지만 소위 '하얀 거짓말'도 하면 안 됩니다. "처녀가 시집가지 않겠다. 장사하는 사람이 밑지고 판다. 노인들이 빨리 죽고 싶다"는 등의 말도 삼가야 합니다. 아이들이 주사를 맞을 때 전혀 아프지 않다고 말하는 것보다 조금 아프지만 맞으면 빨리 낫는다고 말해 주는 것이 더 좋습니다. 주사를 맞으면 아픈데 하나도 아프지 않다고 거짓말을 하면 안 됩니다.

환자에게 3개월, 또는 6개월 밖에 살 수 없다는 진단이 나왔다면 환자가 마지막을 잘 마무리할 수 있는 시간을 주는 편이 거짓말을 하는 것보다 훨씬 좋습니다. 주님을 믿는 성도들은 천국에의 소망을 가지고 거룩하신 주님 앞에 서기 위해 준비할 시간이 필요합니다. "그런즉 거짓을 버리고 각각 그 이웃과 더불어 참된 것을 말하라"(엡 4:25) 우리는 진리이신 예수 그리스도의 백성들입니다. 그러므로 거짓이나 반거짓으로 우리에게 입혀 주신 진리의 갑옷을 녹슬게 한다거나 진리의 일부분이라도 해치거나 파묻어 버리지 말고 어떤 경우라도 진리를 생각하며 추구해야 합니다.

3. 무엇에든지 경건해야 합니다

'경건'(셈나, σεμνά)이란 말은 항상 하나님 앞에서 사는 모습을 말합니다. 경건은 저질적이고 번지레한 것과는 반대로 고상하고 가치 있는 것으로 경외심을 유발할 만한 것을 말합니다. 따라서 우리의 생활은 어디에서 무엇을 하든지, 누구를 만나든지, 어떤 말이나 생각을 하든지, 하나님께서 일일이 보시고 감찰하신다는 것을 기억해야 합니다. 그리하여 항상 경건한 마음으로 하나님의 심판이 있다는 것을 생각하며 사는 것이 천국 백성이 추구해야 할 일입니다.

4. 무엇에든지 옳아야 합니다

'옳으며'(디카이아, δίκαια)는 '하나님으로부터 옳다고 인정받는다'는 뜻입니다. 모든 규정들을 다 만족시키는 바른 것을 말합니다. 불의가 아닌 의로운 것을 말합니다. 우리의 말과 행실이 의로워야 합니다. 불의를 지적할 수도 있어야 합니다. 고용주는 고용자에게 바르게 대우하고, 고용자도 고용주에게 성실함으로 대해야 합니다. 가르치는 사람은 배우는 사람들에게 정당하고 바르게 대해야 합니다. 배우는 사람 역시 가르치는 사람에게 최선을 다해야 합니다. 신앙생활도 불의를 버리고 의를 추구해야 합니다. 하나님의 백성인 우리 성도들은 모든 일에 옳아야 합니다.

5. 무엇에든지 정결해야 합니다

'정결하며'(하그나, ἁγνά)는 도덕적인 정숙함과 엄격한 의미의 순결(純潔)을 강조하는 말입니다. 동기와 행동에 있어서 순수한 것을 말합니다. 그리스도인은 어떤 환경에 처하더라도 정결해야 합니다.

세상은 점점 더 타락해 가고 더러워지고 있습니다. 그럴수록 믿는 성도들의 정결이 요구됩니다. 다른 사람들은 도덕적으로 타락한다 해도 우리는 달라야 합니다. 군대라는 사회는 특수한 곳입니다. 요사이 군대는 아주 좋아졌다고 합니다. 시설도 좋고 여가 시간도 많고 취미생활도 한다고 합니다. 그런데 옛날에는 군대생활이 힘들고 어려웠습니다. 술 파티를 할 때 마시지 않으면 기합을 받고 욕과 거짓말은 예사입니다. 소신을 가지고 자신을 지킨다는 것이 무척 어려웠습니다. 그러나 기합을 받고 괴로움을 당하더라도 하나님의 백성들은 신앙양심과 순결을 지켜야 합니다. 어떤 상황에서라도 주님의 사랑을 팔 수는 없습니다. 이것이 정결입니다.

월남 전쟁 때에 미군 수색대가 월남 여인을 납치하여 윤간을 했습니다. 그러나 한 병사가 끝까지 거절하자 명령불복종으로 고발을 당했습니다. 그에게 총살 위협이 가해지고 폭탄테러가 자행되었습니다. 그러자 그가 군목을 찾아가 이 사실을 고소했습니다. 결국 모든 사실이 밝혀져 범죄자들은 처벌을 받고, 생명의 위협을 받았던 병사는 자유를 얻게 되었습니다.

다른 사람이 하니까 나도 해도 된다는 생각을 하면 안 됩니다. 하나님의 백성은 이것이 과연 하나님의 뜻에 맞는지를 먼저 생각한 후에 행동에 옮겨야 합니다. 우리는 모든 일에 정결해야 합니다.

6. 무엇에든지 사랑받을 만해야 합니다

'사랑받을 만하며'(프로스필레, προσφιλῆ)는 신약성경을 통틀어 이곳에만 나오는 단어로 '즐겁고 유쾌하며 사랑스럽다'는 뜻입니다. 여기에 나오는 사랑은 세상적인 사랑과 다릅니다. 세상적인 사랑은 쾌락적이고 성적인 것이 대부분입니다. 그러나 하나님의 백성이 생각하며 추구해야 할 사랑은 세상적인 사랑보다 차원이 높고 고상합니다. 고린도전서 13장에서는 하나님의 백성들이 추구해야 할 사랑을 말씀하고 있습니다. "사랑은 오래 참고 사랑은 온유하며 시기하지 아니하며 사랑은 자랑하지 아니하며 교만하지 아니하며 무례히 행하지 아니하며 자기의 유익을 구하지 아니하며 성내지 아니하며 악한 것을 생각하지 아니하며 불의를 기뻐하지 아니하며 진리와 함께 기뻐하고 모든 것을 참으며 모든 것을 믿으며 모든 것을 바라며 모든 것을 견디느니라"(고전 13:4-7)

여기에서 우리는 사랑을 하는 것도 중요하지만 사랑을 받는 것도 중요하다는 것을 알아야 합니다. 우리 크리스천은 가정, 직장, 학교, 교회에서도 사랑받는 사람이 되어야 합니다. 부모에게 사랑받는 자녀들이 되고, 자녀들에게 사랑받는 부모가 되어야 합니다. 배우자에게도 사랑받고, 동료와 친구들로부터도 사랑받아야 합니다. 우리는 교회 성도들로부터도 사랑받아야 합니다.

주님께서 나를 얼마나 사랑하시는지를 바로 알면 주님을 위해 뜨겁게 충성하며 봉사하게 되고, 순교도 할 수 있게 됩니다. 하나님의 백성인 우리 성도들은 누구에게나 어떤 환경에서든지 사랑받을 수 있어야 합니다.

7. 무엇에든지 칭찬받을 만해야 합니다

'칭찬받을 만하며'(유페마, εὔφημα)란 단어 역시 본 절에만 나오는 단어로 '정중한', '고상한', '우아한'이란 의미를 가지고 있습니다. 우리 성도들은 어떤 경우에도 칭찬받을 수 있어야 합니다. 초대 예루살렘 교회에서 일곱 명의 일꾼을 뽑을 때에도 칭찬받는 사람이어야 했습니다. 하나님의 백성들은 칭찬받는 삶을 살아야 합니다. 그런데 칭찬받지 못하는 삶이 계속된다면 상당히 문제가 됩니다. 교회도 칭찬받는 교회가 되어야 하고, 성도들도 무엇을 하든지 칭찬받는 삶을 살아야 합니다.

우리는 하나님의 백성들이요, 천국의 백성들입니다. 그러므로 우리는 어떤 경우라도 참되고, 경건하고, 옳고, 정결하고, 사랑받을 만하고, 칭찬받을 만한 삶을 추구해야 합니다.

8. 무슨 덕이 있든지 무슨 기림이 있든지 이것들을 생각해야 합니다

여기서 '덕'(아레테, ἀρετῆ)은 '도덕적으로 뛰어난 것'을 뜻합니다. '기림'(에파이노스, ἔπαινος)은 '도덕적으로 인정되어 칭찬을 받는 것'을 의미합니다. 우리는 어떤 경우에도 도덕적으로 뛰어나야 하고, 덕이 있어야 하고, 인정받아야 하고, 칭찬받아야 합니다. 하나님의 백성인 우리는 무슨 일에나 덕을 세워야 하고, 기림이 있어야 하고, 칭찬받는 삶을 살아야 합니다. 이제 이 모든 것을 행동에 옮겨야 합니다.

9. 배우고 받고 듣고 본 바를 행하여야 합니다

기독교의 진리는 추상적이거나 이론적인 것이 아니라 실천하는 것입니다. 우리는 머리로 아는 것에 멈추지 말고 가슴으로 받아들이고 생활 속에 나타나야 합니다. 사도 바울은 예수 그리스도를 보았고, 그에게서 배웠고, 체험했습니다. 그리고 이 모든 것을 그대로 빌립보교회 성도들에게 보여 주었으므로 빌립보교회 성도들에게 그것들을 행하라고 권면하는 것입니다. 이제 위에서 말한 기독교의 덕을 실천하라고 말합니다.

10. 그리하면 평강의 하나님이 우리와 함께 하실 것입니다

생각하고 행할 때 하나님의 평강이 임합니다.

어떤 사람이 디엘 무디(D.L Moody)에게 질문을 했습니다. "성경을 읽다가 잘 깨달아지지 않거나 의심이 생길 때는 어떻게 하면 좋습니까?" 그러자 무디가 대답했습니다. "그때는 밖으로 뛰쳐나가 전도하면서 다른 사람을 도울 만한 일을 찾아서 봉사하십시오. 그리고 돌아와서 다시 성경을 펴서 읽으면 깨달아질 것입니다." 생각하고 실천하라는 말입니다. 하나님의 평강은 머리로 깨달을 때 오는 것이 아니라 실제 믿고 행할 때 옵니다. '원수를 사랑하라'는 말씀은 생각으로만 끝나지 않고 실천할 때 평강이 옵니다. '겸손하라'는 말씀 역시 자신이 낮아질 때 평강이 옵니다. '주라'는 말씀대로 내가 가진 것을 나눠줄 때 평강이 옵니다. '기도하라'는 말씀대로 내가 기도하면 평강이 옵니다. 하나님의 평강은 우리가 생각하고 믿은 것을 그대로 행할 때 옵니다.

어떤 젊은이가 예수님에게 와서 "내가 어떻게 하여야 영생을 얻을 수 있습니까?" 하고 물었습니다. 그는 어려서부터 율법을 다 지켰다고 말했습니다. 그가 어려서부터 율법을 배우고 들어 잘 알고 있었지만 그에게 한 가지 부족한 것이 있었습니다. 예수님은 그것을 아시고 지적하셨습니다. "네게 있는 것을 다 팔아 가난한 자들에게 나눠 주라 그리하면 하늘에서 네게 보화가 있으리라 그리고 와서 나를 따르라"(눅 18:22) 그러자 그 청년은 재물이 많은 부자였으므로 근심하며 돌아갔습니다. 그런데 이 내용을 읽던 안토니(Anthony)란 부자 청년은 '이 관원은 근심하며 돌아갔으나 나는 주님의 말씀대로 실천하리라' 고 다짐했습니다. 그리고 많은 유산을 다 팔아 가난한 사람들에게 나눠주고 자신은 수도사가 되어 평생 주님을 섬기는 일꾼이 되었습니다.

우리는 하나님의 백성들입니다. 그러므로 우리는 이 세상과는 다른 높은 차원의 절대적 윤리를 가지고 있습니다.

우리가 어떤 환경에서 누구를 만나더라도 항상 참되며, 경건하며, 옳으며, 정결하며, 사랑받을 만하며, 칭찬받을 만한 성도들이 되어야 합니다. 우리는 항상 덕을 세우고, 영예롭게 인정받으며, 칭찬받을 만한 삶을 추구해야 합니다. 그리고 이제는 실제 삶 가운데 순종함으로써 평강의 하나님께서 함께 하시는 은혜와 축복을 누려야 합니다. 아멘.

¹⁰내가 주 안에서 크게 기뻐함은 너희가 나를 생각하던 것이 이제 다시 싹이 남이니 너희가 또한 이를 위하여 생각은 하였으나 기회가 없었느니라 ¹¹내가 궁핍하므로 말하는 것이 아니니라 어떠한 형편에든지 나는 자족하기를 배웠노니 ¹²나는 비천에 처할 줄도 알고 풍부에 처할 줄도 알아 모든 일 곧 배부름과 배고픔과 풍부와 궁핍에도 처할 줄 아는 일체의 비결을 배웠노라 ¹³내게 능력 주시는 자 안에서 내가 모든 것을 할 수 있느니라

(빌립보서 4:10-13)

38
감사할 수 있는 이유

1690년에 증기기관을 발명한 프랑스의 물리학자 '파팽'은 이런 말을 했습니다. "나는 세 가지로 인해 늘 감사한다. 첫째는 날마다 주시는 일용할 양식이요, 둘째는 몸의 건강이요, 셋째는 영원한 삶을 향한 소망이다."

우리는 하나님께 감사할 이유가 많습니다. 그 중에서도 죄악 속에 살던 우리를 구원하여 하나님의 자녀로 삼아주신 것이 가장 큰 이유입니다. 그리고 날마다 우리의 삶 가운데 함께 하시고, 오늘까지 은혜 가운데 인도해 주신 것을 감사해야 합니다. 오늘도 세상으로 가지 않고 하나님께 예배드릴 수 있는 믿음을 주신 것과 말씀을 바로 배우는

교회에서 신앙생활을 하게 하신 것도 감사해야 합니다. 우리에게 건강을 주시고, 가정을 지켜주신 것 등 모든 것이 감사할 이유입니다.

본문에서 사도 바울은 우리가 감사해야 할 이유에 대해 말합니다. 우리는 감사할 이유가 있습니다.

1. 봉사할 기회를 주신 것을 감사해야 합니다

사도 바울이 복음을 전하다가 체포되어 지금 로마 감옥에 갇혀 있지만 기뻐하고 있습니다. 그것은 빌립보교회 성도들이 복음을 위하여 수고하는 자신을 위로하며 섬기는 봉사를 보았기 때문입니다. "내가 주 안에서 크게 기뻐함은 너희가 나를 생각하던 것이 이제 다시 싹이 남이니 너희가 또한 이를 위하여 생각은 하였으나 기회가 없었느니라"(4:10)

'싹이 남이니'란 말은 '꽃이 다시 피다', '소생시키다'라는 뜻을 가지고 있습니다. 빌립보교회는 지금까지 사도 바울을 도왔던 것처럼 앞으로도 계속 도우려고 노력했습니다. 그런데 사도 바울이 마게도냐로 떠날 때 많은 전도금을 전달한 후에도 계속 돕겠다고 했지만 그 약속을 잊어버린 듯합니다. 그러던 어느 날 바울이 복음을 전파하다가 로마 감옥에 갇혔다는 소식을 듣게 되자 사도 바울과의 약속이 생각났던 것입니다. 그래서 미안한 마음과 약속을 지켜야 한다는 마음에 급히 헌금을 모아서 보내게 되었습니다.

빌립보교회 성도들은 바울이 감옥에 갇혔다는 소식을 듣고 무엇인가 해야겠다는 생각을 하고 즉시 그것을 실행에 옮겼습니다. 사랑은 관심을 가지는 데서부터 출발합니다. 그 관심은 물질이나 협력으로 나타납니다. 이것이 큰 위로와 기쁨이 됩니다. 여기에서 중요하게 볼 것은 봉사의 기회입니다. 사도 바울은 빌립보교회 성도들이 자신을 도울 수 있는 기회를 갖게 된 것을 칭찬하고 있습니다. 봉사할 수 있는 기회가 있다는 것은 축복이요, 감사할 이유가 됩니다. 모든 일에는 기회가 중요합니다. 다시 말하면 봉사할 수 있는 기회가 중요하다는 말입니다. 봉사하는 것도 기회가 잘 맞아야 합니다. 봉사도 주는 마음이 있어야 합니다. 주고 싶은 마음이 있을 때 봉사할 수 있고, 봉사하고 싶은 마음이 있을 때 섬길 수 있고, 기쁨이 있을 때 베풀 수 있습니다. 또 내가 가지고 있어야 줄 수 있습니다. 다시 말하면 나에게 돈이 있어야 다른 사람을 물질로 도울 수 있다는 말입니다. 무엇이든 내게 없으면 하고 싶어도 할 수 없으므로 있을 때 해야 합니다. 지혜가 있을 때 도울 수 있고, 시간이 있을 때 섬길 수 있고, 건강과 힘이 있을 때 봉사할 수 있습니다. 우리가 이런 조건을 가지고 있을 때 봉사할 수 있다는 것은 축복입니다. 돈과 지혜와 건강과 시간과 지위와 힘이 있어 우리가 봉사할 수 있는 기회를 얻게 된 것을 감사해야 합니다.

또한 지금 그 사람에게 무엇이 필요한가를 알아야 합니다. 물질이 필요한 사람에게는 물질을 주고, 위로가 필요한 사람에게는 위로를 주고, 기도가 필요한 사람에게는 기도해 주는 것이 봉사입니다. 그 사람에게 필요한 것을 위해 봉사하는 것이 중요합니다. 그것이 바로 축복입니다.

사도 바울은 지금 로마 감옥에 갇혀 있습니다. 그런데 모든 사람들이 필요로 하는 공통인수가 있습니다. 빌립보교회 성도들은 바울 사도에게 봉사할 수 있는 적절한 기회를 얻었습니다. 지금 위로가 필요한 바울에게 에바브로디도를 보내어 위로했습니다. 물질을 모아서 필요한 것을 위해 사용하게 했으며, 기도로 지원해 주었습니다. 빌립보교회 성도들은 봉사의 기회를 얻었습니다. 그래서 사도 바울은 "내가 주 안에서 크게 기뻐함은 너희가 나를 생각하던 것이 이제 다시 싹이 남이니 너희가 또한 이를 위하여 생각은 하였으나 기회가 없었느니라"(4:10)고 말합니다.

우리에게 봉사할 기회가 있는 것을 감사해야 합니다. 하나님께서 우리에게 섬길 수 있는 기회를 주신 것은 큰 축복인 줄 알고 감사해야 합니다. 섬길 수 있는 달란트를 주신 것도 감사해야 합니다. 음악을 하는 사람들은 주님을 위해 봉사할 수 있는 달란트를 받은 것을 감사해야 합니다. 누구나 음악을 할 수 있는 것이 아니기 때문에 음악을 통해 봉사할 수 있다는 것은 감사할 일입니다.

제가 오래 전에 세계적인 바이올린 연주자 강동석 씨를 요하네스버그에서 만나 식사를 한 적이 있습니다. 어릴 때 미국으로 건너가서 바이올린 공부를 하다가 프랑스 여자와 결혼을 해서 세계를 다니면서 연주활동을 하고 있었습니다. 저는 그를 격려하면서 하나님께서 귀한 달란트를 주신 것을 감사하며 하나님을 위해 사용하도록 부탁했습니다.

주님과 교회, 그리고 이웃을 위해 봉사할 수 있도록 물질을 주신 것도 감사할 일입니다. 봉사하고 싶어도 물질이 없어 못하는 사람들도 많습니다. 그런데 하나님께서 물질을 주시어 교회를 섬길 수 있고, 하나님의 일도 할 수 있고, 다른 사람을 도울 수도 있으니 감사할 일입니다. 봉사할 수 있도록 사랑하는 마음을 주신 것도 감사해야 합니다. 물질이 아무리 많고 좋은 은사를 가졌다 하더라도 사랑하는 마음이 없으면 섬길 수 없습니다. 그런데 주님은 우리에게 사랑하는 마음을 주셨습니다. 주님을 사랑하고, 교회를 사랑하고, 주의 종들을 사랑하고, 성도들을 사랑하는 마음을 주셨습니다. 이 사랑하는 마음이 있을 때 우리가 기쁨으로 섬길 수 있습니다. 우리에게 봉사할 수 있도록 사랑하는 마음을 주셨으니 이것도 감사해야 합니다. 우리에게 봉사하며 섬길 수 있는 직장과 일터를 주신 것도 감사해야 합니다. 직장이 있기에 봉사할 수 있고, 사업을 함으로써 섬길 수 있으니 감사해야 합니다.

하나님께서 우리에게 봉사할 기회를 주신 것을 감사해야 합니다. 하나님은 모든 사람에게 섬길 수 있는 기회와 봉사할 수 있는 힘을 주셨습니다. 비록 가진 것이 넉넉하지 않아도 주께서 내게 주신 것으로 감사하며 섬기면 됩니다. 내가 할 수 있는 것으로 봉사하면 됩니다. 내게 봉사하며 섬길 수 있는 기회를 주신 것도 감사해야 합니다. 빌립보교회는 감옥에 있는 사도 바울을 위해 봉사하게 된 것을 감사했습니다. 하나님께서 우리에게 귀한 직분을 주셔서 교회를 섬길 수 있게 하신 것을 감사해야 합니다. 주께서 내게 달란트와 각종 은사를 주셔서 봉사하게 하신 것을 감사해야 합니다. 우리에게 봉사할 기회와 사랑하며 베풀 수 있는 기회를 주신 것도 감사해야 합니다. 우리는 주님과 이웃과 교회를 위하여 우리에게 주어진 환경 안에서 마음껏 사랑하고 섬기며 봉사할 수 있도록 축복하신 주님께 감사해야 합니다.

2. 어떤 형편에서라도 자족할 수 있게 하신 것을 감사해야 합니다

사도 바울은 어떤 형편에도 자족할 수 있다고 고백합니다. "내가 궁핍하므로 말하는 것이 아니니라 어떠한 형편에든지 나는 자족하기를 배웠노니 나는 비천에 처할 줄도 알고 풍부에 처할 줄도 알아 모든 일 곧 배부름과 배고픔과 풍부와 궁핍에도 처할 줄 아는 일체의 비결을 배웠노라"(4:11-12)

여기서 사도 바울이 어떤 형편에서도 자족할 수 있다고 말하는 것은 '어떠한 환경에서라도 나는 존재한다'는 의미입니다. 신약성경에서 본 절에서만 사용된 '자족한다'(아우타르케스, αὐτάρκης)는 말은 스토아 철학자들이 즐겨 쓰는 윤리적인 용어입니다. 여기서 말하는 자족은 바울 자신이 지금 궁핍하고 곤경에 처해 있기 때문에 숙명적으로나 체념적으로 어쩔 수 없이 받아들인다는 말이 아닙니다. 오히려 어떤 환경에서도 스스로 초연하게 감당할 수 있다는 뜻입니다. 외부인들, 사물들, 사건들, 그 어떤 것이라도 구애받지 않고 독자적으로 버틸 수 있음을 뜻합니다. 당시에는 스토아 철학의 영향이 컸습니다. 스토아 철학자는 자아를 절대화시키고, 그 절대화된 자아를 의지하면서 자족했습니다. 스토아 철학에서는 스스로의 노력으로 변경시킬 수 없는 불가항력적인 일이 있을 때, 그것을 신의 뜻으로 받아들여 자신의 모든 것을 숙명적으로 여기며 그 가운데서 만족을 추구하였습니다. 그러나 바울의 자족하는 생활은 스토아 철학자들의 그것과는 전혀 다른 것이었습니다. 그가 자족하는 비결은 그리스도로 말미암았기 때문입니다(1:21). 바울은 자신이 아닌 절대자 하나님께 의존함으로써 모든 환경에 구애받지 않는 자족을 얻는다고 말합니다.

스토아 철학자는 자만의 자족을 말하지만, 바울은 신앙의 자족을 말합니다. 스토아 철학자는 박해하는 세상을 도전적으로 멸시하며 버티지만, 바울은 주 안에서 넘치는 기쁨으로 세상을 이깁니다. 마지막에 가서 스토아 철학자는 자살로 끝내지만, 그리스도인은 순교로 이깁니다.

지금 사도 바울은 감옥 안에서 넘치는 감사를 하고 있습니다. 그 이유는 자족하는 것을 깨달았기 때문입니다. "나는 비천에 처할 줄도 알고 풍부에 처할 줄도 알아 모든 일 곧 배부름과 배고픔과 풍부와 궁핍에도 처할 줄 아는 일체의 비결을 배웠노라"(4:12)

여기서 '비천에 처할 줄도 알고'란 말은 낮아지는 것을 말하고, '풍부에 처할 줄도 알아'란 말은 필요 이상으로 넘치는 것을 말합니다. "모든 일 … 일체의 비결을 배웠노라"에서 '모든 일'은 특수한 상황뿐 아니라 일상적인 상황에 이르기까지 모든 상황을 가리킵니다. 바울은 모든 상황에서 살아서 역사하시는 그리스도의 능력을 의지함으로써 복음 사역에 매진할 수 있었습니다. 여기서 '비결을 배웠노라'로 번역된 '메뮈에마이'(μεμύημαι)는 신약성경에서 본 절에서만 사용된 단어로 '비밀을 전수받다'란 의미입니다.

고대 신비 종교에서는 입교자가 그 종교가 숭배하는 신과 운명을 같이 한다는 각오로 온갖 고난과 죽임을 당하며 부활하는 과정을 실제로 체험하는 의식이 있었습니다. 사도 바울은 자신이 이런 모든 의식을 다 마친 사람처럼 어려운 과정을 다 마쳤다고 합니다. 사도 바울은 그의 인생의 수많은 오르막길과 내리막길을 통과하면서 인생의 환경을 철저하게 배웠다고 말합니다. 그는 인생의 희로애락을 통해서 자족하는 비결을 배웠다고 말합니다. 사도 바울은 그의 생활 가운데서 예수 그리스도를 의지함으로써 자족할 줄 아는 비결을 배웠는데, 그것은 하나님께서 그에게 비밀로 가르쳐 주셨다고 말합니다(시 25:14). 사도 바울은 궁핍하거나 풍부해서 손해를 보는 일이 없도록 체험으로 훈련을 받았습니다. 다시 말하면 사도 바울은 모든 환경에서 일체의 비결을 배웠습니다.

참된 감사는 가난하거나 부하거나, 배가 부르거나 고프거나 모든 일에 대처하는 일체의 비결을 알고 있을 때 나옵니다. 우리도 자족하는 비결을 배워야 합니다. 우리가 어떤 상황에 처하더라도 하나님께서 주신 자족하는 비결을 알고 있으면 감사할 수 있습니다.

어느 남편은 아내의 잠이 너무 많은 것이 늘 불만이었습니다. 그의 아내가 아침마다 남편이 출근할 시간까지 일어나지 않았기 때문입니다. 그러자 남편의 불만이 점점 쌓이던 어느 날, 이웃집 부인이 불면증으로 병원 응급차에 실려 가는 것을 보았습니다. 밤에 잠을 자지 못해서 입원했다는 소식을 들은 남편은 '차라리 불면증으로 입원하는 것보다는 많이 자고 건강한 것이 낫겠구나!' 하고 생각을 바꿨습니다. 자족하는 법을 배운 것입니다.

자녀들의 성적이 불만인 분들은 몸이 아파서 병원에 입원하거나 애를 먹여 마음고생을 시키지 않는 것만으로도 감사해야 합니다. 세상은 성적순으로 성공하는 것이 아닙니다. 공부를 잘 해서 소위 명문 학교를 졸업한 사람만 성공하는 것이 아닙니다. 우리 자녀들이 건강하고 착하게 생활하는 것만으로도 자족해야 합니다. 돈이 없다고 불평할 필요도 없습니다. 비록 돈이 많지 않더라도 화목한 가운데 사랑이 있으면 그것이 훨씬 더 행복하고 가치 있는 삶입니다. 자족하면 감사가 나옵니다. 우리는 나보다 더 어려운 사람을 생각하면 감사가 나옵니다. 그리고 자신의 유익보다 다른 사람의 유익을 생각할 때 감사가 나옵니다. 더 나아가서 나의 봉사와 수고가 하나님께 영광이 된다고 생각하면 만족하게 되어 감사하며 기뻐할 수 있습니다.

오래 전 단국대학교에 약 500억 대의 가치가 있는 문화재를 기증한 분이 있습니다. 이분은 소망교회에 출석하는 김향석 씨로 그의 직업은 약사였습니다. 그는 23년 동안 수집한 것들을 아낌없이 기증했습니다. 그가 이렇게 기증을 하게 된 데는 사유가 있습니다. 그는 6·25전쟁으로 가정이 몰락하게 되어 어린 시절에 너무 힘들게 공부를 했습니다. YMCA에서 초등학교 공부를 마치고 중학교를 2년간 무상으로 이수했습니다. 고등학교 때에는 1년 동안 학비를 내지 못하고 다녔지만, 후에 교장 선생님의 도움으로 낮에는 급사로 일하면서 밤에는 공부할 수 있는 기회가 있었습니다. 열심히 신앙생활을 하면서 최선을 다해 공부하여 18:1의 경쟁률을 뚫고 중앙대 약대에 합격했습니다. 그리고 등록금을 낼 수 없는 형편인 것을 잘 아는 교장 선생님이 등록금을 대신 내주셨습니다. 그는 초등학교에서부터 대학교까지 독지가의 도움을 받으며 장학생으로 공부를 마쳤습니다. 그 후 약사인 부인과 결혼하여 조그마한 방에서 살면서 단돈 3만 6천 원으로 개업한 약국이 하나님의 축복으로 번성하기 시작했습니다. 그때부터 취미로 수집한 그림과 문서 등을 전부 기증하게 된 것입니다. 그는 이렇게 말합니다. "어려운 시절에 하나님의 은혜로 고비를 넘길 수 있었고, 금호동에서 전 재산 3만 6천 원으로 약국을 개업했기 때문에 그 외의 것은 내 것이 아닙니다. 약사 자격증이 두 개나 있고, 아들과 딸과 며느리와 손자까지 있으니 부자입니다. 그 외의 것은 내 것이 아니지요."

우리는 어떤 환경에서도 자족할 수 있어야 합니다. 그러기 위해 자족하는 비결을 배워야 합니다. 자족할 때 감사할 수 있습니다. 우리는 현실을 바로 알고 받아들여야 합니다. 하나님께서 우리에게 주신 현재의 환경도 하나님께서 정해 주신 과정입니다. 거기에는 분명히 하나님의 뜻이 있습니다. 그러므로 한 과정씩 하나님의 시간표대로 배우면서 자족하며 감사해야 합니다.

3. 그리스도 안에서 모든 것을 할 수 있음을 감사해야 합니다

사도 바울이 빌립보교회 성도들에게 감사할 이유와 그 비결을 말하고 있습니다. "내게 능력 주시는 자 안에서 내가 모든 것을 할 수 있느니라"(4:13)

'내게 능력 주시는 자'는 예수 그리스도이십니다. 바울은 우리가 모든 환경을 극복할 수 있는 능력은 오직 그리스도로부터 온다는 것을 밝히고 있습니다. 사도 바울은 수많은 환난과 핍박으로 점철되었던 그의 복음 전파 사역에서 어떤 환경에서도 승리할 수 있는 능력을 주시는 분은 그리스도이심을 확신했습니다. 바울 사도는 감옥 안에서 모든 환경을 극복하고 감사할 수 있었던 것은 그에게 능력을 주신 그리스도께서 함께 하셨기 때문이라고 고백합니다. 여기서 모든 것을 할 수 있다는 말은 불가능이 없다는 말이 아닙니다. 이 말은 주 안에 있는 성도는 가난과 부요와 위험과 고독과 슬픔과 실패와 죽음도 능히 극복할 수 있다는 말입니다. 내게 능력 주시는 그리스도 안에서는 어떤 환경에서 어떤 일을 만나더라도 모든 것을 극복하며 자족할 수 있다는 말입니다. 사도 바울이 복음과 그리스도를 위하여 순교의 순간을 기다리면서도 참으로 만족할 수 있었던 것은 능력을 주시는 그리스도 안에 있었기 때문입니다. 그래서 그는 비록 감옥 안에서 죽음을 기다리는 힘들고 고통스러운 환경에서도 그에게 능력과 위로와 평안을 주시는 그리스도 안에 있었기 때문에 자족하며 감사할 수 있었습니다. 그의 감사의 비결은 예수 그리스도였습니다. 그가 자족할 수 있었던 비결은 그리스도 안에 있었기 때문입니다. 사도 바울 스스로는 아무것도 할 수 없었습니다. 감사할 수도 없었습니다. 그러나 예수 그리스도 안에서 모든 환경을 극복할 수 있었습니다. 이것은 축복이며, 감사할 이유였습니다. 우리는 무능하고 연약하지만 우리가 예수 그리스도 안에 있으면 주님의 능력과 사랑으로 모든 것을 극복할 수 있습니다. 내게 능력 주시는 자 안에서 우리는 감사하며 자족할 수 있습니다.

　제가 우리 남천교회에 부임하던 1993년에 아프리카와 유럽에서 집회를 인도하게 되었습니다. 요하네스버그와 프랑스에서 집회를 마치고 벨기에 브뤼셀에서 말씀을 전한 후 화란의 암스테르담으로 가려고 기차를 탔습니다. 기차를 탄 후에야 중요한 것들이 들어 있는 가방이 없어진 것을 알았습니다. 짐이 많다 보니 기차표를 끊을 때 분실된 것 같았습니다. 후배 목사님이 곧장 달려갔으나 가방은 이미 사라진 뒤였습니다. 그 가방에는 여권, 항공권, 돈 등 중요한 것이 다 들어 있었습니다. 순간 걱정 근심이 몰려왔습니다. 그러나 "항상 기뻐하라 쉬지 말고 기도하라 범사에 감사하라 이것이 그리스도 예수 안에서 너희를 향하신 하나님의 뜻이니라"(살전 5:16-18)는 말씀을 생각하며 하나님께 감사했습니다. 아주 절망적인 시간이었지만 주님께서 모든 것을 인도해 주실 줄 믿었습니다. 그러자 마음이 평안해졌습니다. 기차와 버스를 타고, 또 기차를 타고 암스테르담에 도착하여 말씀을 전했습니다. 그런데 제가 설교하는 그 예배에 한국 대사와 공사를 비롯한 대사관 직원들이 참석했습니다. 다음날 이준 열사의 무덤이 있는 헤이그에 가서 공사로부터 식사 대접까지 받으면서 여행증명서를 발급받을 수 있었고, 항공권도 대한항공에서 근무하는 교회 집사님을 통해 해결하여 무사히 귀국할 수 있었습니다. 저는 이 사건을 통해 주 안에서 하나님의 능력을 체험하는 기회가 되었습니다. 어떤 환경에서도 자족하는 방법을 체험했습니다. 내게 능력 주시는 분 안에서 모든 것을 극복하며 참된 감사를 할 수 있었습니다.

우리 주님은 말씀하십니다. "나는 포도나무요 너희는 가지라 그가 내 안에 내가 그 안에 거하면 사람이 열매를 많이 맺나니 나를 떠나서는 너희가 아무것도 할 수 없음이라"(요 15:5) 우리가 예수님을 떠나서는 아무것도 할 수 없습니다. 그러나 어떤 환경에서도 그리스도 안에 있으면 모든 것을 극복할 수 있습니다. 그리스도는 내게 능력을 주시는 분이기 때문입니다. 그리스도로부터 우리가 주님의 능력을 공급받기 때문입니다. 우리는 그리스도 안에서 모든 것을 할 수 있기 때문에 만족하며 자족할 수 있고 감사할 수 있습니다.

제2차 세계 대전으로 세계가 전쟁의 소용돌이에 빠져 있을 때 독일군 비행기가 영국을 폭격했습니다. 그로 인해 영국은 폐허가 되었습니다. 전쟁이 끝난 후 영국의 어느 해변에 아름다운 꽃이 피었습니다. 그런데 그 꽃에 대해 아는 사람이 없어 식물학자들이 연구한 결과 멀리 호주에서 자라는 꽃으로 밝혀졌습니다. 그 꽃이 바람과 물결을 타고 그곳까지 날아와 뿌리를 내리게 된 것입니다. 멀리서 날아온 꽃씨가 꽃을 피울 수 있었던 것은 폭격으로 인해 해안의 땅이 파여 꽃이 필 수 있도록 잘 준비되었기 때문입니다. 다시 말하면 고난과 전쟁과 폭격과 아픔이 꽃을 피우지 만든 것입니다.

  마찬가지로 우리의 인생에서도 우리를 향하신 하나님의 축복이 가려져 있다가, 우리가 어려움과 고난을 당할 때 그 아픔으로 인해 아름다운 꽃을 피우게 되는 축복과 감사를 발견할 수 있습니다. 우리가 내게 능력 주시는 그리스도 안에 있으면 어떤 환경을 만나도 능히 극복할 수 있습니다. 그 어려움을 통해 하나님의 숨겨진 축복을 체험하게 되면 감사하며 찬양할 수 있습니다.

  우리는 감사할 이유가 있습니다. 하나님을 사랑하고 이웃을 사랑하며 섬길 수 있는 기회를 주신 것을 감사해야 합니다. 어떤 환경에서라도 자족할 수 있는 비결을 주신 것과 그리스도 예수 안에서 모든 것을 극복하고 대처할 수 있는 능력을 주신 것도 감사해야 합니다.

  우리 모두 우리에게 놀라운 구원의 은혜를 베푸신 주님께 감사해야 합니다. 그리스도 안에 있는 그의 백성들을 향하신 하나님의 완벽하시고 선하신 계획과 인도하심을 믿고, 범사에 감사하며 찬양하며 자족하며 살아야 합니다. 아멘.

[14]그러나 너희가 내 괴로움에 함께 참여하였으니 잘 하였도다 [15]빌립보 사람들아 너희도 알거니와 복음의 시초에 내가 마게도냐를 떠날 때에 주고받는 내 일에 참여한 교회가 너희 외에 아무도 없었느니라 [16]데살로니가에 있을 때에도 너희가 한 번뿐 아니라 두 번이나 나의 쓸 것을 보내었도다 [17]내가 선물을 구함이 아니요 오직 너희에게 유익하도록 풍성한 열매를 구함이라 [18]내게는 모든 것이 있고 또 풍부한지라 에바브로디도 편에 너희가 준 것을 받으므로 내가 풍족하니 이는 받으실 만한 향기로운 제물이요 하나님을 기쁘시게 한 것이라 [19]나의 하나님이 그리스도 예수 안에서 영광 가운데 그 풍성한 대로 너희 모든 쓸 것을 채우시리라 [20]하나님 곧 우리 아버지께 세세무궁하도록 영광을 돌릴지어다 아멘

(빌립보서 4:14-20)

39

풍족한 선물

　선물을 싫어하는 사람은 없을 것입니다. 누구나 선물을 받으면 기분이 좋아집니다. 그런데 선물에서 가장 중요한 것은 크기나 가격이 아닙니다. 중요한 것은 그 선물이 주는 의미입니다. 즉 선물을 받았을 때 그것을 돈으로 계산하면 안 된다는 말입니다. 선물에 정성과 사랑과 마음이 얼마나 담겨 있느냐 하는 것이 그 선물의 가치기준이 됩니다. 선물에 사랑과 마음과 정성이 담겨야 진정한 선물이 될 수 있고 가치 있는 선물이 됩니다.

본문에 아름다운 선물 이야기가 나옵니다. 사도 바울은 빌립보교회 성도들이 보낸 선물을 받고 만족해하며 기뻐했습니다. 그는 빌립보교회 성도들로부터 받은 선물을 '풍족한 선물'이라고 표현했습니다.

1. 그 선물은 사도 바울의 괴로움에 참여한 것입니다

"너희가 내 괴로움에 함께 참여하였으니 잘 하였도다"(4:14)

여기서 '참여한다'는 말은 '함께 친교한다'는 의미로 빌립보교회 성도들이 바울의 기쁨과 고난에 함께 참여했다는 말입니다. 빌립보교회 성도들은 사도 바울이 감옥에서 당하는 고통을 자신들의 고통으로 받아들였습니다. 또한 그들은 바울이 받는 신령한 은혜에도 동참하였습니다. 빌립보교회 성도들은 사도 바울이 감옥에 있다는 소식을 듣고 에바브로디도 편에 헌금을 보냈습니다. 감옥에서 추운 겨울을 잘 보낼 수 있도록 음식과 이부자리 등을 준비할 사랑의 선물을 보낸 것입니다. 이것이 바로 사도 바울의 괴로움에 참여한 선물이었습니다. 그 선물은 헌금입니다.

4장 15-16절에서 그 선물을 소개하고 있습니다. "빌립보교회 사람들아 너희도 알거니와 복음의 시초에 내가 마게도냐를 떠날 때에 주고받는 내 일에 참여한 교회가 너희 외에 아무도 없었느니라"(4:15) 빌립보교회는 마게도냐교회를 위해서도 이미 헌금을 보내 주었습니다. "데살로니가에 있을 때에도 너희가 한 번뿐 아니라 두 번이나 나의 쓸 것을 보내었도다"(4:16) 데살로니가교회에도 헌금을 보내 주었습니다. 이것이 선물이었습니다. 빌립보교회는 처음부터 사도 바울을 도 왔습니다. 중간에 멈춘 적이 있었지만 다시 바울을 돕기 시작했습니다. '주고받는 내 일에 참여했다' 는 말은 주는 일뿐 아니라 받는 일에도 참여했다는 말입니다. 빌립보교회 성도들은 바울의 기쁨과 아픔에 동참함으로써 서로 인격적인 교제를 나누었습니다.

이런 인격적인 관계는

1) 위하여 기도함으로 참여할 수 있습니다

우리는 기도를 통해서 성도와의 교제가 가능합니다. 진정한 사랑을 가지고 기도하면 서로 통합니다. 관심과 사랑이 있으면 기도하게 되고, 진심으로 기도하면 영적인 교제가 이루어집니다.

2) 진정으로 사랑할 때 참된 교제가 이루어져 동참할 수 있습니다

진심으로 사랑하게 되면 자신보다 상대방이 더 크고 중요하게 나타납니다. 진정한 사랑이 없는 교제는 오래 가지 못할 뿐더러 어려움이 오면 중단됩니다. 그러나 진정한 사랑이 있으면 참된 교제가 이루어집니다. 참된 교제는 진정한 사랑이 있어야 지속될 수 있습니다.

3) 물질로 참여할 수 있습니다

빌립보교회 성도들이 정성으로 모은 이 헌금에 그들의 사랑과 마음이 담겨 있었습니다. 이 물질을 보낼 때 물질만 가는 것이 아니라 그들의 사랑과 마음과 정성이 함께 갔습니다. 그리고 이 물질을 받는 바울도 물질만 보지 않고 그 물질에 담긴 빌립보교회 성도들의 사랑과 정성과 마음도 함께 받았습니다. 헌금은 교제를 이루는 가교가 됩니다.

연말이 되면 개척교회나 특히 농어촌 미자립 교회들로부터 도움을 청하는 청원서를 받게 됩니다. 거액은 아니지만 매월 우리 교회에서 보내는 후원금을 받는 교회의 입장에서는 감사하고 고마울 것입니다. 우리도 도움을 받을 때면 늘 고마운 마음을 갖게 됩니다. 도와주는 사람을 위하여 축복하게 되고 언젠가는 보상을 해야겠다는 마음이 들어 계속 좋은 교제로 이어집니다. 빌립보교회 성도들로부터 헌금을 받은 바울은 그들과의 주 안에서의 사랑과 교제를 다시 확인할 수 있었습니다. 선물은 주고받는 재미가 있어야 합니다. 나는 주기만 하고 절대 받지는 않는다고 하면 독군이나 다름이 없습니다. 나는 아예 줄 것이 없다고 받기만 하는 사람은 노예와 같은 사람입니다. 선물을 받았을 때 감사한 마음으로 "고맙습니다." 하고 인사하는 것도 주는 것입니다. 기도하는 것도 주는 것입니다. 감사한 마음을 간직하는 것 역시 주는 것입니다.

빌립보교회 성도들과 사도 바울의 관계를 보면 사도 바울은 많은 것을 주었습니다. 빌립보교회를 비롯한 여러 교회들이 바울에게 빚을 졌습니다. 바울은 혼신의 힘을 다해 하나님의 말씀을 주었고, 예수 그리스도의 복음을 심어주었고, 눈물로 기도해 주었고, 사랑을 주었고, 그의 젊음을 바쳤습니다. 신령한 복음을, 영생의 말씀을 전해 주었습니다. 이 사실을 잘 알고 있는 빌립보교회 성도들이 정성을 모아 전도 비용으로 사용하라고 물질을 보냈습니다. 이처럼 서로 아름다운 선물을 주고받는 것은 당연한 일입니다.

2. 바울은 선물을 구하지 않았습니다

"내가 선물을 구함이 아니요 오직 너희에게 유익하도록 풍성한 열매를 구함이라"(4:17)

사도 바울은 빌립보교회 성도들의 선물에 대해 잘 했다고 칭찬한 것이 자칫 더 달라는 오해의 불씨가 될까 해서 '너희에게 유익하도록 풍성한 열매를 구함이라' 고 말합니다. 사도 바울은 이 헌금으로 인하여 성도들의 생활이 더 윤택해지고 은혜가 있기를 원했습니다. '유익하다' 는 말은 은행 이자와 같은 말입니다. 지금 빌립보교회 성도들의 헌금은 은행에 예금하는 것과 같습니다. 언젠가 이자가 예금액보다 더 많아질 것이라는 말입니다. 빌립보교회 성도들의 헌금은 모아둔 이자처럼 열매를 보게 될 것이라는 말입니다. 성경은 말씀합니다. "구제를 좋아하는 자는 풍족하여질 것이요 남을 윤택하게 하는 자는 자기도 윤택하여지리라"(잠 11:25), "가난한 자를 불쌍히 여기는 것은 여호와께 꾸어 드리는 것이니 그의 선행을 그에게 갚아 주시리라"(잠 19:17), "각각 그 마음에 정한 대로 할 것이요 인색함으로나 억지로 하지 말지니 하나님은 즐겨 내는 자를 사랑하시느니라"(고후 9:7)

바울은 주는 것, 즉 헌금은 사라지는 것이 아니라 더 많아지고 풍부해지는 것이라고 말합니다. 사실 우리에게는 헌금할 수 있는 기회와 다른 사람을 도울 수 기회가 얼마든지 있습니다. 그런데 우리는 바치지 못하고 도와주지 않음으로 해서 하나님께서 주시고자 하는 가장 큰 축복들을 너무도 많이 놓치고 살아갑니다. 주지 않는 교회와 주지 못하는 성도는 큰 축복을 놓치게 됩니다. 우리 예수님도 "주는 것이

받는 것보다 복이 있다"(행 20:35)고 말씀하셨습니다. 왜냐하면 "내게는 모든 것이 있고 또 풍부한지라 에바브로디도 편에 너희가 준 것을 받으므로 내가 풍족하니 이는 받으실 만한 향기로운 제물이요 하나님을 기쁘시게 한 것이라"(4:18)고 했기 때문입니다. 사도 바울은 지금 풍족한 선물을 받았다고 말합니다. 바울은 빌립보교회 성도들의 선물에 만족하며 감사하고 있습니다. '풍성하다'는 말은 '넉넉하다', '충분하다'는 뜻입니다. 선물이 넘치도록 많아서가 아니라 사도 바울의 마음에 은혜가 넘쳐 풍족하다는 말입니다. 성도들의 정성과 사랑과 마음의 선물이 풍족했던 것은 믿음으로 하나님께 드린 향기로운 제물이었기 때문입니다.

창세기 4장에 가인과 아벨의 제사가 나옵니다. 하나님께서 가인의 제사는 물리치시고 아벨의 제사만 받으셨습니다. 그 이유는 아벨은 믿음으로 바쳤기 때문입니다. 창세기 8장에 보면, 대홍수 후에 노아가 하나님께 제물을 바쳤을 때 하나님께서 그 향기를 기쁘게 받으셨습니다. 그것은 노아가 믿음과 정성으로 드렸기 때문입니다. 우리가 하나님께 드리는 헌금에도 믿음과 정성이 있어야 합니다. 헌금은 하나님을 기쁘시게 해드리는 것입니다.

감리교의 창설자 요한 웨슬리는 "나는 돈이 내 마음에 들어가는 길을 발견하지 못하도록 될 수 있는 대로 빨리 내 손에서 돈을 던진다"고 말했습니다. 그는 그의 생애에 선물과 책을 판 것으로 약 30만 불을 바쳤다고 합니다. 그가 죽었을 때 남긴 것은 그의 서재와 독사 가운, 그리고 일부의 나쁜 평판과 감리교회뿐이었습니다. 우리는 감사함과 기쁨으로 하나님께서 받으실 만한 향기로운 제물을 드려야 합니다.

미국의 어느 교회에서 예배시간에 어떤 사람이 1달러를 헌금하고 싶었습니다. 그런데 수중에 1달러짜리 지폐가 없어 할 수 없이 5달러를 헌금쟁반 위에 올렸습니다. 옆에 있던 친구도 5달러를 쟁반 위에 올리는 것을 보고 안심이 되었습니다. 그런데 그 친구가 4달러를 거슬러가는 것을 보고는 '아차, 내가 그것을 몰랐구나!' 하며 아쉬워했다고 합니다. 이것은 정성이 담긴 헌금이 아닙니다. 하나님께서 기쁘게 받으실 만한 향기로운 제물이 될 수 없습니다.

우리는 하나님께서 기쁘게 받으실 만한 정성과 믿음이 담긴 향기로운 제물을 드려야 합니다.

3. 풍성한 대로 모든 쓸 것을 채워 주십니다

하나님은 우리가 하나님을 기쁘시게 하는 향기로운 제물을 드릴 때 축복하시겠다고 약속하셨습니다. "나의 하나님이 그리스도 예수 안에서 영광 가운데 그 풍성한 대로 너희 모든 쓸 것을 채우시리라"(4:19)

여기서 '채우시리라' 는 말은 '하나님께서 반드시 채워 주실 것을 조금도 의심하지 않고 믿는다' 는 의미입니다. 하나님은 우리에게 필요한 모든 쓸 것을 반드시 갚아 주십니다. 우리가 드리는 헌금은 천국은행에 예금하는 것입니다.

미국의 전도자 디엘 무디(D.L Moody)는 "나의 하나님이 그리스도 예수 안에서 영광 가운데 그 풍성한 대로 너희 모든 쓸 것을 채우시리라"(4:19)는 말씀을 "은행장은 나의 하나님, 지불액 약속은 채우시리라, 당좌예금액은 너희 모든 쓸 것, 은행 자본은 영광 가운데 그 풍성한 대로, 지불하는 이는 그리스도 예수"라고 설명했습니다. 그리고 무디는 이런 말을 덧붙였습니다. "우리 예금액 아래에는 빈칸을 남겨서 우리가 필요한 대로 찾을 수 있도록 되어 있습니다. 이 은행의 돈은 결코 도둑을 맞거나 없어지거나 파산당하는 일이 없습니다."

우리에게 약속하신 분은 은행장이신 하나님이십니다. 나의 하나님께서 채워주십니다. 나의 하나님은 전능하신 약속의 하나님이십니다. 아브라함과 야곱과 요셉의 하나님이십니다. 언약을 이루시며 축복하시는 하나님이십니다. 자본금은 풍성합니다. 하나님이 풍성하시기 때문입니다. '그 풍성한 대로'란 말은 하나님은 부족함이 없다는 뜻입니다. 하나님의 손은 무한하시며 풍성하십니다. 감히 하나님의 손과 비교할 만한 것은 어디에도 없습니다. 사람의 손은 극히 제한되어 있으나 우리 하나님의 손은 무한하시며 충만하십니다. 지불하는 조건은 그리스도 안에서 예수 그리스도를 구주로 믿는 성도들, 즉 하나님의 자녀들에게 채워 주십니다. 예수 그리스도 안에 있는 성도들에게 채워 주십니다.

대통령이 국민 한 사람과 약속한 것은 지킬 수 있습니다. 하물며 영광가운데 계시는 풍성하신 하나님께서 못하실 리 없습니다. 하나님은 영광 가운데 채워 주십니다. 하늘의 축복으로 구원의 완성을 이루십니다. 이 땅에서도 형통하게 해 주십니다. 그러므로 우리는 하나님께 감사해야 합니다.

4. 하나님께 영광을 돌립니다

"하나님 곧 우리 아버지께 세세 무궁하도록 영광을 돌릴지어다 아멘"(4:20)

사도 바울은 이 놀라운 하나님의 사랑과 섭리를 생각할 때 감사하지 않을 수 없었으며, 하나님의 영광을 찬양하지 않을 수 없었습니다. 바울은 빌립보교회 성도들로부터 풍족한 사랑의 선물을 받았을 때 하나님께 감사했습니다. 영광 가운데 계시는 주님께서 헌신하는 성도들에게 축복하실 것을 바라보고 찬양하는 것입니다. 우리도 그 풍성한 대로 우리의 모든 쓸 것을 채워 주시는 하나님께 영광을 돌려야 합니다.

우리도 기쁨으로 하나님을 기쁘시게 하는 향기로운 제물을 드려야 합니다. 그리하면 하나님께서 우리의 모든 쓸 것을 하늘과 땅의 것으로 풍성하게 채워 주실 것입니다. 그러므로 나의 하나님, 우리 아버지 하나님께 기쁨과 감사로 찬양해야 합니다. 아멘.

> ²¹그리스도 예수 안에 있는 성도에게 각각 문안하라 나와 함께 있는 형제들이 너희에게 문안하고 ²²모든 성도들이 너희에게 문안하되 특히 가이사의 집 사람들 중 몇이니라 ²³주 예수 그리스도의 은혜가 너희 심령에 있을지어다
>
> (빌립보서 4:21-23)

40 마지막 문안

사도 바울은 로마 감옥에서 사랑하는 빌립보교회 성도들에게 보내는 서신을 마무리합니다. 본문은 마지막 문안 인사로 그 내용은 사도 바울의 사랑으로 가득한 축복으로 되어 있습니다. 마지막 문안은 그 사람의 마음 상태를 아는데 도움이 됩니다. 흔히 편지의 마지막 부분은 간절한 호소와 부탁으로 끝내는 경우가 많습니다.

요즈음은 전화와 이메일이 발달되어 편지를 잘 쓰지 않지만 예전에는 주로 편지를 썼습니다. 유학생들이 부도에게 쓸 때에는 주로 돈이 급하니 빨리 송금해 달라는 내용입니다. 그리고 편지의 맨 마지막에는 '추신'으로 '제발', '빨리', '꼭'이란 말을 덧붙입니다. 감옥에 갇혀 있는 사람들은 대개 몸이 약하므로 많은 기도를 부탁한다는 내용 등으로 편지를 마무리합니다. 그런데 사도 바울은 감옥에서 보내는 편지의 끝 부분에 자신의 고통이나 어려움, 또는 연약함 등을 호소하

지 않았습니다. 그는 오히려 축복과 사랑이 넘치는 말로 마무리했습니다.

1. 문안의 대상이 누구입니까

"그리스도 예수 안에 있는 성도에게 각각 문안하라 나와 함께 있는 형제들이 너희에게 문안하고"(4:21)

바울은 그리스도 예수 안에 있는 성도들에게 서신을 보냈습니다. 바울 서신의 특징 중 하나는 개인에게 보내는 서신이란 점입니다. 그래서 로마서에 보면 많은 사람들의 이름이 기록되어 있습니다. '누구누구에게 문안하라'는 내용으로 한 사람 한 사람에게 일일이 문안을 했습니다. 그런데 빌립보서에는 '그리스도 예수 안에 있는 성도에게'라고만 기록되어 있습니다. 이것은 빌립보교회의 모든 성도들에게 보내는 것이기 때문입니다. 빌립보교회와 사도 바울은 특별한 관계입니다. 빌립보교회 성도들은 바울과 함께 은혜생활을 했기 때문에 모두 바울을 그리워했습니다. 그래서 일일이 이름을 거명할 수 없어 모든 '그리스도 예수 안에 있는 성도에게'라고 한번에 인사를 하는 것입니다. 그래도 그들은 서로 통하는 친숙한 관계였습니다.

성도란

1) 참 이스라엘입니다

이스라엘은 이방 민족과 구별된 백성들, 즉 선민을 가리킵니다. 이스라엘 주위에는 많은 이방민족들이 우상숭배를 했습니다. 하나님께서 이스라엘을 부르실 때 다른 민족들과 구별하시고 여호와 하나님만 섬기도록 율법과 할례를 받게 하셨습니다. 그러나 이스라엘은 하나님을 배반하고 예수님을 십자가에 못 박았습니다. 그러므로 참된 이스라엘은 예수 그리스도를 구주로 믿는 우리 성도들입니다.

성도는 예수 그리스도를 믿는 구별된 사람, 즉 그리스도 안에 있는 사람입니다. 안디옥교회 성도들이 처음으로 크리스천이라는 칭호를 받게 되었는데(행 11:26), 여기에는 비방하는 의미도 있지만 '구별된 사람'이란 뜻도 있습니다. 크리스천은 그리스도께 속한 사람, 그리스도와 연합한 사람, 예수님과 친밀한 사람, 그리스도께 충성하는 사람을 말합니다.

2) 선택된 무리입니다

성도는 하나님께서 선택하신 사람입니다. 선택받은 사람이라 해서 다른 사람들보다 도덕적으로 훌륭하다거나 지위가 높다거나 재능이 뛰어난 것이 아닙니다. 성도는 하나님으로부터 특별히 선택되어 부르심을 받은 사람입니다. 예수님의 복음을 듣고 회개하여 새 사람이 된 사람이 바로 성도입니다.

이 지구상에는 예수님을 모르는 사람들이 너무나 많습니다. 지구상에는 큰 부자도 있고, 정치가도 있고, 교육자도 있고, 훌륭한 지도자도 많고, 마음씨 착한 사람들도 많습니다. 그러나 그들도 복음을 믿지 않으면 성도가 될 수 없습니다. 예수 그리스도를 믿지 않는 사람은 성도가 아닙니다. 이 지구상에는 예수 그리스도를 믿는 사람이 불신자보다 적습니다. 다른 종교를 믿거나 무신론자들이 예수님을 믿는 사람들보다 더 많습니다. 일본은 기독교인 수가 전체 인구의 1% 미만입니다. 대부분 신도나 미신을 믿습니다. 북한은 더더욱 안타까운 현실입니다. 많은 사람들이 주님을 모르는 가운데 살다가 죽어갑니다. 그들은 성도가 아닙니다.

그러나 저와 여러분은 세상의 많은 사람들 가운데서 하나님의 선택하심과 부르심을 받은 성도들입니다. 복음을 듣고 회개하여 예수님을 믿음으로 구원을 받았습니다. "영접하는 자 곧 그 이름을 믿는 자들에게는 하나님의 자녀가 되는 권세를 주셨으니"(요 1:12) 하나님의 자비하심으로 영생을 받은 우리는 참 성도입니다. "내가 진실로 진실로 너희에게 이르노니 내 말을 듣고 또 나 보내신 이를 믿는 자는 영생을 얻었고 심판에 이르지 아니하나니 사망에서 생명으로 옮겼느니라"(요 5:24)

우리는 우리가 참 성도인 것을 감사해야 합니다.

3) 그리스도 안에서 한 형제입니다

그리스도 안에 있는 성도들은 모두 동등한 대접을 받습니다. 그런데 당시 로마 제국 안에 있는 그리스도인들 가운데는 상당수가 노예였는데 그들은 천민이었습니다. 빌립보교회도 마찬가지입니다. 그러나 예수 그리스도 안에서 그들은 모두 한 형제자매들입니다. 이런 모습이 귀족과 평민과 천민을 엄격히 구별하는 교회 바깥의 사람들이 보기에는 이상했습니다. 그렇지만 교회 안에서는 모두 함께 예배드리며 교제했습니다. 교회는 그리스도 안에서 하나가 된 특수 집단입니다. 그리스도 안에서 하나가 된 사람들이 바로 성도들입니다. 교회 안에서는 배운 자와 배우지 못한 자, 부자와 가난한 자를 차별하지 않습니다. 신분과 계급의 차이도 없습니다. 예수 그리스도 안에서는 모두 동등한 인격자들입니다.

4) 다른 사람들보다 더 고상한 법을 가지고 사는 구별된 무리입니다

성도는 우상과 미신을 버리고 예수 그리스도를 구주로 믿어 변화될 사람들입니다. 그러므로 세속적인 것과 이방요소들을 다 버려야 합니다. 성도들에게는 이제 새롭게 사는 법이 주어졌습니다. 그것은 천국의 법이요, 하나님의 법입니다. 이 법은 그 당시 사람들의 법보다 훨씬 고상하고 우월한 법입니다. 하나님의 백성인 성도들에게 '살인하지 말라'고 말씀하신 대로 당연히 사람을 죽이면 안 됩니다. 그런데 성도는 더 나아가 사랑해야 합니다. '미워하지 말라'는 말씀도 마찬가지입니다. 미워하지 않는 것에서 머물지 않고 사랑하는데 까지 나아가야 합니다. '도둑질하지 말라'는 말씀 역시 다른 사람의 것을 훔치면 안 된다는 것에서 멈추지 말고, 그보다 더 높은 단계로 나아가 다른 사람들을 도와주어야 합니다. 이것이 고상하고 아름다운 성도들의 법입니다. 그러므로 우리 성도들은 세상의 법보다 더 고상하고 아름다운 법을 지키는 구별된 사람들입니다.

5) 종말론적인 의미에서 장차 하나님 나라에서 살게 될 사람들입니다

성도는 예수님이 재림하시면 새 하늘과 새 땅에 들어가서 살 사람입니다. 그러므로 항상 주님의 날을 사모하여 그날을 준비하며 살아가는 사람입니다. 미래를 바라보고 준비하면서 오늘에 최선을 다하는 사람들이 바로 세상과 구별된 성도들입니다.

우리는 하나님의 백성인 성도들입니다. 성도는 참 이스라엘로 구별된 사람입니다. 우리는 하나님으로부터 선택받은 그리스도 안에서 한 형제가 된 자들입니다. 세상의 법보다 더 우월하고 고상한 법을 가지고 살다가 장차 하나님 나라에 가서 살 사람들입니다. 그러므로 항상 우리의 시선을 하나님 나라에 두고 주의 재림에 초점을 맞추어 살아야 합니다. 그래서 하루하루 깨어서 경성하고 준비하며 보람 있게 살아가는 참 성도들이 되어야 합니다.

2. 문안하는 자들이 있습니다

"그리스도 예수 안에 있는 성도에게 각각 문안하라 나와 함께 있는 형제들이 너희에게 문안하고"(4:21)

'나와 함께 있는 형제들이 너희에게 문안하고' 란 말은 사도 바울과 함께 한 사람들이 빌립보교회 성도들에게 문안을 보낸다는 말입니다. 바울과 함께 한 사람들은 디모데와 에바브로디도와 같은 사람들입니다. 그런데 여기에 특별한 사람들이 나옵니다. "모든 성도들이 너희에게 문안하되 특히 가이사의 집 사람들 중 몇이니라"(4:22) 바로 가이사의 집에 있는 사람들입니다. 이들은 황제의 가족으로 특별 귀족들입니다. 그리고 황제의 궁에 있는 노예와 하인들입니다. 모든 것을 살펴 볼 때 '가이사의 집에 있는 사람들' 은 사도 바울이 로마 감옥에 있을 때 그를 지켰던 친위대와 로마 황제의 특별 경비대와 정예 군인들을 말합니다.

사도 바울이 그들에게 전도하여 주 예수 그리스도를 영접하게 되었습니다. 바울이 주위에 있는 사람들에게 복음을 전하여 예수님을 믿게 한 일이 점점 확산되어 나중에는 로마 황제의 가족에게 까지 전파된 것으로 봅니다. 즉 가이사 집의 친척을 비롯하여 귀족과 권세자들로 상당한 영향력을 행사하며 존경받는 특권층까지 복음이 전파되어 그들이 그리스도인이 되는 놀라운 역사가 나타났습니다. 사도 바울이 로마 감옥에서도 감사하며 '내가 기뻐하고 기뻐한다' 고 말한 것은 복음이 진보되었기 때문입니다. 바울이 감옥 밖에서는 전도할 수 없었지만, 감옥 안에서 가이사의 집에 있는 사람들에게 전도할 기회를 얻었기 때문입니다. 가이사의 집에 있는 사람들이 예수님을 믿었다는 것은 선교적 차원에서 아주 중요합니다. 그들은 큰 영향력을 행사할 수 있는 사람들이기 때문입니다.

사실 그리스도 안에서 우리 모두는 동등합니다. 인격적으로나 신앙적으로 차별이 없습니다. 차별이 있어서도 안 되며 차별해서도 안 됩니다. 그런데 선교적 차원에서는 다릅니다. 예를 들어서 군부대 지휘관이 예수님을 잘 믿으면 그 부대에 미치는 영향이 큽니다. 사단장이 예배드리는 교회는 예배당이 가득합니다. 반면 불신자가 지휘관이 되면 선교활동에 지장을 받습니다.

제가 상병이었을 때 군종 역할을 하게 되었습니다. 그때 부대장이 크리스천 대령이었기 때문에 적극적으로 협조해 주었습니다. 자정이 넘어 버스 안내양들을 위문할 때 제가 인도하게 되었는데, 부대의 차를 내주면서 까지 자유롭게 할 수 있도록 도와주었습니다. 물론 주일 예배는 마음껏 드릴 수 있도록 허락되었습니다. 그 후에 군 병원에 있는 환자들을 위로할 때에는 제가 사회와 진행과 예배와 찬양인도까지 하게 되자 유격훈련 때에도 전도활동을 하도록 허락해 주었습니다.

지휘관은 선교에 많은 영향을 끼칩니다. 경찰서장이 기독교 신자이면 기독교 활동에 큰 도움이 됩니다. 회사의 사장이 크리스천이면 직원들의 신앙생활에 도움이 됩니다. 교수나 교사가 크리스천이면 학생들이 복음을 쉽게 받을 수 있을 뿐 아니라 전도 활동에도 영향을 끼칠 수 있습니다. 대통령이 크리스천이면 선교에 많은 도움이 됩니다.

그러므로 선교적 차원에서 로마 황제의 가족인 가이사의 사람들이 예수를 믿었다는 것은 굉장한 힘이 될 수 있었습니다. 따라서 우리는 권세자들과 영향력이 있는 사람들이 예수님을 믿도록 기도하고 전도해야 합니다. 사도 바울이 권면한 대로 우리는 왕과 권세자들과 지도자들이 선교에 협력할 수 있도록 기도해야 합니다.

사도 바울이 이 빌립보서를 쓴 지 300년 후에 로마 제국이 기독교를 국교로 받아들였습니다. 기독교가 로마를 점령했다는 것은 굉장한 역사입니다. 세계의 역사를 기독교가 바꾸어 놓은 것입니다. 한 알의 밀알이 땅에 떨어져 30배, 60배, 100배의 결실을 맺은 것입니다. 사도 바울이 감옥에서 전도한 열매들로 인해 가이사의 집에서도 확산되어 나중에는 사회 전반에 걸쳐 영향을 끼치게 되었고, 결국 황제까지 믿게 되어 나라가 변화된 것입니다. 주후 313년에는 콘스탄틴 황제가 밀라노 칙령을 내려 기독교를 공인하기에 이르렀으며, 나중에는 기독교가 로마의 국교가 되었습니다.

우리는 선교를 위해, 그리고 책임자와 지도자들을 위해 기도하고 전도하여 하나님의 나라가 더욱 확장되도록 해야 합니다.

3. 마지막 인사

"주 예수 그리스도의 은혜가 너희 심령에 있을지어다"(4:23)

'은혜가…있을지어다'에서 '은혜'는 값없이 주시는 주님의 축복이며, 죄인이 하나님으로부터 받은 갚을 수 없는 사랑입니다. 바울의 마지막 소원, 즉 성도들에게 남긴 마지막 말은 예수 그리스도의 은혜였습니다. 주 예수 그리스도의 은혜가 없으면 우리는 아무것도 할 수 없습니다. 반면 주님의 은혜만 있으면 모든 것이 가능합니다. 주께서 은혜를 베푸시면 우리는 승리할 수 있습니다. 모든 것을 감당할 수 있습니다.

그런데 이 은혜는 예수 그리스도를 통해서만 옵니다. 예수 그리스도가 없으면 아무것도 안 됩니다. 사도 바울의 마지막 문안은 사랑하는 빌립보교회 성도들에게 주 예수 그리스도만 의지하고 바라보게 하는 것이었습니다. 이것이 가장 중요하고 아름다운 것입니다. 사도 바울이 전하려는 것은 어떤 사물이나 어떤 형태의 물건이나 표적이 아니었습니다. 그가 남기려고 했던 것은 바로 인격, 즉 예수 그리스도였습니다. 주 예수 그리스도는 우리의 구주이시며 하나님이십니다. 생명의 근원이시며 은혜를 주시는 분이십니다.

빌립보서의 주제는 오직 '주 예수 그리스도'에 관한 것입니다. 바울은 감옥에 갇힌 자신을 '그리스도 안에 매인 몸'이라고 했습니다. 그가 고통스럽고 힘든 상황에서도 오히려 기뻐할 수 있었던 이유는 그리스도께 매인 몸이었기 때문입니다. 그는 삶과 죽음 사이에 놓였을 때 "내게 사는 것이 그리스도니 죽는 것도 유익함이라"(1:21)고 고백했습니다. 빌립보교회 성도들의 삶과 의무에 대하여는 "복음에 합당하게 생활하라"(1:27), "그리스도 예수 안에서 너희 자랑이 나로 말미암아 풍성하게 하려 함이라"(1:26)고 했습니다. 자기 희생의 의무를 말할 때는 "너희 안에 이 마음을 품으라 곧 그리스도 예수의 마음이니"(2:5)라고 했습니다. 기쁨에 대해서도 말했습니다. "주 안에서 항상 기뻐하라 내가 다시 말하노니 기뻐하라"(4:4) 그리스도인의 능력에 관해서는 "내게 능력 주시는 자 안에서 내가 모든 것을 할 수 있느니라"(4:13)고 했습니다. 영원한 영광과 불멸과 기쁨에 관하여는 "우리의 시민권은 하늘에 있는지라 거기로부터 구원하는 자 곧 주 예수 그리스도를 기다리노니"(3:20)라고 했습니다. 종말론적으로도 교훈했습니다. "주 안에서 굳게 서라 주 안에서 같은 마음을 품으라 주께서 가까우시느니라"(2:2) 그리고 마지막으로 축복을 빌었습니다. "주 예수 그리스도의 은혜가 너희 심령에 있을지어다 아멘"(4:23)

우리의 최대의 소망은 '주 예수 그리스도의 은혜'를 받는 것입니다. 주 예수 그리스도 그분께 모든 보화가 있습니다. 주 예수 그리스도 그분만이 우리의 삶과 기쁨과 소망과 축복이 되십니다. 그러므로 우리의 간절한 기대와 소망도 '살든지 죽든지 내 몸에서 그리스도만 존귀하게 하는 것'이어야 합니다(1:20). 아멘.

빌립보서 강해설교

우리의 시민권은
하늘나라에 있습니다

■
초판 1쇄 인쇄 / 2010년 12월 5일
초판 1쇄 발행 / 2010년 12월 10일

■
지은이 / 버 쾅 호
펴낸이 / 김 수 관
펴낸곳 / 도서출판 영문
122-070 서울시 은평구 역촌동 10-82
☎ (02) 357-8585
FAX • (02) 382-4411
E-mail • kskym49@yahoo.co.kr

■
출판등록번호 / 제 03-01016호
출판등록일 / 1997. 7. 24

파본은 교환해 드립니다.
본 출판물은 저작권법으로 보호 받는
저작물이므로 출판사나 저자의 허락없이
무단 전재나 무단 복제를 할 수 없습니다.

정가 15,000원
ISBN 978-89-8487-276-9 03230
Printed in Korea